명청교체기 최초의 해로사행록

안경(安璥)의 조천일기

안경의 조천일기

명청교체기 최초의 해로사행록

배종석 지음

학자원

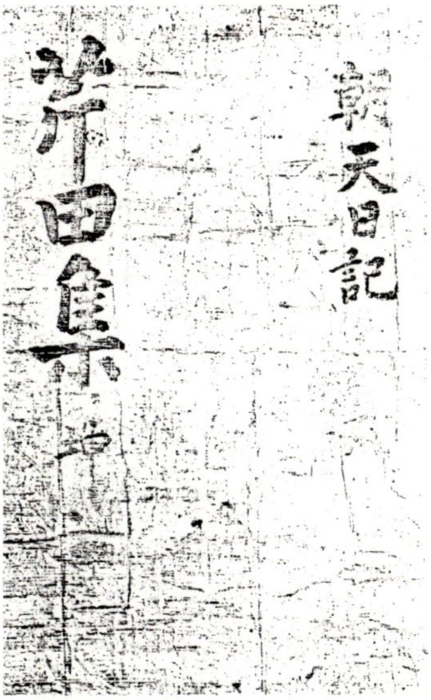

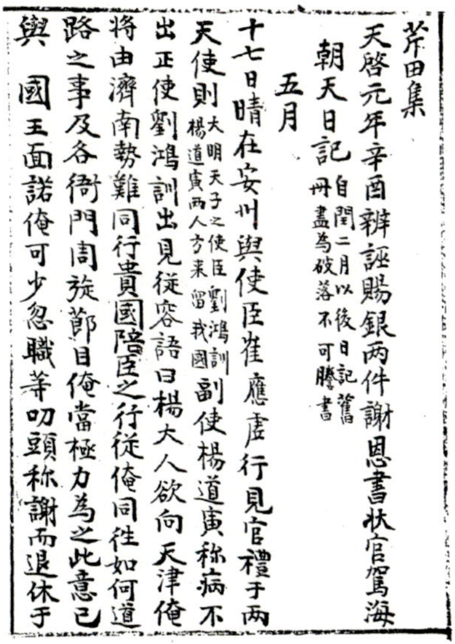

芥田集

天啓元年辛酉辨誣賜銀兩件謝恩書狀官駕海

朝天日記 自閏二月以後日記舊冊盡爲破落不可謄書

五月

十七日晴在安州與使臣崔應虛行見官禮于兩

天使則 大明天子之使臣劉鴻訓楊道寅兩人方來留我國 副使楊道寅稱病不

出正使劉鴻訓出見從容語曰楊大人欲向天津俺

將由濟南勢難同行貴國陪臣之行從俺同往如何道

路之事及各衙門周旋節目俺當極力爲之此意已

與 國王面諾俺可少忽職等叩頭稱謝而退休于

안경의 조천일기(장서각 소장)

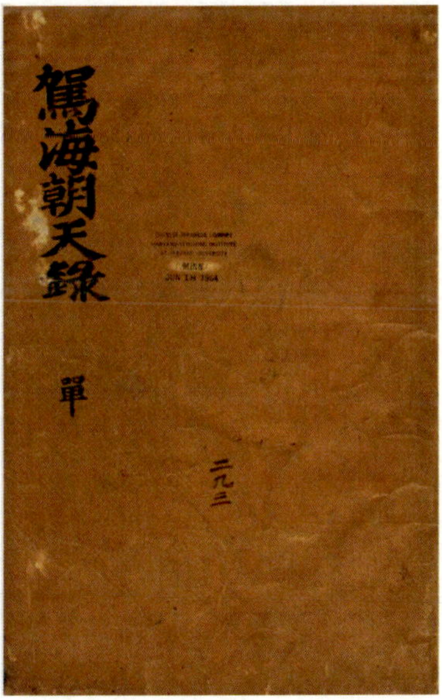

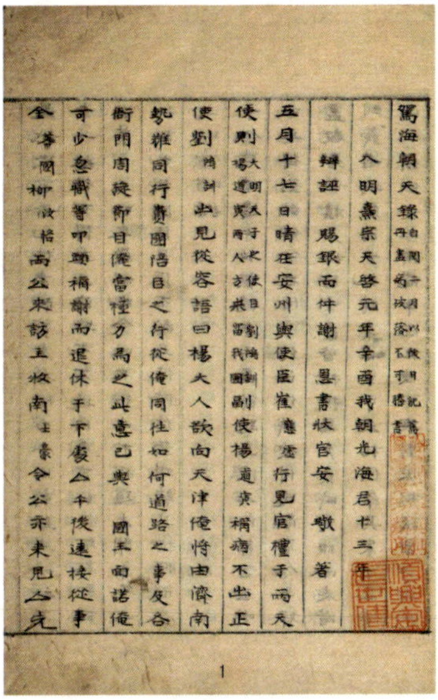

안경의 가해조천록(하버드 옌칭도서관 소장)

안경의 사행노정도*

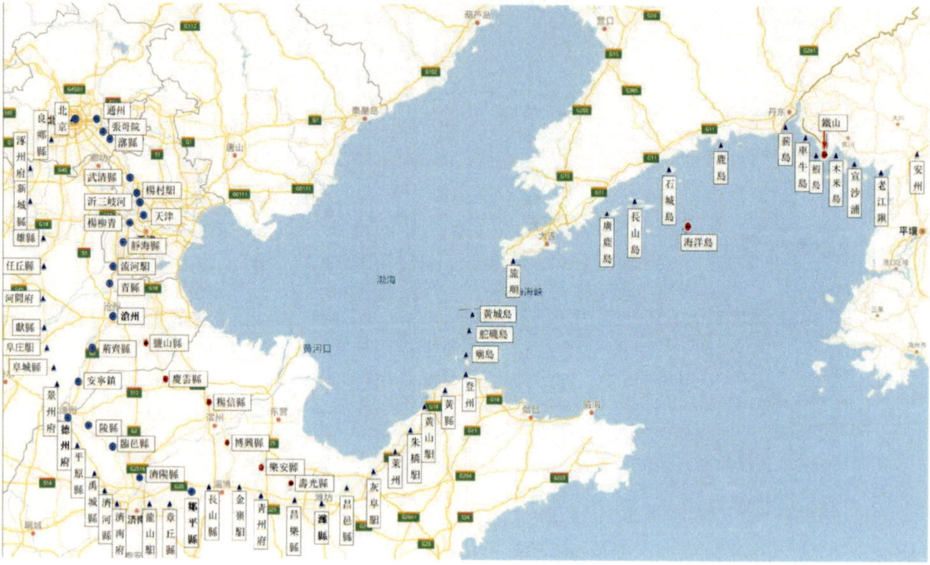

安州 – 老江鎭 – 宣沙浦 – 木米島 – 椵島 – 車牛島 – 薪島 – 鹿島 – 石城島 – 長山島 – 廣鹿島 – 旅順浦口 – 黃城島 – 鮀磯島 – 廟島 – 登州 – 黃縣 – 黃山驛 – 朱橋驛 – 萊州 – 灰阜驛 – 昌邑縣 – 濰縣 – 昌樂縣 – 青州府 – 金嶺驛 – 長山縣 – **鄒平**縣 – 濟陽縣 – 臨邑縣 – 陵縣 – **德州** – 安寧鎭 – 荊齊縣 – 滄州 – 青縣 – 流河驛 – 靜海縣 – 楊柳青 – 天津 – 沂三岐河 – 楊村驛 – 武清縣 – 漷縣 – 張哥院 – 通州 – **北京** – 雇米店 – 通州 – 漷縣 – 楊村驛 – 南倉村 – 天津 – 靜海縣 – 青縣 – **滄州** – 鹽山縣 – 慶雲縣 – 楊信縣 – 博興縣 – 樂安縣 – 壽光縣 – **濰縣** – 昌邑縣 – 灰阜驛 – 萊州 – 朱橋驛 – **黃縣** – 登州 – 廟島 – 鮀磯島 – 黃城島 – 平島 – 廣鹿島 – 長山島 – 石城島 – 五馬島 – 海洋島 – 居衡島 – 鐵山

---

* 이 노정도는 배종석의 「명청교체기 조선사신단의 해양표류기 연구」(『민족문화』 56, 한국고전번역원, 2020, 205면.)의 〈표1〉에서 滄州~濰縣의 지름길을 보완한 것이다.

목차

머리말

안경(安璥, 1564~1640)은 잘 알려지지 않은 인물이다. 문집은 남아 있지만, 『한국문집총간』이나 『한국역대문집총서』에 실려 있지 않다. 그만큼 관심 밖에 있었다. 하지만, 『연행록총간증보판』(임기중 편저)에는 그의 조천록 이본 두 편이 나란히 영인되어 있다. 그는 1621년 사은사 서장관으로 명나라에 다녀왔다. 이 시기는 북방의 후금이 명나라의 요동성을 점거하고 있어서 육로가 막힌 상황이었다. 그래서 해로를 이용했는데, 명나라의 입항을 금지하는 해금정책(海禁政策)으로 200년 넘게 아무도 가지 않았다. 즉 경험으로 전해진 관련 지식정보가 전무한 상황이었다. 특히 바람에 의지할 수밖에 없는 돛단배를 타고 가는 것은 곧 생사를 넘나드는 위험한 결정이었다. 실제 안경은 해로를 왕복하면서 죽음이 코앞까지 이르는 처절한 경험을 했다. 그리고 해로를 통해 도착한 산동성 등주(현 옌타이)에서 북경까지 가는 육로도 이전 사신이 가던 길이 아니었다. 이 때문에 육로에서 호기심과 걱정이 늘 교차하였다. 5월 20일 평안도 안주를 출발하여 11월 6일 평안도 철산에 돌아오기까지 약 160여 일을 하루도 빠짐없이 기록한 책이 『조천일기』이다. 이 책에는 17세기 해로의 험난함과 명나라 말의 풍경이 사실적으로 묘사되어 있다. 그리고 간간이 명나라에서 조선을 바라보는 시각도 확인할 수도 있다.

안경의 연행록은 현재 하버드 옌칭도서관에 『가해조천록』(이하

하버드본)이 소장되어 있고, 한국학중앙연구원 장서각에 『조천일기』(이하 장서각본)가 소장되어 있다. 두 이본은 모두 필사본인데, 장서각본은 원본이 아니라, 복사본이다. 원본이 어디에 있는지 아직까지 확인되지 않고 있다. 그리고 장서각본은 안경의 문집인 『근전집』(건 · 곤)의 곤권에 해당된다. 두 이본은 글자 출입이 상당히 많다. 또 필사본이다보니, 오탈자도 종종 있어서 두 이본을 대조 및 교감할 필요성이 있었다. 이에 정본에 가까운 장서각본을 중심으로 두 이본을 대조 및 교감하고, 해로에서의 기록과 내륙에서의 기록으로 나누어 본론을 전개하였다. 해로에서의 기록은 기왕에 서술한 내용이 있어서 이를 보충하여 실었고, 내륙에서의 기록은 새롭게 서술하였다.

2022년 9월

배종석

제1부

200년 만의 해로사행

Ⅰ. 해로사행의 신의경(新意境)[1]

1. 서론

드넓은 해양을 두려움 없이 자유롭게 다닐 수 있게 된 것은 인류사에서 그리 오래 되지 않았다.[2] 전근대시기에는 해양이 생업과 관련되지 않은 경우 가급적 바다에 나가지 않았다. 특히 저술을 남긴 문인의 경우 기껏해야 바닷가를 유람하면서 바다를 바라보며 시를 읊는 정도가 대부분이었다. 이 때문에 바다를 대상으로 한 문헌이 육지의 문헌에 비할 수 없을 정도로 적다. 이는 한편으로 바다를 대상으로 한 문헌이 그만큼 소중하다는 것이기도 하다. 지구는 과반이 바다로 이뤄졌고, 21세기 세계화시대에 해양은 매우 중요한 역할을 하고 있다. 하지만, 여전히 해양에 대한 인문학적 접근은 주목을 받지 못하고 있다. 무엇보다 육지 중심적 사고에 익숙한 탓일 것이다. 본고에서는 육지 중심적 사고에 해양을 포함시키기 위한 일환으로 전근대시기 해양을 접한 문인의 기록

---

1 『한국민족문화』 제66집에 실린 「안경(安璥)의 『가해조천록(駕海朝天錄)』에 드러난 해양 이미저리(Imagery)」(2018)를 수정한 내용임.

2 배종석, 「근대전환기 해양 네트워크에 대한 상상과 추구 - 매천 황현의 해양인식의 변화를 중심으로」, 『열상고전연구』 58, 열상고전연구회, 2017, 142쪽 참조.

을 살펴보려고 한다. 인문학적 측면의 해양을 이해하기 위해서는 먼저 과거 지식인의 연구가 수반되어야 할 것이기 때문이다.

17세기 초반 안경(1564~1640, 字 伯溫, 號 芹田)은 해로사행을 다녀온 뒤 『가해조천록(駕海朝天錄)』을 남겼다. 이 책이 학계에 알려지게 된 것은 2002년이다. 연세대 허경진 교수가 하버드대 옌칭도서관에서 찾아낸 것이다. 그는 이 책을 발견하고 최초의 수로조천록으로 그 내용과 가치를 인정했다.[3] 이후 지금까지 『가해조천록』을 다룬 연구와 자료집은 국내에 2편, 중국에 3편이 있다. 국내학자들의 경우 일본 통신사행과 대명해로사행의 바다 체험을 비교하면서 『가해조천록』을 소개하고, 통신사에 비해 충분히 준비되지 않은 대명해로사행의 경우 풍랑을 겪으며 고생한 내용을 중심으로 전개하였다.[4] 다른 논문은 『가해조천록』을 통해 안경이 등주(登州)에 도착한 이후 명나라 문사들과 교류한 것에 주목하였다.[5] 반면, 중국학자들의 경우 『가해조천록』의 자료적 가치에 주목했다. 특히 『가해조천록』의 내용 중 산동성 등주와 관련된 내용에 관심을 가지고,[6] 나아가 등주에서 교동(膠東)으로 영역을 넓혀 안경이 교동 경내에서 지은 시 36수를 풀이하기도 하였다. 이 시

---

3 허경진, 「최초로 바닷길 통해 명나라에 사신으로 다녀온 기록 『가해조천록』, 『출판저널』 316, 대한출판문화협회, 2002, 40~41쪽.

4 허경진, 「水路朝天錄과 통신사행록의 바다 체험 비교」, 『한국한문학연구』 43, 한국한문학회, 2009.

5 허경진 · 최해연, 「명 · 청교체기 최초의 수로조천록: 안경의 『駕海朝天錄』」, 『중국학논총』 34, 한국중국문화학회, 2011.

6 陳長文, 「登州與明末中朝海上絲路的復航 - 以朝鮮貢使安璥『駕海朝天錄』爲文本」, 登州與海上絲綢之路國際學術硏討會, 2008; 劉煥陽 · 劉曉東, 『落帆山東第一州: 明代朝鮮使臣筆下的登州』, 北京: 人民出版社, 2012.

는 묘도군도(廟島群島)에서 8수, 등주 봉래(蓬萊)에서 21수, 등주 황현(黃縣)에서 3수, 내주(萊州)에서 4수이다.[7]

이상의 연구를 살펴보면, 『가해조천록』의 자료적 가치와 내용적 특징이 어느 정도 드러났다고 할 수 있다. 하지만, 여전히 접근 방향을 달리하면 자료적 가치는 무한하다. 본 연구는 기존의 연구와 달리 인문학적 측면의 해양을 이해하기 위해서 『가해조천록』에 주목하였다. 그래서 전근대시기 사신의 기록을 통해 그의 눈에 비친 해양을 형상화해 보려고 한다. 이를 위해 『가해조천록』에 수록된 시 중 선상에서 지은 시에 초점을 두었다. 앞서 언급한 중국 학자의 경우 선상에서 지은 시를 다루긴 했지만, 조선 사신의 눈에 비친 등주와 교동을 형상화하는데 집중하였다. 이 때문에 본 논문과는 접근방향부터 상당한 차이가 있다.

『가해조천록』의 선상에서 지은 시문을 통해 해양 이미저리를 살펴보는 것은 전근대시기 지식인이 해양을 어떻게 이해하는지 알 수 있는 작업이 될 수 있다. 특히 안경은 17세기 명・청 교체기에 처음으로 해로를 이용하여 왕복한 사신이고, 『가해조천록』은 당시 사행의 전 과정을 기록한 유일한 기록물이다. 그래서 이후 해로사행을 떠나는 사신의 참고서 역할을 한 점까지 감안하면 충분히 연구할 가치가 있다고 여겨진다.

그런데, 최근 『가해조천록』의 이본인 『조천일기(朝天日記)』의 복사본이 한국학중앙연구원 장서각에서 발견되었다. 그리고 두 본을 대조한 결과 장서각본이 정본에 가깝다는 것을 확인할 수 있

7 劉曉東, 「安璥膠東紀行詩探析」, 『明代朝鮮使臣膠東紀行詩探析』, 濟南: 山東人民出版社, 2015, 260~290쪽.

었다.[8] 따라서 여기에서는 『조천일기』를 저본으로 삼은 것을 밝혀둔다.

2. 『조천일기』의 해로일정

명나라는 1421년 수도를 북경으로 천도한 뒤에 왜구의 침입을 방지하는 차원에서 서울과 남경을 이어주던 유일한 해로사행 노선인 등주를 폐쇄하였다. 이후 200년간 한중 사신은 육로를 이용하였고, 등주는 자연히 조선인의 발길이 닿을 수 없었다. 하지만, 1592년 임진왜란을 겪으면서 전쟁에 참여하지 않은 북방의 여진족이 급부상하게 되었고, 급기야 누르하치[努爾哈赤]는 후금을 세운 뒤 요동을 정벌하였다. 이때부터 한중 사신은 다시 해로를 통해 등주를 밟게 되었다. 이렇게 해서 200년 만에 다시 시작된 17세기 해로사행은 1621년(광해군13)부터 1637년(인조15)까지 약 17년간 이뤄졌다.[9]

첫 번째 해로사행은 1621년 5월에 진위사(정사 權盡己, 서장관 柳汝恒)와 동지성절사은사(정사 崔應虛, 서장관 안경)가 함께 가는

8 배종석, 「가전체소설 「海衣國史」의 이본 고찰」, 『장서각』 45, 장서각, 2021. (본서 제1부 - Ⅲ편 - 2장 '「해의국사」 이본 대조' 참고.)

9 지금까지 17세기 해로사행을 정리한 논문은 다음과 같다. 임기중, 『연행록연구』, 일지사, 2002; 섭천괭, 「항해조천록」 - 조선왕조사대사행적간신견증, 『동오역사학보』 제10기, 2003; 정은주, 「명청교체기 대명 해로사행기록화 연구」, 『명청사연구』 27, 명청사학회, 2007; 박현규, 「17세기 전반기 대명 해로사행에 관한 행차 분석」, 『한국실학연구』 21, 2009; 윤재환, 「17세기 조선 사신의 중국 가는 바닷길」 - 17세기 초 대명 해로 사행의 해상 사행시, 중국해양대학교 한국연구소 제3회 국제학술회의 자료집, 2017.

것으로 결정이 났다. 그런데, 이때 마침 명 사신이 조선에 있었다. 당시 명나라는 1620년 후금이 차츰 강성해 짐에 따라 조선과의 관계를 확정하고 싶어서 1621년 봄 정사에 유홍훈(劉鴻訓), 부사에 양도인(楊道寅)을 임명하여 육로로 조선에 보냈다. 이들은 조선과 명의 전통우호관계를 회복하고 함께 후금을 상대로 저항할 것을 천명하였다. 그런데, 이들이 일을 마치고 돌아갈 즈음 후금이 이미 요동을 정벌한 뒤였다. 육로가 막히자 조선은 명 사신을 위해 두 척의 배를 만들어 주었다.[10] 그리고 진위사와 사은사가 명 사신을 따라 갈 수 있게 조치를 취했다. 이렇게 해서 명 사신과 진위사, 사은사가 안주의 청천강을 출발하여 등주까지 함께 가게 되었다.[11]

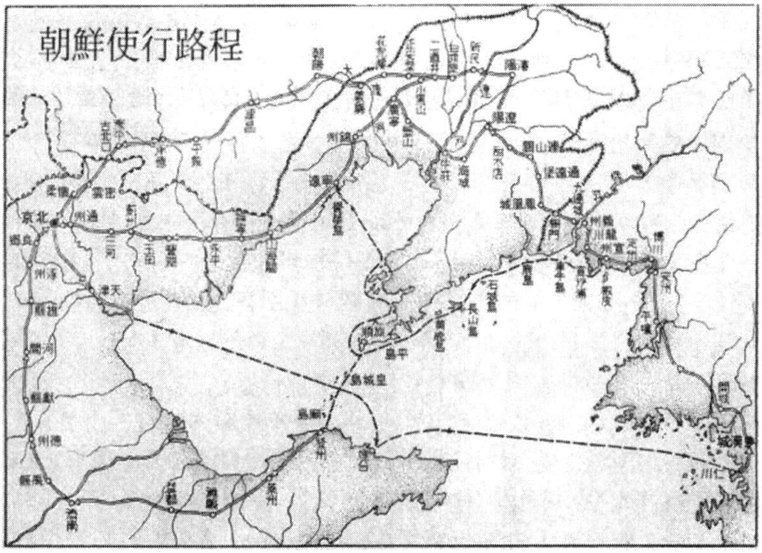

[그림 1] 조선사행노정.[12] 1621년부터 명·청 교체기 17년간 사용한 해로를 표기하였다. 이중 안경이 이용한 해로는 안주에서 배를 타고 여러 섬을 거쳐 요동반도 여순까지 갔다가 황성도를 지나 산동반도 등주로 가는 여정이었다.

『조천일기』는 명 사신을 만나는 날부터 시작한다. 이때부터 등주까지의 해로일정과 선상에서 지은 시는 다음의 표와 같다.

안주를 출발하여 등주에 도착하기까지 총 30일이 걸렸다. 17세기 해로사행의 소요 기간이 선사포에서 등주까지 평균 22.4일인 것을 감안하면 상당히 지체된 셈이다.[13] 안경이 탄 배가 여순포구와 황성도 사이에서 폭풍을 만나 열흘간 표류했기 때문이다.

선상에서 지은 시는 모두 18제 19수이다. 5언 율시가 11제 11수이고, 7언 율시가 6제 7수이며, 기타 5언 고시가 1수 있다. 처음 배를 타고 사행을 시작했을 때는 모두 5언 율시로 창작을 하다가, 풍랑을 겪으면서 7언 율시를 지었다. 그 뒤 폭풍으로 피해를 입거나, 표류하는 동안에는 시를 짓지 않았다. 황성도에서 안정을 찾게 된 뒤에는 다시 5언 율시를 지었다. 그리고 등주에 도착할 무렵에는 5언 고시를 짓고, 등주에 도착한 뒤에는 7언 율시를 3수 지었다.

안경이 5언 율시와 7언 율시를 임의로 구분하여 지었는지는 모르겠지만, 일정과 비교하여 살펴보면, 배를 타고 편안히 갈 때는 5언 율시를 지었고, 풍랑을 만났을 때는 7언 율시를 지은 것을 알

---

10 劉煥陽・劉曉東, 앞의 책, 42쪽 참고.

11 『가해조천록』은 명사신을 만나는 날부터 시작한다. 해로일정과 이때 지은 시는 부록의 '『조천일기』 전체 일정표' 참조하기 바란다.

12 출전 : 임형택, 「조선사행의 해로 연행록: 17세기 동북아 역사 전환과 실학」, 『한국실학연구』 9, 한국실학학회, 2005, 6쪽.

13 박현규, 앞의 글, 134쪽 참조. 그런데, 항해 소용기간에 대한 기존 연구를 보면, 선사포에서 등주까지는 14~31일이 걸려 평균 22.4일이지만, 등주에서 선사포까지는 11~14일이 걸려 평균 12일밖에 되지 않았다. 이렇게 차이가 나는 것은 출국이 8~9월이었고, 귀국이 3~4월인 점과 해류와의 관계 분석이 필요할 듯하다.

수 있다. 이러한 점은 안경에게는 5언이 7언 비해 상대적으로 편안할 때 지어졌다는 것을 추측할 수 있다.[14]

3. 『조천일기』에 드러난 해양 이미저리

『조천일기』의 선상에서 지어진 시를 살펴보면, 해양의 세 가지 특징을 볼 수 있다. 바다의 풍랑은 안경이 하늘에 기도를 올리는 등 두렵고 공경할 대상이 되었고, 바다의 새로운 풍경은 안경에게 수많은 시상을 끌어올리게 하였다. 또 바다의 험난함은 안경의 충성심과 사신으로서의 사명감을 더욱 빛나게 하였다. 이 장에서는 안경이 선상에서 경험할 수 있는 해양의 특징을 세부분으로 분류하여 전개하였다.

1) 두렵고 공경할 대상

바다는 전통적으로 두려움의 존재였다. 그래서 구한말의 황현(黃玹, 1855~1910)은 이 세상에서 가장 위험한 것 중에 바다보다 심한 것이 없다고 하였다.[15] 해로사행을 떠날 때 안경 역시 바다

---

14 안경의 귀국일정은 같은 해로노선으로 10월 7일부터 11월 6일까지 약 30일이 걸렸다. 이때도 풍랑을 만나 철산 앞바다에서 약 15일간 표류하는 바람에 일정이 늦어졌다. 귀국 때 지은 시는 모두 28제 32수로 5절 6제 6수, 5율 7제 10수, 7절 1제 1수, 7율 12제 13수, 7고 2제 2수이다. 그리고 사가 1편 있다. 귀국할 때의 여정에 대해서는 논의가 더 필요할 것 같아 본고에서는 우선 차치해 둔다.

15 黃玹, 『梅泉集』 권6, 「海史說」(『한국문집총간』 권348, 509c쪽). “大海之瀾, 無風自激. 捲者蔽天日而漾者呑山岳, 天下之險, 無過於是.”

에 대한 두려움으로 가득했다.

다음은 처음 출항하는 날 지은 「기생의 비단신이 물에 빠지다(妓鞋落水)」이다.

진흙 뻘에 비단신이 물에 떠가니 麈濕凌波韈
은하수에 뜬 뗏목에 바람 이는 듯 風生泛漢槎
아리따운 아녀자는 눈물 흘리나 佳人兒女泣
길 떠나는 장부들은 즐거워하네 行客丈夫誇
푸른 바다 석양빛이 드리워지고 落照低滄海
붉은 노을 하늘 멀리 가리우는데 遙空掩赤霞
돌아올 날 응당 멀지 않을 것이니 歸期應不遠
이별할 때 상심 탄식할 것 없다네 臨別莫傷嗟[16]

5월 20일 배 위에서 전별연이 열렸다. 이때 철옹(鐵甕)·신안(新安) 기생 등 수십 명이 배에 오르지 못하고 강 언덕을 배회하며 머뭇거렸다. 그래서 뱃사람을 시켜 올라오게 했는데, 한 기생이 올라오다가 붉은 비단신이 그만 강물에 빠지고 말았다. 건지려고 노력했지만, 끝내 건지지 못했다. 기생은 속이 상해 눈물을 흘리는데, 그걸 지켜보던 사람들은 그 모습이 우스워 크게 웃었다. 안경은 이 사건을 떠올리며 출항할 때의 심경을 시에 담아내었다.

안경은 청천강에 둥둥 떠가는 기생의 비단신을 밤하늘 은하수에 뗏목이 떠가는 모습으로 비유하고 있다. 또한 기생의 눈물과는 대조적으로 사람들의 즐거움을 읊으며 당시 상황을 유쾌하게 떠올리고 있다. 하지만, 사행의 전별연이 결코 흥겨운 것은 아니었다. 그는 험난한 뱃길을 막 시작하려는 상황에서 재미있는 사건을

16 安璥, 『朝天日記』, 「5월 20일(妓鞋落水)」.

떠올리며 애써 태연하려고 한 것이다.

이미 해는 기울어 바다에 석양빛이 드리워지고, 하늘에는 저녁 노을이 졌다. 바야흐로 하루를 작별하는 때에 길 떠나는 사신의 심경은 더 말할 것이 없었다. 전별하러 온 가족들 역시 다시 볼 수 있을지 모르는 상대를 보내며 상심과 탄식이 가득했다. 이때 안경은 지금 사행을 떠나면 돌아올 날도 그리 멀지 않을 것이라고 하면서 배웅 나온 사람을 향해 안심을 시켰다.

안경이 해로사행을 갈 때는 대명해로사행이 끊긴 지 이미 200년이나 되었다. 또 이전 사행이 처음으로 해로를 이용해서 돌아왔는데, 풍랑을 만나 류간(柳澗)과 박이서(朴彝敍) 등이 익사한 사고가 불과 한 달 전에 있었다.[17] 이 때문에 비변사에서는 마침 조선에 와 있는 명나라 사신을 따라갈 것을 주청하여 함께 떠나게 되었다.[18] 또한 당시 명나라는 해금(海禁)정책을 펼쳐서 외국인은 바닷길을 이용할 수 없었기에, 이를 해명해줄 사람으로 명나라 사신이 적합했다.[19]

명나라 사신과 동행한다는 사실에 다소 안심할 수는 있겠지만, 처음 가는 뱃길이라 두려움을 떨쳐버릴 수는 없었다. 이러한 측면에서 안경이 기생의 비단신을 읊은 것을 생각하면 태연한 것을 벗

17 『광해군일기』, 광해군 13년 4월 13일. "赴京使臣朴彝敍・柳澗, 回自京師, 遭風漂失沒.【… 使臣康昱・書狀官鄭應斗等, 亦相繼溺死. …】" 이후 실록에서 이 날짜의 내용을 추가하였는데, 함께 갔던 사신 康昱과 鄭應斗도 빠져죽었다고 하였다.

18 『광해군일기』, 광해군13년 5월 2일. "備邊司啓曰: '二百年來, 使臣浮海朝天, 創自今日. 今此陳慰使臣, 若不得隨行天使以行, 則決無得達之路.'"

19 허경진・최해연, 「명・청교체기 최초의 수로조천록: 안경의 『駕海朝天錄』」, 『중국학논총』 34, 한국중국문화학회, 2011, 126쪽 참고.

어나 비장한 마음가짐까지 엿볼 수 있다. 특히 미련에서 '莫傷嗟'라고 한 것을 보면 분명해진다. 부정할 수 없는 것은 해로사행은 망망대해를 건너야 되고 바다는 항상 두려운 존재로 인식된 것이다.

다음은 청천강을 벗어나 서해바다로 접어든 날 지은 「선사포 앞바다에서 읊다(宣沙浦前洋)」이다.

용이 울어 바람이 노를 부러뜨리고	龍吼風摧楫
고래 뛰어 파도가 돛을 덮치는구나	鯨奔浪蹴帆
위태로워 해신에게 기도를 올리고	顚危祈海若
충신으로 하늘의 보살핌 받으리니	忠信賴天監
물길은 삼천리 먼 길 건너야하고	水路三千里
산길은 험한 함곡관을 넘어야는데	山梯百二函
평생토록 배운 것이 없는 길이라	平生無所學
다만 신이 감응토록 정성만 드리네	只有感神誠[20]

선사포(宣沙浦)는 곽산(郭山)의 행정구역에 포함된 포구이다. 사신 일행은 저녁에 그 앞바다에 정박하였다. 이날은 돛을 두 개나 달고 정주 앞바다를 지나 선사포까지 갔다. 이때 바람이 세게 불어서 노가 부러지고, 파도가 높이 쳐 돛을 덮쳐왔다. 안경은 바람은 용이 울어서, 파도는 고래가 헤엄쳐서 생긴 것이라고 하였다. 바람과 파도가 자연히 일어난 현상이 아니라, 특정 생명체에 의해 일어난 현상으로 여겼다. 이 때문에 위태로운 상황을 만나면 해신에게 기도를 올려 그 생명체를 무마해 주기를 바라던 것이다. 또한 지성감천(至誠感天)을 떠올리며 자신은 인간이 지켜야 할 마땅한 도리인 충(忠)과 신(信)을 지키고 있으니 그 보살핌을 받을 것이

20 安璥, 『朝天日記』, 「5월 25일(宣沙浦前洋)」.

라고 생각하였다.

그런데, 이번 사행길은 삼천리나 되는 먼 물길을 지나고, 함곡관처럼 험한 산길도 넘어야 했다. 이처럼 험난한 길을 가면서 자신이 할 수 있는 일은 단지 하늘이 감응할 수 있도록 지극한 정성을 드리는 길밖에 없었다. 안경은 위태로운 상황에 기도를 올리는 유학자의 보편적인 방법을 선택하였다. 그래서 바람과 파도 역시 기도를 통해 잠재울 수 있을 것으로 믿고 있었다. 실제로 그는 이번 해로사행에서 풍랑을 없애는 제사와 바람을 불게 하는 기풍제(祈風祭) 등을 여러 번 지냈다.[21] 바다에서 일어나는 모든 일은 인과응보(因果應報)에 의해 일어난다는 천명론적 사고가 깊이 작용한 것이다.

다음은 석성도에서 지은 시이다.

돛 기울고 노 꺾이며 바닷물은 뒤집히고	傾檣摧楫海飜天
뜸 아래서 심지 돋우고 앉아서 잠 못 드네	蓬底挑燈坐不眠
물고기와 자라 달아나서 제자리를 잃었고	魚鼈遁藏俱失所
곤이 붕새 치고 받아 끝도 없이 거칠건만	鯤鵬搏擊浩無邊
내 마음은 편안하여 뭍을 걷는 것과 같고	吾心安靜如行陸
신의 힘이 보살피니 내를 건넘 이로우리	神力扶持利涉川
밤이 깊어 처음으로 바람 물결 안정되니	夜半始知風浪定
나그네의 노랫소리 이웃배에 들려오네	旅人歌吹在隣船[22]

21 『조천일기』를 보면 기도를 올린 기록이 곳곳에 나온다. 5월 29일 獐子島에서 여러 배가 출항하면서 제문을 지어 기도를 올림. 6월 7일 밤에 큰 비와 풍랑이 일어 밤새 기도함. 6월 8일 제문을 지어 배 위에서 기도함. 6월 10일 천둥번개를 동반한 비바람에 돛대와 키가 부러져 대양에 표류하자 밤새 기도를 올림. 6월 15일 旅順口과 黃城島 사이의 大洋에서 기풍제를 지내고 또 산에 올라 바다를 향해 절을 4번 함.

이날은 석성도(石城島)를 가는 길에 풍랑을 만났다. 닻을 내려도 파도가 심해서 돛대가 기울고 노가 부러졌다. 명나라 사신의 배를 포함해 10여 척은 풍랑 때문에 돌아가서 정박하였고, 다른 배들도 모두 풍랑을 피해 돌아가서 서로 알 수가 없었다. 안경의 배는 밤이 되어서야 물이 빠져 노를 저어 겨우 석성도에 다가갈 수 있었다. 그는 하루를 돌아보며 위의 시를 지었다.

풍랑이 일어 파도가 배를 덮치니 돛이 기울고 노도 꺾였다. 안경은 배의 뜸 아래에 앉아서 등불에 심지를 돋우며 밤이 되어도 잠을 이루지 못했다. 풍랑으로 물속의 물고기와 자라는 제자리를 잃고 이리저리 휩쓸려 다닐 것인데, 이처럼 끝도 없이 거친 폭풍은 전설에 나오는 곤이와 붕새가 치고받아 이뤄졌을 것이라고 상상하였다. 하지만 그는 물결이 거세게 몰아쳐 배가 흔들리는 상황에도 뜸 아래에서 육지를 걷는 것처럼 마음이 편안했다. 전날 해신께 기도를 드렸을 뿐만 아니라, 풍랑은 자신의 힘으 로 어쩔 수 없는 신의 영역이기 때문에 초연히 천명을 따르는 것이다. 그가 전날 올린 기도는 다음과 같다.

> 천계(天啓) 원년(1621) 모월 모일, 조선국 사은 배신 서장관 안경은 감히 창해의 신령께 아룁니다. 살펴보건대 북쪽 오랑캐가 요동(遼東)과 광녕(廣寧)을 휩쓸어 길이 갑자기 막혔습니다. 그리하여 동방의 조공선이 비로소 등주와 내주로 통하게 되었습니다. 대붕의 날개는 붙잡기 어려우니, 우리들은 무엇을 의지해야 합니까? 중국에서 성주(聖主)가 나와 파도가 안정될 때이고, 우리나라에서 배신을 보내니 한수가 바다에 모이듯 조정에 모이는 날입니다. 옛 우임

---

22 安璥, 『朝天日記』, 「6월 1일(石城島)」.

> 금 때 도산의 모임을 이루고자 하노니 방풍(防風)의 죄를 면할 수 있게 신께서 지켜주고 보살펴 주시어 어렵고 위태로운 길을 만나 지체되게 하지 마소서. 잠깐 사이에 만 리를 지날 수 있게 상서로운 바람이 배를 밀고, 일편단심의 지극정성을 허여하시어 상서로운 구름이 노를 맞이하게 해주소서. 삼가 속세의 산물을 올려 우러러 바다의 신령께 비나이다. 흠향하소서.[23]

한수가 바다에 모이는 것은 『서경』「우공(禹貢)」 47장에 "장강(長江)과 한수(漢水)가 바다로 모여든다.[江漢朝宗于海]"고 하여 제후들이 왕에게 조회하는 것이고, 도산의 모임은 『춘추좌전』「애공」 7년에 "우임금이 제후를 도산에 모았다[禹合諸侯於塗山]"는 것을 말한다. 모두 자신의 사행을 두고 비유한 말이다. 그는 또한 사신의 행차에 '방풍(防風)의 죄'를 짓지 않게 해 달라고 했는데, 방풍의 죄는 바로 도산의 모임에 방풍이 뒤늦게 도착한 죄를 말한다. 그는 해로의 어렵고 위태로운 상황을 만나 사행길이 지체되지 않게 해 달라고 소원을 빈 것이다.

그런데, 안경이 이 기도를 올린날 밤에 그가 정박해 있던 녹도(鹿島)에는 큰비가 내리고 파도가 높게 쳐서 배위에 있는 사람들이 일어설 수도 없을 지경이었다. 또, 이튿날 석성도 가는 길에서는 위의 시에서 읊었듯이 끝없이 거친 물결이 일었다. 기도의 효과가 어디에도 나타나지 않았던 것이다. 하지만, 그는 모든 걸 천명에

23 安璥, 『朝天日記』, 「5월 29일」. "天啓元年月日, 朝鮮國謝恩陪臣書狀官安璥, 敢昭告于滄海上尊神之位. 伏以北奴憑陵路, 忽阻於遼廣, 東方貢獻舟, 始通於登萊. 鵬翼難攀, 鷁首何托? 中國出聖主, 海波安靜之時, 小邦遣陪臣, 漢水朝宗之日. 欲及塗山之會, 庶免防風之誅, 神其扶持保佑之, 我無艱險逢滯也. 經萬里於瞥目, 祥飇送帆, 許一端之誠心, 瑞雲迎棹. 謹奠塵土之産, 仰祝滄溟之靈. 尙饗."

맡기고 마음을 차분히 가라앉혔다. 그리고 『주역』에서 "큰물을 건너는 것이 이롭다[利涉大川]"는 구절을 떠올리며 오직 마음을 바르게 하는 것에 집중하였다. 그는 귀국하는 해로에서도 풍랑을 만나 거의 죽을 지경이었다. 이때에도 "하늘이 끝내 내게 은혜롭지 않다면, 이는 운명이다. 죽음을 어찌 한하겠는가?"[24]라고 하며 끝까지 태연함을 잃지 않았다.

안경보다 5년 뒤 성절사은진주사의 서장관으로 간 김지수(金地粹)는 조선으로 돌아오는 길에 거우도(車牛島)에서 태풍을 만났다. 그는 해신께 기도를 올렸는데, 그 제문에, "배 안에 중국 장물이 있으면 하늘이 반드시 내려다볼 것입니다."라고 하여 자신의 청렴함을 내세워 태풍을 극복할 용기를 구하기도 하였다.[25]

당시 다른 배로 함께 간 명나라 사신 유홍훈이 풍랑을 겪을 때마다 중국의 전통적인 해신인 마조(媽祖)에게 기도를 올린 반면, 안경은 이지적인 판단으로 천명에 기도하고 초연히 따르고 있었다.[26] 주지하듯이 조선의 유교지식인은 기본적으로 천명을 따르며, 모든 것은 자신의 마음에서 비롯된다고 믿고 있었다. 이는 『맹자』「공손추상」에서 부동심을 강조하였던 바, "스스로 돌이켜서 정직하다면 천만인이 있더라도 가서 대적할 수 있다[自反而縮,

---

24 安璥, 『朝天日記』, 「11월 3일」. "蒼天終不惠我則是命也. 死何恨焉."

25 尹拯, 『明齋先生遺稿』 권37, 「鍾城府使苔川金公墓碣銘」(『한국문집총간』 권136, 289a쪽). "及歸至車牛島, 遇颶風, 公操文誓海神, 有船中如有華物, 天必鑑臨之語, 俄而風止, 得無事, 其淸愼律已可見世."

26 안경은 사신을 가는 여정에서는 중국의 해신 마조에 대해 한번도 언급하지 않았다. 하지만, 10월 10일 귀국길에는 묘도의 천비묘에 나아가 제문을 지어 기도를 올리는 등 마조에 대한 인식의 변화가 있었다.(박현규, 『동아시아 해상 표류와 해신 마조』, 학고방, 2018, 221~222쪽 참조).

雖千萬人, 吾往矣.]"고 한 것의 실천이다.

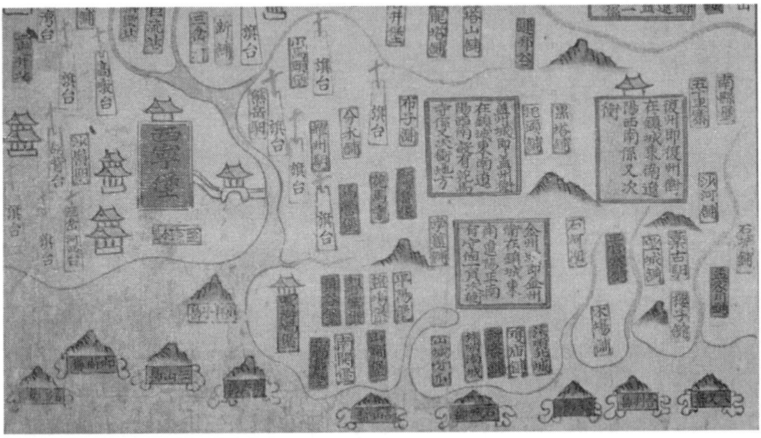

[그림 2] 『해동지도(海東地圖)』, 「요계관방지도(遼薊關防地圖)」(규장각한국학연구원 소장). 아래쪽에 보이는 섬은 오른쪽부터 팔차도(八叉島), 사리도(舍利島), 연도(鷰島), 석성도(石城島), 장산도(長山島), 광록도(廣鹿島), 삼산도(三山島), 화상도(和尙島), 치도(錙島)이다. 안경은 이 순서대로 섬을 지났고, 석성도에서 위의 시를 지었다.

안경은 풍랑 속에서 이렇게 마음을 먹고 태연히 시간을 보냈던 것이다. 결국 시간이 지나면서 풍랑은 사그라지고 다시 평온한 바다가 찾아왔다. 바다는 두려운 존재지만, 그 바다를 통해 오히려 생사를 초탈하는 정신적 경지에 나아갔다. 결국 그의 눈에 비친 광활한 바다는 경외의 존재로 받아들여져 자신을 성찰하는 계기가 되었다.

2) 다양한 시상(詩想)의 보고

안경은 1617년 천추사(정사 尹安國)의 서장관으로 육로를 통해 북경을 다녀온 적이 있었다. 이때 육로는 이미 200년 가까이 사신이 왕래하였기에 많은 기록물이 남아 있었다. 하지만, 해로는

200년 만에 다시 시작되었고, 그에게는 생소한 공간일 수밖에 없었다. 이 때문에 선상에서 본 바다의 새로운 풍경은 그의 시상을 떠올리기에 충분했다.

다음은 안주를 출발하여 나흘 뒤 청천강 어귀에 정박해서 지은 「노강진 앞에서 읊다(老江鎭前)」이다.

저물녘에 강어귀 밖 정박했는데	晩泊江門外
뿔피리가 세 번 울자 서늘해지네	三聲畫角寒
성지에는 수목들이 에워싸 있고	城池圍樹木
정자집은 파도 물결 의지해 있네	樓榭倚波瀾
칼을 차고 꾸린 행장 멀기도 멀며	拂劒行裝遠
배를 띄워 가는 여정 험하기도 해	浮査去路難
그곳 주민 고기와 채소 갖다 주며	居人進魚菜
진중하게 밥 잘 먹고 지내라 하네	珍重且加餐[27]

노강진 앞바다에 역풍이 불어 동을즉산(冬乙卽山)[28]에 닻을 내리고 정박하였다. 그곳은 청천강 어귀로 서해바다와 접한 곳이다. 이곳 주민들은 배를 타는 사람이 많았는데, 이번 해로사행이 안주에서 출발하였기 때문에 뱃사공으로 차출된 경우가 많았다. 그들 역시 해로사행의 험난함을 익히 알고 있었기에 사신의 배를 보면 걱정이 앞섰다. 그래서 뱃사람의 부모처자들이 모두 나와 언제 돌아올지 모를 사람을 걱정하며 통곡하였다. 안경은 주민들이 통곡하는 소리를 들으며 이 시를 지었다.

27 安璥, 『朝天日記』, 「5월 24일(老江鎭前)」.

28 『조천일기』에는 '等乙卽山'이라고 되어 있으나, 규장각의 「해동지도」와 1872년 지방도의 「안주목지도」를 참고하면 冬乙卽山이 맞음.

해질 무렵 강어귀에 배를 정박하니, 어디선가 병영에서 부는 뿔피리 소리가 들려왔다. 일몰을 알리는 그 소리를 듣고 나니 여름인데도 불구하고 서늘한 기운이 감돌았다. 그 소리를 따라 저 멀리 노강진을 바라보니, 그곳의 성지는 나무들이 에워싸 있었고 바다가 내려다보이는 곳에는 정자가 있었다. 노강진의 모습은 여느 때와 다르지 않아 보인다.

그런데, 지금은 사행단의 배가 그곳에 정박해 있었다. 사행단이 앞으로 가야할 길은 멀고도 험난한 길이었다. 그곳 주민들은 이 때문에 안타까운 심정으로 고기와 채소 등 온갖 귀한 음식을 갖다 주며 "몸조심하고 밥 잘 먹고 지내시오"라고 한다. 그들은 대부분 뱃사공의 부모이거나 처자식이었다. 평생 바다를 접하며 산 사람들이라 누구보다 바다의 험함을 잘 알고 있었다. 그들에게 대양을 건너 중국까지 가는 일은 목숨을 걸어야만 할 수 있는 것이었다. 그들은 자신의 아들이고 남편, 아버지를 다시 만나지 못할 것 같은 걱정에 곳곳에서 통곡하였다. 바다는 바다와 가깝게 지내는 사람들에게도 생이별의 공간으로 인식되고 있었다. 안경은 노강진에서 이 같은 풍경을 목격하고 시의 소재로 삼아 고스란히 담아내었다.

다음은 철산의 앞바다인 가도(椵島)에 정박하여 지은 「목미도와 가도를 속칭 '모맥(牟麥)·직(稷)'이라고 하여 재미로 짓다(木米島椵島俗稱牟麥稷云戲作)」이다.

보리·기장 곡식으로 일컬어지는데	穀稱牟麥稷
어찌하여 섬 이름에 함께 썼는가	奚取島名同
목장 주는 부유해진 꿈을 점쳤고	牧人占夢富
목장 말은 넉넉하게 꼴을 먹으며	場馬得蒭豊

산봉우린 사방으로 둘러쳐 있고 峯嶽周遭在
강하로는 뱃길 두루 통하고 있네 江河轉運通
물만 길면 양식 걱정 할 것 없으니 汲泉粮不患
이 배에서 배부르게 밥 먹겠구나 飽飯此舟中[29]

목미도(『東輿圖』 木尾島)에 이르러 샘물을 길으려고 했는데, 가뭄이 심해서 모두 고갈되어 있었다. 이후 가도에 정박했는데, 이곳에는 샘 줄기 자체가 없었다. 그럼에도 섬 이름을 속칭 '보리섬[牟麥]'과 '기장섬[稷]'이라 부르고 있었다. 안경은 물을 길을 수도 없는 섬을 보리와 기장으로 이름을 한 것에 의아해 하며 시로 읊었다.

보리와 기장은 원래 곡식이름인데, 섬에 이 이름을 붙였다. 그 이유가 궁금해 섬을 살펴보았는데, 그곳에는 목장만 있었다. 말을 키우는 사람들은 이곳에 오면 부유해지리라는 꿈을 꾸고 왔다. 다행히 섬에 말들이 먹을 꼴이 넉넉히 있었다. 그리고 섬의 지형은 산봉우리가 사방으로 둘러쳐 있어서 바다에서 불어오는 바람을 어느 정도 막아주고 있었다. 섬 사이로는 배가 들어올 수 있는 물길이 있어서 말을 쉽게 운반할 수도 있었다. 하지만 이곳에는 샘이 없었다. 그래서 마지막 연에서 '이곳에서 물만 길을 수 있으면 양식 걱정할 것 없고, 배안에서 배불리 먹을 수 있을 것'이라고 했다. 물이 부족한 것만 제외하면 섬 생활은 그런대로 괜찮아 보였다. 안경은 가도의 지형과 목장의 모습, 그리고 섬의 이름을 소재로 읊었다.

29 安璥, 『朝天日記』, 「5월 26일(木米島椵島俗稱年麥稷云戲作)」.

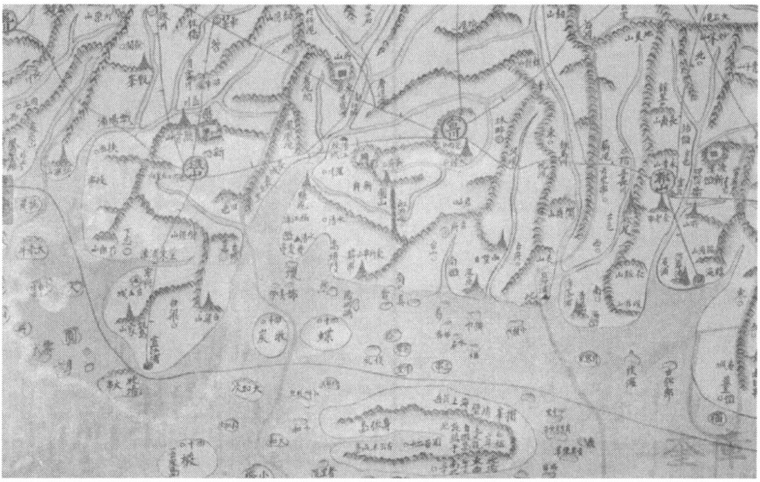

[그림 3] 『동여도(東輿圖)』 9책 5열(규장각한국학연구원 소장). 맨 밑의 큰 섬이 신미도(身弥島, 古云木尾島)로 바로 시에서 읊은 목미도이다. 시에서 "산봉우린 사방으로 둘러쳐 있고, 강하로는 뱃길 두루 통하고 있네(峰嶽周遭在 江河轉運通)."라며 목미도를 사실적으로 읊고 있다.

다음은 용천의 앞바다에 정박하여 읊은 「거우도의 바위가 마치 만권의 서책을 쌓은 것 같아서 이를 제재로 짓다(車牛之石如積萬卷書冊故題)」이다.

섬 이름을 거우도라 부르는 것은　島號車牛載
시와 서에 약간 나오는 이름인데　詩書若有藏
층층으로 만권이나 이룬 듯 하고　層層成萬軸
겹겹으로 천여 상자 쌓아놓은 듯　疊疊置千箱
높이 들면 눈썹 맞춘 밥상 같기도　似擧齊眉案
올라가면 배 드러낸 침상 같기도　如登坦腹牀
배 멈추고 한 나절이나 머무르니　停舟留半日
옛 황왕의 이야기를 다 읽게 되겠네　讀罷古皇王[30]

이날은 사은사와 진위사가 탄 배가 선사포 앞바다에서 길을 잘

못 들어 안경이 거우도에서 그들을 기다렸다. 그리고 함께 그곳에 정박하였다. 거우도는 『신증동국여지승람』에 "모양이 수레를 끄는 소의 모습과 같아서 붙인 이름이다. 섬 가운데는 기이한 바위와 괴상한 돌이 많아서 새가 날아와 앉지 못하며, 사람이 가까이 가면 머리끝이 쭈뼛하여 머물지 못한다"[31]고 기술하고 있다.

안경은 거우도의 명칭을 옛 문헌에서 본 적이 있긴 했지만, 실제로 보니 그 모습이 더욱 놀라워서 시의 제재로 삼았다. 기이한 형상을 한 바위는 책을 만권이나 쌓은 것 같기도 하고, 상자를 쌓아놓은 것 같기도 하였다. 어떤 것은 후한의 맹광(孟光)이 남편인 양홍(梁鴻)에게 밥상을 드는 모양 같기도 하고, 또 어떤 것은 동진의 왕희지(王羲之)가 배를 드러내고 침상에 누워있는 모양을 한 것 같기도 했다. 그는 바위의 형상을 하나하나 보고 있자니, 옛날 황왕(皇王)의 이야기를 모두 읽는 것처럼 흥미롭다고 읊고 있다.

안경은 거우도에서 두 사신을 기다리는 사이에 진기한 풍경에 매료되었다. 배 위에서의 단조로운 생활이 주변의 경물에 관심을 가지게 하고, 나아가 그것을 새롭게 인식하여 시로 형상해 내는 계기를 만들었다. 이후 해로사행을 가는 사신의 기록에 거우도가 종종 나타나기는 하지만, 안경의 시각과는 차별이 있었다.[32] 일례

---

30 安璥, 『朝天日記』, 「5월 28일(車牛之石如積萬卷書冊故題)」.

31 『新增東國輿地勝覽』, 「平安道」, 〈鐵山郡〉. "形如駕車牛, 故名. 島中多奇巖怪石, 鳥飛不下, 人若近之, 毛髮森竪, 凜不可留." 같은 내용이 『萬機要覽』, 「海防」, 〈西海之北〉에 실려 있다. 번역은 고려대 민족문화연구소 역(1971)이다.

32 1623년 주문사의 서장관으로 간 李民宬의 시, 1625년 성절사의 정사로 간 全湜의 시, 1632년 주청사의 부사로 간 李安訥의 시가 있다. 1626년에는 성절사은진주사로 간 정사 金尙憲과 서장관 金地粹는 거우도에서 태풍을 만

로 1636년 동지성절천추진하사(冬至聖節千秋進賀使)의 정사로 가던 김육(金堉, 1580~1658)의 시를 인용해 본다.

천 년 만에 화표주에 학이 비록 오더라도	千年華表鶴雖歸
성곽이며 사람들이 이젠 모두 아니구나	城郭人民擧已非
요동 땅을 모두 들어 오랑캐에 내줬으니	忍把全遼遺犬豕
성조에선 정영위에 부끄럽지 않겠는가	聖朝寧不愧令威[33]

거우도에서 요동을 바라보며 지은 시이다. 요동 사람 정영위(丁令威)는 신선술로 학이 되어 천 년 만에 다시 고향을 찾았다. 그때 화표주에 앉아 '성곽은 의구한데 사람들이 아니로다'라고 읊었지만, 이제는 정영위가 오더라도 성곽마저 옛 것이 아니었다. 요동은 이미 후금에 의해 함락된 지 오래기 때문이다. 김육은 요동이 막혀 어쩔 수 없이 해로를 이용하는 조선사신으로 그 책임을 명나라에 전가하고 있다. 그래서 결구에서 '성조에서는 정영위에게 부끄럽지 않겠는가'라고 읊고 있다.

김육의 경우 거우도에서 시를 읊었지만, 시의 주제는 거우도나 바다가 아니다. 요동을 빼앗긴 명나라에 대한 비판이 다분히 담겨져 있다. 그리고 이면에는 육로가 막혀 험난한 해로를 이용할 수밖에 없는 사신의 고충이 드러난다고 할 수 있다. 시에서 거우도는 단지 요동을 바라보는 장소에 지나지 않았다. 이는 안경과는 다른 의론적인 측면의 시라고 할 수 있다.

다음은 장산도(長山島)에서 읊은 시로 제목은 없다.

나 3일을 머물며 시와 제문을 지었다.

33 金堉, 『潛谷先生遺稿』 권2, 「車牛島望遼東有感」(『한국문집총간』 권86, 38c쪽).

'노루' '사슴'이라하는 섬 이름도 많건마는	稱獐稱鹿島名多
누가 성난 고래 보내 파도치게 하였는가?	誰遣奔鯨蹴怒波
구름바다 아득하게 하늘까지 이어지니	雲海渺然連玉宇
사신 행렬 은하수로 올라가는 건 아닌지?	星槎疑是上銀河
뱃전에서 '호야이야' 서로 힘을 합하고	帆前共助呼耶語
노 저으며 애내가를 불러 함께 흥을 돋네	棹下同歡欸乃歌
내일 아침 기다려서 일찍 출발해야하나	直待明朝宜早發
밤새도록 풍랑 이니 다시 어찌 하겠는가?	夜來風浪更如何[34]

이날은 마침 안개가 걷히고 날이 맑아서 여러 배가 석성도(石城島)에서 만나 함께 장산도를 향해 갔다. 장산도에 거의 도착할 무렵 풍랑이 일어 파도가 뒤집어졌다. 더 이상 나아가지 못하고 그 자리에 닻을 내렸다. 물이 물러가길 기다렸다가 밤이 되어서야 노를 저어 나아갔다. 안경은 며칠 간 풍랑을 계속 겪고서 이 시를 읊었다.

자신이 지나온 섬 이름을 돌이켜보니 '노루[獐]'나 '사슴[鹿]'의 글자가 많이 들어있었다. 그런데 정작 섬 주변에는 성난 고래가 많은지 큰 파도가 자주 일어났다. 안경은 섬 이름과 다른 실제 모습을 성난 고래로 비유하여 읊고 있다. 그리고 그곳의 풍경을 읊었다. 저 멀리 바라보면, 구름과 바다가 만나고 있는 듯해 마치 이 바닷길을 통해 하늘까지 갈 수 있을 것만 같았다. 이는 한나라 때 어떤 사람이 바닷가에서 뗏목을 타고 은하에 도착하여 견우와 직녀를 만났다는 고사를 떠올리게 한다.[35]

34 安璥, 『朝天日記』, 「6월 2일(長山島)」 2수 중 제2수.

35 晉나라 張華는 『博物志』 권3에서 "전설상 고대에는 은하와 바다가 서로 통해서 한나라 때 일찍이 어떤 사람이 바닷가에서 뗏목을 타고서 은하에 도착

이윽고 밤에 풍랑이 잠잠해지자 이때부터 뱃사공들이 '호야이야' 소리를 지르며 힘을 모아 노를 젓기도 하고, 또 애내가[뱃노래]를 부르며 흥겨워하기도 했다. 하지만, 밤에 다시 풍랑이 몰려와 잠을 이룰 수 없었다. 이튿날 아침 일찍 출발할 것을 알지만, 어쩔 도리가 없었다.

이처럼 안경은 섬 이름과 바다의 경물이나 풍경을 보며 자신만의 시각으로 새롭게 인식하고 시로 읊고 있다. 그의 눈에 비친 바다는 육지에서 접하지 못한 새로운 시의 경지로 나아갈 수 있게 하여 다양한 시상을 일으키게 하는 보고였다.

3) 사신의 사명감 표출

안경은 사행 내내 임금을 향한 충성심과 사신으로서의 사명감을 잊지 않았다. 이는 모든 신하가 마땅히 지녀야 하는 마음가짐이지만, 특히 험난한 해로에서 더욱 빛났다.

다음은 청천강 하구에서 지은 「독이포의 대양 가운데서(禿浦洋中)」이다.

아득히 먼 산봉우리 더욱 작아지고	遠峀看逾小
푸른 바다는 갈수록 더욱 깊어지네	滄溟去益深
하늘에는 날아가는 새도 끊기고	天空飛鳥沒
해가 지니 먹구름도 가라앉누나	日落瞑雲沈
나무를 파서 처음으로 뱃길 뚫고	刳木初通路
광주리를 받들어 제물을 바치려는데	承筐欲獻琛

하여 견우와 직녀를 만났다[傳說古時天河與海相通, 漢代曾有人從海渚乘槎到天河, 遇見牛郎織女.]"고 하였다.

외로운 배 이와 같이 중요한 것은 孤舟如許重
한 조각의 붉은 마음 실려 있어서네 一片載丹心[36]

안주를 출발하여 10여리를 가면 횡사(橫寺)가 나오고, 다시 10여리를 가면 독이포(禿伊浦)가 나온다. 육지에서 점점 멀어질수록 뭍의 산봉우리는 더욱 작아지고, 바닷물은 더욱 깊어만 갔다. 갈매기도 여기까지는 날아오지 못했다. 때마침 해가 저무니 하늘의 먹구름이 가라앉아 사방이 어두워져갔다. 안경은 이때 자신이 여기에 있는 이유를 생각해봤다. 조정에서는 200년 만에 다시 떠나는 해로사행이어서 광주리를 받들어 제물을 바치며 해신에게 제사도 올렸다. 더욱이 자신의 행차가 중요한 것은 임금님으로부터 받은 명을 시행하기 위해서였다. 결국 임금님을 향한 일편단심이 있기 때문에 지금 바다 한가운데 있다는 것이다.

드넓은 바다에 배 한척 외로이 떠 있으니 그것이 얼마나 중요하겠냐마는 그에게는 임금으로부터 받은 특별한 사명이 있기에 결코 소홀히 여길 수 없었다. 자신의 배와는 비교할 수 없을 정도로 넓은 바다지만, 임금님을 향한 일편단심은 바다와 비교할 수 있을 정도로 크다는 것을 드러내었다. 여기에 임금님의 명을 시행하고 있는 사신의 충심이 드러난다.

다음은 「박달곶(朴達串) 바위 위에서 회포를 서술하다(朴達串巖上叙懷)」이다. 이날은 밤에 풍랑이 크게 일었다.

누가 능히 큰 바다를 뛰어 넘어 誰能超大海
중원 땅에 곧장 갈 수 있겠는가? 直欲到中原

36 安璥, 『朝天日記』, 「5월 22일(禿浦洋中)」.

장기 안개 갠다 해도 습하거니와 瘴霧晴猶濕
비린 바람 밤낮없이 불어오는데 腥風晝亦昏
돛은 날아 새를 따라 펄럭거리고 帆飛隨鳥擧
배는 뛰어 고래 물결 피하는구나 船躍避鯨呑
원하건대 천자 조정 빨리 도착해 願及朝天早
돌아가서 나라 은혜 보답하리라. 生還報國恩[37]

배를 탄 지 이미 일주일이 지난 시점이다. 여정이 느려서 하루에 10리를 가는 날도 있고, 5리를 가는 날도 있었다. 그래서 아직 철산 앞바다밖에 가지 못했다. 안경은 생각보다 느린 여정에 마음이 답답하여 '누가 큰 바다를 뛰어 넘어 중원까지 곧장 갈 수 있을까?'라고 읊었다. 그 역시 지금의 뱃길에서 빨리 벗어나고 싶었던 것이다. 이때는 여름철이라 바다에서 장기(瘴氣)가 사라지더라도 찝찝한 소금기는 끈적끈적하게 남아있고, 또 비린내 나는 바닷바람을 밤낮없이 맡고 있어야 했다. 돛은 연신 바람에 펄럭거리고, 배는 파도가 일렁이는 것을 따라 올라갔다 내려갔다 한다. 촉각, 후각, 시각, 청각 등 모든 감각을 통해 보더라도 배 위의 생활은 그리 유쾌하지 못했다. 그는 빨리 북경에 도착하여 조회를 하고, 돌아와 임금님께 보고하길 갈망하였다.

안주를 출발할 때와 달리 일주일이 지난 배 위의 일상은 지루하고 싫증나기 시작했다. 특히 육지에서 경험하지 못한 여러 가지 바다의 특성이 그의 비위에 맞지 않았다. 그는 이 순간이 빨리 지나가기를 바랐지만, 느린 배와 단조로운 생활을 쉽게 벗어나지 못하는 것을 안다. 그래서 오로지 임금으로부터 부여받은 사신의 임

37 安璥, 『朝天日記』, 「5월 27일(朴達串岩上叙懷)」.

무를 생각하며 극복해내려고 했다.

다음은 광록도(廣鹿島)를 지나 금주위(金州衛) 앞바다에 정박하고 지은 시이다.

사신 행차 서쪽 오니 바닷길이 확 열려서	星槎西出海門開
푸른 바다 끝이 없어 눈의 경계 넓어지네	萬里蒼茫眼界恢
뭇 강물은 하늘 끝을 따라서 다 흘러가고	衆水盡從天際去
뭇 봉우린 섬을 향해 서로 먼저 들어오네	群峰爭向島中來
먹구름이 물결 눌러 용은 굴에 숨어들고	暝雲壓浪龍藏窟
장기 안개 바람 몰아 신기루가 대에 있네	瘴霧驅風蜃結坮
지성으로 사대하여 신령님이 도우시니	事大至誠神必佑
돛을 펴고 근심 없이 등주 내주 들어가리	布帆無恙入登萊[38]

이날은 풍랑이 없었다. 이 시에는 사신행차의 당당한 모습이 드러난다. 안경이 해로사행을 떠난 시기는 후금이 요동을 정벌한 바로 다음해였다. 이전의 진향사와 진위사의 경우 육로로 갔다가 귀환할 때 해로를 이용했지만, 오직 진향사의 부사 이필영(李必榮)과 서장관 이지선(李祗先)만이 무사히 돌아올 수 있었다. 안경은 바로 이 사행 이후 처음으로 해로로 출발하였다. 이 때문에 사신 행차가 서해바다로 나오니 비로소 바닷길이 열리고, 바다를 통해 시야도 넓어졌다고 읊었다.

안경은 바다에서 본 것 중에 뭇 강물이 하늘 끝을 따라 바다로 흘러드는 해납백천(海納百川)과 파도가 밀려오는 모습이 마치 뭇 산봉우리가 섬을 향해 돌진하는 모습을 인상 깊게 읊었다. 한쪽은 육지의 물이 바다로 흘러가는 것이고, 한쪽은 바닷물이 물결치며

---

38 安璥, 『朝天日記』, 「6월 3일(錦州衛)」.

육지로 밀려오는 모습으로 대장을 공교롭게 구성하였다. 또한 당시 바다의 풍광을 먹구름이 하늘에서 바닷물을 누르고 있어 용은 굴에 숨어들고, 바람이 장기와 안개를 몰아 먼 곳의 대에 신기루를 만들었다고 했다. 용이 숨었다는 것은 파도가 잔잔한 모습이고, 바람이 장기와 안개를 몰았다는 것은 대기가 깨끗한 상황을 읊고 있다.

시를 통해 이날은 상대적으로 운항하기에 적당한 날인 것을 짐작할 수 있다. 안경은 이처럼 순조로운 사행길은 조선이 지성으로 사대를 하고 있어서 그 지성이 하늘에 감동을 주어 해신이 보살펴주는 것이라고 여겼다. 그는 이 상태가 산동의 등주와 내주까지 계속 이어지길 바랐다. 하지만, 그의 바람대로 이뤄지지 않았다. 이튿날부터 거센 풍랑이 이들을 덮친 것이다.

6월 4일의 기록은 다음과 같다.

> 순풍이 불어 일찍 출발하여 하루 종일 배를 운항하였다. 저녁이 되니 바람의 형세가 점점 나빠져 양(楊) 사신의 배가 맨 앞에서 깃발을 휘둘러 지휘하며 어느 포구로 들어갔다. 바로 여순(旅順)이었다. … 중략 … 모든 배는 모두 이곳에 정박하였다. 한밤중에 광풍이 강하게 불며 비가 쏟아지고 파도가 뒤집혔다. 포구가 매우 좁아 배들이 서로 부딪혀 가라앉거나 파손되고, 죽은 사람도 매우 많았다. 유(劉) 사신은 물에 빠졌다가 수영하는 사내의 도움을 받아 맨몸으로 벗어나 언덕에 올랐는데, 온몸이 진흙 범벅이었다. 진위·사은 여러 사신과 두 행차의 수행원들 또한 모두 겨우 몸을 빠져나와 서로 이끌며 해안으로 올라가니, 배는 곧 전복되었다.[39]

---

39 安璥, 『朝天日記』, 「6월 4일(旅順口)」. "因順風早發終日行船. 暮時風勢漸惡, 楊使之船, 最任前頭, 揮旌入一浦口. 乃旅順也. … 中略 …. 諸船皆泊于此. 夜半, 狂風大作, 雨注浪覆. 浦口狹甚, 船皆相擊, 盡爲沉敗, 人死者甚多.

이날은 순풍이 불어 명나라 사신(정사 劉鴻訓, 부사 楊道寅)의 배와 진위·사은사의 배가 모두 함께 운항을 했다. 그러나 저녁에 바람이 거세져 양(楊) 사신의 인도로 여순의 어느 포구로 들어갔다. 그런데 포구가 너무 좁아 배가 서로 붙은 상태에서 그날 밤을 보냈다. 그런데, 한밤에 거센 폭풍이 불자 배들이 서로 부딪치는 일이 발생했다. 이 때문에 많은 배가 파손되고, 죽은 사람도 속출했다. 안경은 유 사신이 빠져나오는 형상을 묘사하여 당시 상황이 얼마나 급박했는지 서술하였다.

풍랑과의 사투는 이튿날까지 계속 이어졌다. 사은사 최응허가 이날의 일을 올린 장계를 보면, 유 사신의 배와 자신의 배, 진위사가 타고 있던 배, 명 사신의 짐을 실은 배 등 9척이 침몰하고 많은 사람이 죽었다고 했다.[40] 안경 역시 바다에 떠다니는 시체가 즐비하고, 방물을 운반할 수 있는 배는 겨우 8~9척뿐이었다고 하였다.[41] 처음 출발할 때의 배가 모두 22척인 것을 감안하면, 이번 풍랑의 피해가 어느 정도인지 짐작할 수 있다.

한편, 이때 육지에는 후금과 달단족(韃靼族, 몽고의 한 부족)을 가장한 가달(假㺚)이 큰 위협이 되고 있었다. 바다에서 풍랑과 사투를 벌인 사행단에게 이들은 부담스러운 존재였다. 그래서 포구에

劉使漂水, 僅賴水漢之拯, 赤脫登岸, 泥塗滿身. 陳慰謝恩諸使臣及兩行員役, 亦皆僅以身免相携登岸, 船遂覆."

40 『광해군일기』 광해군 13년 6월 25일. "天使到旅順口. 夜半狂風大作, 劉天使所乘船, 臣所乘船陳慰使所乘船, 兩天使卜物所載船唐船, 竝九隻敗沒. 劉天使僅以身免, 唐人溺水, 死者不知其數. 臣亦僅僅浮出, 表奏咨文, 拯出水中, 方物太半漂失."

41 安璥, 『朝天日記』, 「6월 5일(旅順口)」. "敗舟者, 浮尸相雜, 瀰漫於水. 攀舷呼哭, 冒死爭登. 倉皇急遽之際, 纔運方物, 僅八九隻.

서 충분한 휴식과 정비할 시간도 갖지 못하고 다시 배를 띄웠다. 설상가상으로 이날부터 바다에는 안개가 짙게 끼고 비바람과 천둥번개가 몰아쳐 배들은 각자 살길을 찾아 뿔뿔이 흩어지기도 하고, 길을 잃기도 하며 여순과 황성도(皇城島) 사이에서 열흘간 표류하였다.

표류한 지 7일 째 폭풍 때문에 여순 방향으로 회항하다가 어느 섬에 정박했다. 이때 배와 노가 모두 파손되었다. 뱃사람들은 안경에게 배를 수리해서 고국으로 돌아가 임금님께 죄를 받고 고향 땅에 묻히자고 했다. 이에 안경은 눈물을 훔치며, "명을 받아 국경을 나갔는데, 무슨 말로 복명을 한단 말인가? 하물며 우리나라에서 이미 멀리 왔고 등주는 바라볼 수 있소. 정성을 다하면 신명도 반드시 도와줄 것이오."[42]라고 하며 다시 등주를 향해 출항했다. 표류한 기간 동안에는 시가 기록되지 않았다.

안경의 시가 다시 등장한 것은 6월 16일이다. 이날은 안개 속을 지나며 비를 맞기도 했는데, 저녁 무렵이 되어서 갈매기 두세 바리가 날기 시작하였다. 그리고 곧 멀리 섬이 보였다. 안경은 당시의 감격을 "10여 일을 표류하면서 괴롭게 기다리며 황성을 바라본 것이 바로 이것이로구나. 오늘 다시 태어났으니 천운이 아니랴!"라고 하며 배위에 있는 사람들과 함께 눈물을 흘리며 4번 절을 했다.[43] 그리고 어느 섬에 정박하여 비로소 옷을 벗고 단잠을 잤다. 이날 그는 다음과 같이 읊었다.

---

42 安璥, 『朝天日記』, 「6월 13일」. "受命出疆, 復命何辭. 况我國旣遠, 而登州入望, 庶幾竭誠, 神必扶持."

43 安璥, 『朝天日記』, 「6월 16일」. "'等之十餘日漂流, 苦望黃城者是耶. 今日再生, 莫非天也.' 幷立船上, 揮淚四拜."

등주·내주 가는 길을 알지 못케라　　不識登萊路
어느 누가 섬 이름을 나눠놨는지　　誰分島嶼名
안개 뚫고 가랑비도 맑게 개이니　　霧穿微雨霽
하늘에서 밝은 노을 비춰오누나　　天漏落霞明
바다제비 돛대 보고 막 지저대고　　海燕迎檣語
모래펄 갈매기 노에 놀라 가는데　　沙鷗近楫驚
조각배는 지금에야 정박을 하니　　扁舟今始泊
어느 때나 황제 수도 도착하려나　　幾日到皇京[44]

다른 배와 떨어져 가다보니 산동성 등주나 내주로 가는 길이 명확치 않았다. 앞의 배가 가던 길을 추측하며 안개 속을 지날 뿐이었다. 그런데, 안개가 서서히 걷히며 내리던 비도 그치고, 하늘에서 밝은 노을이 비춰왔다. 게다가 어디선가 갈매기가 날아와 돛대에 앉기도 하고 노에 놀라 날아가기도 했다. 마침내 어느 섬에 정박하여 풍랑을 이겨냈다. 그는 다시 살아난 것에 더없이 기뻤지만, 그것도 잠시 다시 임금님이 명한 사신의 임무를 떠올리며 북경을 향해 갈 길을 걱정했다.

이처럼 안경의 시에는 해로에서 위험한 고비를 겪으면서도 사신으로서의 사명감을 잃지 않는 모습이 드러난다. 한편 안경이 북경을 다녀온 뒤 등주에서 귀국할 적에도 그곳 관리가 풍랑이 일어 봄까지 출항 연기를 권했지만, 왕명을 받들고 있다는 이유로 오랫동안 체류할 수 없다고 하며 출항을 강행했다. 이는 바다의 험난함이 안경의 충성심과 사신으로서의 사명감을 더욱 빛나게 해주는 역할을 한 것이다.

44 安璥, 『朝天日記』, 「6월 16일(黃城大霧中)」.

4. 결론

안경의 『조천일기』는 현존하는 우리나라 해로사행록 중에 가장 이른 시기에 쓰인 것이다. 안경은 200년 만에 다시 시작된 해로사행이라, 출발부터 큰 부담을 가질 수밖에 없었다. 그는 매일 배 안에서 그날 겪은 일을 꼼꼼히 기록하고, 그때 겪은 감정을 시로 읊었다. 본 논문에서는 그의 일기를 바탕으로 그의 시에 드러난 해양 이미저리를 살펴보았다. 시는 산문으로는 전하지 못하는 내면의 울림이 있기 때문에 전근대시기 지식인이 바라본 인문학적 측면의 해양을 알 수 있다.

바다의 풍랑은 안경에게 두려움을 주었다. 그는 그때마다 천명을 생각하며 마음을 태연히 가지려고 노력했다. 바다는 분명 두려운 존재였지만, 그 바다를 공경하며 오히려 생사를 초탈하는 정신적 경지에 나아갈 수 있었다. 또 바다는 육지에 기반을 두고 있는 사람에게 생소한 공간일 수밖에 없었다. 선상에서 보이는 바다의 새로운 풍경은 안경에게 다양한 시상을 불러일으켜 시로 표현하게 하였다. 한편 험난한 해로는 사신의 명을 받은 신하의 충성심과 사명감을 더욱 돋보이게 하였다. 안경은 자신이 임금의 명을 받아 중국으로 가는 사신임을 늘 잊지 않았다. 해로에서 만난 어떤 힘든 상황에서도 이를 떠올리며 임금에 대한 충절을 드러내었다.

이처럼 안경이 선상에서 지은 한시를 통해 전근대시기 지식인이 바라본 해양은 지금의 관점으로 이해할 수 없고, 다분히 인문학적 측면에서 접근해야 되는 것을 알 수 있다. 바다에서 겪는 풍랑과 풍경, 그리고 그 속에서 느끼는 감정은 당시 지식인의 사고에 의해 형상화되고 있었다. 이는 지금과는 다른 해양의 다양한 모습일 것이다.

세계화시대에 바다는 세계를 이어주는 중요한 가교역할을 하면서 인문학적 측면에서도 새롭게 부각되고 있다. 하지만, 바다는 오래전부터 우리의 삶과 밀접한 관련이 있었고, 현대뿐만 아니라 전근대에도 국가 간의 가교역할을 해왔다. 이 때문에 해양에 대한 인문학적 접근방법은 과거의 정리가 수반되어야 할 것이다. 이에 안경이 선상에서 읊은 시는 해양에 대한 인문학적 접근의 일환이 될 수 있을 것이다.

끝으로 본 논문이 해양을 중심에 두고 작품 속 해양 이미지를 드러내려고 했지만, 기존의 작가 중심적 논문에서 드러난 해양 이미지에서 크게 벗어나지 못한 한계가 있다. 이는 시에 드러난 해양 이미지가 작가의 눈을 통해서 형상화되기 때문이다. 앞으로 해양을 경험하고 해양에 관한 기록을 남긴 작가들의 연구가 쌓여간다면, 해양을 중심으로 한 다양한 이미지가 드러날 것이라고 여겨진다.

II. 험난한 해양 표류 기록[1]

1. 서론

17세기 명청교체기 후금에 의해 요동을 지나는 길이 막히자, 한중 사신은 다시 해로를 이용하였다. 그렇게 해로사행은 1621년부터 1637년까지 약 17년간 이어졌다. 첫 번째 해로사행은 1621년 5월에 출발하여 같은 해 11월에 돌아온 동지성절사은사이다. 이때 서장관으로 간 안경(安璥, 號 芹田)은 사행의 전 기간을 하루도 빠짐없이 기록하였다. 그가 기록한 『가해조천록(駕海朝天錄)』은 그 당시의 해로사행과 명청교체기 중국의 실정을 이해하는 데, 좋은 자료가 되어서 한중 양국에서 연구가 이뤄지고 있다.[2]

그런데, 『가해조천록』보다 정본에 가까운 『조천일기』의 복사본이 존재하기 때문에 여기에서는 『조천일기』를 저본으로 하여 해로과정 중 해상 표류기간에 초점을 두어 전개하였다. 안경은 표류기간의 참혹함을 있는 그대로 기록하고 있어서 기존 연구에서

1 『민족문화』 제56집에 실린 「명청교체기 조선사신단의 해양표류기 연구」(2020)를 수정한 내용임.

2 지금까지 『가해조천록』 즉, 『조천일기』와 관련된 논문은 본서 제1부 I편의 서론 참고.

도 부분적으로 다루고 있다.[3] 그런데, 이정귀(李廷龜)가 안경의 사행일기를 보고 말한 아래의 내용을 보면, 표류기간에 더 집중해 볼 필요가 있다.

> 내가 安芹田 공의 조천록을 보니, 천지에 영결을 고하는 데 이르러서는 개연히 눈물을 흘리지 않은 적이 없었다. 아마도 수로가 신유년(1621)에 처음 통했고, 안 공이 처음 시작한 행로라 건너기가 매우 위험했을 것이다. 아! 여순의 거친 파도와 석성의 폭풍을 만났을 때 하늘까지 이르고 신령이 감동하는 정성이 아니고서는 어찌 부절을 받들고 복명할 수 있었겠는가? 공의 충의는 한나라 중랑장 蘇武와 견줄 수 있다.[4]

이 내용은 안경의 10세손인 安正煥이 지은 『가해조천록』의 발문에 실려 있다.[5] 이정귀의 말을 통해 폭풍을 만나 천지에 영결하

---

3 부분적으로 다루다 보니, 다소 무리한 인용문도 보인다. 예를 들면, 허경진·최해연의 논문에서 사행을 갈 때 해로의 험난함과 풍랑에 대해 언급하면서 『가해조천록』의 「발문」(안경의 10대손 安正煥이 지음)에서 李廷龜가 "내가 안근전의 조천록을 보다가 천지에 영결을 고하는 글에 이르면 탄식하여 눈물을 흘리지 않은 적이 없었다."고 한 부분을 인용하였는데, 사실 이 부분은 귀국길에 겪은 풍랑에 대해 말한 것이다.(허경진·최해연, 위의 논문, 128~129면.)

4 安正煥, 『駕海朝天錄』, 「발문」, 국립중앙도서관소장, 183면. "余觀安芹田公朝天錄, 至天地永訣之告, 未嘗不慨然流涕者也. 蓋水路始通於辛酉, 而安公以剏始之行, 尤極涉險也. 噫! 旅順之狂浪, 石城之颶風, 非格天感神之誠, 烏能專節復命乎. 公之忠義, 可儔於漢中郎將蘇武也."

5 『조천일기』는 현재 2종의 필사본이 전해지고 있다. 하버드 옌칭도서관에 소장된 『가해조천록』(발문 安正煥, 1853)과 장서각에 소장된 『조천일기』이다. 『조천일기』는 안경의 문집 『芹田集』 건·곤(서문 安鍾萬, 1903)에서 곤책이다. 현재 학계의 연구는 모두 하버드본으로 이뤄졌고, 장서각본은 임기중 교수가 『(2016년 6차 개정증보판)연행록총간』(2016)을 만들 때 영인했을

는 등 매우 위험한 상황을 겪었다는 것을 알 수 있다. 안경의 해로 사행이 순조로웠다면 이정귀가 이러한 말을 하지는 않았을 것이다. 실제로 『조천일기』를 살펴보면, 해상에서 생사를 넘나드는 처절한 상황이 많이 등장한다.[6] 이는 명청교체기라는 특수한 상황에서 조선인들이 어쩔 수 없이 감내해야 할 고통이었다.

이 때문에 본론에서는 해상에서 극한의 상황에 대처하는 안경과 뱃사람들의 모습을 드러내려고 했다. 신령과 하늘에 대한 기도를 통해 삶에 대한 열망을, 험난한 상황에서 지은 시를 통해 생사를 초월한 안경의 정감을, 그리고 최악의 순간을 넘기고 살아서 돌아간 뒤에도 남아있는 두려움을 전개하였다. 이를 통해 명청교체기 조선사신단이 겪은 고충의 일면을 볼 수 있으리라 여겨진다.

2. 『조천일기』 내 표류정황

동지성절사은사(정사 崔應虛, 서장관 안경)와 진위사(정사 權盡己, 서장관 柳汝恒) 일행은 1621년 5월 20일 안주에서 배를 나눠타고 출항하였다. 이후 신도(薪島)와 장산도(長山島), 여순(旅順)을 지나

뿐 따로 다뤄진 적이 없다. 그런데, 장서각본은 서발문이 하버드본보다 느려 후대에 제작된 것으로 보이고, 내용도 하버드본보다 정본인 것으로 여겨진다. 다만 원본은 아니고, 필사본의 복사본 형태로 소장되어 있다.

6 앞의 제Ⅰ편에서는 200년 만에 다시 해로를 이용한 기록이라는 점에 주목하여 출국해로노정에서 지은 한시만으로 해양의 이미지를 드러냈다. 그런데, 귀국해로노정에서는 이미 배를 탔기 때문인지, 풍랑을 만나 표류해서인지 몰라도 출국해로노정 때와는 성격이 다른 시를 지었다.

6월 20일 산동성 등주(현 산동성 연태시 봉래구)에 도착하였다. 그리고 등주에서부터는 육로를 이용하여 내주(萊州), 청주(青州), 추평(鄒平)을 거쳐 대부분의 일행은 청남(清南), 덕주(德州), 경주(景州), 하간(河間), 탁주(涿州)를 지나 북경으로 갔고, 안경을 비롯한 일부는 추평에서 북쪽 지름길을 이용해 임읍(臨邑), 덕주(德州), 창주(滄州), 천진(天津), 통주(通州)를 거쳐 7월 27일 북경의 옥하관(玉河館)에 도착하였다. 귀국길은 9월 15일 옥하관을 나와 갈 때의 길을 똑같이 돌아서 왔다. 해로 역시 10월 5일 등주에 도착하여 이틀 뒤 배에 올라 같은 노정으로 돌아왔다. 하지만, 왕복 해로에서 풍랑을 만나 장시간 표류하였다. 특히 귀국길에 안경의 배는 석성도 근처에서 표류되어 해양도(海洋島)에 정박했다가 다시 보름 동안 표류하고, 11월 6일에야 겨우 철산(鐵山)에 도착했다. 안경의 해로사행은 그동안의 육지사행과 달리 생사를 넘나드는 험난한 길이었다.

안경은 추평에서 제양현(濟陽縣)과 임읍현(臨邑縣)을 경유하여 덕주(德州)로 갔다. 반송(伴送)을 통해 다른 길보다 200여 리나 줄일 수 있다고 들었기 때문이다. 하지만, 여수(洳水)에 막혀 이튿날 배를 타고 제양으로 들어갈 수 있었다.[7] 이후 덕주에서는 천진을 경유하여 돌아갔는데, 당시 함께 간 진위사 서장관 류여항(柳汝恒)의 간절한 부탁이 있었기 때문이다. 안경의 사행이 있기 전 육로를 이용해서 북경으로 간 진향사(進香使) 류간(柳澗)이 바로 유여항의 부친이었다. 진향사는 귀국길에 육로가 막혀 해로를 이용했

---

7 安璥, 『朝天日記』, 「7월 12일」. “伴送謂余等曰, 章丘直路, 雖似平易, 間道途捷徑, 將縮二百許里里許云. 故取濟陽小路, 則沮洳之地, 不可行也.”

는데, 그 행적이 묘연해졌다. 그래서 유여항은 부친의 소식을 듣고자, 안경에게 특별히 천진을 경유하자고 하였던 것이다. 천진에서 안경은 진향사 일행이 배를 빌려 떠난 지 4일이 지났다는 얘길 들었다.[8] 그리고 류간은 끝내 살아서 돌아오지 못하였다.[9]

『조천일기』에서 해로노정은 거우도(車牛島)에서 등주까지 3300리로 기록하였고, 육로노정은 등주에서 북경까지 1815리로 기록하였다. 그러므로 거우도에서 북경까지는 총 5115리에 해당되는 방대한 거리이다.[10] 그런데, 지도를 얼핏 보아도 등주에서 북경까지의 노정이 해로보다 더 긴 것을 알 수 있다. 하지만, 안경은 해로를 두 배 가까이 더 멀게 기록하였다. 이러한 원인은 배의 이동이 곧게만 가지 않았고, 또 표류되어 간 거리도 함께 계산했기 때문이다. 그리고 당시 해로에서는 한번 노 젓는 것을 1보로 쳤기 때문에[11] 육로에 비해 상대적으로 더 멀게 나온 것이다. 그렇지만, 무엇보다 해로는 육로에 비해 단조로운 풍광과 제한된 공간으로 인해 심리적 차원에서 더 멀게만 느껴졌을 것이다.

아무튼 안경의 노정에서 해로는 육로보다 더 큰 비중을 차지하

---

8 安璥, 『朝天日記』, 「7월 16일」.

9 당시 진향사와 진위사가 함께 배를 타고 돌아왔는데, 진향사의 부사 李必榮과 서장관 李祗先만 살고 나머지는 모두 죽었다.(李瀷, 『星湖先生僿說』 권9, 「朝天渰死」, 국립중앙도서관소장, 47면.)

10 안경은 안주에서 북경까지의 전체 노정에서 안주에서 거우도까지의 거리를 기재하지 않았다. 그래서 전체 거리는 5115리보다 늘어날 것이다. 특히 당시 안경이 측정한 해로의 거리는 육로보다 길기 때문에 다소 많이 늘어날 것이다. 참고로 지금의 지도에서 해안선을 따라 거리를 측정해 본 결과 약 168km(420리)가 된다.

11 金堉, 『潛谷遺稿』 권14, 「朝京日錄」, 〈1636년 9월 30일〉(『한국문집총간』 권86, 한국고전번역원, 1992, 269면). "一度搖櫓爲一步."

는 것만은 틀림없다. 그의 전체 일정에서 해로에 있었던 날은 모두 두 달이다. 출국해로노정은 안주를 출발한 5월 20일부터 등주에서 배에서 내린 6월 20일까지이고, 귀국해로노정은 등주에서 배에 오른 10월 7일부터 철산에서 배에서 내린 11월 6일까지이다. 왕복 각각 30일씩 모두 60일이다.[12]

안경은 5월 20일 안주의 횡사포구에서 명나라 사신(정사 劉鴻訓, 부사 楊道寅)과 진위사(정사 權盡己, 서장관 柳汝恒), 그리고 자신이 포함된 사은사(정사 崔應虛)를 비롯해 당시 난을 피해 온 중국어선 등 총 22척의 배와 함께 출항하였다. 이후 간운리(艮雲里), 독이포(禿伊浦), 노강진(老江鎭)을 지나 대양으로 나갔다. 그리고 선사포(宣沙浦), 목미도(木米島), 가도(椵島), 거우도를 지나 요동반도의 근해로 접어들었다. 그런데, 신도(薪島)를 지나 녹도(鹿島), 석성도(石城島), 장산도(長山島)에서 풍랑을 만나 돛대가 기울고 노가 부러지기도 했다. 이어서 광록도를 지나 여순 포구에 정박했는데, 그날 밤 풍랑으로 9척의 배가 가라앉는 등 큰 피해를 입었다. 이때 육지에서는 가달이 공격하였고, 바다에서는 해적과 풍랑이 일어 이러지도 저러지도 못하는 상황에서 여순 근해에 정박하였다. 이후 몇 차례 운항을 시도하면서 표류되어 용당왕신(龍堂王神)이 있는 섬에 정박하였고, 그곳에서 나흘 밤을 보내고 나서야 황성도(黃城島)에 갈 수 있었다. 그리고 타기도(鮀磯島)와 묘도(廟島)를 거쳐 등주에 도착할 수 있었다.

출국해로노정에서는 녹도와 장산도 사이에서 처음으로 풍랑을 겪어 놀라긴 했지만, 큰 피해 없이 넘길 수 있었다. 그런데, 이틀

---

12 부록의 조천일기 전체 일정표 참고.

뒤 여순 포구에서 큰 피해를 입었고, 이때부터 약 12일 동안 대양에서 표류했다. 이후 천운으로 황성도에 도달하여 무사히 등주로 입항할 수 있었다.

귀국해로노정은 출항 날짜가 이미 입동을 지난 음력 10월 7일(양력 11월 19일)이었다. 풍랑도 풍랑이지만, 북쪽에서 내려오는 찬바람을 걱정해야 했다. 등주에서 출항한 뒤 곧장 묘도로 가서 정성껏 기도를 올렸지만, 타기도와 황성도, 장산도에서 높은 물결과 역풍으로 발이 묶이기도 했다. 하지만, 본격적인 역경은 장산도를 지나 석성도를 향할 때 광풍을 만나 대양에 표류하면서 시작되었다. 이후 오마도(五馬島), 해양도(海洋島), 거충도(居衝島), 그리고 이름 모를 작은 섬에 정박하면서 총 18일을 표류한 끝에 철산 대곶(大串)에 도착할 수 있었다.

이처럼 안경은 출국해로노정에서는 여순포구에서 풍랑을 만난 6월 5일부터 황성도에 도착한 6월 16일까지 총 12일 동안 표류했고, 귀국해로노정에서는 석성도 앞에 있던 10월 18일부터 철산의 대관도에 도착한 11월 5일까지 총 18일 동안 표류했다. 이 같은 표류기간으로 말미암아 왕복 해로 일정이 약 30일 늘어나 일반적인 해로 노정보다 많이 걸리게 되었다. 17세기 해로사행에서 등주로 가는 항해 일자를 참고했을 때 일반적으로 11~14일 정도 소요되고, 길어도 17일인 것에 비하면 10일 이상 지체된 셈이다.[13]

13 朴現圭, 「17세기 전반기 對明 해로사행에 관한 행차 분석」, 『한국실학연구』 21, 한국실학학회, 2011, 133~135면 참조.

3. 표류 기록에 드러난 삶과 죽음

1) 기도를 통한 삶의 열망

『조천일기』에는 안경이 기도를 올린 기록이 곳곳에 보인다. 출국해로노정에서는 5월 29일 요동반도의 근해로 접어들 적에 처음으로 제문을 지어 기도했다.[14] 이후 6월 7일 밤 큰 비와 풍랑이 일어 밤새 기도했고, 이튿날 다시 제문을 지어 기도했다.[15] 10일에는 천둥번개를 동반한 비바람에 돛대와 키가 부러져 대양에 표류되자 살길이 만무하여 밤새 기도를 했고, 15일에는 표류하다가 우연히 정박한 용당왕신(龍堂王神)을 모신 섬에서 돼지를 바치고 제문을 지어 기풍제를 지냈다. 그리고 이튿날 안개 속을 운항하면서 홀로 기도를 올렸다.

이중 6월 15일의 기풍제는 다소 절박한 심정에서 이뤄졌다. 제를 지내기에 앞서 황색 명주 두 폭에 쌍룡을 그려 높이 걸고, 땅을 깨끗이 하여 장막을 편 뒤 신위(神位)를 설치하였다. 이후 의관을 정제하고 제문을 읽었는데, 제문의 내용은 다음과 같다.

> 임금에게 명을 받고 천조에 표문을 올리러 조회가고 있습니다. 그런데, 요하의 길이 막히고 푸른 바다는 끝이 없으며, 등주와 내주는 구름 밖에 있어 조각배는 아득하기만 합니다. 돛 기울고 노 꺾이

---

14 제문은 명으로 조회 가는 의리를 내세워 상서로운 바람이 불게 해달라는 내용이다. (배종석, 「安璥의 『가해조천록』에 드러난 해양 이미저리」, 『한국민족문화』 66, 부산대학교 한국민족문화연구소, 2018, 14면 참조.)

15 이날은 풍랑으로 9척의 배가 침몰한 경험을 하였고, 연이어 이틀 간 해상에서 갖은 고생을 한 뒤였다. 그래서 제문은 바다 신령의 큰 은혜를 입어 목숨을 구했는데, 끝까지 보호해 달라는 내용이다.(安璥, 『朝天日記』, 「6월 8일」.)

> 며 찐득한 비와 남방의 안개 속에 거의 죽을 뻔한 것이 몇 번인데, 어찌 혼자만 고달픔을 피하겠습니까? 하루하루 보내며 배에서 바람을 기다리지만, 동북풍이 불지 않으니 언제나 배가 갈 수 있을까요? 원컨대 신령스런 힘을 빌려 바다를 건너게 해주시겠습니까? 정성을 다해 신령께 고하노니 살펴봐 주시길 바랍니다. 상향.[16]

안경은 자신의 노정이 사사로운 일이 아니고, 임금의 명을 받아 천자의 조정에 가는 중대한 임무를 띠고 있다는 것을 밝혔다. 그래서 기도를 올리는 대상인 신령에게 사신행차가 공명정대하니 이 일을 실행할 수 있게 도와달라고 하였다. 자신의 목숨과 안전을 빌기보다 사신의 임무를 수행하기 위한 기도를 올린 것이다.

그런데, 이 섬은 폭풍으로 죽을 고비를 넘기고 당도한 곳인데다 섬에 사는 중국인들이 닭과 채소, 과일 등을 가져다주며 호의를 베푼 곳이다. 목숨을 구해준 곳과 다름이 없었다. 그래서 이 제문은 자연히 이 섬에서 모시고 있는 용당왕신께 올렸을 것이다. 하지만, 『조천일기』에는 용왕당신에게 기도를 올렸다는 내용을 찾아볼 수 없다. 안경은 제가 끝난 뒤 산에 올라 남쪽으로 탄환같이 아득한 황성도를 바라보며 묵묵히 기도하고 4번 절을 하기도 했다. 기도의 효험이 있었는지 안경의 배는 이튿날 황성도에 무사히 정박하고 등주까지 순탄한 노정이 이어졌다.

귀국해로노정에서는 출발할 때 기후가 좋지 않아 등주의 안찰사(按察使)였던 도낭선(陶朗先, 1579~1625)이 봄까지 기다렸다가 가길 권했다.[17] 하지만, 안경은 천자의 칙서를 받고 지체할 수 없

16 安璥, 『朝天日記』, 「6월 15일」. "受命于君, 奉表朝天. 遼河路阻, 滄海無邊, 登萊雲外, 一葦渺然. 檣傾楫摧, 瘴雨蠻烟, 幾死者數, 奚憚獨賢. 日復一日, 候風船舷, 東北不吹, 曷日行船. 願借神力, 利涉大川, 竭誠告神, 庶幾矜憐. 尙饗."

다고 하면서 출항을 강행했다.[18] 진위사 서장관 류여항(柳汝恒)이 이전 사신으로 온 부친 류간(柳澗)의 생사를 확인하고 싶어 출항을 재촉하기도 했다.[19] 등주를 출항할 때 순풍을 비는 제사를 지내고, 이튿날 묘도에 도착하여 천비(天妃) 낭랑(娘娘)의 사당에서 제문을 지어 기풍제를 지냈다. 묘도는 안경이 등주로 올 적에 이미 들렀던 곳이다. 당시 천비나 사당에 대한 언급이 전혀 없었다. 하지만, 귀국길에는 천비에 대한 인식이 바뀌어 스스로 묘도에 나아가 제문을 짓고 제를 올렸다.[20] 제문의 내용은 다음과 같다.

---

17 趙濈, 『朝天日乘』, 「1623년 9월 12일」, 국립중앙도서관소장, 1624, 17면. "봄과 여름에는 서풍이 불어서 중국에서 조선으로 가기 좋다."; 겨울에는 발해만과 황해 해역에는 시베리아 한랭기단이 확장되고 매섭고 차가운 날씨가 계속되며 격심한 북서풍이 불어 파도도 높다. 최근에도 서해안에서는 겨울철에 해난사고가 자주 발생한다.(박현규, 『동아시아 해상 표류와 해신 마조』, 학고방, 2018, 222면 참조.)

18 安璥, 『朝天日記』, 「10월 6일」. "初六日, 往陶朗先衙門, 則對茶慰之曰, 多多辛苦, 風浪如此, 何以開洋? 不如姑停以待春和. 等謝曰, 老爺念及於此, 感激. 受勅淹留, 於心未安, 入島候風, 風不順, 則回泊猶或可也. 豈可頹然坐此, 自畫中途乎?"

19 安璥, 『朝天日記』, 「10월 5일」. "陳慰使尙留此寺, 其書狀在船上促發云." 당시 이미 이전 사행의 진향사 柳澗, 진위사 康昱, 朴彝敍, 서장관 鄭應斗 등이 탄 배가 모두 침몰하여 죽었다는 말이 등주에 퍼져 있었지만, 사람들이 柳汝恒에게는 모두 비밀로 했다.(137~138면 참조.); 이전 사신의 배가 침몰했다는 내용은 『연려실기술』 제21권의 「수로로 명나라에 사신을 보내다」에도 나온다.

20 이는 아마 안주에서 안경과 함께 출항한 명나라 사신 劉鴻訓의 영향일 가능성이 크다. 유홍훈은 당시 등주로 오는 길에 풍랑을 겪으면서 天妃에 대한 믿음이 매우 커져 평생 그 성덕을 칭송할 정도였다. "鴻訓, 奉使朝鮮以遼路梗塞, 問歸途於海上. … 중략 … 舟人謂鼉磯廟島 二祠, 有天妃聖母像, 香火在焉, 每禱而有應. 余跣足長跽, 舟中大呼聖母. 以余生平乞鑒且祝繡幡, 搆聯頌揚聖德." 劉鴻訓, 「題廟島天妃祠募緣疏首」, 『四素山房集』 권19(『四庫未收書輯刊』 6집 21책, 북경출판사, 1997, 719면).

> 강남[북경]의 칙서를 받드는 사신의 일을 이미 천자의 궁궐에서 끝냈고, 이제는 해동으로 배를 돌리니 고국은 해 뜨는 아득한 곳에 있습니다. 진실로 신령의 감응과 도움 없이 누가 편안히 건널 수 있겠습니까? 10월의 스산한 바람은 마땅히 창문을 막아야 하는 때이고, 만 리에 높은 파도가 이니 어찌 배를 몰 때이겠습니까? 아, 신하의 직무는 쉴 틈이 없고, 오로지 나랏일을 잘 처리하려고 생각합니다. 섬 안에 세 자나 쌓인 눈을 먹고, 파도 위에서는 작은 배에 의지합니다. 굳은 마음으로 다른 마음 먹지 않은 것은 백발의 제가 여태껏 배운 것이 뭐겠습니까? 신령께서 옆에 계신 듯하니 일편단심의 지성을 함께 살펴주소서. 물고기 뱃속에 장사지내는 불운을 없게 해 주시고, 기러기 깃털 같은 순풍을 빌려주시길 빕니다.[21]

안경은 제문에서 사신의 행차가 모진 고난을 이겨내며 신하의 충성과 도리를 다하고 있다는 점을 드러내려고 하였다. 그래서 지성이면 하늘도 감동한다는 뜻에서 천비에게 순풍을 빌려달라고 기도하였다. 그런데, 안경이 천비의 사당에 나아가 제를 지내게 된 이유를 세 가지 정도 생각해 볼 수 있다. 첫째 등주에 올 때 이미 해로의 험함을 경험했고, 둘째 시기적으로 겨울이 다가오는 시점에 배를 타야 된다는 부담감도 있었을 것이다. 그리고, 셋째 사행 도중에 들은 유간을 비롯한 이전 사신의 조난 사고 소식은 두려움을 자아내기에 충분했다. 특히 배를 몰아야 하는 뱃사공의 두려움을 덜어주기 위해 그들이 굳게 믿고 있는 해신인 천비의 사

21 安璥, 『朝天日記』, 「10월 10일」. "江南奉勅, 使事旣完於天庭, 海東回槎, 故國遙在於日域. 苟非感應之助, 誰得利涉之便? 十月陰風, 正當墐戶之日, 萬里驚浪, 此豈解纜之時? 嗟臣職之不遑, 念王事之靡盬. 餐島中三尺之雪, 依波上一葉之舟. 斷斷無他, 白首之所學何事? 洋洋如在, 丹心之至誠共監. 欲免魚腹之灾, 願借鴻毛之順."

당에 나아간 것이다.[22]

안경의 사행이 있고, 3년 뒤 사은주청사의 서장관으로 해로사행을 다녀온 홍익한(洪翼漢)은 『조천항해록』에서 천비를 등장시켰다. 홍익한 일행은 조천을 가는 길에 광록도에서 풍랑을 만나 4일 동안 발이 묶여 있었다. 이때 마침 어느 승려가 찾아와 사찰을 창건한다는 이유로 시주를 청하며 바닷길의 평온을 빌어주겠다고 하였다. 그 승녀는 천비에 대해 다음과 같이 말하였다.

> 바다에 제사 지낼 때는 천비 낭랑의 신이 가장 중요하고, 그 다음은 용왕의 신이고, 또 그 다음은 小聖의 신입니다. … 중략 … 천비는 옥황의 따님으로 사해를 주관하고, 용왕은 천비를 보좌하며, 소성은 바로 용왕의 사위입니다. 세 신이 기뻐하면 모든 일이 길하고, 노하면 모든 일이 흉하므로 모든 항해하는 자들은 그들을 기쁘게 하려고 정성을 다합니다.[23]

승려의 말을 들은 홍익한을 비롯한 정사 이덕형(李德泂)과 부사 오숙(吳䎘)은 제문을 지었고, 제수와 향, 폐백을 고루 갖추어 해안의 정결한 곳에서 세 신에게 제를 올렸다. 17세기 해로사행에서 천비의 위상은 안경에서 비롯되어 홍익한에 이르러 이미 바다에서 가장 높은 존재가 된 것을 알 수 있다.

---

22 박현규, 앞의 책, 219~226면 참조. 박현규는 이 책에서 「安璥의 媽祖 인식과 廟島 天妃廟 제문」이라는 항을 만들어 안경이 천비를 해신으로 인식하게 된 것을 서술하였다.

23 洪翼漢, 『花浦先生朝天航海錄』 卷1, 「1624년 8월 19일」, 국립중앙도서관 소장, 10면. “祭海, 莫重於天妃娘娘之神, 次龍王之神, 又次小聖之. … 中略 … 天妃, 者玉皇之, 女主玆四, 瀆而龍王佐之, 小聖者, 卽龍王半子. 三神喜則諸事吉, 怒則凶. 故凡行于海者, 欲其喜而不欲怒, 致敬盡禮.”

천비에게 올린 제가 끝나고 묘도를 출발한 안경은 석성도를 10여 리 남겨두고 갑자기 광풍을 만나게 되었다. 안경은 당시 상황을 다음과 같이 서술했다.

> 처음에는 하늘 끝에 한 점의 검푸른 구름이 보였다. 그 구름은 북에서 남으로 향하다가 별안간 우리의 눈을 가리고 큰 바다 가운데 흰 물결을 솟아오르게 하였다. 물과 하늘이 뒤집히고 돛대의 줄이 끊어지고 돛의 이음새도 찢어져 날려 결국 표류되어 대양으로 나갔다. 목숨을 내놓고 가다가 어둠이 짙어진 뒤에야 우연히 어느 작은 섬에 배를 댈 수 있었다. 파도가 바위를 치는 소리에 천지가 무너지는 것만 같았다. 바위 아래 배를 정박하고서야 대풍을 피할 수 있었다. 만약 이 섬이 아니었다면 큰 바다 밖에 의지할만한 아주 작은 어떤 섬도 없었을 것이다. 이 어찌 천명이 아니겠는가? 배 안의 사람들은 자기네들끼리 서로 넋을 불렀다.[24]

석성도가 눈앞에 펼쳐졌건만, 비바람을 동반한 구름이 갑자기 몰려와 풍랑을 일으켜 돛대의 줄이 끊어지고, 돛도 찢어지고 말았다. 이때부터 큰 바다로 표류되어 갔다. 그들의 배는 하염없이 표류하다가 밤이 깊어서 작은 섬에 정박할 수 있었는데, 천우신조라고 하였다. 하지만, 자신들의 위치가 어디인지는 알지 못했다. 그들은 땔감과 물을 구하러 섬에 올라갔다. 섬에는 다섯 가구가 살았는데, 섬의 이름을 '오마도(五馬島)'라고 하였다. 이곳에서 다른 섬에서 온 사람을 만났는데, 그는 이 섬의 동남쪽 200리 정도에

---

24 安璥, 『朝天日記』, 「10월 18일」. "始見天際一點黝雲. 自北向南, 瞥目之頃掩蔽, 洋中白浪湧蹴. 水天翻覆, 龍驄斷絶, 帆席裂飛, 漂出大洋. 舍命而奔, 夜黑之後, 適遇一小島投入. 波濤擊石之聲, 天地崩摧. 泊舟巖底, 得避大風. 若非此島, 洋外更無一丸可依之土. 豈非天命乎. 舟中人自相招魂."

물자가 풍족한 '해양도(海洋島)'라는 섬이 있다고 하였다. 안경은 배를 그곳으로 향했다.

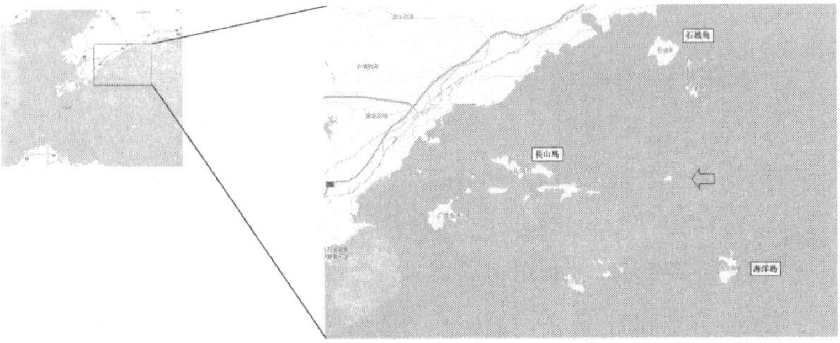

[그림 1] 石城島의 남쪽에 海洋島가 있다. 이 사이에 있는 섬을 현재 중국에서 '烏蟒島'(화살표)라고 하는데, 안경이 정박했던 五馬島가 아닐까 의심된다. 석성도에서 오망도까지는 약 27km, 오망도에서 해양도까지는 약 22km이다.(바이두지도)

해양도 사람이 200리 떨어져 있다고 했지만, 도착하기까지 그리 오래 걸리지 않았다. 그날 밤 해양도에서 보냈는데, 북풍이 세게 불어 닻줄이 얼어서 끊어지고, 노와 돛대도 꺾여 부러졌다. 이날은 음력 10월 19일(양력 12월 1일)이었다. 현재 12월 초 중국 따롄[大連]의 기온이 평균 -5~5도인 점으로 미뤄보아 북풍까지 세게 분다면 체감온도는 더욱 떨어졌을 것이다. 하지만, 해양도는 섬사람의 말처럼 물산이 풍족했다. 배를 댄 곳에는 전복과 홍합, 해삼, 청각 등이 지천에 있어서 다 먹을 수 없을 정도였다. 안경은 이곳에서 좁쌀로 돼지머리를 사서 제문을 지어 기도를 올렸다. 제문의 내용은 다음과 같다.

> 무능한 제가 외람되이 임금의 명을 받아 맡은 일을 겨우 끝마치고, 멀리 천자의 조정을 떠났습니다. 여름에 들어갔다가 겨울에 돌아갑니다. 여순의 미친 파도를 지나면서 다행히 목숨을 보전하였

> 고, 석성도의 맹렬한 바람을 만나서는 스스로 죽는 줄로만 알았습니다. 그런데, 바다의 신령께서 도와주시어 닻줄을 당겨주시고, 섬의 신령께서 불쌍히 여기시어 돛대를 잡아주셨습니다. 물러나 배를 대고 삼일 밤을 자고, 앞으로 또 1000리가 있습니다. 구해주신 은혜가 이미 무겁지만, 다시 서풍이 불기를 비노니, 무탈하게 건널 수 있게 기약하시어 제가 동쪽으로 가려는 뜻을 이루게 해주소서.[25]

안경은 출국해로노정에서 여순 포구의 풍랑으로 12일간 표류하면서 죽을 위기를 겪었고, 귀국해로노정에서는 석성도 근처에서 광풍을 만나 죽을 고비를 넘겼다. 그는 그때마다 바다와 섬의 신령이 도와줬다고 하면서 돌아가는 길에 필요한 서풍을 빌었다. 이후 섬사람들의 말류로 출항을 미루다가, 순풍이 불어오자 곧바로 출항하였다. 하지만, 이때부터 이름 모를 작은 섬에 표류하게 되었다.

표류한 지 11일째 안경은 급기야 병에 걸려 밥도 먹지 못했다. 다행히 黃水를 토하고 난 뒤부터 조금씩 나아졌다. 그는 기력이 회복되자 곧바로 재계하고 제문을 지어 하늘에 기도하였다. 귀국길에서 세 번째로 지어 올린 제문이자 마지막 제문이다.

> 천자를 조회하고 칙서를 받들어 우리 임금께 돌아가 아뢰어야 하건만, 수로의 눈보라로 괴로워 경황이 없습니다. 배가 이른 곳까지 가며 향으로 세 번 목욕하고 제를 올려야 하나, 임시로 차린 바람에 좋은 제수를 올릴 겨를도 없습니다. 변화한 글은 아니라도 정성을

25 安璥, 『朝天日記』, 「10월 20일」. "專對無能濫叨邦君之命, 幹事纔畢遠自天子之庭. 夏月入歸, 冬月旋返. 經旅順之狂浪, 幸保餘生, 值石城之颶風, 自分必死. 海靈默佑以援纜, 島神驚惻而迎檣. 退泊將宿三宵, 前頭又有千里. 拯溺之恩旣重, 更乞西風之吹, 利涉之吉可期, 俾遂東向之志."

> 다했는데, 공경하는 신명께선 어찌 제 말을 듣지 않으시는지. 우뚝 한 돛대는 가는 곳마다 물결쳐서 어지럽고, 출몰하는 섬들에는 갈매기도 많지 않습니다. 동쪽으로 고국을 바라보매 아득히 구름만 보이고, 죽음이 가까워졌으니 신령님의 처분이겠지요.[26]

이 제문은 안경이 목숨을 비는 절필이다. 그는 사신의 행차가 임금과 천자를 잇는 공명정대한 노정인 점을 거듭 밝히면서 지극한 정성으로 기도를 올린다고 하였다. 하지만, 신명은 아무런 반응이 없고, 가는 곳은 모두 험난한 파도와 갈매기도 없는 작은 섬뿐이었다. 고국이 있는 동쪽을 바라보매 어떠한 희망도 없어 이제는 신령의 처분을 그대로 따른다고 하였다. 이미 배에 있는 사람들의 안색은 모두 초췌하고 칠흑같이 어두워 귀신 형상 같았다.[27] 안경은 병을 앓다가 기력이 조금 생기자, 재계하고 위의 제문을 지어 기도하였다. 이는 망망대해에서 어찌할 수 없는 상황에 그가 할 수 있는 유일한 방법이었다. 이처럼 위기의 순간마다 신령에게 빌고 천명을 기다리는 일은 곧 삶에 대한 열망이 드러난 것이다.

2) 생사를 초월한 정감

안경은 10월 9일 등주를 출발하여 묘도를 지날 적에 천비의 사당에 나아가 기풍제를 지내고 타기도(舵磯島)와 황성도(黃城島)를

26 安璥, 『朝天日記』, 「11월 3일」. "朝天奉勅, 歸報吾君, 水路風雪, 遑恤辛勤. 舟行所屆, 祭必三薰, 取具臨時, 奚暇苾芬. 竭誠而已, 匪爲繁文, 敬恭明神, 寧不我聞. 危檣隨處, 浪打紛紛, 出沒島嶼, 鷗雁非群. 東望故國, 目斷飛雲, 大命近止, 神其處分."

27 安璥, 『朝天日記』, 「11월 3일」. "人皆拭淚而退, 觀其顏色, 憔瘁深黑, 已爲鬼形矣."

지나 15일 광록도(廣鹿島) 근처에 도착했다. 이때 먼바다를 지나가는 5~6척의 배가 가달(假㺚)로 의심되어 밤이 되길 기다렸다가 노를 저어 이동했다. 새벽녘 사방은 차가운 안개에 가려진 채 거친 물소리가 들려왔다. 그는 안개로 위치가 파악되지 못하자 두려운 마음에 조난된 이전 사신단이 떠올라 묵묵히 기도하며 보냈다.

한편, 함께 간 진위사 권진기(權盡己)의 배는 이미 용천의 미곶[彌串]에 도착한 상태였다.[28] 진위사의 배는 사은사의 배와 같은 날 등주를 출발했지만, 8일 만에 조선에 도착한 것이다. 안경의 사은사는 묘도에서 기풍제를 지냈고, 타기도와 황성도에서는 높은 물결로 정박했었다. 그리고 이때부터 험난한 해로를 20일을 더 항해하고 11월 5일 철산의 대곶[大串]에 도착했다. 이처럼 당시 해로는 종잡을 수 없는 특징이 있어서 인력으로 어떻게 할 수 없었다.

안경의 배가 광록도를 지나 장산도에 도착할 즈음 역풍이 불어서 한참을 머물다가 겨우 섬 근처에 정박할 수 있었다. 안경은 이곳에서 장산도를 배경으로 시를 읊었다.

장산도의 한 줄기가 아손들을 벌려놓고	長山一脉列兒孫
차례대로 끌어다가 해문으로 들이는데	次第相携入海門
하늘 높이 물결 일어 날아가는 새도 없고	浪興天高飛鳥沒
세찬 바람에 인 조수에 놀란 고래 달아나네	潮因風急駭鯨奔
사람들이 입은 복장 동쪽 나라와 뒤섞였고	人人皮服夷居雜
곳곳에서 털 팔찌한 가달 말소리 시끄럽지만	處處氈韝㺚語諠(諠)

28 『大東野乘』, 「凝川日錄」 2, 〈1621년 10월 21일〉의 기사. "二十一日陳慰使權盡己書目, 臣行七月二十八日北京離發, 九月二十五日回到登州, 本月初七日開洋, 十五日到迫彌串, 謝恩使段隨後入來."

남북의 오랑캐도 충과 신을 독실히 행하니 蠻貊可行忠信篤
외론 배가 걱정 없는 것도 임금님의 은혜로다 孤舟無恙亦君恩[29]

전경후사(前景後事)로 지어진 시이다. 전 4구는 장산도의 산줄기가 길게 늘어져 바다로 이어진 모습과 나는 새 한 마리 없이 거센 파도 치는 풍경을 읊었다. 이어서 장산도에 사는 사람들의 복장이 조선의 복장과 섞여 있고 그들의 말소리는 가달과 같다고 하였다.[30] 그러나 무엇보다 그들이 충과 신을 독실히 행하는 것은 여기까지 임금의 은택이 미친 것이라고 하였다. 안경이 실제로 장산도에 사는 사람들을 만났는지는 알 수 없다. 하지만, 낯선 섬에서 그들이 안전할 수 있는 것은 섬사람들에게 충과 신이 있어서고, 섬사람들이 그렇게 할 수 있는 이유는 임금님의 은택이라고 보았다. 결국 임금님의 보살핌으로 사신의 배가 안전할 수 있다고 하여 신하로서 어디서든 임금의 은혜를 잊지 않고 있다는 충심을 드러냈다.

하지만, 장산도 근처에서 짙은 안개와 함께 역풍을 만나게 되자, 배의 사람들은 두려움에 어쩔 줄 몰랐다. 안경은 당시 배안의 상황을 다음과 같이 읊었다.

짙고 짙은 독한 안개 자욱이 끼고 深深毒霧沈
어둑어둑 놀란 파도 엎어지나니 暗暗驚波伏
배안에는 여러 사람 함께 있어도 同在一舟中
사람들의 얼굴조차 분간 못하네 不分人面目[31]

29 安璥, 『朝天日記』, 「10월 16일(題長山島)」.

30 안경은 장산도에는 난을 피해 온 자들이 모두 머리를 깎고 가달이 되었다고 기록하고 있다.(安璥, 『朝天日記』, 「10월 17일」.)

사방을 분간 못하는 짙은 안개 속에 거친 파도가 치고 있으니 배안에 있는 사람들은 두려움에 함께 떨었다. 배 위로는 안개 때문에 아무것도 보이지 않고, 배 아래로는 깊이를 알 수 없는 시커먼 파도가 있어 그 자체로 두려움을 자아내게 한다. 특히 이전 사신들의 배가 전복된 사실을 이미 알고 있던 터라 두려움은 더욱 커질 수밖에 없었다. 한편, 이들의 배는 이튿날 광풍을 만나게 되면서 낯선 섬에 표류하게 된다.

부서진 배 곳곳이 새어 해진 옷으로 틀어막고	破船多漏塞衣袽
미친 파도 출몰하여 가는 데로 맡겨두나	出沒狂濤縱所如
돛대의 힘 북으로 몰아 바람은 날로 사납고	纛力北驅風日惡
뱃머리는 남쪽 가리키니 하늘은 무심하기만	鷁頭南指海天虛
누가 알았으랴. 절도에서 한밤만 되면	誰知絶島三更後
탈 없는 외론 배에서 만 번이나 죽고말고	無恙孤帆萬死餘
뜸 안 창가에 평온히 누워 꿈을 하나 꿨는데	穩臥篷窓成一夢
나의 혼은 나비되어 옛 고향에 먼저 갔구나	蝶魂先往舊鄕閭[32]

이 시는 귀국해로노정에서 표류된 첫날 지었다. 석성도 앞바다에서 광풍을 만나 한밤중에 오마도(五馬島) 주변에 정박했다. 광풍에 의해 배는 곳곳이 부서져 물이 새는 곳도 있었고, 거친 파도에 돛과 노는 이미 제 기능을 못하고 정처 없이 망망대해로 나갔다. 동쪽을 향해 가야 하건만, 차갑고 모진 북풍은 뱃머리를 남쪽으로

31 安璥, 『朝天日記』, 「10월 17일(船上大霧中書懷)」.(하버드본에는 제목이 「題船上大霧中」임)

32 安璥, 『朝天日記』, 「10월 18일(石城島前洋遭風夜半得泊五馬島)」.(하버드본에는 제목이 「石城前洋遇風夜半得泊五馬島畔」임.)

향하게 했다. 다행히 외딴 섬에 정박하게 되어 목숨을 구할 수 있었다. 그날 밤 꿈속에서 그의 혼은 훨훨 나는 나비가 되어 고향으로 갔다. 『장자』의 「제물론」에서 장주는 꿈속에 나비가 되어 만족스럽게 날아다니다가 꿈에서 깨어 문득 자신이 꿈속에 나비가 된 것인지, 나비가 꿈속에 장주가 된 것인지 생각을 했다.[33] 안경은 두렵고 힘든 현실을 잠시라도 벗어나고자 꿈속 나비를 표현하였다.

안경이 오마도에 정박한 뒤 지은 시에서는 "구차하게 목숨 이어갈 곳 만나기도 불편하니, 죽을 고비 넘길 명이란 걸 알게 되었네. 이제부터 신명께서 응당 도와주시려니, 눈물 닦고 서로 위로하며 흐느낌은 없으리라."[34]라 하며 사람의 힘으로 어쩔 수 없는 상황에서 신명께 도움을 구해야 된다고 하며 기도를 올렸다. 하지만, 날이 갈수록 북풍은 더욱 거세지고, 닻줄은 얼어서 끊어졌으며 돛대와 노는 꺾여 부러졌다.

거충도(居衝島)에 도착했을 때는 심한 비바람이 불어 배가 뒤집힐 정도였다. 안경의 기도는 아무런 효험도 없었다.

큰 물결이 산처럼 뒤집어지니	大浪山如覆
외론 배는 형세가 이미 기울고	孤舟勢已傾
사람 목숨 소중한지 알지 못해라	不知人命重

33 『莊子』, 「齊物論」. "昔者莊周夢爲胡蝶, 栩栩然胡蝶也. 自喩適志與, 不知周也. 俄然覺則蘧蘧然周也. 不知周之夢爲胡蝶與, 胡蝶之夢爲周與. 周與胡蝶則必有分矣, 此之謂物化."

34 安璥, 『朝天日記』, 「10월 19일(五馬島漂泊日題巖石上)」. "維舟五馬島邊磯, 東望扶桑旭日晞, 魚腹葬忠冤氣結, 鵶皮盛憤怒魂飛, 無便可得偸生處, 有命曾知視死歸, 從此神明應見助, 拭淚相慰莫歔啼."

천지는 본래 무정한 것이니[35] 天地本無情

오랜 시간 하늘에 기도를 했지만, 하늘은 아무런 응답을 주지 않았다. 파도는 더욱 높아 산처럼 뒤집어져 배가 뒤집힐 정도로 흔들렸다. 이에 안경은 천지는 본래부터 무정하여 인간의 목숨이 정말 소중한지 알 수 없다고 하였다. 그는 무심한 하늘을 담담히 받아들일 수밖에 없었다. 그리고 요동치는 배 안에서 하룻밤을 일 년처럼 보냈다.

풍랑 속에 표류하다가 어느 작은 섬에 정박했을 때, 그는 "뱃머리에 홀로 서서 동쪽 향해 절을 하고, 돌아갈 혼 먼저 보내니 초혼은 필요 없구나."[36]라고 읊으며 자신이 죽으면 혼만이라도 고향에 보내고자 했다. 고향에 돌아가고 싶은 마음을 간절히 드러냈다. 하루는 온종일 대설과 대풍이 이어지고 풍랑에 배가 계속 요동치자 배 안의 사람들이 모두 넋을 잃고 있었다. 그중에 한 명이 "이 배 안에는 모두 52명이 있는데, 만약 한 사람이라도 죽지 않을 운명을 지니고 있다면, 우리들은 그 사람에게 의지해 모두 살 것이다."[37]라며 사람들을 위로하였다.

그러나 차가워진 재가 모든 불을 꺼트려 부엌에 연기가 일지 않고 사람들은 모두 거꾸로 쓰러졌다. 혹독한 추위와 눈비가 계속 이어지니 안경의 시에도 차츰 희망을 잃어가는 내용을 볼 수 있다. 표류한 지 9일째는 "삼혼(三魂)이 처음 고국에 돌아갔다가, 한

35 安璥, 『朝天日記』, 「10월 21일」.

36 安璥, 『朝天日記』, 「10월 23일」. "獨立船頭東向拜, 歸魂先送不須招."

37 安璥, 『朝天日記』, 「10월 24일」. "此舟之中, 上下五十二人, 如或一人有不死之命, 則衆皆賴此而生矣."

결같은 절개로 다시 사신 행차 갔으니, 신물은 지각이 있으리니 우리 배를 삼키지 않으리라."[38]고 희망을 가졌는데, 그 다음날 거친 풍랑을 겪고는 "파도 속에 살아남을 여지 적으니, 해와 달 있는 하늘을 우러러 부르짖네. 해약(海若, 해신)도 구해줄 수 없으리니, 내가 죽는 것도 운명일 것이다."[39]라며 체념하기도 했다. 하지만, 그 다음날 "관 쓰고 띠 두른 채 뱃전에 서서, 하늘 우러러 부모님을 부르니, 평생토록 볼품없는 나의 정성이, 예 이르러 끝내 없었던가"[40]라며 이미 스스로 선택할 수 없는 상황에서 자신의 운명을 천명에 맡겨보기도 했다.

표류 12일째 모진 추위가 뼛속까지 침투하여 몸을 움직일 수조차 없고, 양식은 바닥이 드러났으며, 배안의 사람들은 모두 시름겹고 참혹한 모습이었다. 안경은 더 이상 아무런 희망도 없었다. 그는 군관 노사립(盧士立)을 시켜 먹을 갈고, 입김으로 붓을 녹여 마침내 「절명사(絶命辭)」를 지었다.

날개가 없이도 하늘에 날아오르고	旣無羽翼兮飛上天
비늘이 없이도 물속에 잠겨 뛰노니	又無鱗介兮潛逃淵
거친 파도 포효하며 우리 배를 삼켜서	驚波怒吼兮覆我船
하늘이 우릴 버렸는데 어딜 간단 말인가	天不活我兮焉往焉
앞으로 屈原을 따라 구천에서 노닐지니	將從屈原兮游九泉
고국의 소식일랑 누가 전할 수 있으랴	故國消息兮誰能傳[41]

38 安璥, 『朝天日記』, 「10월 26일」. "三魂初返國, 一節再觀周, 神物有知覺, 不須呑我舟."

39 安璥, 『朝天日記』, 「10월 27일」. "波濤餘地小, 日月仰天呼. 海若莫能救, 亡之命矣夫."

40 安璥, 『朝天日記』, 「10월 28일」. "束帶立船舷, 仰天呼父母, 平生一寸誠, 到此終無有."

안경은 더 이상 살 수 있을 거라는 생각을 하지 않았다. 그는 자유롭게 하늘에도 오르고, 물속에도 들어갔다. 하늘이 그를 버려 성난 파도가 그의 배를 삼켰기에 가능한 일이었다. 그는 더 이상 하늘을 의지하지도, 삶에 대한 희망도 없다. 오로지 죽음만을 기다렸다. 더욱이 죽은 뒤에는 멱라수에 빠진 굴원을 만나 노닐 것이라고 하였다. 안경은 이 「절명사」의 제목을 굴원(屈原)의 초사(楚辭)를 의식하여 지었고, 전 구에 '兮'자를 사용하여 초사의 형식을 갖추었다. 그는 굴원처럼 물에 빠져 죽을 운명이라고 확신했던 것이다.

그때 굶주린 사람들이 배에서 내려 암석 주변에 붙어 있는 굴과 김, 청각(靑角), 이끼 등의 해초를 손으로 뜯어 먹었다. 이 모습을 지켜보던 안경은 "자네들이 이걸 먹는다 해도 며칠이나 더 살 수 있겠는가?"라 하며 자신은 그렇게까지 하면서 살려고 하지 않았다. 다만, 갈증은 배 위에 쌓인 눈을 먹으며 해소할 수 있었다. 그는 자신의 비참한 모습을 생각하면서 "하늘에 내 죄 없음을 묻고 싶으나, 신명이 언젠가는 도와줌이 있겠지."[42]라며 덤덤히 천명을 따랐다.

3) 생환과 그날의 두려움

1621년 11월 2일은 석성도에서 표류된 지 15일째였다. 그날은 날씨가 맑아서 정박하고 있던 작은 섬에서 배를 출항했다. 하지만, 섬을 나가자 곧바로 돌풍이 불어 그 바람에 배가 암석에 부딪

---

41 安璥, 『朝天日記』, 「10월 29일」.

42 安璥, 『朝天日記』, 「10월 30일」. "欲質蒼天無我罪, 神明終必有扶持."

쳐 곳곳이 부서지기까지 했다. 배에 탄 사람들의 절망감은 더욱 심했다. 어떤 이들은 목 놓아 울면서 죽기를 바랐다. 함께 간 정사 최응허(崔應虛)는 한밤중에 정몽주의 「단심가」를 불렀다. 안경은 이를 다음과 같이 한역(漢譯)하여 기록하였다.

이 몸이 죽고죽어 일백 번 고쳐 죽어	死而復死兮一百番復死兮
백골이 진토되어 넋이라도 있고 없고,	白骨爲塵土魂魄且有無
님 향한 일편단심이야 가실 줄이 있으랴.	向主之一片丹心寧有改乎[43]

최응허는 이 노래를 부르며 정몽주가 끝까지 임금에 대한 절개를 지키다 죽은 것처럼 자신도 죽음 앞에 절개를 변치 않겠다는 다짐을 했을 것이다. 최응허 역시 더 이상 삶을 생각할 수 없는 지경이 된 것이다. 안경은 이 시조를 '절명사'라 하였고, 최응허는 "우리들이 살아 돌아갈 리가 있겠소?"라고 하였다. 사신단 일행의 죽음이 문턱에 다다른 상황을 여실히 드러내준다. 안경 역시 이때 이미 죽음을 예상하고 있었다. 당시 그는 제문을 지을 수 있는 생기조차 없었다.

그들에게 제일 힘든 것은 추위였다. 이때는 동지가 겨우 4~5일 남짓 남은 시기[44]에 날까지 흐려 눈보라의 혹독한 추위가 온몸을 휘감았다. 등주에서 배를 출항하기 전에 안찰사 도낭선이 따뜻한 봄을 기다리라고 했던 말이 이제야 실감이 되었다. 그들은

43 安璥, 『朝天日記』, 「11월 2일」. 정몽주의 단심가는 1617년에 간행된 沈光世의 「海東樂府」(『대동야승』 권5, 526면.)에는 다음과 같이 漢譯되어 나온다. "此身死了死了, 一百番更死了, 白骨爲塵土, 魂魄有也無, 向主一片丹心, 寧有改理也歟."

44 1621년의 동지는 음력 11월 9일(양력 12월 21일)이다.

다만 죽음을 기다릴 뿐이었다. 당시 하급관리 한 명이 안경에게 간하였다.

> 눈보라가 지독한 날이 계속되고, 역풍이 항상 불어서 앞으로 나아갈 리가 만무하니, 이제 외딴 섬에서 말라 죽을 형편입니다. 제 생각을 말씀드리면 바람에 내맡겨 정해진 곳 없이 표류하는 것만 못합니다. 만일 다행히 돌아가 등주·내주에 다다른다면 살 방도를 얻을 수 있을 것이고, 만약 혹 그렇지 않더라도 사람 사는 섬에 기탁하여 밥을 빌어 목숨을 구걸하며 토굴에서 겨울을 보낸다면, 내는 저들 또한 사람이니 반드시 차마 목숨을 해치지는 않을 것입니다. 청컨대 이 두 가지 중에서 선택하시어 어떤 계획을 내시겠습니까?[45]

하지만, 안경은 이러한 건의에 바로 "안된다"고 단언했다. 그가 거절한 이유는 표류하고 있는 섬 주변으로 가달이 있었기 때문이다. 가달은 머리를 깎고 후금에 투항했다가 탈출하여 변방을 떠돌던 명나라 유민들이었다.[46] 그들은 만주에 사는 몽고 부족인 달단족(㺚靼族, 韃靼族) 모양으로 가장하였는데, 안경은 그들을 함께

---

45 安璥, 『朝天日記』, 「11월 3일」. "雪風之惡, 日復日日, 逆風恒吹, 萬無前進之理, 勢將枯死於絶島. 無已則莫如任風漂流無定. 萬一僥倖, 還到登萊, 此外無生道也. 如或不然, 則寄托人居之島, 乞食求生. 土窟過冬, 彼亦人也, 必不忍害人命. 請擇於斯二者, 計將安出?"

46 이정귀는 1620년 북경에 조천을 다녀오고, 1621년에는 원접사가 되어 명나라 사신 유홍훈과 양도인을 접빈했다. 그는 일관되게 가달을 쉽게 믿어서는 안된다고 하였다.(李廷龜, 『月沙集』 卷25, 「揭王參將」(『한국문집총간』 권69, 한국고전번역, 1991, 532면); 李廷龜, 『月沙集』 卷25, 「揭嚴都司」(『한국문집총간』 권69, 한국고전번역, 1991, 533면); 李廷龜, 『月沙集』 卷28, 「假㺚來投處置便否議」(『한국문집총간』 권70, 한국고전번역, 1991, 19면).

있을 수 없는 오랑캐로 여겼다. 그래서 그들에게 붙잡히는 것을 죽기보다 싫어했다.[47] 게다가 안경은 이미 길을 잃고 멀리 왔으니, 배를 띄워 등주나 내주에 도착한다고 해도 살아날 길이 만무하다고 여겼다. 뱃사람들 역시 대부분 안경의 이러한 말을 부정할 수 없어 모두 눈물을 흘렸다.

안경은 배 위에서 관대를 갖추고 조회에 나아가듯 임금이 있는 동쪽을 향해 4배하였다. 그리고 "저희들은 어명을 받았으나 복명을 하지 못했으니 죄가 이미 큽니다. 이제 천지 만고의 원혼이 되어 아득히 일월을 바라보며 영결합니다."[48]라 하니, 배 안의 사람들은 모두 목 놓아 통곡하였다. 뱃사람들의 눈물은 죽음에 대한 두려움이겠지만, 안경의 눈물은 임금에게 복명하지 못한 신하로서 마지막까지 변치 않은 충성이었다.

그런데, 잠시 뒤 갑자기 서풍이 불어 그들의 배를 동쪽으로 갈 수 있게 해줬다. 저물녘에는 북풍이 되어 불었지만, 노련한 뱃사공은 경로를 잃지 않았다. 바람이 그쳐 닻을 내리고 정박하였다. 안경은 근심과 번뇌가 심하여 기도도 하지 못했다. 그냥 갑판을 베고 누워있으니, 파도가 쉼 없이 배를 때려 마치 두개골을 얻어맞는 듯 했다. 그럼에도 깜빡 잠이 들었는데, 수염과 눈썹이 모두 하얀 신선 같은 노인이 나타났다.

---

47 안경은 피발을 하기보다 차라기 물고기 뱃속을 편안히 여겼다.(安璥, 『朝天日記』, 「11월 3일」. "余曰, 否, 環島而窺我者, 皆猳㺜也, 與其被髮吾寧具魚.") 하지만, 안경보다 2년 뒤 1624년에 해로사행을 다녀온 洪翼漢은 가달을 측은히 여기고, 그들의 집을 빌려 머물기도 했다.(洪翼漢, 『花浦先生朝天航海錄』 권1, 「1624년 8월 17일」, 국립중앙도서관 소장, 9면.)

48 安璥, 『朝天日記』, 「11월 4일」. "等受君命而不得復命, 罪已大矣, 爲天地萬古之空魂, 遙望日月而永訣."

울지 마라, 울지 마라. 고국이 지척이니, 내일 도착할 수 있을 것이다. 나는 바로 해상의 용신이다. 그대의 지성에 감동하여 이렇게 와서 알려주는 것이다.[49]

노인은 말이 끝나자 홀연히 사라졌다. 잠에서 깨어보니 정사 최응허도 비슷한 꿈을 꾸었다고 하였다. 이튿날도 북풍이 세게 불었다. 사람들은 이 배가 유구국이나 제주도에 닿길 바랬다. 하지만, 일본에 닿으면 죽음을 피할 수 없다고 보았다. 임진왜란의 7년 전쟁으로 왜인의 무자비함이 아직 잊혀지지 않았고, 그들을 여전히 오랑캐로 여겼으며,[50] 특히 당시 제주도에서 왜선을 침몰시켰기에 그에 대한 보복도 두려웠을 것이다.[51] 안경은 사람들의 이러한 바람 속에서도 생사를 하늘에 맡기고 초연한 자세를 잃어버리지 않으려 했다.

다행히 이날 오후부터 서남풍이 세게 불어 배는 날아가는 것처럼 '사!사!' 소리를 내며 동쪽으로 향했다. 곧이어 아득히 먼 곳에 육지가 보였다. 뱃사공은 손가락으로 가리키며 "저곳은 용천(龍川)의 주산이다. 저곳은 철산(鐵山)의 주산이다."라고 했다. 해가 저물자 안경은 마음이 다급했지만, 육지가 아득히 보이는 곳에 표류할 수밖에 없었다. 이때 주변에 유시(流澌)가 떠다니고 있었다.[52] 뱃사람은 유시를 발견하고는 마음을 놓았고, 안경 역시 이

---

49 安璥, 『朝天日記』, 「11월 4일」. "莫泣莫泣. 故國咫尺, 明日可到. 我乃海上龍神也. 感君至誠, 故來告耳."

50 『조선왕조실록』, 「광해군 13년(1621) 6월 17일」 참조

51 1611년 8월에 제주 목사 李箕賓이 일본에서 안남으로 가는 왜선을 공격하여 사람들을 죽이고 화물을 약탈한 사건이 있었다.(송정규 저, 김용태 · 김새미오 역, 『해외문견록』, 휴머니스트, 2015, 19~24면 참조.)

제는 죽음을 면했다고 확신했다. 마침 육지에서 맞이하는 배들이 와서 한밤중에 철산의 대곶[大串]에 닿을 수 있었다. 배에서 내리자 뱃사람들은 모두 일어나 춤을 추고 즐거워하였다. 이 모습을 안경은 자신도 모르게 손과 발이 춤을 춘다고 기록하였다. 특히 뱃사람들이 기쁘고 즐거워하는 모습을 손으로 잡을 수 있을 것 같다고 표현하였다.

길거리 사람들은 살아 돌아온 사신단을 보며 감탄하면서도 한편으로 돌아오지 못한 사신단(진향사 柳澗)을 떠올리며 눈물을 자아냈다. 안경이 뱃사공, 격군과 이별할 때도 이러한 상황이 벌어졌다. 그들은 북치고 춤추며 한바탕 흥겹게 즐기다가도 선상에서의 일을 떠올리며 오열하고 눈물을 흘리기도 했다. 그리고 그 광경을 보던 고을 사람들 역시 눈물을 흘리지 않은 이가 없었다. 안경은 이날 시를 한 수 읊고, 『조천일기』의 기록을 끝맺었다.

표류해서 놀란 혼은 육지 밟아 안정되고	漂海驚魂履地安
상천께선 나에게 대환단을 던져 주셨네	上天投我大還丹
뱃사공은 먼저 집을 찾아 간다고 말하였고	舟人先告尋家去
고을 사람들은 담장처럼 둘러싸고 환영하네	邑卒爭迎聚堵觀
술과 음료 서로 따라 갖은 고생 위로하고	相酌酒漿勤慰勞
춤과 노래 흥겨우나 기쁨 슬픔 교차하네	强携歌舞動悲歡
이 생애에서 만약 오늘이 없었다면	此生若使無今日
파도 아래 싸늘한 백골 누가 알기나 했을지.	波底誰知白骨寒[53]

52 유시는 바다에 떠다니는 얼음으로 대개 바닷물이 염분을 포함하고 있어서 얼음이 얼지 않는다. 하지만, 육지와 가까운 곳에서는 밀물 때 강의 얼음과 만나고 썰물 때 그 얼음이 그대로 바다까지 떠내려 오면 유시가 된다. 이 때문에 유시를 보는 건 육지에 매우 가까워졌음을 의미한다.

눈보라와 한파, 폭풍을 겪으며 표류하다가 육지를 밟게 되니 비로소 마음이 안정되었다. 안경은 이것을 상제가 육지라는 '대환단' 단약을 준 것이라 읊었다. 해로의 여정이 끝났으니, 뱃사공은 이제 자기 집으로 돌아가고, 철산의 고을사람들은 한중 바닷길에서 살아온 사람들을 둘러싸고 환영했다. 그들은 서로 위로하고 때론 춤추며 즐기기도 했지만, 바다에서 겪은 고통의 시간은 이내 슬픔을 자아냈다. 혹시라도 그때 잘못되었더라면 지금쯤 바다 속의 싸늘한 백골이 되었기 때문이다. 지나간 일이지만, 험난했던 해로는 여전히 두려운 기억으로 남아 있었다.

4. 결론

안경은 명청교체기 요동길이 막혔을 때 명나라에 조천을 갔다. 그는 선상에서 왕복 60일을 보냈다. 이때 풍랑을 만나 표류한 날이 모두 30일이었다. 그는 왕복 노정에서 하루도 빠짐없이 기록을 했다. 이 때문에 해상에서 표류한 기간의 정황을 알 수 있다. 그는 왕복 해로에서 총 여섯 번 제문을 지어 기도를 올렸다. 제문에는 그 대상을 명확히 기록하지 않았지만, 용당왕신(龍堂王神)과 천비(天妃)에 대한 기도를 올린 것을 알 수 있었다. 이러한 기도는 해로사행에서 나타나는 특징이라 할 수 있다. 특히 표류 기간에 알게 된 지역 신에 대한 경외감은 험난한 바다를 경험했기 때문에 가능한 일이다.

해로사행에서는 뜻하지 않은 풍랑을 만나 생사의 기로에 놓인

53 安璥, 『朝天日記』, 「11월 7일」.

경우가 많다. 안경의 귀국길은 겨울이었기 때문에 혹독한 추위까지 동반하고 있었다. 그는 여러 차례 죽을 고비를 넘기면서 삶에 대한 희망과 체념이 반복해서 나타나지만, 대체로 천명에 순응하였다. 정성스레 올린 기도에 아무런 응답이 없고, 더 이상 가망이 없다고 판단했을 때에도 늘 천명을 따르는 입장이었다. 그는 어디까지나 임금의 명을 받은 사신이었기에 주어진 임무를 충실히 행할 뿐이었다.

다행히 갑자기 불어온 서풍에 의해 안경의 배는 육지에 무사히 정박할 수 있었다. 하지만, 그가 겪은 두려움은 쉽게 잊혀지지 않았다. 죽을 고비를 넘기고 온 이들에게 한바탕 잔치가 벌어져 춤과 노래가 한창인데도 표류했던 때를 떠올리며 눈물을 흘리곤 했다. 지나간 일이지만, 그날의 고통과 두려움은 여전히 사라지지 않고 있었다.

17세기 명청교체기라는 특수한 상황에서 200년 만에 새롭게 열린 조천 바닷길은 새로운 세상을 만나게 하는 창이 아니라 이전에 경험하지 못한 극한의 고통을 주는 곳이었다. 생사를 넘나드는 풍랑 속에 돛과 노가 부러지면 그가 의지할 곳은 신령과 하늘뿐이었다. 온갖 정성을 갖춰 기도하지만, 생사는 어쩔 수 없이 천명을 따를 뿐이었다.

Ⅲ. 안경의 「해의국사(海衣國史)」[1]

1. 서론

「해의국사」는 김을 의인화한 가전체소설이다. 지금까지 알려진 가전체소설에서 볼 수 없는 새로운 사물인 '김'을 소재로 지어진 점에서 특이할 만하다. 이 작품은 1992년 류재영 교수가 『춘강수록(春岡隨錄)』에서 제목을 언급하였고,[2] 2007년 유권석 교수가 처음 논문으로 소개하였다.[3] 그리고 같은 해 「연합뉴스」에서 유 교수의 논문을 인용하여 보도한 적이 있다.[4] 유 교수는 「해의국사」의 저자를 박상연(朴尙淵, 1631~1696)으로 소개하고 있다.[5] 그리고 지금까지 학계를 비롯한 국내에는 이러한 사실이 변함없이 이어져 오고 있다.

---

1 『장서각』 제45집에 실린 「가전체소설 「해의국사(海衣國史)」의 이본 고찰」(2021)을 수정한 내용임.

2 柳在泳, 「草溪縣監金谷朴公尙淵墓碑文」, 『春岡隨錄』, 以會文化社, 1992, 614쪽.

3 유권석, 「海衣國史」 硏究」, 『한국언어문학』 권62, 한국언어문학회, 2007.

4 연합뉴스 〈2007년 9월 30일〉에 「'김' 의인화 가전소설 '해의국사'」라는 제목으로 간단한 소개와 요약한 내용을 실었다.

5 「해의국사」는 박상연의 문집 『金谷集』(後堂書室, 국립중앙도서관 소장, 1976)의 「雜著」에 실려있다.

하지만, 최근 필자는 안경(安璥, 1564~1640)의 『가해조천록(駕海朝天錄)』(하버드옌칭도서관 소장)을 보던 중, 아직까지 학계에 알려지지 않은 안경의 문집을 찾게 되었다. 하버드옌칭도서관에 소장된 『근전집(芹田集)』(單)(이하 '하버드본')과 한국학중앙연구원 장서각에 소장된 『근전집(芹田集)』(乾 · 坤)(이하 '장서각본')이다.[6] 두 이본은 필사본 이본으로 간행연도와 편차가 다르다. 다만 장서각본은 필사본의 복제본 형태로 소장되어 있다. 이 두 본에 각각 「해의국사」가 실려 있다. 그러므로 「해의국사」의 이본은 총 3종으로 2종은 안경의 문집인 『근전집』에, 나머지 1종은 박상연의 문집인 『금곡집(金谷集)』에 실려 있다.

본 논문에서는 3종의 「해의국사」 이본을 대조하려고 한다. 먼저 안경의 문집인 『근전집』의 하버드본과 장서각본을 대조하여 선본을 가린다. 그리고 전체적인 틀에서 『근전집』과 『금곡집』의 「해의국사」를 대조하여 그 차이를 살펴본다. 마지막으로 『근전집』과 『금곡집』의 「해의국사」 내용을 정밀하게 대조하며 두 이본간의 내용적 차이를 분석하고 초기 저자와 원용한 저자의 저술 동기와 원용한 동기를 밝히고자 한다.

가전체소설이 우리나라에 처음 등장한 것은 고려 중기 임춘(林椿)의 「국순전(麴醇傳)」이다. 한유가 사마천의 『사기(史記)』를 본받아 그 사전(史傳) 문체로 전개하였지만, 사람이 아닌 사물을 의인화해서 허구적으로 서술하다보니 현실적 개연성을 높이기 위해 수많은 전고를 인용하였다. 이 때문에 창작의 어려움으로 현재까지 전하는 가전체 작품은 양적으로 많지 않을 뿐만 아니라, 의인

6 현재 하버드본은 국립중앙도서관에서, 그리고 장서각본은 한국학도서관에서 원문서비스를 하고 있다.

화한 사물도 매우 제한적이다. 이런 점에서 「해의국사」는 기존의 가전체에서 볼 수 없었던 '김'을 비롯한 바다와 강물에 서식하는 사물을 의인화하였기에 한국문학에서 주목할 필요가 있다. 그리고 「해의국사」의 저자와 저술 동기를 명확히 밝히는 일이 한국문학사에서 반드시 필요한 작업이라 여겨진다.

2. 「해의국사」 이본 대조

1) 『근전집』 이본의 「해의국사」 개관

『근전집』은 안경의 문집이다. 지금까지 학계에서는 안경이 1621년(광해군 13) 동지성절사은사의 서장관으로 해로를 통해 북경을 다녀온 이력에 주목하여 이때 서술한 『조천일기』에 대해서만 연구하였다.[7] 특히 『조천일기』는 명·청 교체기 최초의 해로 사행 기록이어서 자료적 가치가 있다. 반면 그의 문집인 『근전집』은 하버드 옌칭도서관에 소장된 『가해조천록』을 언급하면서 함께 소장되어 있다는 언급만 하였다.[8] 또한 한국학중앙연구원 장서각에 소장된 『근전집』 건·곤의 경우 임기중 교수가 2016년에 6차 개정증보판 『연행록총간』을 편집하면서 하버드의 『가해조천록』과 함께 장서각의 『근전집』 곤(『조천일기』)을 영인하였을 뿐 간단한 설명도 없었다. 『근전집』 곤은 안경의 사행록으로 『가해조천록』과 글자 차이만 조금 있을 뿐 같은 내용이다. 한편, 그의 문집은 아직까지 학계에 소개된 적이 없는 새로운 자료이다.

7 『조천일기』와 관련된 논문은 본서 제1부 Ⅰ편의 서론 참고.

8 허경진, 『하버드대학 옌칭도서관의 한국고서들』, 웅진북스, 2003, 194쪽.

『근전집』은 현재 하버드본과 장서각본이 존재한다. 하버드본은 단책이고, 장서각본은 건·곤으로 이뤄져 있는데, 건책이 문집에 해당된다. 안경의 「해의국사」는 문집에 실려 있기 때문에 하버드본과 장서각본 건을 비교해 보았다.

〈표-1〉 하버드본과 장서각본 『근전집』

표제	『芹田集』 單(하버드본)	『芹田集』 乾(장서각본)
사진	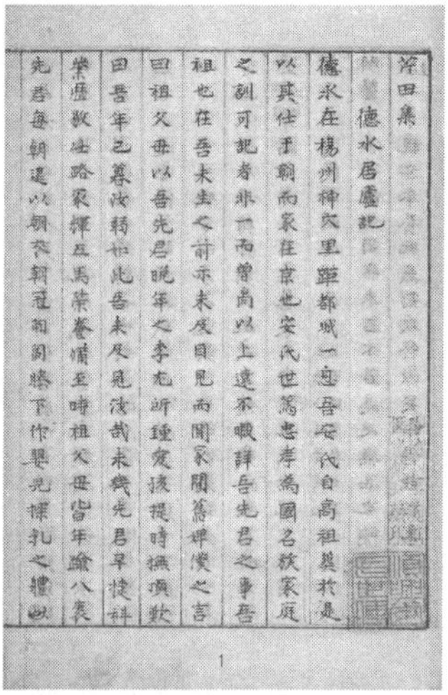	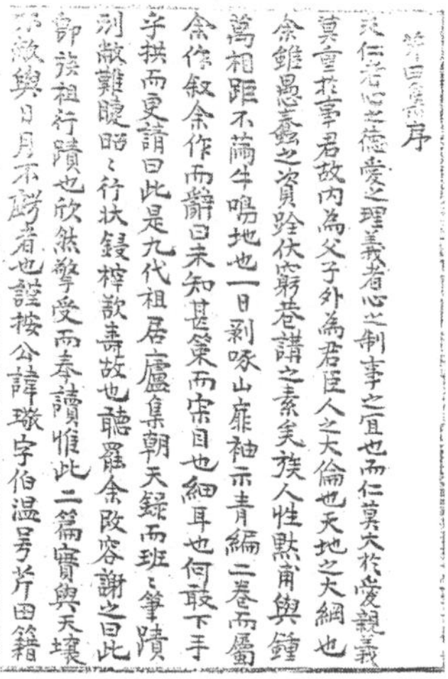
인장	哈佛大學漢和圖書館珍藏印 順興安氏世傳	藏書閣印
필체	필사본 10행 22자(다른 필체가 있음)	필사본의 복사본 10행 19~25자(다른 필체가 있음)
서발문	서발문없음	서문(1903, 후손 安鍾萬) 발문 없음
편차	居廬記, 記, 說, 書, 雜著, 哀辭, 祭文, 行狀, 贊, 雜著(海衣國史), 論, 賦, 箋, 詩, 對策, 論(芹田公論)	序, 目次, 哀辭, 居廬記, 銘, 記, 書, 說, 雜著(海衣國史), 行狀, 贊, 論, 賦, 詩, 箋, 對策, 詩(見甲契帖)
함께 소장된 관련 도서	『駕海朝天錄』: 필사본, 발문(10대손 安正煥, 1853) 『芹田先生甲契帖』: 필사본, 발문(9대손 安左默, 1851)	『芹田集』 坤: 필사본의 복사본, 조천일기 『甲契帖』: 필사본의 복사본, 발문(9대손 安左默, 1851)

두 이본은 편차는 다르지만, 대체로 같은 내용을 수록하고 있다. 하버드본은 첫장에 '哈佛大學漢和圖書館珍藏印'과 '順興安氏世傳'의 인장이 찍혀 있고, 장서각본은 표지 다음에 소장처 인장만 찍혀 있다. 그리고 하버드본과 장서각본 모두 문집 내 다른 필체가 있는 것으로 보아 여러 사람이 함께 필사한 것을 알 수 있다. 특히 장서각본의 경우 필사본 원본이 아니라 복사본 형태로 소장되어 있다.[9] 하지만, 하버드본은 곳곳에 오탈자를 표시한 부분이 있는 반면, 장서각본은 오탈자를 최소한으로 줄여서 필사한 것을 확인할 수 있다. 서발문의 경우도 장서각본에만 안경의 후손 안종만(安鍾萬)이 1903년에 지은 서문이 존재한다. 서문의 내용에는 간행 경위나 하버드본에 대한 언급이 없다.

한편, 하버드본의 경우 문집 끝에 시(詩)와 대책(對策)을 편차하고, 「근전공론(芹田公論)」이라는 제목 아래 장서각본에 없는 총 7편의 논(論)을 수록하고 있다.[10] 장서각본의 경우 문집 끝에 대책과 시를 편차하여 마무리했다.[11] 그런데, 장서각본에 수록된 시는 13제 21수(문집 중간 부분에 1제 2수 있음)로 하버드본에 수록된 시 9제 17수를 모두 포함하고 추가로 4제의 시가 더 있다. 특히 장서각본은 시를 문집의 맨 끝에 편차하고 '견갑계첩(見甲契帖)'이라는 설명을 하였다. 여기에서 언급한 『갑계첩』은 안경이 편집한 시첩

9 이 복사본에 '藏書閣印'이라는 인장이 찍혀 있는 점으로 보아 원본은 유실된 상태가 아닌지 의심된다.

10 「芹田公論」에 기재된 論은 「王莽井田論」, 「光武疑薏苡論」, 「褚賁不襲父爵論」, 「孔明賀吳王稱帝論」, 「張良勸勿立六國後論」, 「李君水勸至金營論」, 「成覇業有餘謀賦」 등이다.

11 장서각본의 끝에는 전체 7쪽 분량의 『僉樞公諱(思輔)遺稿』가 부록으로 있다.

으로 하버드와 장서각에 각각 소장되어 있다. 안경의 저서가 모두 하버드와 장서각에서 발견되었고, 다른 곳에서는 볼 수 없었다. 이에 하버드와 장서각에 소장된 안경과 관련된 서적에 대한 의문이 생기지 않을 수 없다. 더욱이 문집의 선본을 가리기 위해서라도 하버드와 장서각에 소장된 안경 관련 서적을 조사하였다.

2) 하버드와 장서각에 소장된 안경 관련 서적

먼저 하버드 옌칭도서관에는 『근전집』 단, 『가해조천록』, 『근전선생갑계첩(芹田先生甲契帖)』이 나란히 소장되어 있다. 같은 종류의 책자에 첫 장에는 모두 '順興安氏世傳'이라는 인장이 찍혀 있다. 그리고 필체가 서로 같은 것으로 보아 동일한 필사자에 의해 간행된 것을 알 수 있다. 『근전선생갑계첩』에는 안경의 9대손 안희묵(安羲默)과 그의 종형인 안좌묵(安左默)이 각각 1846년(헌종 12)과 1851년(철종 2)에 지은 발문이 있다. 안희묵은 『가해조천록』의 발문(1853)을 쓴 안정환(安正煥)의 부친이다. 하버드본 3종의 서발문에서 가장 후대에 지어진 글은 안정환의 『가해조천록』 발문이다.

한편, 장서각에는 『근전집』 건 · 곤과 『갑계첩』이 같은 필체가 존재하는 필사본의 복사본 형태로 함께 소장되어 있다. 『갑계첩』의 경우 하버드본과 같이 안경의 9대손 안희묵과 안좌묵의 발문이 있다. 그리고 『근전집』에는 후손 안종만(安鍾萬)의 서문(1903)이 있다. 장서각본 3종의 서발문에서 가장 후대에 지어진 글이다. 이것만 두고 본다면 장서각본이 더 후대에 제작된 것으로 판단할 수 있다.

내용적 측면에서 하버드와 장서각에 소장된 안경의 저술은 대동소이하다. 앞에서 살펴본 대로 서발문과 편차, 추가로 기재된 작품의 차이가 있을 뿐이다. 문집의 경우 장서각본은 안경의 시가 문집 중간에 1제 2수가 있는 것으로 보아 한곳에 모아 편집하지 않았고, 주제별로 편차되어 있지도 않다. 반면, 하버드본은 시를 한곳에 모아 주제별로 편차하여 좀 더 체계적인 모습을 띈다. 그리고 필사된 책자와 필체 역시 하버드본이 장서각본보다 정연하다. 이는 하버드본이 더 정서(正書)한 것으로 보인다.

서발문과 수록된 시를 통해 보면 장서각본이 후대에 지어진 것 같고, 책의 구성과 필체, 그리고 마지막에 추가로 기재된 「근전공론(芹田公論)」 7편을 고려하면 하버드본이 후대에 지어진 것 같다. 이러한 사실로는 어느 본이 후대에 지어졌는지 단정하기 어렵다. 물론 이 두 이본 이외에 또 다른 판본이 있다고 가정할 수 있지만, 아직까지 다른 판본이나 관련된 문헌을 찾을 수 없다. 다만, 장서각본에서 안경의 시를 기록할 때 '견갑계첩'이라는 설명이 있기에 『갑계첩』이 어느 판본인지 조사해 보았다.

『갑계첩』은 안경이 생전에 활동한 문인단체의 기록을 모은 책이다. 『갑계첩』에 관한 연구는 2008년에 이뤄졌다. 당시 신영수 교수는 장서각본(1책33장), 국립중앙도서관본A · B(1책35장 · 1책19장), 월사후손가본(1책11장)의 이본 4종을 중심으로 계원과 계첩 전승에 관하여 고찰하였다.[12] 그런데, 필자는 국립중앙도서관에서 『가정갑자계좌목(嘉靖甲子契座目)』(1책16장)과 하버드 옌칭도서관에서 『근전선생갑계첩(芹田先生甲契帖)』을 새롭게 찾았다. 그

12 신영주, 「월사 이정구의 갑계 조직과 『갑계첩』」, 『한문학보』 19, 우리한문학회, 2008.

래서 현재 총 6종의 『갑계첩』이 존재하는데, 이중에서 장서각본이 참고한 본을 찾아보려고 한다. 그런데, 월사후손가본에는 안경의 시가 없기 때문에 제외하고,[13] 그 외 5종의 『갑계첩』을 비교하였다.

〈표-2〉 『갑계첩』 비교

甲契帖	嘉靖甲子契座目
국립중앙A	국립중앙B
필사본	필사본
1책19장	1책16장
跋:朴泰恒(1709)	序:朴熀(1711)
	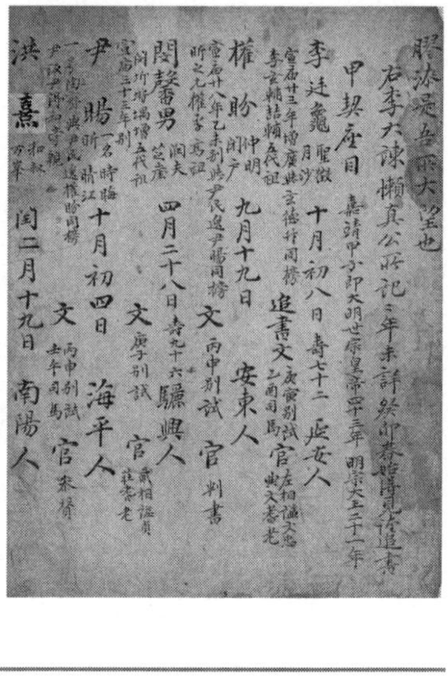

---

13 월사후손가 소장 『甲契帖』에는 「天啓四年甲子回甲韻」6수와 「司瞻亭甲會韻」 9수의 시만 실려있다. 여기에 안경의 이름은 등장하지 않고, 다른 판본의 이 제목에서도 안경의 이름은 등장하지 않는다.

(明宗十二年)甲契帖	甲契帖	芹田先生甲契帖
국립중앙C	장서각소장	하버드소장
필사본의 복사본	필사본의 복사본	필사본
1책35장	1책34장	1책32장
跋:朴龍祐(1849)	跋:安左默(1851)	跋:安左默(1851)
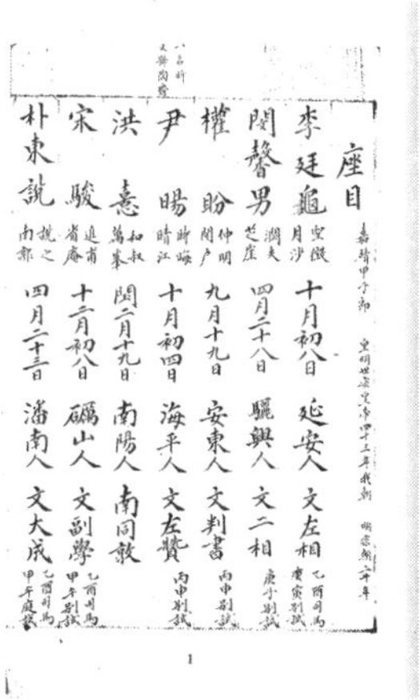	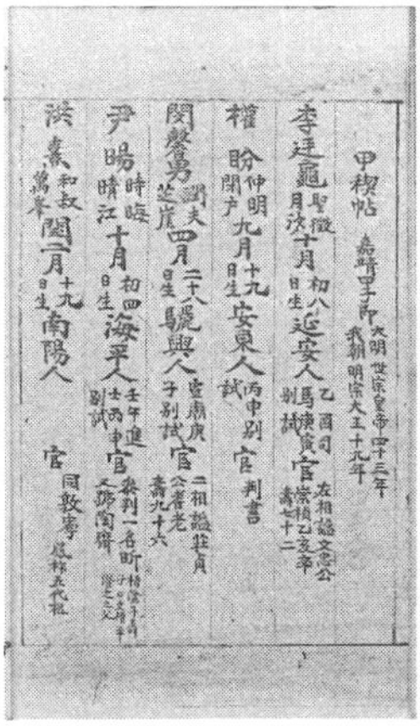	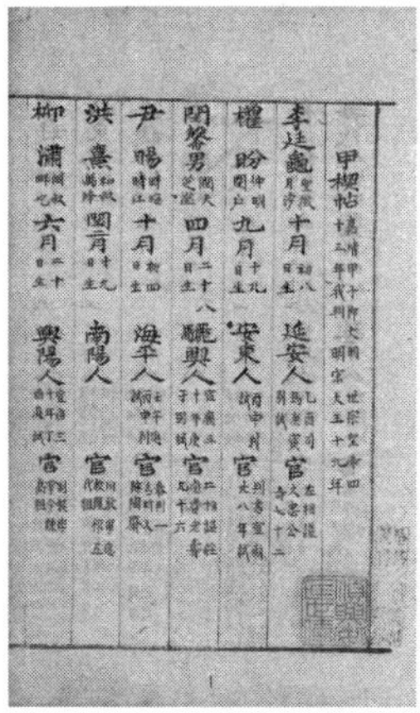

갑계첩에는 여러 편의 서발문이 있는데, 그중 가장 후대에 지어진 서발문은 각각 중립중앙A는 1709년(숙종 35), 국립중앙B는 1711년(숙종 37), 국립중앙C는 1849년(헌종 15), 장서각과 하버드 소장은 모두 1851년(철종 2)이다. 책의 분량과 제작 년대로 보면 국립중앙C와 장서각·하버드 소장이 관련이 있어 보인다. 각각의 판본에 수록된 안경의 시를 살펴보면 아래의 표와 같다.

〈표-3〉『근전집』과 『갑계첩』에 수록된 안경의 시

이본 / 순서	『근전집』		『갑계첩』				
	장서각	하버드	국중A	국중B	국중C	장서각	하버드
贈南郭朴說之赴羅州	1	2	2芝浦作	×	3芝浦作	2	1
贈東皐李綏之	2	3	3月沙作	×	6萬峯作	5	4

					一本月沙作		
敬奉流巖相公全州之行	3	5	×	×	×	7	6
與諸友同次同庚僧敬寶	4	1	1	2	2	3	3
哭朴南郭說之	5	7	4月沙作	4芝崖作	9芝崖作	9	8
挽趙應世	6	8	5	×	7月沙作	10	9
挽芝浦朴正郎巨源	7	6	×	3月沙作	8月沙作	8	7
香遠亭八詠	8	4	×	×	×	6	5
九月二十一日生朝感懷	9	×	×	×	×	4	×
詣國子監謁先聖廟	10	×	×	×	×	×	×
題皇京東嶽廟	11	×	×	×	×	×	×
敬奉鄭侍郎	12	×	×	×	×	×	×
丁巳元月夜會韻	×	×	×	1沙潭作	1沙潭作	1	2沙潭作
次安芹田示韻(附原韻)	×	×	×	×	4	×	×
病中偶吟呈安芹田兀下	×	×	×	×	5(2수)	×	×

* 숫자는 책에 실려 있는 편차이고, ×는 수록되지 않은 시이다. 그리고, 芝浦作, 月沙作, 芝崖作, 沙潭作, 萬峯作은 각각 朴瀓, 李廷龜, 閔馨男, 禹廷琛, 洪憙의 작품으로 표시된 것이다.

장서각본과 하버드본에 실려 있는 시와 5종의 갑계첩에 있는 안경의 시를 비교하였다. 이중 장서각본에 안경의 시가 제일 많이 실려 있고, 그 다음이 장서각 소장 『갑계첩』이다. 그런데, 『갑계첩』의 「정사원월야회운(丁巳元月夜會韻)」은 장서각본에 없는 시이다. 장서각본이 장서각 소장 『갑계첩』을 참고했다면 이 시를 빠뜨리지 않았을 것이다. 그럼에도 이 시를 뺀 이유는 다른 『갑계첩』에서 사담(沙潭) 우정침(禹廷琛)의 시로 표기한 것을 보았을 가능성이 있다.[14] 그리고 다른 『갑계첩』이라면 하버드 소장 『갑계첩』일 것이다. 국중A · B · C에 해당하는 『갑계첩』은 장서각본과 작자

14 이 시는 이정귀의 문집에 실려 있다. 李廷龜, 『月沙先生集』 권15, 「又次」(『한국문집총간』 권69, 1991, 348a쪽.)

가 다른 시가 많기 때문이다.

「증남곽박열지부나주(贈南郭朴說之赴羅州)」는 국중A와 국중C에서는 지포(芝浦) 박돈(朴潡)의 시로 기재했다. 「증동고이수지(贈東皐李綏之)」는 국중A에서는 월사(月沙) 이정귀(李廷龜)의 시라 했고, 국중C에서는 만봉(萬峯) 홍희(洪憙)(一本月沙作)의 시로 기재했는데, 이정귀의 문집에서 확인할 수 있다.[15] 이 시의 첫 구에서 '당시 연방에서 여러 공들 사이에 섞여 있었다[當時蓮榜廁群公]'고 하였는데, 여기에서 '연방'은 1585년(선조 18) 소과 합격자 명단이다. 『갑계첩』에 이름이 있는 사람 중에는 이정귀와 이수록(李綏祿), 박동열(朴東說)이 여기에 해당된다. 홍희는 평생 연방에 이름이 오른 적이 없고, 안경은 1603년(선조 36)이 되어서야 비로소 이름을 올렸다. 이 때문에 이 시는 이정귀의 시가 명백해진다.

「곡박남곽열지(哭朴南郭說之)」는 국중A에서는 이정귀의 시로, 국중B와 국중C에서는 지애(芝崖) 민형남(閔馨男)의 시로 기재했다. 그런데, 이들보다 80년 이른 시기에 태어난 김정국(金正國, 1485~1541)의 문집에 같은 시가 실려 있다.[16] 「만조응세(挽趙應世)」는 국중C에서 이정귀의 시로 기재했고, 이정귀의 문집에 실려 있다.[17] 하지만, 「만지포박정랑거원(挽芝浦朴正郎巨源)」은 국중B와 국중C에서 이정귀의 시로 기재했지만, 이정귀의 문집에서 찾을 수 없다.

---

15 李廷龜, 『月沙先生集』 권9, 「郭山客舍, 遇體察使從事官李應教綏之(綏祿)・朴直講伯善(震元), 卽席口占以贈(二首)」(『한국문집총간』 권69, 1991, 309b쪽.)

16 金正國, 『思齋集』 권2, 「朴參議世蓊挽」(『한국문집총간』 권23, 1988, 41b쪽.)

17 李廷龜, 『月沙先生集』 권18, 「挽趙司禦(文英)」(『한국문집총간』 권69, 1991, 432a쪽.)

이처럼 안경의 후손이 편집한 장서각과 하버드 소장 『갑계첩』에서 안경의 시라고 기재한 것이 다른 판본에서는 안경의 시로 기재하지 않았고, 실제로 안경의 시가 아닌 경우가 있다. 다음은 국중C에 실려 있는 1709년(숙종 35)에 지어진 박렴(朴廉)의 글이다.

> 가정 43년(1564)은 바로 우리 할아버님 芝浦公(朴潡)께서 태어나신 해이다. 일찍이 공께서 동갑내기 여러 공과 동갑계를 결성했다고 들었는데, 계첩이 병자년의 병화에 유실되었다. … 중략 … 지난 기사년(1689) 겨울에 벼슬살이로 서울에 갔다가 요행히 옛 계원 安芹田[安璥] 공의 자제 집에서 이 계첩을 보게 되었다. 전후 좌목에 배열된 30명의 계원과 契憲六條가 분명히 기재되어 있었으나, 유독 계회를 개최한 연도는 기록되지 않았다. 진귀한 내용을 열람하고 베껴서 계원의 후손 두서너 집에 두루 보여주고 성대했던 옛일을 다시 드러내어 오래도록 전할 수 있도록 힘쓰길 부탁했다.[18]

박렴은 박돈(朴潡)의 손자로 『갑계첩』의 존재를 알고 있다가, 1689년(숙종 15)에 안경의 자제 집에서 비로소 그 내용을 보게 되었다. 그리고 계첩을 대대로 전할 목적으로 계원의 후손 집안을 돌면서 협조를 부탁하였다. 즉, 국중C의 『갑계첩』은 안경의 집안에 있던 계첩을 초고로 계원 후손들이 글을 추가하여 완성한 것이다. 그런데, 1851년 안경의 9대손에 의해 완성된 장서각과 하버

18 朴廉, 『(明宗十二年)甲契帖』, 무제, 국립중앙도서관소장, 49쪽. "嘉靖四十三年甲子, 卽我先王考芝浦公, 誕生歲也. 嘗聞公與同甲子諸公結爲庚契云, 而禊帖見失於丙子兵燹. … 중략 … 往者己巳冬, 宦遊京洛, 幸而得見於故契員安芹田公子家. 則前後座目中, 列位三十員及契憲六條昭載, 而獨不記修禊之年. 奉玩珎貴, 謹以謄寫, 周示于禊員後裔數三家, 仍請其申復盛事, 務爲傳壽之計."

드 소장 『갑계첩』에 특별히 안경의 시로 잘못 표기된 시가 많은 것은 의아하다. 현재로서는 단순 편집과정의 오류로 볼 수밖에 다른 도리가 없다. 하지만 분명한 것은 장서각과 하버드 소장 『갑계첩』은 다른 『갑계첩』과 달리 서로 밀접한 관련이 있다는 것이다. 그리고 앞에서 살펴본 「정사원월야회운(丁巳元月夜會韻)」의 경우 장서각본에서 기재하지 않은 것은 필사할 때 하버드 소장 『갑계첩』을 참고했을 가능성을 시사한다.

하버드본과 하버드 소장 『갑계첩』은 시의 순서가 1번과 2번을 제외하면 모두 같다. 그리고 필체가 같은 점으로 미루어 보아, 하버드본과 하버드 소장 『갑계첩』이 비슷한 시기에 동일인에 의해 함께 필사된 점을 알 수 있다. 하지만, 장서각본은 장서각 소장 『갑계첩』의 시를 모두 포함하지만, 하버드 소장 『갑계첩』을 참고하여 한 편의 시를 제외하였다. 이 점은 장서각본을 필사할 때 장서각과 하버드에 소장된 『갑계첩』이 이미 완성된 상태였던 것을 알 수 있다. 그리고 하버드 소장 『갑계첩』과 하버드본이 함께 완성되었다면, 하버드본이 장서각본보다 미리 완성되었다고 할 수 있다. 또한 앞에서 언급했듯이 하버드 소장 『가해조천록』의 발문이 1853년(철종 4)에 지어졌고 장서각본의 서문이 1903년(광무 7)에 지어졌으니, 하버드본이 먼저 필사 되었고, 장서각본이 뒤에 필사된 것이 더 분명해 진다.

3) 『근전집』 이본의 「해의국사」 대조

장서각본과 하버드본의 「해의국사」를 대조하면 아래와 같이 글자의 차이가 있다. 대부분 장서각본의 글자가 문맥에 더 적합하다.

〈표-4〉 장서각본과 하버드본의 「해의국사」 대조

	1	2	3	4	5	6	7	8	9	10	11	12	13	14
장서각본	日	紀	權	蘇	怠	古	震	士	×	游	之世	二	之	率
하버드본	×	記	勢	蘓	台	騎	振	主	乃	遊	世之	貳	至	犨

이중 의미가 크게 달라질 수 있는 글자인 2, 5, 6, 8, 11, 13의 경우를 예로 들어본다.

1. "數以十爲紀(記), 改元乾封." 연도를 헤아려 10을 紀年으로 하고 연호는 乾封으로 고쳤다.
2. "朕所以日夕乾乾無或敢怠(台)者也." 짐은 이로써 밤낮으로 끊임없이 노력하여 감히 게으른 적이 없었다.
3. "又以多士廠, 爲藨古(騎)將軍 與水卒百萬, 征之." 또 多士廠(다시마)를 藨古將軍으로 삼아 수졸 백만과 함께 정벌을 갔다.
4. "朕天子大喜, 師還之日, 大饗莊士(主)." 짐 천자는 아주 기뻐하며 군사가 돌아온 날 壯士에게 성대한 잔치를 베풀었다.
5. "故今之世(世之)有大朕小朕, 毋作朕焉." 그러므로 지금 세상에 대짐과 소짐이 있듯이 짐을 쓰는 것에 달리 말이 없다.
6. "朕天子二葉三葉至于萬葉, 傳之(至)無窮." 짐 천자는 2년, 3년, 만 년에 이르도록 끝없이 전해졌다.

1~6의 예문은 장서각본을 기본으로 차이가 있는 하버드본의 글자는 괄호 안에 기재하였다. 3번을 제외한 나머지는 장서각본 글자로 해야 문맥에 더 적합하다. 3번 표고장군(藨古將軍)의 '藨古'는 표고버섯을 뜻하는데, 문맥상 어색하다. 하버드본에서 '표기장군(藨騎將軍)'이라고 했는데, 한나라 때 생긴 장군명칭이 '표기장군(驃騎將軍)'인 것을 감안하면 하버드본이 적합하다. 이처럼 「해의

국사」를 통해 보면 장서각본이 정본에 가깝다고 할 수 있다. 이러한 사실을 바탕으로 『금곡집』의 「해의국사」와 대조하여 차이를 살펴보았다.

4) 『근전집』과 『금곡집』의 저자 대조

『근전집』과 『금곡집』의 잡저(雜著)에 실려 있는 「해의국사」는 내용이 서로 대동소이하다. 「해의국사」 3종의 서지사항을 비교하면 아래의 표와 같다.

〈표-5〉 「해의국사」 3종의 서지사항

표제	『芹田集』 單	『芹田集』 乾	『金谷集』
저자	安瓛(1564~1640)	安瓛(1564~1640)	朴尙淵(1631~1696)
간행연도	1853	1903	1976
권책	1책(74장)	乾·坤 2책 중 乾(74장)	2권 1책(123장)
간종	필사본	필사본의 복사본	석판본
행자	10행22자	10행19-23자	12행25자
소장처	하버드 옌칭도서관	한국학중앙연구원 장서각	국립중앙도서관
이미지		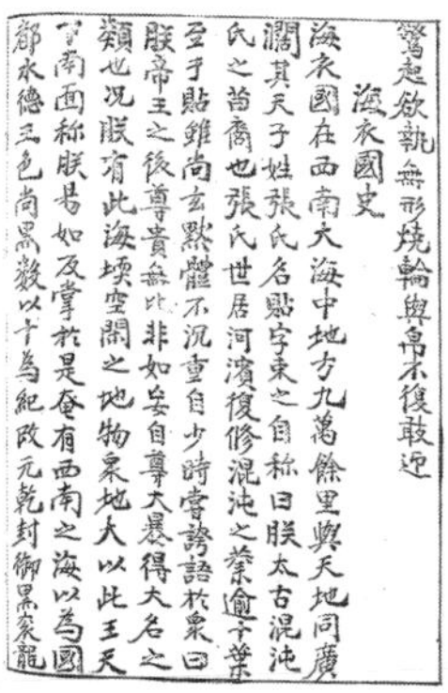	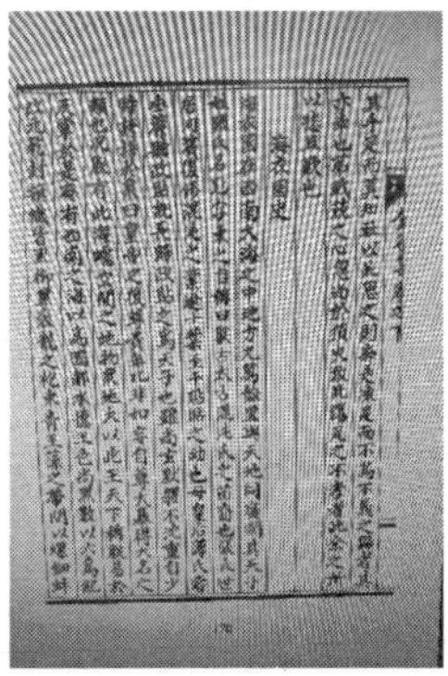

『근전집』의 저자 안경이 『금곡집』의 저자 박상연보다 약 60년 일찍 태어났다. 안경이 향년 77세에 세상을 떠났을 때 박상연은 10세에 불과했다. 또한 두 책의 간행연도를 비교해 보면, 『근전집』은 1853년(철종 4)과 1903년(광무 7)에 각각 필사되었다. 반면 『금곡집』은 1976년에 서발문이 지어진 것을 감안하면 그 무렵 간행된 것을 알 수 있다. 간행연도 역시 『근전집』이 70년 이상 앞서고 있다. 저자의 생몰년과 서책의 간행연도를 비교해 봤을 때 안경을 이 글의 저자라고 해도 의심할 여지가 없다. 그렇지만, 두 사람의 문집에 왜 이 글이 실려 있는지 그 이유는 명확하지 않다. 먼저 두 사람의 생애를 살펴보기로 한다.

안경(1564~1640)은 자가 백온(伯溫)이고, 호가 근전(芹田)이다. 고려 때 성리학의 시조인 안향의 후손으로 대대로 문인을 배출한 집안이다. 증조부 안요경(安堯卿, 1440~1518)은 공조참의까지 오르고, 영의정 황희의 손녀와 혼인하였다. 부친 안의손(安義孫, 1523~1592)은 무과로 임진란 때 충청도 보령의 남포(藍浦)에서 순국하였다. 평소 지극한 효성으로 부모를 공양했으며 상제 때에는 예가 지나쳤다. 안경 역시 부친의 이러한 영향으로 양친의 상제 때 예를 극진히 실천했다. 모친은 광주 김씨 내금장(內禁將) 김희려(金希礪)의 따님과 풍산 심씨 사직(司直) 심수신(沈守愼)의 따님으로 모두 4남 2녀를 낳았는데, 그는 심씨 소생 4남 중 첫째이다.

안경은 어려서부터 재지가 뛰어나고 문장과 학행을 높이 받들어 12세에 월사 이정귀(1564~1635), 남곽 박동열(1564~1622), 지애 민형남(1564~1659), 동고 이수록(1564~1620) 등 11명과 오동계(五同契)를 맺었다. 약관에는 사서오경과 제자백가에 통달하였고, 문사에 능하여 주위의 촉망을 받았다. 임진란 때 부친상을 당하여 시묘살이를 했고, 1600년(선조 33, 37세)에는 모친상을 당하여 양주(楊州)의 선영에 장사하고 선친의 옛 집터에서 시묘살이를 했다.

1603년(40세) 진사시에 합격하여 효릉참봉(孝陵參奉[懿陵參奉])이 되고, 1612년(광해군 4, 49세) 문과에 급제하여 예문관 봉교가 되었다. 1615년 성균관 유생들과 연명으로 상소하여 박광옥(朴光玉)을 제향한 서원의 사액을 받았고, 예조좌랑에 승진되어 이듬해 『선조실록』 편찬에 참여하였다.

1617년(54세) 서장관으로 북경에 조회 가고, 1619년에는 장령에 올랐다. 일을 처리하는 데 분명하여 조금도 빈틈이 없었으나, 융통성이 부족하다는 평을 들었다. 1621년(58세) 변무사은양건사은(辨誣賜恩兩件謝恩) 서장관으로 북경에 갔는데, 후금이 요동을 차지하고 있어서 평안도 안주에서 배를 타고 산동성 등주[현 烟台]로 가서 육로로 북경까지 갔다. 이때 왕복 해로에서 풍랑을 만나 생사를 넘나드는 상황을 만났지만, 평정심을 유지하며 신하의 직분을 다하고 복명했다.

1623년(인조 1, 60세) 금교찰방이 되었으나 광해조 때 권신의 비호를 받았다는 이유로, 인조반정으로 삭직되었다. 그 뒤 향리에 돌아가 후진 교육에 힘썼다. 1636년(인조 14, 73세) 병자호란 때 왕실을 높이고 이적을 물리치는 존왕양이(尊王攘夷)의 의리를 강하게 주장했으나, 화의가 이뤄지자 니산(尼山, 충남 논산시 魯城面)으로 들어가 은둔하였다. 이후 조정에서 대사헌(大司憲), 대사성(大司成)으로 불러도 나아가지 않았다. 만년에는 오직 경서를 보는 것으로 즐거움을 삼았다. 그리고 자손에게 경계하기를 '다시는 벼슬을 하지 말라'고 분부하였다.

안경이 77세로 세상을 떠나자 임금이 초상화를 그려 본손가(本孫家)에 봉안하도록 명하였다. 1798년(정조 22) 니산사림회(尼城士林會)에서 공론으로 영당(影堂)을 건립하기로 했으나, 재정문제로 중도에 그치고 말았다. 하지만, 족보에는 연산(連山, 충남 논산)과 덕원(德源, 함경남도 문천 · 원산)의 영당에 초상을 모셨다고 기록하고 있다.[19] 묘는 양주 서산면(西山面) 오금리(梧琴里)에 있는 고조부 읍성공의 묘 뒤쪽에 있다. 부인은 나주 김씨 돈용교위 김구(金球)의 따님과 풍양 조씨 직장 조유년(趙有年)의 따님으로 슬하에 각각 1녀와 2남을 두었다. 1971년 11대손 안종대(安鍾大)씨가 『조천일기』[『가해조천록』]를 문공부에 등록했다.

안경과 오동계를 맺은 이정귀는, "안공의 충절은 소중랑[蘇武]에게 비견되고, 거상은 대련(大連) · 소련(小連)보다 못할 것이 없다.[安公之忠節, 可比於蘇中郎, 居喪, 無愧於大小連矣.]"고 하였다. 소무(蘇武)는 전한 무제 때의 명신으로 황제의 명으로 흉노에 갔다가, 선우(單于)에게 붙잡혀 19년간 유폐되었는데 끝까지 절개를 지키고 귀국했다. 여기에서는 해로사행 도중 안경의 충절을 비유한 것이다. 그리고 대련과 소련은 상례를 잘 치른 인물로 『예기』「잡기하(雜記下)」에 "소련과 대련은 거상을 잘하여 3일 동안 태만하지 않고 3개월 동안 해이하지 않았으며, 1년 동안 슬퍼하고 3년 동안 근심하였는데, 이들은 동이 사람이다.[少連大連善居喪, 三日不怠, 三月不解, 期悲哀, 三年憂, 東夷之子也.]"라고 하였다.[20] 안경이

---

19 『순흥안씨족보』 권5(경신보), 1980, 294~295쪽.

20 장서각본 『근전집』에 안경의 후손 安鍾萬이 지은 서문에 지금까지 알려지지 않은 안경의 생애에 관한 내용이 있다. 그리고 『순흥안씨족보』(1980)를 참고하여 안경의 생애를 정리하였다.(安鍾萬, 「근전집서」(1903), 『근전집』

부모의 상제에 지극정성을 드린 것을 비유하였다.

이정귀가 안경에 대해 이렇게 말한 것은 그가 충효(忠孝)를 지성으로 실행한 것을 드러낸다. 특히 병자년에 존왕양이가 받아들여지지 않자, 자손에게 더 이상 벼슬하지 말라고 경계한 것은 그의 절개가 어떠한지 알 수 있게 한다. 하버드 소장 『가해조천록』의 발문에서 안경의 10대손 안정환(安正煥)이 "공의 충의는 한나라 중랑장 소무에 짝할 수 있다. 은거하며 나오지 않고 후손에게 벼슬하지 말라고 경계한 것에 이르면 그 뜻이 참으로 슬플 뿐이다."[21] 라 한 것은 이정귀의 말을 인용하여 충절을 드러낸 것이다.[22]

박상연(朴尙淵, 1631~1696)은 초명이 상안(尙顔)이고, 자가 지우(池愚)이며 호가 금곡(金谷)이다. 본관이 함양(咸陽)으로 조부는 임란 때 신립(申砬) 장군의 종사관으로 달천(㺚川)에서 순국한 박유정(朴由精)이다. 부친은 박효형(朴孝亨)이고 모친은 양성 이씨 이전(李瑱)의 따님으로 경기도 양성(陽城, 현 안성시 양성면) 금곡에서 태어났다. 부인은 광주 이씨 이호인(李好仁)의 따님과 진도 김씨 김태립(金兌立)의 따님으로 슬하에 모두 5남 1녀를 두었다.

박상연은 지기가 강개하고 성품이 고결하여 이치에 맞지 않은 일을 보면 그냥 넘어가지 못하였다. 이러한 그의 기절은 숙종 조의 당화에서 뚜렷이 드러난다. 그는 숙종 조에 사산감역(四山監役)

건, 장서각 소장; 『순흥안씨족보』 권5(경신보), 1980, 293~295쪽.)

21 安正煥, 『駕海朝天錄』, 「跋」(1853), 하버드소장, 183쪽. "公之忠義, 可儔於漢中郎將蘇武也, 至於隱居不起, 戒後不仕, 其意誠悲矣哉."

22 이러한 사실로 볼 때 기존의 논문에서 '안경이 해로 사행의 역경으로 자손에게 벼슬하지 말라고 했다'는 주장은 수정이 불가피하다. 이러한 주장을 한 논문은 다음과 같다. 허경진, 앞의 논문, 71쪽; 허경진 · 최해연, 앞의 논문, 129쪽.

을 시작으로 벼슬길에 올라, 초계현감(草溪縣監)에 이르렀다. 이때 당론이 나날이 격렬해지는 것을 보고 1679년(숙종 5) 「십참팔폐(十慚八弊)」를 지어 올렸다. 하지만, 대궐문에서 막혀 받아들여지지 못했다. 그리고 이듬해 경신대출척이 일어나, 벼슬을 그만두고 동생인 박상환(朴尙煥)과 함께 고향인 양성군 금곡면의 난실리(蘭室里)로 갔다. 그는 이곳에 은거하며 평생을 보내려 했다. 난실리의 고을 선비들과 무너진 향교를 정비하고, 「대성전액기(大成殿額記)」를 짓고, 손수 '明倫堂' 3글자를 써서 현판으로 걸었다. 이후 고을의 유학이 크게 부흥하여 명사들이 많이 배출되었다고 한다.

1693년(숙종 19) 종질 박경후(朴慶後, 1644~1706)가 전라도 관찰사로 있으면서 향시를 시행하여 영광(靈光)의 '8문장'이라 불리는 선비들과 교분이 두터웠다. 이 때문에 박상연의 동생 박상환은 영광 조산(棗山, 백수면 대신리 대추메)으로, 아들 박경일(朴慶一)[23]은 무장(茂長) 반계(盤溪, 고창군 해리면 沙盤里)로 이거하여 터를 잡아 각각 입향조가 되었다. 그리고 박상연은 강산을 주유하다가 고향인 경기도 양성 금곡에서 세상을 달리했다. 문집은 국립중앙도서관에 소장된 『금곡집(金谷集)』(석판본, 後堂書室, 1976.)이 있다.[24]

---

23 류재영은 묘비문에서 박상연의 두 아들이라고 했으나, 직계 후손인 박두호의 발문에서는 '朴慶一'이라고 한 명을 지명하였다.

24 이상의 내용은 金鳳文이 지은 『금곡집』의 서문과 박상연의 후손인 朴麒容과 朴斗鎬가 지은 『금곡집』의 발문, 그리고 柳在泳이 지은 박상연의 묘비문을 토대로 작성했다.(金鳳文, 「金谷集序」, 『金谷集』, 後堂書室, 1976, 1~2쪽; 朴麒容, 「跋」, 『金谷集』, 後堂書室, 1976, 243~244쪽; 朴斗鎬, 「跋」, 『金谷集』, 後堂書室, 1976, 244~245쪽; 柳在泳, 「草溪縣監金谷朴公尙淵墓碑文」(1985), 『春岡隨錄』, 以會文化社, 1992, 612~614쪽.)

두 사람의 생애를 비교해 보면, 안경은 양주가 고향이고, 박상연은 안성이 고향이므로 이 둘은 지역적인 관련이 적다. 박상연의 경우 벼슬을 하던 시기를 제외하면 대부분을 고향인 안성의 금곡에서 보냈다. 그의 생애를 다룬 글에서도 고향의 향교를 중수하여 많은 명사를 배출한 것에 비중을 두었다. 그러다 63세에 종질이 전라도 관찰사로 있을 때 그의 동생과 아들이 전라도 고창과 영광으로 이거하게 된다. 이를 계기로 박상연은 전라도를 두루 돌아다닐 수 있는 계기가 되었을 것이다. 그리고 이 시기에 전라도의 김 생산지를 직접 목격했을 가능성이 있다.

한편, 안경의 경우 주로 서울에서 생활하다가 부모상을 치르기 위해 선산이 있는 양주에서 한동안 있었다. 그리고 말년에는 병자호란을 겪고 충남 논산에서 은둔하였다. 그의 생애에서 바닷가에 살던 시기는 없다. 하지만, 그는 1621년(광해군 13) 서장관이 되어 처음으로 해로를 이용해서 명나라 조천을 다녀왔다. 당시 산동성 등주까지 왕복하는 선상에서 풍랑을 만나 총 60여 일을 배 위에서 보냈다. 이때 생사를 넘나드는 상황과 사신의 임무에 충실하려는 그의 모습이 『조천일기』에 고스란히 드러나 있다. 한번은 표류하던 중에 갯가에 정박한 적이 있는데, 선원들이 허기진 배를 채우려고 바위에 붙은 해초를 뜯어 먹기도 했다.[25] 그는 이때 이미 생사를 천명에 맡겨 해초를 먹지 않았지만, 당시 풍랑에 여러 섬

25 안경, 『조천일기』, 「10월 30일」. "三十日, 密雪終日, 北風尤惡. 午後步下岩邊, 則員役輩爭拾海衣青角苔萍等物, 呵手拮据, 將爲充腹之計. 余問曰, '若等食此, 能活幾日.' 衆皆掩泣曰, '至誠感天, 天高聽卑. 願得須臾無死, 還見故土耳.' 且拾枯枝, 燎火於釜, 煮雪爲水, 盛置舟中之甕. 經夜視之, 凍甕如坼卵矣."

을 거치면서 바닷가에서 나는 식용작물에 관심을 보이는 계기가 되었을 것이다. 그리고 이러한 경험이 「해의국사」의 저술에 어느 정도 영향을 주었을 가능성이 있다.

이처럼 안경과 박상연의 생애와 행력을 통해 그들이 특별히 관련된 점이 없다는 것을 알 수 있다. 그리고 두 사람 모두 바닷가에 살지는 않았지만, 유람과 해로사행을 통해 바다를 접했다. 또한 「해의국사」가 두 사람의 문집에 모두 실리게 된 것은 아무래도 후세대이며 문집 역시 나중에 간행된 박상연이 안경의 글을 차용한 것으로 짐작할 수 있다. 이 점에 대해서 『근전집』과 『금곡집』의 「해의국사」 내용을 대조하면서 분석해 보려고 한다.

3. 『근전집』과 『금곡집』의 「해의국사」 내용 대조 및 분석

장서각본 『근전집』의 「해의국사」를 기본 원문으로 하고, 『금곡집』의 「해의국사」와 차이가 나는 글자는 괄호 안에 두었다.

> 海衣國, 在西南大海(之)中. 地方九萬餘里, 與天地同廣濶. 其天子姓張氏, 名貼, 字束之. 自稱曰朕 (古)太古混沌氏<u>之</u>(×)苗裔也. 張氏世居河濱, 復修混沌之業, 逾十葉至于貼.(貼之幼也, 母皇后薄氏, 嘗垂簾聽政, 貼旣長, 歸政, 貼之爲天子也.) …… 於是奄有西南之海, 以爲國都水德, 王色尙黑, 數以<u>十</u>(六)爲紀, 改元乾封.(旗幟皆黑.)
>
> 海衣國은 서남쪽 큰 바다 한가운데 있다. 땅은 사방 9만여 리로 천지처럼 광활하다. 그곳 천자의 성은 張[펴다]씨이고, 이름은 貼[붙다]이며, 자는 束之[묶다]이다. 스스로 朕이라 일컬었는데, 태고시절 혼돈씨의 후손이다. 장씨는 대대로 물가에 살면서 계속 혼돈씨의 일을 하다가 10대를 지나 貼에 이르렀다.(첩이 어렸을 적

에 어머니 황후 박씨가 일찍이 수렴청정을 하다가, 첩이 자라자 정사를 맡겨 첩이 천자가 되었다.) …… 문득 서남쪽 바다에 나아가 도성을 水德에다 잡고 왕조의 색은 검은색을 숭상하며 연도를 헤아려 10을 紀年으로 하고 연호는 乾封으로 고쳤다.(깃발은 모두 검었다.)

「해의국사」의 서두에 해당되는 내용이다. 해의는 김이기 때문에 천자의 성과 이름, 자가 김과 관련이 있다. 여기에서는 해의국의 위치와 영토, 천자를 소개하였다. 짐의 10대인 첩에 이르러 비로소 천자가 되었다. 『근전집』의 내용은 여기에서 끝나는데, 『금곡집』에는 '첩이 어려서 모황후 박씨가 수렴청정하다가 정사를 맡겼다'는 부연 설명이 서술되어 있다. 『근전집』에는 첩의 모친에 관한 기록이 어디에도 보이지 않는 것과 대조적이다. 김의 특징을 나타낸 '깃발이 모두 검었다'는 내용도 『금곡집』에만 서술되어 있다.

先(於)是周赧王, 獻地于秦, 姬氏遂亡. 朕天子與始皇幷立, 國號海衣. 海衣之(×)稱朕, 又(×)自此始. 始皇二十六年, 制曰, 朕聞海上有不死藥, 其令徐市等, 往來之. 朕亦從此逝矣. 遂東遊海上, 語在秦記(紀).

이에 周나라 赧王이 秦나라에 땅을 바치고 희씨가 결국 멸망했다. 짐 천자는 진시황과 병립하여 국호를 '해의'라 하였다. 해의가 '짐'이라 불린 것 또한 이때부터 시작되었다. 진시황 26년(B.C.221) 천자가 조서를 내려, "짐이 바다에 불사약이 있다고 들었으니, 서불 등을 시켜 다녀오게 하라."라고 하였다. 짐도 이들을 따라갔다. 마침내 동쪽으로 바다를 헤엄쳐 갔는데, 이 일이 『史記』의 「秦始皇本紀」에 기록되어 있다.

해의국이 처음 역사에 등장하는 부분을 서술하였다. 주나라가 망하고 천하가 진나라로 통일되었을 때, 해의국이 유일하게 병립하였다. 그리고 진시황이 자신을 '짐'이라 칭할 적에 해의국 천자도 자신을 '짐'이라 부르게 했다. 특히 진시황이 불사약을 구하기 위해 서불(徐市)을 바다로 보냈는데, 이때 해의국 짐도 함께 갔다고 하였다. 「진시황본기」를 살펴보면, 진시황 28년(B.C.219)에 서불이 바다 가운데 있는 삼신산에 신선이 산다고 하여 남녀 아이 수천 명을 데리고 들어가 선인을 찾았다는 기록이 있다.[26] 「해의국사」에서는 해의국이 세상에 처음 알려지게 된 시점을 이때로 설정하였다. 이처럼 역사적 사실을 끌어들인 것은 이야기의 신빙성을 높이기 위한 것이다. 여기에서 先(於), 之(×), 叉(×), 記(紀)를 보면, 문맥상 괄호에 있는 『금곡집』의 글자가 더 적합하다는 것을 알 수 있다.

> 平帝時, 王莽臘日上椒酒, 置鴆帝(朕)暴崩. 人或以鴆與朕(朕與鴆)音相似而疑之. 正所謂曾參之殺人也. 朕天子嘗誦蘇仙詩流連喪國宴安鴆毒之句, 沈吟玩味曰, 旨哉言乎, 爲人君可鑑, 朕所以日夕乾乾無(毋)或敢怠者也.
>
> 한나라 平帝 때 王莽이 납향일[27]에 椒酒[조피 열매를 섞어 빚은 술]를 올릴 적에 짐독을 섞어 황제가 갑자기 붕어했다. 사람들이 간혹 '鴆'과 '朕'이 발음이 서로 같다고 하여 의심했다. 바로 '曾參이 사람을 죽였다'[28]는 격이다. 짐 천자는 일찍이 蘇仙[소식]의 시 중에

---

26 (漢)司馬遷 著, 『史記』 권6, 「秦始皇本紀」 제6 〈28년〉. "齊人徐市等上書, 言海中有三神山, 名曰蓬萊・方丈・瀛洲, 僊人居之. 請得齋戒, 與童男女求之. 於是遣徐市發童男女數千人, 入海求僊人."

27 납향일 : 동지 뒤 세 번째 未日로 짐승을 사냥하여 조상에게 제사 올리는 날.

'유련은 나를 잃게 하고, 연안은 짐독과 같다.[流連喪國, 宴安鴆毒.]'[29]는 구절을 읊조리며 깊이 음미하고 말하길, "그 뜻이 지극하다. 임금이 거울로 삼을만하다."라고 하였다. 짐은 이로써 밤낮으로 끊임없이 노력하여 감히 게으른 적이 없었다.

『한서』를 살펴보면, 한나라 왕망은 평제의 장인이면서 권력을 독점하고 있었다. 그런데, 평제가 자라면서 왕망을 멀리하고 외가를 끌어들이자, 이에 짐독을 탄 술을 올려 황제를 독살했다고 한다.[30] 이 전고를 차용하여 짐독의 '짐'이 짐 천자의 '짐'과 발음이 같다고 하여 짐 천자를 의심했다고 하였다. 하지만, 짐 천자는 소식의 시구를 읊조리며 세상의 오해는 괴념치 않고 묵묵히 자신을 단련하는 비범한 모습을 보여주고 있다.

여기에서 '置鴆帝(朕)暴崩'는 '초주를 올릴 적에 짐독을 섞어 황

---

28 공자의 제자 曾參이 費 땅에 살 적에 그곳에 같은 성명을 가진 사람이 살인을 했다. 어떤 사람이 이것을 증삼이 살인한 것으로 알고 증삼 어머니에게, "증삼이 살인하였습니다."라고 했다. 그 어머니가 처음에는 믿지 않다가 연달아 세 사람이 그런 말을 하니 믿게 되었다는 고사가 있다.((漢)劉向 編, 『戰國策』 권4, 「秦」 2, 〈秦武王謂甘茂〉. "昔者曾子處費, 費人有與曾子同名族者而殺人, 人告曾子母曰, '曾參殺人.' 曾子之母曰, '吾子不殺人.' 織自若. 有頃焉, 人又曰, '曾參殺人.' 其母尙織自若也. 頃之, 一人又告之曰, '曾參殺人.' 其母懼, 投杼踰牆而走. 夫以曾參之賢, 與母之信也, 而三人疑之, 則慈母不能信也.")

29 이 시를 소식의 시라고 하였으나, 소식의 제자인 李廌(1059~1109)의 「驪山歌」에 나오는 구절이다. "유련[밤낮 배를 띄우고 연회를 함]은 나라를 망하게 하고, 연안[매일 잔치로 날을 지샘]은 독을 마시는 것과 같아서 사치함이 마음을 미혹하게 한다.[由來流連多喪國, 宴安鴆毒因奢惑.]"

30 (東漢)班固 編, 顔師古 注, 『漢書』 권99하, 「王莽傳」 제69하, 〈地皇4년(23년)〉. "又聞漢兵言, 莽鴆殺孝平帝. 莽乃會公卿以下於王路堂, 開所爲平帝請命金縢之策, 泣以視群臣."

제가 갑자기 붕어했다'와 '초주를 올리자 짐(황제)이 갑자기 붕어했다'를 보면, 후자가 더 깔끔한 문장이 된다. 하지만, 뒤에 '짐과 짐이 발음이 서로 같다(鴆與朕音相似)'가 나오므로 앞에 '鴆' 글자가 마땅히 나와야 한다. 따라서 여기에서는 『근전집』의 글자가 더 적합하다.

其後至晉時, 海衣國藩臣, 有江東王夏蓴者, 與處士張翰爲布衣之交. 翰勸蓴曰, 大王風彩氣味淸澈淵深, 涵(涵育)氷玉之節, 有粹面之美. 今朕天子, 擧(氣)措輕薄, 言語無味(綸), 望之不似人君. 而反(×)北面臣事, 俛首朝宗(而甘心焉) 竊爲大王惜之. 蓴辟左右握其手曰, 蓴之有季鷹, 猶魚之有水也. 遂(以翰爲相, 翰固辭不受, 乃以靑苔爲相)竊據芙蓉城, 不奉正朔. 自稱大澤皇帝, 更姓(×)名淳于淵, 改元純熙(淳邊臣白蘋奔走告其反).

그 후 晉나라 때에 이르러 해의국의 번신인 江東王 夏蓴[순채]이 있었는데, 처사 張翰과는 布衣之交였다. 장한이 하순을 부추기며 "대왕의 풍채와 기미는 맑고 깊으며 氷玉의 절개를 갖추어 얼굴에 드러나는 아름다움이 있습니다. 지금 짐 천자는 행동거지가 경박하고, 말이 무미하여 바라보매 임금 같지 않습니다. 그런데도 도리어 북면하고 신하가 되어 섬기며 머리를 숙여 조회를 하니 적이 대왕을 위해 애석합니다."라고 말하였다. 하순이 좌우를 물리치고 손을 잡고 말하길, "나에게 계응(장한의 자)이 있는 것은 물고기에게 물이 있는 것과 같다."고 하였다. 마침내 몰래 芙蓉城[31]을 점거하고 正朔[해의국의 역법]을 받들지 않았다. 스스로 大澤皇帝[32]라 칭하고 성명을 淳于淵으로 바꾸고 연호를 純熙로 고쳤다.

---

31 芙蓉城 : 전설에 나오는 仙境으로 蘇軾의 시에 「부용성」이 있다.

32 大澤皇帝 : 대택은 지금의 안휘성 宿縣에 있는 마을 이름이다. 秦나라 말 陳勝과 吳廣이 이곳에서 의병을 일으켰다. 여기에서는 하순이 해의국에 반란을 일으킨 것을 진승과 오광이 대택에서 봉기한 것에 비유하고 있다.

해의국의 번신인 강동왕 하순이 장한의 말을 듣고 반란을 일으킨 내용이다. 장한은 진(晉)나라 때 대사마동조연(大司馬東曹掾)을 지낸 인물로 하남성 낙양에 있을 때 난이 일어날 것을 미리 짐작하고 '가을바람이 부는 것을 보니, 오중(현 상해시 송강구)의 나물과 순채국, 농어회가 그립다.[因見秋風起, 乃思吳中菰菜·蓴羹·鱸魚膾]'고 시를 읊은 뒤 사직하였다.[33] 역사 속 장한은 난을 피해 고향으로 돌아갔는데, 여기에서는 하순을 부추겨 반란을 일으켰다. 사료 속 장한의 모습이 실제 사실과 다르게 그려지고 있다. 그런데, 『금곡집』을 보면 (하순이) 장한을 재상으로 삼았으나 장한이 고사하며 받지 않으니, 이에 청태[이끼]를 재상으로 삼았다.(以翰爲相, 翰固辭不受, 乃以青苔爲相.)'는 기록이 추가되어 있다. 이렇게 되면 장한이 난을 피해 떠난 것이 역사와 같게 된다. 이외에도 『금곡집』에는 '머리를 숙여 조회하다[俛首朝宗]'에 '달게 여겼다.[而甘心焉]'를 더하여 상대방의 마음을 좀 더 충동질하였고, '변경의 신하 백빈(白蘋, 개구리밥)이 달려와 반란을 고하였다.(邊臣白蘋奔走告其反)'를 추가하여 내용을 더 상세하고 논리적으로 전개하였다. 하지만, 擧(氣), 味(綸), 反(×)의 경우는 『근선십』의 글자가 더 적합한 듯하다.

> 朕天子艷(艶)然斯怒曰, 蠢玆夏蓴, 江東之雜種水草, 爲業(性)蕞爾小國, 反(×)鄙我大邦, 朕甚恥之. 於是, 甘(丞相)苔入謁朕天子, 方食. (具以告苔, 苔曰請)借前箸(爲大王)籌之, 遂定討蓴之議. 朕天子(×)發憤忘食, 撤食吐哺, 拔釰(劍)斫案曰, 斫(斬)蓴與此案同立. 命藿同爲伏波將軍, 以黃角青角, 爲左右從事官. 又以多士麻(馬), 爲藁

33 (唐)房玄齡 編, 『晉書』 권92, 「列傳」 제62, 〈張翰傳〉.

(票)古將軍, 與水卒百萬, 征之, 魚冑鱗介之士(牛毛爲前鋒都督, 高勃乃爲後將軍, 葛勃乃爲奇兵, 率水軍百萬, 征之. 陣解魚麗, 鼓角以行, 介冑鱗甲之士), 首尾亘萬餘里. 藿將軍辟海上人加(佳)士里爲記室(紀實)參軍, 其人美且鬈紫髯若棘(戟), 世所謂髯參軍者也. 朕天子令浮萍爲說客, 先(×)往覘之. 還報曰, 江東雖小亦足以王. 且有長江天塹之險. 蓴之反謀(×), 植根(甚)固, 流波漫(×), 非可以朝令(而)夕禁也(×). 急擊勿失.

짐 천자가 발끈 화를 내며 말하길, "어리석은 하순은 강동의 잡종 수초이면서 업적도 아주 작은 소국에 불과한데, 도리어 우리 대국을 우습게 여기니 짐이 매우 부끄럽다."라고 하였다. 이에 감태가 들어가 짐 천자를 뵈니 막 식사 중이었다. 앞에 있는 젓가락을 빌려 계책을 세우자, 드디어 순을 토벌하는 의론이 정해졌다. 짐 천자는 發憤忘食하다가 밥상을 치우고 먹던 것은 뱉고는 검을 뽑아 상을 베며 말하길, "순을 베어 이 상처럼 만들겠다."라고 하였다. 곽동에게 명하여 伏波將軍으로 삼고, 黃角[황각채]과 靑角[청각채]을 좌우 종사관으로 삼았다. 또 多士麻[다시마]를 驃騎將軍[34]으로 삼아 수졸 백만과 함께 정벌을 가니, 투구와 갑옷을 걸친 병사들이 선두부터 후미까지 만여 리에 달했다. 곽 장군은 바닷가 사람 加士里[우뭇가사리]를 불러 記室參軍[비서참모]으로 삼았는데, 그 사람이 바로 잘생기고 자줏빛 뾰족한 수염이 수려한 '髯參軍'이라 불리는 자이다. 짐 천자는 浮萍[부평초]을 유세객으로 삼아 먼저 가서 염탐하게 했다. 그가 돌아와 보고하기를, "강동이 비록 작으나 또한 왕노릇 할 만한 곳입니다. 또 장강이 있어 하늘이 만든 험지입니다. 순의 모반은 박힌 뿌리가 견고하고 물결처럼 도도하니 아침에 명령하여 저녁에 금지할 수 있는 것이 아닙니다. 급히 공격하여 실패하지 마소서."라고 하였다.

---

34 원문은 '蕓(票)古將軍'이지만, 문맥에 맞게 '驃騎將軍'으로 고침.

짐 천자가 하순의 반란 소식을 듣고 화를 내며 여러 신하에게 공격을 명한 내용이다. 제일 먼저 감태가 계책을 세우고, 곽동이 군사를 이끌고 정벌을 갔다. 이 대목에서 『근전집』에서는 "감태가 들어가 짐 천자를 뵈니 막 식사 중이었다. 앞에 있는 젓가락을 빌려 계책을 세웠다.[甘苔入謁朕天子, 方食. 借前箸籌之.]"라고 하였지만, 『금곡집』에서는 "승상 태가 들어가 짐 천자를 뵈니 막 식사 중이었다. 모두 갖춰 태에게 말하니, 태가 아뢰길, '청컨대 앞의 젓가락을 빌려 대왕을 위해 계책을 세우겠습니다.'라고 하였다.[丞相苔入謁朕天子, 方食. 具以告苔. 苔曰請借前箸, 爲大王籌之.]"라고 기술하였다. '감태'를 '승상 태'로 표기하였고, '모두 갖춰 태에게 말하니, 태가 아뢰길, 청컨대...'와 '대왕을 위해'가 추가로 서술되었다. 두 내용을 비교해보면, 『금곡집』에서 감태의 직위를 말하고 천자에게 아뢰는 과정을 상세히 서술하여 더 명확하다는 것을 알 수 있다.

이어서 전쟁에 참여하는 인원과 병사의 규모를 서술하면서, 『근전집』은 "수졸 백만과 함께 정벌을 가니, 투구와 갑옷을 걸친 병사들이 선두부터 후미까지 만여 리에 달했다.[與水卒百萬, 征之, 魚冑鱗介之士, 首尾亘萬餘里.]"고 서술하였다. 그런데, 『금곡집』에서는 "牛毛를 전봉도독으로 삼고, 高勃을 곧 후장군으로 삼고, 葛勃을 곧 기병으로 삼아 수군 백만을 거느리고 정벌을 갔다. 물고기 비늘처럼 진이 펼쳐지고 고각소리에 따라 행군하니 딱딱한 갑옷을 걸친 병사들이 선두부터 후미까지 만여 리에 달했다.[牛毛爲前鋒都督, 高勃乃爲後將軍, 葛勃乃爲奇兵, 率水軍百萬, 征之, 陣解魚麗, 鼓角以行, 介冑鱗甲之士, 首尾亘萬餘里.]"고 상세히 서술하였다. 『금곡집』에서 더 많은 장수들을 열거하고, 진의 행렬을 실감 나게 묘사하여 이야기를 절정으로 이끌어가고 있다.

반면, 加(佳)士里를 記室(紀實)參軍으로 삼았다고 한 부분은 『근전집』의 글자가 맞고, 끝부분에 "순의 모반은 박힌 뿌리가 견고하고 물결처럼 도도하니 아침에 명령하여 저녁에 금지할 수 있는 것이 아닙니다.[蕁之反謀, 植根固, 流波漫, 非可以朝令夕禁也.]"를 『금곡집』에서는 "박힌 뿌리가 매우 견고하여 아침에 명령하여 저녁에 금할 수 있는 것이 아닙니다.[植根甚固, 非可以朝令而夕禁.]"로 간략히 서술하였다. 『근전집』의 '蕁之反謀'와 '流波漫'은 생략하고, '植根固'는 '植根甚固'라고 강조하여 『금곡집』이 내용을 더욱 분명하게 한 듯하다. 하지만, 이 내용은 『고문진보후집(古文眞寶後集)』에서 한유(韓愈)가 지은 「중답장적서(重答張籍書)」에 "其植根固, 其流波漫, 非可以朝令而夕禁也."라고 나온다.[35] 『근전집』에서는 이 내용을 그대로 차용하였는데, 『금곡집』에서는 문맥에 맞게 다듬은 흔적을 볼 수 있다.

> 朕天子曰, 諾(×), 朕志(之意)已定(正)矣. 仍(因)問曰, 蕁之大將誰也? 曰文藻. (上)曰, 是世所謂文章者乎. 毛錐之子, 不過爲刀筆吏, 安能當藿同? (左右)從事宜(×)誰也? 曰, 都阿里大阿里. 曰, 是防築(大堤)下居生者乎. (身)雖長大, 不如我黃角靑角. 游軍將(遊將軍)誰也? 曰, 閔阿里. 曰(生長汚渠 性甚柔弱)不如我多士麻. 朕無憂乎.
>
> 짐 천자가 말하길, "알겠다. (그러나) 짐의 뜻이 이미 정해졌다." 고 하고는 이어서 물었다.
>
> "순의 대장은 누구인가?"
>
> "文藻입니다."

35 (宋)黃堅 編, 『古文眞寶後集』, 「重答張籍書」; (明)茅坤 編, 『唐宋八大家文鈔』, 「重答張籍書」.

"바로 세상에서 말하는 '文章'이라는 자인가? 毛錐[붓]의 자식은 刀筆吏[문서 담당 하급관리]에 불과하니 어찌 곽동을 감당하겠는가? (좌우)종사관은 누구인가?"

"都阿里와 大阿里입니다."

"바로 防築[방죽] 아래에 살고 있는 자인가? 비록 장대하지만, 우리 黃角과 靑角만 못하다. 游軍將[유격대를 지휘하는 장수]은 누구인가?"

"閔阿里[미나리]입니다."

"우리 多士麻[다시마]만 못하다. 짐이 근심할 것이 없다."

짐 천자가 하순의 군대에 대해 묻고, 부평이 답하는 문답 형식으로 이뤄졌다. 여기에서 『근전집』의 '諸朕志已定矣'는 『금곡집』에서 '朕之意已正矣'로, '從事官誰也'는 '左右從事誰也'로, '游軍將'은 '遊將軍'으로 내용적으로 큰 차이가 없다. 다만, 하순의 유격대장인 민아리(閔阿里)를 설명할 때 『금곡집』에서 '더러운 도랑에서 생장하여 성품이 매우 유약하다[生長汚渠 性甚柔弱]'고 상세히 기술하여 하순의 장수가 짐 천자의 장수보다 못하다는 것을 강조하였다.

그런데, 여기에서 하순의 대장 '문조[문장]'에 대해 '도필리'라 하며 하찮게 서술하고 있는데, 작자의 의도가 있는 것이 아닐까 의심된다. 안경과 박상연은 모두 문인이지만, 안경의 부친은 무인으로 임진란 때 순국하였고, 박상연의 조부는 신립의 종사관으로 있다가 순국하였다. 그리고 안경은 병자년 청의 말발굽에 존왕양이(尊王攘夷)를 주장했지만, 결국 화의가 이뤄지자 평생 은둔하며 자손에게도 벼슬하지 말라고 경계하였다. 박상연의 경우 당론이 격렬하여 「십참팔폐(十慚八弊)」를 지어 올렸지만 받아들여지지 않고, 경신대출척으로 벼슬길이 막혀 남은 평생을 은거하며 보냈다. 이들에게 문장은 곧 나약한 문조와 관련성이 없지 않아 보인다.

한편, 하순의 군대가 자기만 못하다고 판단한 짐 천자는 군대를 출동시켜 문조를 처형하고 하순을 사로잡았다. 반면, 하순을 부추겨 반란을 일으키게 한 장한은 다음과 같이 생활하였다.

> 江東之亡也(×). (太夫)張處士, 怏怏有蹈海之志. 吟詩曰, 韓亡子房憤, 秦帝魯連恥. 獨(獨恥)與其友鱸先生, 浮扁舟之河上澤中, 漁獵(絶意功名課農漁以自適). 朕天子使人招之曰, 翰來大者王, 小者侯. 昔田橫自頸(剄), 賓客皆死. 今江東王朝暮當烹而不來俱死, 若何面目見江東王(×)於地下乎. …… 朕天子大怒, 遂(×)烹蓴作羹, 節解臠之.
>
> 강동이 망하자, 장 처사[장한]는 호기롭게 바다를 밟을 뜻이 있었다. 시를 읊조리길, "한나라가 망하자 장자방이 분노했고, 진나라 황제를 노중련이 부끄러워했네."라고 하였다. 유독 그의 벗인 노 선생과 함께 황하 가에 있는 澤中에 조각배를 띄우고 물고기를 잡고 사냥하면서 지냈다. 짐 천자는 사람을 보내 초빙하기를, "장한 그대가 오면 크게는 왕이고, 적어도 제후는 될 것이오. 옛날 田橫이 스스로 목을 베자 빈객이 모두 죽었소. 지금 강동왕이 오래지 않아 삶겨질 텐데, 함께 죽으러 오지 않는다면 무슨 면목으로 지하에서 강동왕을 만나겠소?"라고 하였다. …… 짐 천자는 매우 화가 나 마침내 하순을 삶아 국을 만들고 사지를 찢어서 절였다.

장한은 스스로를 장자방과 노중련에 비유하면서 바닷가에 은둔하였다. 이에 짐 천자는 전횡의 고사를 들어 그를 불러들였다. 하지만, 장한은 끝내 가지 않았고, 하순이 죽으며 강동의 반란은 모두 끝이 났다.

여기에서 『근전집』의 '張處士'는 『금곡집』에서 '太夫張處士'라고 하여 장한에게 '太夫'라는 지칭을 하였다. 그리고 "진나라 황제를 노중련이 부끄러워했네. 유독 그의 벗인 노 선생과 함께[秦帝魯連恥. 獨與其友鱸先生]"라고 서술한 부분이 『금곡집』에는 "진나라 황제를 노중련이 유독 부끄러워했네. 그의 벗인 노 선생과 함께[秦帝魯連獨恥. 與其友鱸先生]"라고 서술하여 '獨'자가 좀 더 적절한 자리를 잡은 듯하다. 그런데, 이 내용은 남송의 사령운(謝靈運)이 "한나라가 망하자 장자방[張良]이 분발하였고, 진나라 황제를 노중련이 부끄러워했네.[韓亡子房奮 秦帝魯連恥]"라고 읊은 내용을 『근전집』에서 그대로 차용한 것이다.[36] 하지만, 『금곡집』에서는 『근전집』을 보고 문맥에 맞게 각색한 것임을 알 수 있다. 그리고 장한이 '漁獵'을 한 부분도 『금곡집』에서는 "공명의 뜻을 끊고 농사짓고 낚시하며 자적하였다[絶意功名, 課農漁以自適]"라고 상세히 서술하면서 장한의 처세를 더욱 분명히 드러내고 있다.

하순이 죽고 난 뒷부분은 특히 차이가 큰 데, 『근전집』에서는 하순의 죽음으로 끝나지만, 『금곡집』에서는 하순의 뒷 이야기를 서술하였다.

> 이해 가을 강동의 亡大夫가 하순의 아들 秋茅를 왕으로 맞이해 세우고 옛 영토를 회복하였다. 짐 천자는 토벌하고 싶어 감태에게 물으니, "추모는 덕을 따르면서 (조상의 나쁜) 행실을 고쳤으니, 봉해주는 것만 못합니다."고 하였다. 상이 말하길, "그렇다. 끝까지 무력을 쓸 수는 없다."하고는 사신을 보내 회유하였다. 추모가 명령에 복종하며 신하라 칭하니, 마침내 옛 땅에 봉하고 왕으로 삼았다.[37]

---

36 (北宋)司馬光 編, 胡三省 注, 『資治通鑑』 권122, 「宋紀」 4, 〈元嘉10년 12월〉.

37 朴尙淵, 『金谷集』 下, 「海衣國史」, 국립중앙도서관소장, 175쪽. "是歲秋, 江東之亡大夫, 迎立夏蕁之子秋茅, 復有古地. 朕天子欲伐之, 問於甘苔, 秋

하순의 아들 추모(秋茅)가 덕을 따르면서 천자를 섬겨 다시 강동의 왕으로 봉해지게 되었다는 내용이다. 하순의 죽음으로 끝을 맺은 『근전집』에 비해 『금곡집』은 하순의 자손이 대를 이어가는 상황을 서술하며 끝없이 이어지는 이야기를 만들어 내고 있다.

「해의국사」의 결론은 짐 천자의 비참한 죽음과 해의국의 명망으로 끝이 난다. 짐 천자는 신분을 숨기고 수수한 차림으로 강어귀에 나갔다가 어부에게 잡혀 죽었고, 황태자 세모(細毛, 참가사리)는 어리고 약해서 결국 승려가 되었다. 맨 마지막에는 '太史公曰'의 평어가 있다.

태사공의 말을 요약하면, 짐 천자는 그윽한 덕으로 천자의 자리까지 올라갔고, 정사를 잘해서 부유한 나라를 만들었다. 그래서 진시황이 천하를 통일했을 때도 병립할 수 있었다. 게다가 어진 재상 감태와 충직한 장군 곽동 같은 신하가 있었기에 오래도록 나라를 유지할 수 있었다. 하지만, 짐 천자 자신이 경박하여 불교에 빠지고 기국이 임금답지 못했다. 결국 하찮은 어부의 손에 죽고, 그의 아들 역시 왕위를 계승하지 못하고 자신이 열어둔 불교의 길로 접어들어 해의국은 역사에서 사라지고 말았다고 하였다.

「해의국사」의 저자는 짐 천자가 덕을 쌓고 나라를 다스리는 것은 잘했지만, 불교를 좇고 군주다운 위신이 없어서 뜻밖의 죽음을 면치 못하고, 나라도 잃어버렸다고 평하였다. 즉 이단에 빠지고 위신을 잃으면 아무리 튼튼한 나라도 지켜낼 수 없다는 것을 경계하려는 목적으로 이 글을 지은 것이다. 존왕양이를 주장한 안경의

茅若率德改行, 不如封之. 上曰 然, 不可究武. 遣使諭之. 茅奉朔稱臣, 遂封諸古地以爲王."

경우 병자년의 치욕은 견딜 수 없는 사건임에 틀림없다. 그가 고향으로 내려와 은둔하면서 스스로의 위신을 잃지 않고 자손들을 경계하기 위해 이 글을 지었다면 어느 정도 타당성이 있어 보인다. 하지만, 이 글을 언제 지었고, 그 목적이 무엇이었는지 관련된 자료를 찾을 수 없기 때문에 정확한 의도는 여전히 알 수 없다.

박상연의 경우 안경의 글과 대조해 본 결과 이야기를 좀 더 논리적이고 상세하게 서술하기 위해 추가하거나 수정한 부분이 상당수 존재하였다. 그 역시 경신대출척으로 벼슬길이 막혀 은거하면서 이 글을 서술했다면 안경의 입장과 대동소이했을 것이다. 다만, 안경이 전고에 나오는 이야기를 그대로 차용한 반면, 박상연은 안경의 글을 토대로 차용한 부분도 문맥에 맞게 수정하였다. 그는 이야기 자체에도 관심이 있었다고 봐야 할 것이다.

4. 결론

가전체소설은 사물을 의인화하고 수많은 전고를 끌어들인 점에서 신선할 것이 없지만, 오히려 이를 이용하여 허구의 새로운 이야기를 전개해 나가는 점에서 흥미를 끈다고 할 수 있다. 특히 그 내용은 재미와 즐거움보다 진지한 풍자와 충언을 목적으로 하는 경우가 대부분이어서 고려와 조선의 지식인들 사이에서 끊이지 않고 지어졌다. 「해의국사」 역시 김을 천자로 하는 나라의 역사를 망라하여 이단[불교]을 배척하고 스스로 위신을 갖춰야 한다는 경계의 목적으로 지어진 가전체소설이다.

현재 「해의국사」의 저자는 언론을 통해 박상연으로 널리 알려져 있다. 하지만, 그보다 약 70년 이른 시기에 태어난 안경의 문집에 이 글이 실려있다. 안경의 문집인 『근전집』은 필사본 2종이 있는데, 「해의국사」의 경우 약간의 글자 출입만 있을 뿐 같은 내용이다. 현재 안경의 문집은 장서각과 하버드 옌칭도서관에 각각 소장되어 있다. 함께 소장된 안경의 저서를 바탕으로 장서각본은 1903년(광무 7), 하버드본은 1853년(철종 4) 무렵에 필사된 것을 확인할 수 있었다. 박상연의 『금곡집』 내 서발문이 1976년에 지어진 점을 감안하면 문집 간행 역시 안경의 『근전집』이 70여 년 빠르다.

『근전집』과 『금곡집』에 실려있는 「해의국사」의 내용은 대동소이하나, 『금곡집』이 좀 더 상세하게 서술되어 있다. 특히 반란을 토벌하러 가는 짐 천자 군대의 위용을 한껏 드러내어 이야기를 절정으로 끌어올리는가 하면, 토벌이 끝난 뒤 반란지의 뒷이야기까지 상세하게 서술하기도 하였다. 전고를 사용할 때도 『근전집』에서는 그대로 차용하였지만, 『금곡집』에서는 문맥에 맞게 글자를 수정한 것이 드러난다. 그래서 전반적으로 두 이본을 비교해 보면, 『근전집』의 「해의국사」는 초고의 성격을 띠고, 『금곡집』의 「해의국사」는 좀 더 논리적이고 상세하여 완성도가 높다고 할 수 있겠다.

안경은 병자년 존왕양이가 받아들여지지 않자 고향으로 돌아와 은둔하면서 다시는 벼슬하지 않았다. 심지어 자손에게도 벼슬하지 말라며 경계를 했다. 험난한 해로사행의 죽음 앞에서도 꺾이지 않던 충절이 이렇게 드러난 것이다. 그가 스스로의 위신과 자손을 위한 경계로 이 글을 지었다고 보인다. 반면, 박상연은 경신대출척으로 벼슬길이 막힌 뒤, 동생과 아들은 전라도로 이사 가고 그는 전라도 일대를 유람하였다. 그는 전라도 어디선가 김을 접했을 것이고, 안경의 「해의국사」를 원용하여 완성도 높은 이야기를 만들고자 한 것으로 여겨진다.

「해의국사」가 처음 학계에 발표되고 언론에 보도된 것이 2007년이다. 10년이 훌쩍 넘긴 시간 동안 「해의국사」의 이본이 있다는 사실을 아무도 모르고 있었다. 필자 역시 다른 목적으로 연구를 하다가 우연히 이러한 사실을 알게 되었다. 지금 「해의국사」의 이본을 세상에 드러냈지만, 앞으로 또다른 이본이 나올 가능성도 충분히 있다고 생각한다.

〈참고문헌〉

『조선왕조실록』

『광해군일기』 광해군13년(1621).

『東輿圖』(규장각한국학연구원 소장)

『新增東國輿地勝覽』

『海東地圖』(규장각한국학연구원 소장).

『大東野乘』

『順興安氏族譜』(庚申譜), 1980.

金　堉, 『潛谷遺稿』, 『韓國文集叢刊』 권86, 한국고전번역원, 1992.

金正國, 『思齋集』(『한국문집총간』 권23, 1988).

朴龍祜, 『(明宗十二年)甲契帖』, 국립중앙도서관 소장, 1849.

朴尙淵, 『金谷集』, 後堂書室, 국립중앙도서관 소장, 1976

朴泰恒, 『甲契帖』, 국립중앙도서관 소장, 1709.

朴　煊, 『嘉靖甲子契座目』, 국립중앙도서관 소장, 1711.

송정규 著, 김용태 · 김새미오 譯, 『해외문견록』, 휴머니스트, 2015.

安　璥, 『駕海朝天錄』, 하버드옌칭도서관 소장, 1853.

______, 『芹田集』(單), 하버드옌칭도서관 소장.

______, 『芹田集』(乾 · 坤), 장서각 소장, 1903.

安左默, 『甲契帖』, 장서각 소장, 1851.

______, 『芹田先生甲契帖』, 하버드옌칭도서관 소장, 1851.

尹　拯, 『明齋先生遺稿』 권37(『한국문집총간』 권136).

李觀翼, 『甲契帖』, 월사후손가 소장, 1868.

李廷龜, 『月沙集』, 『韓國文集叢刊』 권69, 한국고전번역원, 1991.

趙　濈, 『朝天日乘』, 국립중앙도서관소장, 1624.

洪翼漢, 『花蒲先生朝天航海錄』, 국립중앙도서관 소장.

黃堅 編, 『古文眞寶後集』.

黃　玹, 『梅泉集』 권6(『한국문집총간』 권348).

茅坤 編, 『唐宋八大家文鈔』.

班固 編, 顔師古 注, 『漢書』.

房玄齡 編, 『晉書』.

司馬光 編, 胡三省 注, 『資治通鑑』.
司馬遷 著, 『史記』.
劉向 編, 『戰國策』.

박현규, 『동아시아 해상 표류와 해신 마조』, 학고방, 2018.
柳在泳, 『春岡隨錄』, 以會文化社, 1992.
허경진, 『하버드대학 옌칭도서관의 한국고서들』, 웅진북스, 2003.

신영주, 「월사 이정구의 갑계 조직과 『갑계첩』」, 『한문학보』 19, 우리한문학회, 2008.
유권석, 「海衣國史」 硏究」, 『한국언어문학』 권62, 한국언어문학회, 2007.
박현규, 「17세기 전반기 대명 해로사행에 관한 행차 분석」, 『한국실학연구』 21, 한국실학학회, 2011.
_____, 『동아시아 해상 표류와 해신 마조』, 학고방, 2018.
배종석, 「근대전환기 해양 네트워크에 대한 상상과 추구 – 매천 황현의 해양 인식의 변화를 중심으로」, 『열상고전연구』 58, 열상고전연구회, 2017.
_____, 「안경(安璥)의 『가해조천록』에 드러난 해양 이미저리」, 『한국민족문화』 66, 부산대학교 한국민족문화연구소, 2018.
_____, 「명청교체기 조선사신단의 해양표류기 연구 – 안경의 『가해조천록』을 중심으로」, 『민족문화』 56, 한국고전번역원, 2020.
_____, 「가전체소설 「海衣國史」의 이본 고찰」, 『장서각』 45, 장서각, 2021.
임형택, 「조선사행의 해로 연행록: 17세기 동북아 역사 전환과 실학」, 『한국실학연구』 9, 한국실학학회, 2005.
허경진, 「수로조천록과 통신사행록의 바다 체험 비교」, 『한국한문학연구』 43, 한국한문학회, 2009.
허경진 · 최해연, 「명 · 청교체기 최초의 수로조천록: 안경의 『가해조천록』」, 『중국학논총』 34, 한국중국문화학회, 2011.
陳長文, 「登州與明末中朝海上絲路的復航 – 以朝鮮貢使安璥『駕海朝天錄』爲文本」, 登州與海上絲綢之路國際學術硏討會, 2008.
劉曉東, 「安璥膠東紀行詩探析」, 『明代朝鮮使臣膠東紀行詩探析』, 濟南: 山東人民出版社, 2015.
劉煥陽 · 劉曉東, 『落帆山東第一州: 明代朝鮮使臣筆下的登州』, 北京: 人民出版社, 2012.

『연합뉴스』 〈2007년 9월 30일〉

제2부

안경이 기록한 명말의 풍경

안경이 등주에 도착한 뒤부터 북경까지는 중국 내륙으로 이동했다. 이 노정은 그동안 조선 사신이 지나가지 않은 전혀 새로운 길이었다. 안경 일행은 등주에서 추평(鄒平)까지는 함께 가다가 추평에서 천진(天津)을 경유하여 북경으로 가는 길과 신성현(新城縣)을 경유해 가는 길이 있는데, 안경은 천진을 경유하였다. 그는 등주에 도착한 6월 19일부터 북경에 갔다가 다시 등주에서 배를 탄 10월 9일까지 약 100일간 명나라 땅에 있었다. 그는 이전 사신이 가보지 못한 길이라 막연한 두려움이 있었지만, 그것보다 새로운 곳을 지나가는 호기심이 더 컸다. 그의 일기 곳곳에 명나라의 풍광, 교유한 명나라 인물, 각종 문화와 제도 등이 자세히 묘사된 것을 보면 쉽게 알 수 있다. 그래서 2부에서는 안경이 서술한 명나라 말의 풍경을 주제별로 모았다. 이를 통해 명말의 풍경을 실감나게 엿볼 수 있을 것이다. 등주에서 북경까지 왕복 기간의 주요 사건을 표로 정리하면 아래와 같다.

날짜	주요 사건
6.19~7.3 登州 체류	명나라의 海禁政策이 있었으나, 劉鴻訓, 楊道寅의 도움을 받아 6일 만에 등주에 입항함. 등주부에 여순의 풍랑으로 방물과 문서를 잃어버린 정황을 말함. 병순도어사가 조선 사신이 필요한 방물, 인부, 나귀, 식량, 수레 등을 제공함. * 만난 사람: 兵巡都御史 陶朗先, 監務官 曲思化, 摠兵 沈有容, 都司 欒維城, 儒士 王範・陳治國・郝氏, 哨官 錢裕徵, 伴送 張弘驃, 快手 遲國升
7.4~7.27 登州~北京	伴送使를 대동하여 나귀 30마리에 방물을 싣고, 한 가마에 가마꾼 8명을 고용하여 출발함. 지나는 곳의 현지인들이 찾아와서 부채에 시를 구함. 명나라 지식인과 한・중 과거제도에 대해 논함. 천사 유홍훈의 집을 방문(『頃陽子集』 2권, 여비 은 3량을 받음) 한신, 강태공, 제경공, 범문정, 복생, 광장, 중자, 옹치 등의 유적지를 지나감.
7.28~9.14 玉河館 체류	1617년 千秋使(정사 尹安國)의 서장관으로 북경에 왔기 때문에 알아보는 사람이 많음.

	옥하관 서반에는 진위사(권진기, 류여항), 동반에는 사은사(최응허, 안경)가 머묾. 옥하관에서 조선의 방물을 검사하려고 했지만, 전례를 들어 거절함. 옥하관에서 조선 사신의 출입을 엄격히 금함. 명 사신(양도인)이 찾아와도 만나지 못함. 명 조정에 올리는 단자에 뇌물을 요구하는 것이 전보다 10배 많음. 통정사의 知印 尙書, 병부에 글을 올려 여순의 일을 말하고 겨울 전에 귀국할 수 있게 빠른 처리를 부탁함. 제독 鍾世芳이 작고하고, 새로운 제독을 기다림. 대궐에 나아가 5배 3고두를 하고 조회함. 예부에서 방물을 증험할 때, 명 사신(유홍훈, 양도인)과 등주 · 내주 관리의 보고 내용을 참고함. 명 광종의 발인을 앞두고 조선 사신은 연회에 참석하지 않겠다고 허락을 구함. 황제의 발인에 참석하지 못하고 멀리서 보기만 함. 진위사가 먼저 귀국길에 오름. 요광순무어사 王化貞이 조정에 글을 올려, "조선이 산동에서 군대를 일으키면, 적들이 반드시 뒤를 돌아봐야 하니, 감히 마음대로 말을 몰고 오지 못할 것이다."라고 함. 조선 임금의 복색과 무늬, 상례와 혼례 등에 대해 담화함. 국자감에 나아가 공자를 알현함(공사 중에 공자를 존숭하는 모습이 보이지 않아 탄식함).
9.15~10.5 北京~登州	임시 제독 周鏘이 정해진 뒤, 칙서가 내려오고, 병부 허달도가 와서 출발을 허락함. 천진의 나루터에서 하루종일 배를 기다리는데, 행인들이 담을 두르고 구경함. 혹 과일을 바치는 사람도 있음. 창주의 번화한 모습을 묘사함.("望瀛紅霞") 대관의 묘역을 지나감.(담장으로 둘렀는데, 그 안에는 씨족들이 함께 묻혀 있음) 濰河 주변에서 장례행렬을 만남.(상례가 지켜지지 않음.) 平里店에서 지현 薛文周가 닭과 돼지고기를 보내와 맛있게 먹음. 황하를 건너고, 태사공의 유적지 순우고리를 지나 등주에 도착함. 이전 사신인 진향사와 진위사가 배를 타고 가다가 난파되었다는 소식을 들음.
10.6~10.9 登州 체류	도낭선이 이 계절에 풍랑이 심하니 봄까지 기다리라는 말에 황제의 칙령을 한시도 지체할 수 없다고 강행함. 도낭선이 화약과 철환을 챙겨줌. 監軍과 차를 마시며 곡식 무역에 대해 불가함을 피력함. 반송 장홍표 감무 곡사화와 배에서 작별함. 도낭선이 유격장군 채동춘을 시켜 훈련청에서 연회를 베품. 봉래각 사찰, 선각에서 동파의 친필을 봄.

Ⅰ. 명나라의 풍광

등주 입항

안경의 배는 6월 19일 등주에 도착하였다. 그 전날 타기도(鮀磯島)에 도착했을 때 초관(哨官) 풍민경(馮民敬)이 배를 보내 묘도까지 안내하여 진주문(眞珠門)으로 들어왔다. 그런데, 안내하는 당선(唐船)은 속도가 빨라 먼저 가 버리고, 안경이 탄 배는 뒤처져 놓쳐 버리고 말았다. 게다가 날이 저무는 바람에 도중에서 1박을 하고 이튿날이 되어서야 묘도에 도착하였다. 당선을 타고 먼저 온 사람이 안경의 배를 보고 안도하면서도 '분고려! 분고려!'라고 했는데, 분고려(坌高麗)는 분고려(笨高麗)와 같은 말로 느린 것에 대해 한심하고, 답답하다는 뜻이다. 뒤늦게 도착한 묘도에는 조선에서 온 배 5척이 머물러 있었다. 함께 출발한 명나라 사신 유홍훈과 양도인, 그리고 진위사가 타고 온 배였다. 얘길 들어보니, 그들은 등주까지 갔다가 정박할 곳이 마땅하지 않아서 다시 이곳으로 돌아왔다. 그래서 그들이 등주를 향해 출발할 때, 안경이 탄 배도 맨 마지막으로 따라가 해가 진 뒤에 등주에 도착할 수 있었다. 등주의 항구는 해안에 조수를 끌어들여 만 척의 배를 들일 수 있고, 멀리 보이는 봉래각은 구름 위에 솟은 듯 황홀했다. 안경은 봉래각을 풍이의 궁전[馮夷宮]으로 비유하였는데, 풍이는 수신 하백(河伯)을 뜻한다. 초나라 굴원이 「원유(遠遊)」에서 "상강(湘江)의 신령을 시켜 거문고를 타게 함이여. 해약에게 명하여 풍이를 춤추게 하도다.[使湘靈鼓瑟兮 令海若舞馮夷]"라고 읊었다. 여기에 남송의 홍흥조(洪興祖)가 주를 내며 "해약은 해신의 이름이요, 풍이는 하수(河水)의 신선이다.[海若海神名也 馮夷水仙人]"라고 하였다. 안경은 화려한 봉래각의 성가퀴 곳곳에 등불이 밝혀지고 더위를 피하러 온 남녀들이 노닐면서 노래를 부르고 있다고 당시 장면을 묘사하였다. 그리고 이곳의 풍경을 시로 읊었다.

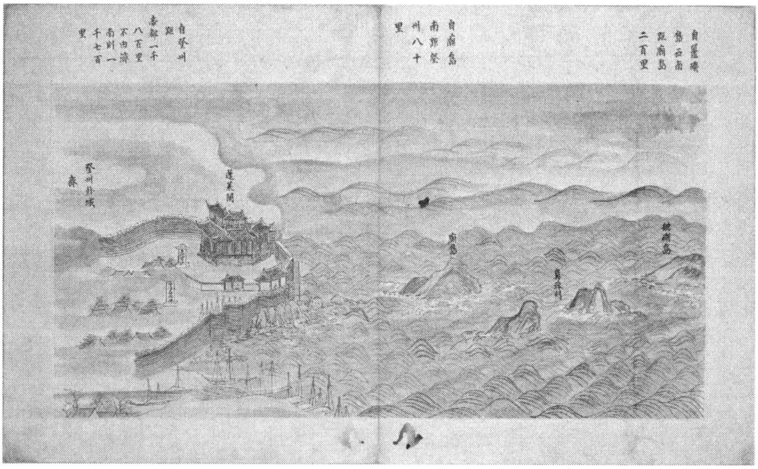

[그림-1] 등주의 봉래각(항해조천도 - 국립중앙박물관 소장)

자라 머리 위에 뜬 산 하늘에서 내려와	山浮鰲頂自天來
공중의 누각은 곳곳으로 열려있고	樓閣空中處處開
만 첩의 높은 성은 해안 절벽 임해 있는데,	萬堞城高臨絶壑
육수(六銖)의 얇은 옷이 층대에서 펄럭이네	六銖衣薄依層臺
생황 연주 아득하게 구름 속에 울려 퍼지고	笙歌縹緲雲間奏
웃음소리 한가득히 술자리 속에 피어나니	笑語喧騰醉裏詼

푸른 바다 한 조각 외딴 배의 나그네는 一葉孤舟滄海客
다행스럽게도 선계 찾아 봉래에 들어왔네. 尋眞何幸入蓬萊

등주의 유관처(遊觀處)를 제재로 지었다.(「제등주유관처(題登州遊觀處)」) 수련의 '오정(鼇頂)'은 『열자(列子)』 「탕문(湯問)」에 나오는 고사로 전설상 다섯 신산(神山)을 떠받치고 있는 자라의 머리를 뜻한다. 발해의 동쪽에 있는 깊은 골짜기에 대여(岱輿)·원교(圓嶠)·방호(方壺)·영주(瀛洲)·봉래(蓬萊)라는 다섯 신산이 있었는데, 모두 바다에 떠 있어서 상제(上帝)가 떠내려갈 것을 염려하여 15마리의 큰 자라를 보내 머리로 떠받치게 했다고 한다. 하지만, 그 뒤 용백국(龍伯國)의 거인이 낚시로 6마리의 자라를 잡아가는 바람에 대여와 원교는 북극으로 흘러가서 바다 아래로 가라앉았고, 나머지 세 산만 남게 되었다. 여기에서 봉래각이 있는 산을 신산으로 읊었다. 신산 위에 지은 봉래각은 마치 공중에 떠 있는 듯한데, 실제로 해안 절벽에 지어졌기 때문에 그렇게 보일 수 있다. 그리고 신선이 입는다는 매우 얇고 가벼운 육수의(六銖衣)를 등장시켜 봉래각의 신성한 측면을 거듭 드러내었다. 또한 악기를 연주하며 젊은 남녀가 어울려 술마시는 풍경은 신선 세계를 방불케 했다. 안경으로서는 일찍이 본 적이 없는 모습이었다. 한 조각 외딴 배를 타고 거친 바다의 풍랑을 겪으며 구사일생으로 도착한 등주이기에 더욱 감회가 새로웠다.

가마꾼들의 말

7월 4일 등주에 도착한 지 보름만에 비로소 안경 일행은 북경을 향해 출발했다. 안경과 정사 최응허 등 사은 배신은 등주 병순도 도낭선(陶朗先)의 배려로 가마를 타고 갔다. 한 가마에 장정 여덟 명이 필요한데, 모두 자원해서 고용되었다. 어깨가 반들반들하거나 혹은 소등처럼 부스럼이 있는 자들이었다. 네 사람이 서로 번갈아 멨고, 앞에 두 사람, 뒤에 두 사람이 메었다. 오른쪽 어깨, 왼쪽 어깨를

일시에 함께 바꿨다. 바꿀 때는 반드시 앞뒤 사람이 서로 말하길, "환찌엔아!\[換肩阿!](어깨를 바꾸자!)"라고 했다. 백보 즈음에 번번이 바꿨다. 또 때때로 서로 말하길, "쭝아?부쭝아?[重阿?不重阿?](무겁소?안무겁소?)", "피엔러!와이러!\[偏了!歪了!](기울었소!삐뚤었소!)"라 하고, 또 말하길, "따더아!따더아!\[大的阿!大的阿!](크다!크다!)", "쯔시아!쯔시아!\[仔細阿!仔細阿!](조심하시오!조심하시오!)"라 하였는데, 서로 면려하고 조심하라는 말이다. 가끔 길 가다가 가마를 멈추고 있으면, 길가는 사람들이 가마를 둘러싸고 구경하였다. 가마꾼은 모두 점포에 올라 술과 과일, 전병, 국수를 사 먹는데, 취하고 배부른 뒤에야 와서 가마를 멨다. 그리고 한 소리로 서로 호응하기를, "투어아!투어아!\[馱阿!馱阿!](들자!들자!)" "쪼우아!쪼우아!\[走阿!走阿!](가자!가자!)"라 하며 출발했다.

메뚜기 피해

등주를 출발한 지 이틀째 황현(黃縣)을 지나서 끝없이 펼쳐진 들판을 지나는데, 길가의 사람들이 모두 말하길, '6월 장맛비에 메뚜기가 들판을 덮어 논두렁에서 깃대를 휘둘러 쫓거나, 혹 구덩이를 파 불을 지피고, 혹 관아의 명령으로 잡고, 잡아서 먹기도 한다.'고 하면서 메뚜기 피해를 호소하였다. 안경은 이러한 메뚜기의 피해를 오랑캐의 침범과 연관시켜 시를 읊었다.

해충이 민심의 근간을 해쳐	蟊賊害心根
농가에는 먹을 게 없네	田家無所食
하늘이 재앙이 어찌 우연이랴,	天災豈偶然
오랑캐가 중국을 침범해서지	夷狄侵中國

청주부의 풍경

7월 10일 안경 일행은 청주부(靑州府)를 지났다. 이곳에는 제나라 강태공 시절의 고성(古城)이 여전히 남아 있었고, 『맹자』에서 말한 우산(牛山)은 하나의 흙덩어리 같이 작은 언덕에 불과했다. 그리고 일찍이 아름답다던 우산의 나무는 한 그루도 없었다. 춘추시대 제경공이 우산 위에 올라서 울창하고 무성한 나무를 읊었는데, 맹자의 시대에 이미 그러한 모습을 찾기 힘들었다. 하물며 안경이 갔을 때는 작은 언덕에 불과하니, 우산의 얘기가 아득히 먼 과거의 일이란 것을 문득 깨닫고, 인간 세상의 무상함을 느꼈던 것이다. 이곳을 지나니 번성한 마을에는 청룡교가 있고, 촌포(村舖)를 지날 때 현판에 '왜괴고적(矮槐古迹)'이라고 쓴 글을 봤다. 송나라 개국황제 조광윤(趙匡胤)이 회나무에 저고리를 걸었는데, 나무가 더 이상 위로 자라지 않고 가지가 옆으로만 퍼져서 '왜괴수(矮槐樹)'라 하고 마을 이름도 '왜괴수촌'이라고 했다. 이날은 가는 길에 사람들과 물화가 번성하여 어깨가 부딪힌다는 말을 실감했다. 그리고 길 가에 깊은 마을과 긴 골짜기가 많았고, 평지에는 콩과 기장이 풍성하게 자랐다. 나무는 대부분 감, 대추, 호두, 배나무였고, 숲 사이로 큰 집의 용마루가 솟아 나 있었다. 이때 안경의 심경이 다음 시에 잘 드러나 있다.

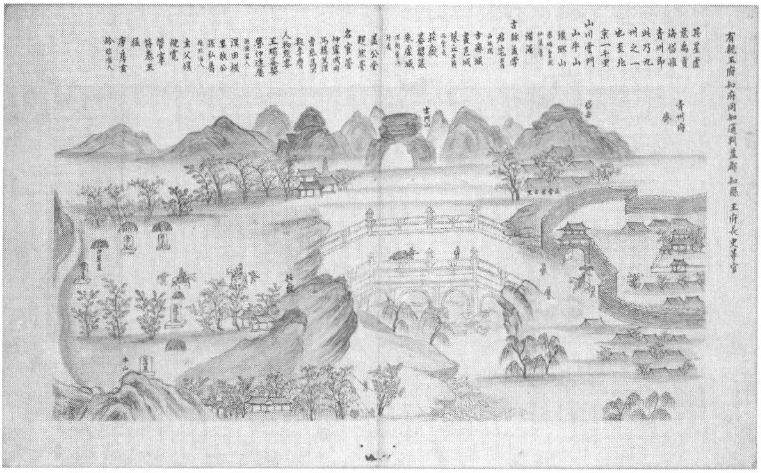

[그림-2] 청주부(항해조천도 - 국립중앙박물관 소장)

새벽에 멀리 지나간 걸 조느라 알지 못했는데, 曉過長途睡不知
타국의 지나는 길 갈수록 지루하구나 天涯行役轉支離
괴안국[1] 안에선 일이 얼마나 많았던가, 槐安國裏何多事
양몽[2] 속의 한평생 이후 처음 밥이 익는구나 粱夢人間始熟炊
바람 이슬 다 맞아도 병은 면하였고, 風露滿身寧免病
먼지 모래 눈 가려도 시 읊기는 좋을시고 塵沙蔽目好吟詩
산모퉁이 지척에서 동녘 하늘 밝아 오니, 嵎峽咫尺東方白
청주 고을 도착 전에 해가 뜨는 시간이네. 未到青州日出時

---

1 槐安國 : 淳于棼이란 사람이 槐木 아래에서 술 취해 잠깐 누워 잠든 사이에 괴안국의 부마가 되어 南柯의 태수로 삼십 년 동안 있으면서 온갖 부귀영화를 누렸는데, 꿈을 깨고 보니 괴안국은 바로 괴목의 남쪽 가지 밑에 있는 개미구멍이었다.(唐 李公佐「南柯太守傳」)

2 粱夢 : 당나라 盧生이 邯鄲의 어느 주막에서 도사 呂翁을 만나 자신의 궁곤한 신세를 한탄하니, 여옹이 주머니 속에서 베개 하나를 꺼내 주었다. 그 베개를 베고 자니, 꿈속에서 온갖 부귀영화를 누리며 80세까지 살았다. 그런데 꿈을 깨고 보니, 잠들기 전에 주막 주인이 짓고 있던 메조밥[黃粱]이 다 익기 전이었다.(唐 沈既濟『枕中記』)

어떤 선비의 삼년상

7월 13일 제양(濟陽)을 지날 적에 스스로 선비라 일컫는 5~6명이 의복을 깨끗하게 차려 입고 찾아왔다. 이야기하는 사이에 누런 두건에 푸른 두루마기를 입은 사람이 자리에 있었다. 정사 최응허가 종이에 글을 써서 묻기를, "존공께선 복색이 왜 그런가요?"라고 하니 그 사람도 글로 대답하기를, "선비(先妣)의 상을 당했기 때문에 이 옷을 입었습니다."라고 하였다. 그래서 또 쓰기를, "우리 나라는 한결같이 중국을 따르니 모두 삼대의 예로 옛 성군의 제도입니다. 어버이 상이면 자최복으로 삼 년을 지내며 죽을 마시고 채식을 하고 물만 마시며 남의 상사가 아니면 출입하지 않습니다. 혹 묘 곁에 시묘살이하는 자는 집에 가지 않고, 애달픈 정성을 다하여 대상과 담제 후에 일상을 회복합니다. 그런데, 예제가 중국에서 비롯되어 나왔기 때문에 없는 것은 바로 소방이 먼 곳에 치우쳐서 단지 방책의 내용에 의지하여 법을 취해서 그런 것입니까? 전습이 잘못된 것입니까? 존공의 상복과 예가 서로 같지 않은 것 같아 감히 묻습니다."라고 하였다. 그랬더니, 그 사람은 얼굴색이 흙빛처럼 되더니 말도 않고 가버렸다. 그리고 곁에 앉은 자들이 서로 돌아보며 말하길, "물고기 한 마리가 온 하천의 물을 흐리게 했으나, 이런 일이 외국에 알려지게 해서는 안되오."라 하고는 이에 묻기를, "귀국은 평소 '예의(禮義)의 나라'라고 불리는데, 상례의 상세한 내용을 들을 수 있겠습니까? 중국 사람들은 누구나 성현의 예를 알긴 하지만, 반드시 사람마다 모두 잘하는 것은 아닙니다."라고 하였다. 또 과거 규정과 벼슬의 고하, 민간풍속에서 숭상하는 것 등을 물어서 친절하게 하나하나 알려 주었다. 안경은 모친 상을 당하고도 이곳에 온 젊은 선비를 생각하며 중국에서 비롯된 예법이 오히려 중국에서 잘 지켜지지 않는 점을 경계하며 다음과 같은 시를 지었다.

누런 관은 평상복에 어울리나니, 黃冠宜野服
상을 만난 사람에게 온당치 않고. 不合居喪者
예와 의는 현인에게서 나왔으니, 禮義由賢出
오랑캐도 중국 풍속 따라한다지. 夷狄從諸夏
여기 와서 처음으로 살펴보노니, 今來始見之
복장 색의 진위여부 의심했다네. 服色疑眞假
소복 입은 상주들이 수척해짐은, 素衣棘人欒
「회풍」시에 또한 보기 드물다지만, 檜詩亦見寡[3]
다른 옷 입고 다른 말 관찰하는 건, 異服察異言
제나라 동쪽 야인[4] 면치 못한 게지. 未免齊東野
가령 묻노니 이 옷을 입은 채로, 借問服此服
어떻게 천하를 바꿀 수 있겠는가? 何以易天下
쌀밥 먹고 비단 옷을 입은 채로, 食稻衣夫錦
마을 제사 함께 참여한단 말인가. 同參里中社
사람으로 예를 배우지 않는다면, 人而不學禮
옷을 걸친 소나 말과 같지 않을까. 襟裾同牛馬
참최복이 비단으로 변하였으니, 衰麻變黃絹
이마의 땀 쏟아질 듯 흘려야 하지. 顙泚流如瀉
성인께서 예법제도 만드셨으니, 聖人作法制
마땅히 이렇게 해서는 안되고말고. 不當如是也

---

3 『시경』의 「檜風」에 "행여 흰 관을 쓴 상 당한 사람의 야윈 모습을 볼 수 있을까. 마음 괴로워 걱정하며 애태우노라.[庶見素冠兮 棘人欒欒兮 勞心慱慱]"라고 하였다. 이는 삼년상을 제대로 행하는 사람을 보기 어렵다는 뜻으로 풍자한 내용이다.

4 제나라 동쪽 야인은 『맹자』에 나오는데, 도청도설처럼 근거 없는 말을 제멋대로 하는 어리석은 사람들을 가리킨다.

능현의 풍경

7월 15일에는 능현(陵縣)을 지났다. 지나온 장산현(長山縣)과 추평현(鄒平縣) 사이에는 산이 없고, 큰 들판이 끝없이 펼쳐져 있으며 여염집이 서로 바라보고 있었다. 그곳에는 기장과 조가 빽빽이 심겨 있는데, 들깨는 더욱 실하였다. 그러다 이곳에 이르러 비로소 구릉의 모습을 볼 수 있는데, 이 때문에 현의 이름도 '능(陵)'자를 써서 능현이라고 했다. 다만 촌가는 풀이나 흙으로 지어 대부분 들보가 없었는데, 그 위에는 석탄과 석회를 발라서 마치 흙으로 만든 침상 모양같았다. 그곳에 장독을 벌려 놓기도 하고, 농사의 수확물을 타작하는 장소로도 겸했는데, 비가 새는 곳이 많아서 버섯이 기둥에 자라고 있었다. 산이 없는 넓은 들판과 능현의 촌가 모습을 사실대로 서술하였다.

번화한 덕주의 모습

7월 16일에는 덕주(德州)에 도착하여 배를 빌려서 강물을 따라 천진으로 향했다. 이 수로는 남쪽으로도 이어져 있는데, 남경과 북경을 배로 통할 수 있는 운하이다. 탁하고 느린 유속으로 천진에 이르면 북경에서 흘러온 수로와 서로 합쳐져 바다로 들어간다. 남경과 북경 사이는 몇 천리인지 알지 못하나, 이곳은 공사(公私)의 돛배들이 왕래하며 빽빽이 모여 있다. 그리고 양 언덕에는 관아와 여염 누관의 용마루가 즐비하고, 물화가 풍성하며, 찻집과 술집에는 음식이 낭자하고, 호협한 남아들과 관가의 창녀와 사사로운 기녀들이 곳곳에 모여 번화하고 사치함이 극도에 달하였다. 또한, 푸른 강 양쪽 언덕으로 나무 그림자가 은은히 비추고, 연기

피어나는 물결이 아스라이 펼쳐진 경치가 매우 아름답다고 묘사하였다.

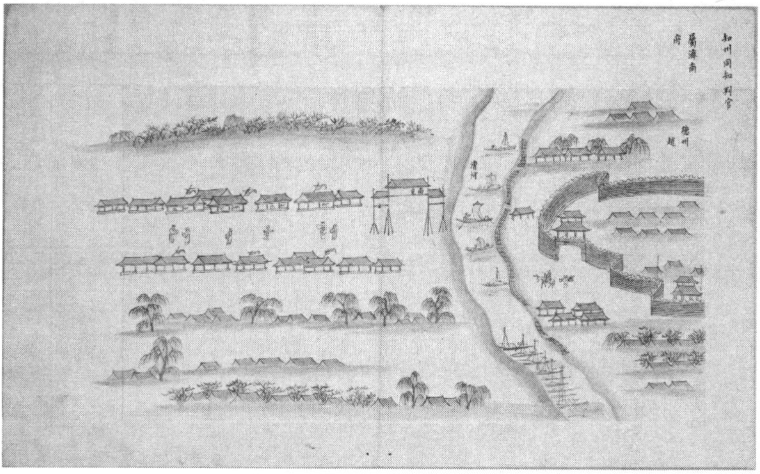

[그림-3] 덕주(항해조천도 – 국립중앙박물관 소장)

화려한 누각

7월 17일 이후 덕주에서 본 번화한 모습이 북경과 가까워질수록 자주 보였다. 교하현(交河縣)을 지나면 곳곳의 호수에 있는 청루고각의 금색 현판이 휘날렸다. 또 청현(青縣)을 지나면 누각이 더욱 성대했다. 양유청(楊柳青)을 지나갈 때는 인가가 밀집하였고, 정박해 있는 배들은 더욱 기록하기 어려울 정도라고 하였다. 화려한 누각 곳곳에는 여인들이 투호를 하고, 호걸스런 사내들은 바둑을 두며 서로 즐거워하였다. 그들은 종종 안경 일행의 배를 굽어보며 손가락으로 가리키며 웃어대거나, 혹 허겁지겁 누각을 내려와서 관찰하는 사람도 있다고 묘사했다. 하지만, 안경은 이처럼 화려한 이면에 태평묘당 · 도관 · 불우 등에 남녀가 서로 섞여 음

탕하다고 했고, 곳곳에 귀신을 숭상하는 풍속이 있다고 탄식했다.

천진의 나루터와 옥황루

7월 19일 반송사의 배가 해가 지도록 오지 않아서 성에 들어가지 못하고 여러 배들 사이에 정박하였는데, 사람들이 매우 요란하게 떠들어 견디기 어려울 정도였다. 그래서 안경은 진위사와 배를 결박하고 거리로 나갔다. 시장에는 삶은 게가 지천이었다. 뚝방의 사람들이 죽지사를 부르며 다녔는데, 이에 안경도 죽지사 4수를 지어 천진의 번잡한 모습을 묘사했다. 그리고 이튿날 반송사가 도착해서야 배를 움직여 청미각(淸微閣)에 정박했는데, 그곳은 바로 도사들이 있는 도관(道觀)이었다. 도관의 옥황루에 올라보니 붉은 난간이 아득하였다. 3층 위에 금상을 앉혀 놨는데, 바로 옥황상제였다. 향을 사르는 불이 밤낮으로 꺼지지 않았다. 나루터에서 지은 죽지사 4수 중 3수를 소개하면 아래와 같다.

구슬 주렴 흔들흔들 마치 그림 같고,	珠箔依依如畫圖
미인들은 나란히 서서 투호 시합을 하네.	美人竝立爭投壺
서로 승패를 다투며 기쁨을 북돋우니,	相將勝負助歡謔
웃으며 금비녀 뽑아주막을 돌아가네.	笑拔金釵歸酒壚
달빛에 돌아올 제 흥얼거리며 연밥을 따고,	月下歸來歌採蓮
수많은 배가 화려한 누각 앞에 정박했네.	萬檣齊泊粧樓前
서로 끄는 여인들은 어디메로 향해 가나,	相携女伴向何處
낭군 찾아 피리 부는 배로 가려 하는구나.	欲訪郎君吹笛船
오량 돛대 끝에 바람 정히 급해지니,	五兩檣頭風正急
여인은 패옥 풀고 소리 죽여 우는구나.	女郎解佩呑聲泣

이웃 배에선 모두 죽지사를 부르지만, 隣船偕唱竹枝詞
이별의 恨 강 가득히 강비 되어 적시누나. 離恨滿江江雨濕

무청현의 어부

7월 22일 배를 타고 무청현(武淸縣)을 지나가는데, 강가의 어부들이 그물을 던져서 물고기를 잡고 있었다. 물고기는 매우 작았지만, 그것으로 국을 끓이니 맛이 있었다. 안경은 문득 여흥이 일어나 "대국에 작은 물고기가 웬 말이오?"하니, 어부가 웃으면서 "큰 물고기도 있으니, 제가 가져오겠습니다."라 하고는 가서 동료를 부르더니 아가미를 꿴 큰 물고기를 가지고 왔다. 안경은 두 어부의 부채에 죽지사를 써 줬다.

내 솥에 물을 붓고 작은 생선을 삶는데, 漑我釜鬵烹小鮮
침이 흘러 익기를 기다리기 어려워라. 烹難待熟先流次
강호의 흥취 이런 줄을 진작 알았다면, 早知若是江湖興
어떻게 어부 뒤의 통발을 잊을 수 있었으랴. 何必還忘漁後筌

낚시로 잡은 가어 칼을 뉘인 것 같은데, 釣得嘉魚如臥劒
어부가 강 머리 점포에 팔려고 왔네. 漁翁來販江頭店
아이 불러 급하게 주머니 속 돈을 찾아 呼兒急索囊中錢
기막힌 맛을 남들이 독차지 못하게 하네. 至味不令人獨占

하정으로 받은 양을 애도

안경은 옥하관에서 칙서를 기다리는 시간이 길어질수록 무료한 나머지 근심도 깊어져 갔다. 그러면 '양산'을 불렀는데, 이날은 기척도 없고 형체와 그림자도 없었다. 불길한 마음에 주변에 물어보니, 이미 비참히 도살된 뒤였다. 그는 며칠간 의지했던 양이 사라지자 공허한 마음에 죽은 양을 슬퍼하는 시를 지었다. 총 3수 중 두 번째와 세 번째 수이다.

누가 네게 양이 없다고 했는가,	誰謂爾無羊
쏜살같이 머리가 모여들었건만,	濈濈頭角聚
관리들이 다투어 잡아가서,	官人攘而去
다섯 마리 중 한 마리만 남았는데,	一羊餘於五
애처롭게 제 무리를 잃어버리고,	踪踪失其群
나를 의지해 주인으로 여기더니	以我依爲主
측간에 갈 때마다 늘 따라 다녔고,	如厠每相隨
산보할 적에는 서로 기둥되어 의지했지.	散步同倚柱
오늘 아침 적막하게 소리가 없더니	朝來寂無聲
간과 뇌가 가마솥에 들어갔다네.	肝腦出翠鬴
요리사가 진작에 말해주지 않아,	廚夫不曾告
내가 음식을 마주하여 토하게 하네	使余臨餐吐
애처로워 다시 말도 못하겠으니,	哀哉無復道
어찌하여 어린 양을 내놓았는가	俾出何童羖
시를 지어 양의 혼을 위로하면서,	作詩吊羊魂
부질없이 양 가죽만 어루만지네.	羊裘空自撫

9월 4일은 안경이 옥하관에 도착한 지 한 달하고도 일주일 가량이 지난 때였다. 과거에는 조천을 오면 옥하관 문을 닫아걸지 않아서 유리창에도 갈 수 있었건만, 이때는 후금이 요동을 공격하던 시기라 외국 사절에게 특별 관리 · 감독이 있었던 모양이다. 이 때문에 글을 올려 통제를 풀어달라고 요청해도 아무런 비답을 받지 못하고, 다만 엄중한 상황이라는 말만 전할 뿐이었다. 그래서

일주일 전에 치뤄진 광종황제의 발인식도 옥하관에서 엿볼 뿐이었다. 이처럼 갇혀 지내는 동안 뜰안에서 적적함을 달래주던 양이 한 마리 있었다. 황제가 외국 사신에게 내려준 품목에 포함된 것인데, 다섯 마리 중 겨우 한 마리가 남았었다. 안경은 동료를 잃은 그 모습이 불쌍해서 먹다 남은 배나 대추 등의 음식을 던져주곤 했다. 그럴 때마다 곧잘 받아먹으며, 안경을 주인처럼 따르기 시작했다. 화장실 갈 때도 따라오고, 산보를 할 때도 늘 곁을 따라다녔다.

그러던 어느 날 안경은 몹시도 고향이 그리웠다. 울적한 마음을 달래려 먹을 걸 가지고 '양산'을 불렀는데, 아무런 기척이 없었다. 여느 때고 어디선가 달려왔는데, 이날은 정적만 흘렀다. 불안한 마음이 들어 하인을 붙잡고 물어보니, 아니나 다를까 정사공이 양간원(羊肝元)을 만들기 위해 잡았다는 것이다. 양간원은 앞을 못 보는 병을 치료하기 위해 먹는 약인데, 백양의 간이 반드시 필요했다. 안경은 이국땅에 갇혀 지내는 자신의 심경을 은연 중 홀로 남게 된 양산의 처지에 빗대어 말없이 의지했었다. 고향에 돌아가지 못하고, 옥하관에 갇힌 생활을 한나라 때 흉노에 사신으로 가서 19년간 억류된 소무를 떠올리니 더욱 서글퍼졌다. 조선과 명은 한나라와 흉노의 관계가 아니고, 조선은 명의 문물을 마음 속 깊이 존중해 왔건만, 명나라 조정의 이러한 대우는 불합리하기까지 했다. 그래서 몇 번이고 정문을 보냈지만, 돌아오는 소식은 없었다. 담당자가 자리에 없어 일처리를 차일피일 미루었던 모양이다.

존숭이 없는 국자감

9월 11일 안경 일행은 황제가 내려준 하사품을 받으러 대궐에 갔다. 그리고 국자감에 나아가 공자를 배알했다. 당시 사당 안에는 큰 수리를 시작하여 사람들이 다급하게 움직였다. 물어보니, "천자가 처음 즉위하면 반드시 행차를 하시기 때문에 수리를 한다."고 하였다. 그런데, 큰 공사를 감독하는 관리도 없고, 일개 유생도 없으며, 위패를 다른 곳으로 옮겼다가 다시 봉안하는 예식도 없었다. 일하는 사람은 모두 여염집에서 모집한 군인들이었다. 대성전 안은 어지럽고 시끄러우며 흙먼지가 낭자했다. 더욱이 그 가운데 있는 지성선사 공자의 위패를 바라보니, 신주의 분면(粉面)에 글자를 쓴 위판이 없었고, 바닥에 떨어져 있었다. 안경은 공자의 위패를 모신 사당이 옥섬돌에 금벽의 찬란한 당무(堂廡)였지만, 존숭하는 예식이 없어서 이곳에서 무상한 인간사의 쇠락을 엿볼 수 있었다. 하지만, 안경 일행은 그곳에서 공자를 향한 예를 올렸다. 그 모습을 본 사람들이 모두 "조선은 예의를 안다."고 말했다고 한다.

회극문 안의 풍경

9월 14일 안경 일행은 칙서를 받기 위해 회극문 안으로 들어갔다. 그곳에서 한림 진자장(陳子壯)이 칙서를 전하기에 뜰에서 무릎을 꿇고 받았다. 저 멀리 보이는 보좌는 영롱하였고, 어떤 키 큰 환관이 서 있었는데, 몸이 문과 나란하여 어탑 곁에 솟아 나왔다. 큰 소리로 칙지를 선포하고 그에게 술과 밥을 보내라고 하였다. 일행이 머리를 조아리고 나오는데, 문마다 각각 지키는 내관이 있어 인정채를 요구했고 곳곳이 시끄러웠다. 황극전은 이때 막 중수하고 있어서 황색 기와로 지붕을 덮는데, 큰 공사로 복잡했다. 회극전은 황극전의 동쪽에 있으면서 남향이었다. 회극문은 서향이면서 황극전과 가까이 있었다. 회극전 안의 뜰은 동서남으로 긴 회랑이 이어졌는데, 보물을 보관하는 곳집이었다. 문마다 각각 편액이 있었는데, 몇 칸인지 알 수 없었다. 이곳이 바로 '내탕(內帑)'으로 금과 은, 옥과 비단을 보관하는 곳이었다.

고미점에서의 남녀

안경 일행은 9월 15일 마침내 옥하관을 나왔다. 곧장 북경을 벗어나 통주를 20리 남겨둔 고미점(雇米店)에서 하룻밤을 보냈다. 이곳은 협객과 기생 등 많은 남녀가 뒤섞여 있었다. 그중 한 남자가 준마에 미인을 태우고 길가에 서 있다가 안경이 있는 주점의 문을 열고 들어와 읍하고는, "저 여인은 당대의 제 일색으로 제가 막 좋은 모임에 데리고 가려 하니, 시를 주어 칭찬하길 원합니다."라고 하였다. 이에 안경은 다음과 같이 시를 지어 여인의 아름다움을 읊었다.

꽃다운 용모에 구름같은 피부와 푸른 눈썹, 花貌雲膚翠岱眉
문을 나서 자류마(명마) 타고 날아갈 듯한데 出門飛去紫騮馳
가는 허리에 두른 치마 바람에 나풀거리고, 蜂腰裙帶飄飄擧
봉긋한 이마의 관잠은 이리저리 흔들리네 螓首冠簪岌岌危
옥패의 난초 향기 가는 곳마다 풍겨지니, 玉佩蘭蓀隨處聞
요대의 운우지정은 뉘와 함께 기약할꼬 瑤臺雲雨與誰期
이 밤 진루의 달빛에 정감이 일어나니, 多情此夜秦樓月
정녕 아랑(주인)이 잠못 이루는 때라네 正及阿郎未寢時

창주의 번화

9월 23일은 아침부터 배를 타고 가다가, 창주(滄州)의 나루터에 정박하였다. 그곳에는 오래된 누각이 있었는데, 편액에 '망영홍하(望瀛紅霞, 바다의 붉은 노을을 바라본다)'라고 쓰여 있었다. 안경은 낙조가 비춰드는 구불구불한 붉은 난간에 배들은 헤아릴 수 없을 정도였고, 상인들이 분잡하게 다니며 부유하고 번화한 곳이라고 묘사하였다.

길거리에서 만난 상여꾼

10월 2일 새벽에 창읍(昌邑)을 지나 배를 타고 유하(濰河)를 건너려고 했다. 이때 강변으로 한 무리의 상여꾼이 보였는데, 바로 남방 지현관의 상례 행렬이었다. 서로 건너려고 떠들썩했는데, 반송이 말 위에서 채찍을 휘두르며 크게 꾸짖기를, "조선의 진공 배신이 황제의 칙명을 받들고 본국으로 돌아가는 길이다. 길을 숙청하는데도 피할 겨를이 없거늘, 하물며 죽은 지현을 호상하는 노비들이 어찌 감히 예법도 없이 요란하게 구느냐?"라고 하니, 관을 멘 자들이 모두 그대로 멈춰 섰다. 아마 그 사람은 황현 사람일 것이다. 관직은 먼 지방에서 하고 죽어서 돌아오는 중이라고 했다. 그 가속은 남녀 모두 세 가마에 탔는데, 상 당한 상주도 최질을 갖추어 입고 가마에 탔다. 그들은 관을 멘 무리를 뒤따르지 않고, 혹 먼저 가고 혹 뒤에 처져서 마음대로 저냥 갔다. 관을 멘 사내들은 혹 길가에 관을 두고 밟기도 하고, 밤에는 혹 관 위에 눕기도 했다. 가속들은 근처 집에 들어가 관과 가까이 있지 않았고, 또한 곡성도 없었다. 이들의 상례를 보니 안경은 심히 괴이해 반송에게 물으니, 반송은 난색을 표하면서, "저들은 못 배우고 용열한 자들이니 어떻게 예를 물어 탓하겠습니까?"라고 하였다.

등주에서의 마지막 밤

10월 8일 안경 일행은 출항하기 위해 등주의 아문에 가서 작별을 고하였다. 도낭선은 찻잔을 대하며 은근히 작별하길, "잘 가시오, 잘 가시오."라고 하였다. 배가 있는 선소에 나오니, 조수로 인해 배를 이동시켰다. 또 잔치 자리에 가니 도낭선이 중군 유격장군 채동춘(蔡同春)에게 명하여 훈련청에 정중한 잔치를 열게 하였다. 음식이 풍성하게 갖춰졌고, 예가 매우 성대했다. 예가 끝나자 또 선소에 와서 달빛을 밟으며 걸어서 봉래각에 오르니 지키는 병사가 횃불을 밝히고 누각 아래 앉아 있었다. 그곳에 군문 도낭선과 감군 양지원(梁之垣) 두 사람이 미복 차림으로 누대 위에 사사로이 모여 있었다. 우리가 성가퀴를 돌아 내려오니, 성가퀴 밖에 사찰이 하나 있었다. 만 길 절벽 위에 지어져 그림자가 푸른 파도에 비취고, 하늘을 날아 공중에 떠 있는 듯하였다. 날개가 있는 사람이 아니면 이를 수 없을 것 같았다. 안경 일행이 문을 두드리니 한 사미승이 문을 열어서 함께 앉아 담화했다. 절간의 등불이 오래되어 군문이 누대를 내려왔는지 엿보며 계속해서 선각에 올라가니, 이른바 '동파친필'이라는 것이 있어서 횃불로 비춰보고, 겨우 원운을 적어서 돌아왔다. 이때 밤은 삼경이었고, 달이 이지러져 숨으려 했다. 동쪽 바다가 까마득하여 하늘과 한 색이었다. 안경은 돌아가야 할 고국이 어디에 있는지 까마득하여 출항을 앞두고 걱정이 많았다. 하지만, 임금의 명을 받은 사신의 임무를 묵묵히 따를 뿐이었다. 이날 총 8수의 시가 있는데, 다음은 그중 첫 번째 시이다.

연기와 안개 속의 봉래도,	蓬島烟霞界
등주의 바다에 뾰족하게 솟았네.	登州海嶠巓
큰 관아에는 장상들이 벌려 있고,	大衙羅將相
높은 누각엔 신선이 읍을 하네.	高閣揖神仙
칙서 받든 삼한의 사신,	奉勅三韓使
만리를 돌아갈 배를 타네.	回旋萬里船
정성스레 상국을 섬기니,	誠心事上國
아침 해는 동녘 하늘에서 떠오르네.	朝日出東天

(사진-1) 봉래각 소공사(蘇公祠)에 있는 소동파의 「해시시(海市詩)」(직접촬영)

II. 교유한 인물 묘사

도낭선이 양도인에게 보낸 편지

6월 22일 명사 양도인(楊道寅)이 등주를 떠날 때 안경은 배웅을 나갔다. 이에 양도인은 병순도 도낭선(陶朗先)이 자기에게 보낸 편지를 보여주었다. 그 편지의 내용은 다음과 같다.

"등주는 궁벽진 지역으로 인적이 이르지 않는 곳입니다. 오늘날은 또 변방의 요충지입니다. 여러 일을 처음 시작해서 빠뜨린 것이 참으로 많은데, 대인께서는 그 소홀함에 죄를 묻지 않으시고 도리어 번거롭게 일일이 고맙다 하시니 몹시 부끄럽고 무안합니다. 이어 배신들을 따르며 일을 하라 말씀해 주셨으나, 저들의 계산으로 아우가 그들을 대하는 법을 알지 못한다고 했을 것입니다. 역참에서는 최근 대부분 도망을 치니, 만약 배신들이 화물을 추가한다면 도망치고 피할까 두렵습니다. 유사가 교묘하게 조공 사신을 벗어나려 한다면 조정에서 먼 지방을 회유하는 초심에 크게 어긋나면서 노년옹께서 이끌어 온 본원(本願) 또한 크게 어긋날 것입니다. 며칠 머물며 간기(干旗, 행차 깃발)를 나눠 두 행차로 만드는 것만 못하니, 길에 있으면 아우가 원역을 붙여 호송하고, 등주에 있으면 곳집의 물품을 넉넉하게 공급하여 쓸 수 있으리니, 길 가는 비용은 아우가 다시 많은 금으로 주어서 하여금 손님이 이르러 힘쓰기를 처음처럼 해서 그들의 충순에 보상하려 합니다. 방물을 잃어버리고 문서를 떠내려 보낸 것에 대해서는 아우가 마땅히 글을 지어 천자의 귀에 밝게 이르게 할 것입니다. 이렇게 하는 것이 온당하지 않을지 노옹께서는 어떻게 생각하시는지요? 교외에서 공손히 기다리느라 낯을 뵙고 대강을 다하지 못하였습니다. 아우의 이름 정히 갖춥니다."

편지의 내용은 조선 사신의 순탄하지 않은 해로 여정에 대해 사실대로 조정에 보고하고, 잘 대우해 줌으로써 명나라 조정에서 먼 지방을 회유하는 정책에 의해 조선 사신을 대우한 것과 풍랑으로 조공 물품의 피해 정황을 기록하여 조정에 보고하겠다는 것이다. 이렇게 해서 함께 온 조선 사신을 부탁한 양도인의 체면도 세워주겠다는 뜻이다. 어쨌든 이 때문에 안경을 비롯한 조선 사신은 풍랑으로 잃어버린 조공품과 이후 등주에서 북경까지 가는 여비 등을 마련할 수 있게 되었다.

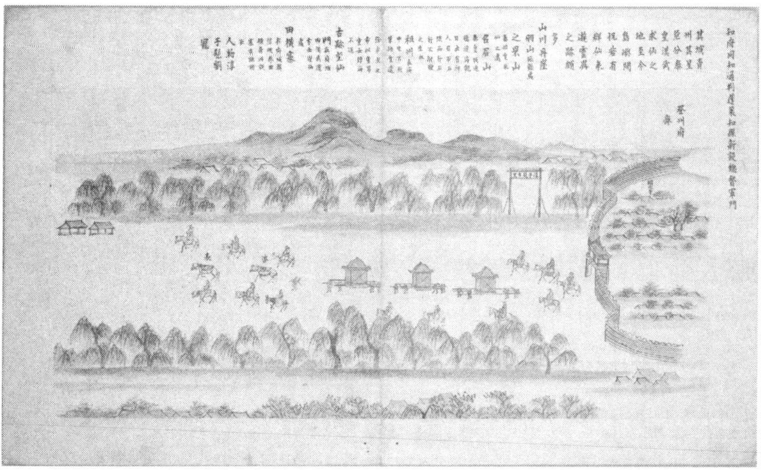

[그림-4] 등주부(항해조천도 - 국립중앙박물관 소장)

등주의 감무관 곡사화

곡사화(曲思化)는 감무관 혹 파총(군영의 무관)이라고 하는데, 애꾸눈으로 기절은 넘쳤으나 부끄러움이 없었다. 일방적으로 약속을 어기기도 하고, 재물을 요구하기도 하였다. 안경이 등주에 도착한 지 이틀밖에 되지 않은 6월 21일에 처음 찾아와서 사은사의 일을 주관하게 되었다고 했는데, 그날 저녁에 바로 재물로 일본도를 요구하여 염치가 없다고 기록하였다. 나흘 뒤에는 늙은 어버이를 봉양하기 위해서 쌀이 필요하다는 이유를 들며 계속 간절히 요구했다. 안경의 기록에는 쌀은 주었는지, 아닌지 일체 언급이 되지 않았으나, 어버이까지 거론하며 요구하니 안 줄 수가 없었을 것이다. 더욱이 안경 일행의 일을 도맡아 하고 있으니, 앞날을 위해서도 거절하기 어려웠을 것이다. 이후 7월 1일에도 곡사화가 등장하는데, 이날도 약속을 어겨 만나지 못했다. 하지만, 10월 7일 등주를 출발하여 귀국할 때 곡사화가 먹을 것을 가져와 작별하였고, 안경은 그를 위해 시를 지어주기도 하였다. 처음의 모습은 허탄하였으나, 함께 북경을 오가며 정이 들었던 모양이다.

유생 왕범과 진치국

6월 26일 안경이 등주에 있을 때 유생 왕범(王範)과 진치국(陳治國)이 찾아와 얘기를 나눴는데, 대부분 과거의 규정에 대한 것이었다. 그러다 왕범은 당시 변경 소식을 전하였다.

"이영방(李英芳)이 한종공(韓宗功)을 추격하여 의주성 아래에서 맞닥뜨렸는데, 탄환에 맞고 달아났습니다. 전쟁에 승리하고 적을 몰아내는 건 귀국만 못하다고 사람들이 모두 칭찬합니다."

이 소식의 출처를 물어보니, 광녕도어사 왕화정(王化貞)이 올린 글이 『봉래지현통보(蓬萊知縣通報)』에 실려 있다고 하였다. 안경은 미심쩍었지만, 이 내용이 북경까지 가는 길에 모든 지역에서 알고 있었고, 심지어 예부와 병부에서도 이 이야기를 말하였다. 왕범은 한종공의 활약으로 조선만 협력하면 적을 쉽게 사로잡을 수 있을 것이라 확신하였다. 하지만, 안경의 생각은 달랐다. 당시 조선은 임란 이후 재건과 이어진 흉년을 극복하기에도 여력이 없었기에 그러한 병력을 낼 수조차 없었다. 이해 5월 29일에 좌의정 박홍구가 '요녕성 진강(鎭江)의 가달 장수는 수염이 하얗고 근력도 쇠하였으며 아래에 부리는 사람도 4~5명에 불과하다고 하니, 한종공에게 군사를 붙여 머리를 베어 와 바치게 한다면 어찌 통쾌한 일이 아니겠는가.'[5]라고 한 적은 있다. 이러한 논의가 있자, 광해군은 가볍게 할 수 없는 것이라고 의논조차 하지 말라고 하였다. 왕범은 당시 조선의 실정을 모르고 이렇게 말하였고, 또 이러한 말이 명나라에 퍼졌다는 것은 명나라가 적을 토벌한 뜻이 없는 것처럼 비춰졌다.

병순도 도낭선

등주의 병순도 도낭선은 풍랑을 겪고 도착한 조선 사신을 위해 여러 가지 협조를 해줬다. 험난했던 해로의 고단함을 위로하려고, 도사(都司) 난유성(欒維城)을 시켜 매우 풍성하게 음식을 차려 잔치를 베풀어 주기도 했다. 하지만, 무엇보다 명나라 예부에 조선 사신이 겪은 풍랑을 그대로 보고한 것과 조선 사신들이 북경까지 다

5 『광해군일기』, 「광해군 13년(1621)」, 〈5월 29일〉.

녀올 수 있게 단자와 여비를 마련해 준 것이 제일 크다. 7월 2일 단자의 내용은 다음과 같다.

"조선국 배신 등의 정칭(呈稱)에 따르면, '사신의 명을 받들어 경사에 파견되었습니다. 천사를 수행하여 배를 타고 바다로 나와 큰 바다에서 풍랑을 만나 배가 부서졌고, 표류한 지 십여 일에 여비는 가라앉아 잃어버리고 지금 천행으로 여기에 이르렀습니다. 육지로 나아가야 하는데, 부마를 내려주어 방물을 실어 나를 수 있게 비노니, 은혜를 베풀어 주소서.'라고 하였습니다. 우리들이 이를 근거로 비춰보건대, 조선국은 멀리 동번에 있어서 대대로 충정을 지키고, 조공이 끊어지지 않았습니다. 지금 요동의 길이 중간에 막혀서 등주와 내주의 길을 선택하여 폭풍의 재앙을 만나 화물을 바다에 빠뜨려 버렸으니, 실정이 진실로 민망합니다. 이미 해당 본도에서 여비를 처리해 주어 먼 길을 갈 수 있게 하는 것 외에 가지고 있는 부마와 식량을 제공하거나 여정에 상응하는 것을 발급하여 천조가 원방을 회유하는 인자함을 밝혀야 합니다. 이를 위해 바라건대 지나가는 아문의 관리들은 단자에 비추어 사리에 맞게 처리하고 수량에 따라 해당되는 물품을 제공하여 북경에 다녀올 수 있게 해야 합니다. 진나라와 월나라처럼 소원하게 생각하여 중화의 체모를 실추시키지 말길 바랍니다. 조목을 열거해 보면, 배신(陪臣) 2원(員), 가마꾼 16명, 한 명당 식량 4푼, 늠급(廩給) 2푼, 원역병마(員役幷馬) 32필, 미는 수레 9량, 수레꾼 16명, 만약 수레가 없으면 쓸 수 있는 나귀 30두입니다. 지나가는 주현(州縣)과 역참 등의 관아에서 이를 준수하기 바랍니다."

단자에서 병순도는 먼저 조선 사신이 올린 정문 내용을 적었다. 주요 내용은 바다에서 풍랑을 만나 배가 부서지고, 방물과 여비가 모두 떠내려간 것과 현재의 어려움을 말했었다. 그들은 당시 먹을 것을 걱정할 정도였고, 등주에서 북경까지 갈 생각은 엄두도 못 내고 있었다. 이에 병순도는 자신이 한 일을 서술하였다. 그의 말에 따르면 조선은 대대로 충정을 지키며 동번(동쪽 변방)의 역할을 충실히 하였고, 지금 요동의 길이 막힌 상황에서도 배를 타고 오면서 갖은 고생을 하였다. 병순도는 이 대목에서 조공을 위해 오는 조선의 사정을 몹시 안타깝게 서술하였다. 그리고 천조는 기본적으로 원방(조선)을 회유하는 정책을 펼쳐야 된다고 하면서 여비뿐만 아니라 부마와 식량까지 제공하였다. 또 북경까지 가는 길에 지나는 주현과 역참의 관리들에게 '진나라가 월나라를 대하는 것처럼 조선을 소원하게 대하여 중화의 체모를 실추하지 말라'며 당부하였다. 이 때문에 안경 일행이 북경까지 갈 때 지나는 주현과 역참에서 지원을 받을 수 있게 되었다. 그리고 예부에 올리는 자문도 보여주었다. 여기에는 안경 일행이 병순도에게 올린 정문 내용이 그대로 실려 있다. 특히 등주까지 오는 과정을 상세하게 기술하였다. 그 내용은 다음과 같다.

"조선국 사은 배신 최모·안모 등이 올린 정문에 근거하면 다음과 같습니다. '직등은 저희 임금의 양 건 사은 주자(奏咨)와 방물을 받들고 지난 윤2월 본국을 떠나 의주에 도착했습니다. 요동의 수비가 실패했다는 것을 듣고 앞으로 나아갈 수 없었습니다. 천사를 따라 함께 해로를 이용하여 여순구에 도착했는데, 풍랑을 만나 배가 파손되고, 방물과 문서 태반이 물에 가라앉았습니다. 직등은 명을 받았지만, 면목이 없습니다. 이런 허망한 재난을 만나 밤낮으로 통곡하며 어찌할 바를 알지 못했습니다. 또 이달 19일에는 큰 바다 가운데에서 천사의 배를 놓쳐버리는 바람에 10여 일간 표류하다가 천자의 신령이 이르고 신물이 도와주어 몸은 물고기 밥을 벗어나고 발은 평지를 밟게 되었으나, 노자를 다 잃고 일행은 몹시 굶주렸습니다. 다행히 귀 고을에서 직등의 불쌍한 사정을 가엾게 여겨서 곡진하게 구휼해 준 덕분에 죽을 처지에서 다시 살아났습니다. 양식이 이어서 이르고, 또한 덕으로 배부르게 해 주셨으니 머리를 맞대고 감격의 눈물을 흘립니다. 다만, 생각건대 수로는 이미 지나왔지만, 육로가 앞에 있는데, 앞으로 갈 길의 어려움이 이전보다 더 심할 것 같습니다. 도로의 굽고 곧음과 도적의 절도를 지금은 모두 알지 못합니다. 만약 혹시라도 천사의 행렬에 뒤떨어진다면, 형세상 반드시 도달하지 못할 것 같습니다. 직등이 도로에서 죽는 것은 땅강아지나 개미처럼 별일이 아니지만, 저희 임금님이 천조국까지 와서 대국을 섬기는 정성이 헛되이 돌아갈까 두렵습니다. 이것이 직등이 하늘을 우러러 가슴을 치는 까닭입니다. 소방은 200년 이어 오도록 천조를 우러러 부모의 나라로 섬겼는데, 하루아침에 적노(賊奴)에게 길이 막혀 육로가 끊어져 처음 바다에 배를 띄워 타고 왔습니다. 도산의 모임에 맞춰 와서 방풍의 죄를 면하고자 합니다. 출몰하는 고래 파도에도 조회를 위해 여러 번이나 죽을 고비를 넘겼으니, 군신의 대의가 해와 달처럼 밝게 걸릴 것입니다. 비록 역사책에 기술되어 이웃나라에 알려지더라도 부끄러울 것이 없습니다. 엎드려 바라건대 노야께서는 속히 반송(伴送)을 보내 주시고, 또 부마를 내주시어 방물을 옮겨서 편리하게조공을 바칠 수 있게 해주시고, 아울러 빠뜨려서 잃어버린 사정을 예부에 전달하여 천자께 아뢰어 시행케 해 주신다면 감동의 눈물을 이기지 못할 것입니다.'라고 하였습니다."

이어서 병순도가 조선 사신을 위해 한 일을 서술했는데, 단자에서 충분히 언급했기에 생략한다. 이 글에서 안경 일행은 등주에 도착하자마자, 자신들의 직무를 완수하기 위해 병순도에게 적극적으로 도움을 요청한 것을 알 수 있다. 이에 병순도는 딱한 사정을 참작하여 천자가 조공사신을 대하는 관례대로 일을 처리해 주었다. 구사일생으로 등주에 도착한 안경 일행에게 병순도는 더없이 고마운 존재였다. 그래서 이처럼 적극적으로 협조해준 병순도에게 감사의 글을 보내기도 했다.

"조선국 사은 배신들은 대인의 은혜를 크게 입어 이미 융숭한 연회를 받아 술을 마시고 배불리 먹어 감사의 마음을 이기지 못합니다. 대문으로 찾아가려 했지만, 인사를 받지 않으시겠다는 명을 공손히 받들어 황공하옵게 물러났습니다. 또 생각지도 않게 반 백 냥의 돈을 이르게 해주시니, 우러러 큰 은혜에 감사해야 할 방법을 알지 못하겠습니다. 아마 지금 대인께서 위대하신 천자의 '원방을 회유하는 인자함'을 공경히 받들어 소방을 구제해 준 것으로 은택이 미천한 사신에게까지 미치니 감격을 이기지 못하여 기뻐서 뛰고 춤추게 되었습니다."

하지만, 이는 어디까지나 공무를 위한 일이었고, 병순도가 조선 사신을 대하는 진정성이 드러난 것은 6월 29일에 기록되어 있다. 이날 안경은 병순도에게 사죄하는 글을 보냈다.

"직등은 대인께서 장려해 준 상을 받고 은전을 헤아려 단자에 비추어 다 나눠줬습니다. 관리와 원역들이 마땅히 몸소 조아려 감사드려야 했지만, 황공하옵게도 경황이 없어서 삼가 대인께서 두세 번 하문하는데 이르렀습니다. 또 차관에게 손으로 쓴 책을 보낼 때 서방(書房)의 아전이 상국 문서 법식을 알지 못하고 망녕되게 작은 종이를 사용했습니다. 곧장 아전에게 곤장 스무대를 내리고 관아에 끌고 가서 명을 기다렸습니다. 직등의 불민한 실수가 아닌 것이 없으니, 아랫사람들의 죄로 돌릴 수가 없습니다. 그러므로 감히 이에 나아와 머리를 조아리며 사죄드립니다."

안경은 병순도가 보내준 은전에 대해 어떻게 처리했는지 일일이 보고하지 않았고, 또 아랫사람이 무례하게 작은 종이에 글을 써 보낸 것에 대해 관리를 못한 자신의 잘못이라고 하면서 사죄하였다. 이에 병순도는 "아랫사람이 알지 못하고 한 것이니 너무 추궁할 필요는 없습니다."라고 이해해 주었다. 병순도가 안경 일행을 각별히 대우해 주고 있다는 것이 여기에도 드러난다. 또 배신들을 위해 특별히 가마를 만들어 주기도 했다. 이때 안경 일행은 사양했지만, 끝내 제공해 주었다. 10월 6일 귀국길에 다시 등주에 왔을 때 병순도는 공경히 위로하기를, "고생이 많으셨습니다. 풍랑이 이와 같은데, 어떻게 바다로 나가시려 합니까? 우선 머물렀다가 따뜻한 봄이 되길 기다리는 것만 못합니다."라며 진심어린 충언도 해주었다. 그리고, 기어이 배를 타고 가는 안경 일행에게 화약 40근과 철환 100개를 주면서 곡진한 마음을 드러내기도 했다.

반송사 장홍표와 쾌수 지국승

반송사의 지휘자는 장홍표(張弘驃)이고, 쾌수(快手, 관아의 下吏, 심부름꾼)는 지국승(遲國升)이었다. 두 사람은 가마꾼과 나귀, 말을 점검하고 등주에서 북경까지 왕복 대략 2천 리를 함께 했다. 이들은 안경 일행이 북경까지 무사히 다녀올 수 있는 일종의 가이드 역할을 했다. 간간이 부채를 가져와 안경에게 시를 지어 달라고 부탁을 했는데, 안경은 연회에서 술을 마신 뒤 반송사의 부채에 다음과 같은 시를 지어 주었다. 이날은 7월 3일이다.

반송사 장 부자가　　伴送張夫子
술잔 들고 갈 길을 위로하니　　持盃慰遠行
오가며 함께 취하면　　去來同一醉
만 리 길도 짧아지겠네.　　萬里短長程

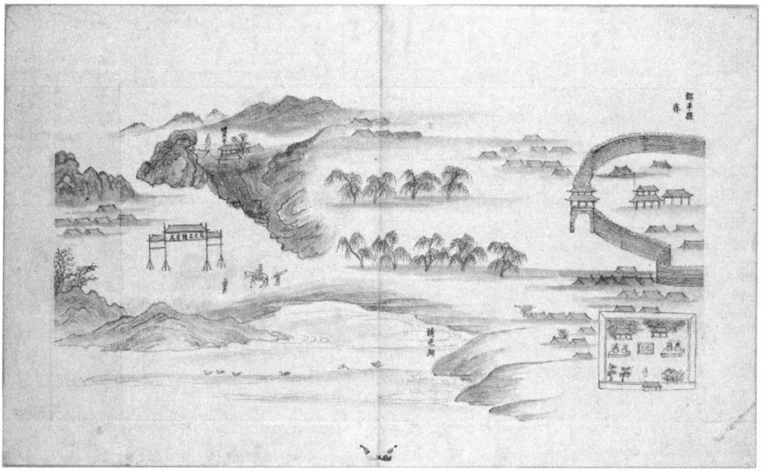

[그림-5] 추평현(항해조천도 - 국립중앙박물관 소장)

반송사는 추평현(鄒平縣)에서 장구현(章丘縣)으로 갈 때 200여 리를 단축할 수 있는 지름길을 추천하여 제양현(濟陽縣)으로 안내하기도 하였고, 도착한 고을에서 말을 바꾸거나, 강을 건너기 위해 배를 타거나, 심지어 도성에 들어갈 때도 그의 도움이 필요했다. 옥하관에서 무료하게 칙서를 기다리는 동안에는 반송사가 외부의 사정을 알아봐 주는 역할까지 하였다. 이처럼 반송사는 안경 일행이 명나라에서 가장 많은 시간을 함께 보낸 사람이라고 해도 과언이다. 그래서 "만리의 동행 잊기 어려우니, 푸른 바닷가 꿈속에서 서로 찾으리.[同行萬里難忘處, 魂夢相尋碧海頭.]"라고 읊으며 귀국한 뒤에도 많이 생각날 것이라고 하였다.

쾌수 지국승 역시 늘 동행했는데, 옥하관에 있을 때 한번은 안경에게 간절히 말하길, "반송에게는 번번이 시를 주시면서 유독 저에게는 율시 한 수를 아끼시니, 매우 서운합니다."고 했다. 그래서 안경은 지국승의 부채에 다음과 같이 시를 지었다. 이날은 9월 3일이다.

헌걸찬 8척 장부의 몸으로,	頎頎八尺丈夫身
조선의 두 사신을 호송하는데,	護送朝鮮兩使臣
만리 길을 동행하며 함께 돌아오매,	萬里歸來同作伴
삼생의 연분보다 더없이 친할 터라,	三生緣分更相親
옥하관 밤비는 오래도록 시름 쌓게 해,	玉河夜雨封愁久
봉래섬 가을 구름 꿈에 자주 들어오니,	蓬島秋雲入夢頻
백마에 금 채찍으로 내일 떠나가면,	白馬金鞭明日去
푸른 물결에 배 탄 사람과 이별하겠지.	滄波離別泛槎人

학씨 유생

6월 28일 등주에 있을 때 학씨(郝) 성을 가진 유생이 와서 조선의 과거 규정을 물었다. 명나라의 과거 규정과 크게 다른 점은 조선은 경전을 모두 외워야 하는 데 비해, 명나라는 경전을 연구하여 그 뜻을 쓸 수 있어야 한다는 점이다. 학씨 유생은 사서삼경을 외우는 것은 귀신이나 할 수 있는 일이라며 어려워했고, 안경은 도리어 옛 유자가 경전에 주를 내듯이 그 뜻을 적는 것이 더 어렵다고 생각했다.

조선의 과거 시험은 문과 고시 중에 식년시 복시에서 사서삼경을 배송하는 것이 중요하게 자리하고 있다. 반면 명나라 과거 시험에서는 동자시에 사서오경이 포함되어 있지만, 정식 고시에서는 시무책을 쓰는 것이 중요하다. 이는 명나라의 경우 조선과 달리 언문이 일치하므로 경서의 뜻을 파악하는 데 주력하였고, 조선의 경우는 언문불일치를 해소하기 위해 경서를 외우는 데 주력하였다고 이해할 수 있다.

창락현의 어린 문관

7월 9일 산동성 창락현(昌樂縣)에서 점심을 먹었는데, 그곳의 지현(知縣)이 관대를 하고 찾아와서 안경 일행에게 예를 갖추며 매우 공손히 접대하였다. 이름이 중가(仲嘉)로 스스로 공자의 제자 중유(仲由)[자로(子路)]의 후예라고 하였다. 2년 전 19세에 과거에 급제한 나이 어린 문관으로 얼굴이 단아했다. 과거 규정에 대해 논하였다.

[그림-6] 창락현(항해조천도 - 국립중앙박물관 소장)

내주의 분순도 진량채

7월 6일 내주에 도착했을 때, 분순도 진량채(陳亮采)는 제남의 포정(布政)(민사를 주관하는 곳)에 갔고, 지부 임명정(林銘鼎)과 지현 설문주(薛文周)가 성에 남아 있었다. 이들은 안경 일행에 대한 전령도 보내지 않고, 성에 들여보내지도 않았다. 사흘 뒤 안경 일행이 창락현을 지날 때 길에서 제남에서 돌아오는 내주의 분순도를 만났다. 이에 통관 이순(李恂)을 시켜 나아가 고하기를, "황제의 조정에서 조선을 대우하는 것이 내지와 같다고 봅니다. 비록 천자의 조정일지라도 허락을 받지 않고 출입을 했는데, 유독 내주에서는 문을 닫고 들이지 않으니, 두렵고 수치스러운 가운데 섭섭함이 없을 수 없어 감히 이를 우러러 아룁니다."라고 하니, 분순도가 위로하기를, "일어나시오, 일어나시오. 내가 성에 있지 않아, 아래 관리들이 알맞게 처리하지 못한 것 같소. 마땅히 다스리겠소."라고 하였다. 이는 이전에 조선 사신이 내주에 온 전례가 없었기 때문에 발생한 일이다. 그리고 당시 명나라 지방 도시의 폐쇄적 일면이 드러난다고 할 수 있다. 하지만, 분순도가 돌아가 문책을 했는지, 이후 10월 3일 귀국길에서는 안경 일행이 내주성 밖을 지나며 들어가지 않았는데, 지현 설문주가 사람을 시켜 좇아와서 명첩과 먹거리를 보내며, "갈 때 성에 들어오시지 않아 마음이 불편했는데, 올 때도 그냥 지나가시니 서운함을 이기지 못해 보잘 것 없는 것을 보냅니다."라고 자못 예우하였다. 이날 요리사까지 보내어 음식을 이바지하며 곡진한 뜻을 보였다. 닭과 돼지고기로 6~7가지 별미를 만들었는데, 음식이 매우 정갈하고 맛이 좋았다고 기록하였다.

유홍훈의 집

안경 일행이 7월 11일 산동성 장산현으로 가다가 명사 유홍훈이 병으로 복명도 하지 못한 채 시골집에 누워있다는 소식을 들었다. 현에서 그의 사택까지 18리 거리였지만, 찾아가 문안을 했다. 유홍훈은 예를 갖추고 풍성한 음식으로 안경 일행을 대접했다. 이 때문에 유홍훈의 집을 구경할 수 있었는데, 안경은 다음과 같이 묘사하였다.

"문과 정원이 깊고 깊어 대궐 같았다. 문 위에 달리 현판은 모두 금색 글자로 쓰여 있었다. 그 내용은 '강악사신(講幄師臣)(천자와 태자에게 강론한 신하)', '태정중망(台鼎重望)(삼공의 중망)', '부자진사(父子進士)(아버지와 아들이 진사)', '태사공제(太史公第)(태사공의 집)'라고 하였다. 그밖에 화훼의 종류도 갖추지 않은 것이 없었다."

안경이 묘사한 유홍훈의 집을 통해 당시 명나라 대부의 집안 풍경을 어느 정도 상상해 볼 수 있다. 특히 현판에 쓰인 글을 통해 대대로 명망 있는 집안이라는 것을 알 수 있다. 이날 유홍훈은 안경 일행을 만나면서 해로에서의 고충이 떠올라 눈물을 흘리며 조선에서의 일들을 후회했다. 그는 조선에서 음식과 절은(折銀, 공물을 은값으로 환산하는 것)에 관한 것은 전적으로 양도인의 말을 들었다고 스스로 변호했는데, 당시 양도인이 조선에서 횡포를 부렸기 때문이다. 『실록』에서는 유홍훈과 왕도인에 대해 다음과 같이 기록하고 있다.

"유홍훈은 제남(齊南) 사람이고 양도인은 영남(嶺南) 사람인데, 탐욕스럽기가 비길 데 없었다. 인삼 값을 은으로 치르는데 명색이 매우 많았다. 심지어 개인의 은을 발급하여 수천 근의 인삼을 팔도록 하고는 삼을 받은 다음에 곧바로 본은(本銀)까지 추징하였다. 양서(兩西) 지역과 송도(松都), 그리고 서울에서 상인들의 울부짖는 소리가 하늘을 진동하였다. 큰 도시에서 은 7, 8만 냥을 거두어들이니 우리 나라의 재물이 바닥이 났다. 우리 나라에 왔던 중국 사신 가운데 장녕(張寧)이나 허국(許國)과 같이 청렴한 기풍과 높은 지조를 지닌 이는 비록 쉽게 볼 수 없었다고 하더라도, 학사나 대부로서 풍류가 있고 문채가 있는 이는 앞뒤로 연이어 있어 왔다. 은삼과 찬품값을 요구하는 일은 고천준(顧天俊)으로부터 시작되었는데 유홍훈과 양도인은 더욱 심하였다."[6]

유홍훈은 풍랑으로 겨우 목숨만 건졌고, 조선에서 가져온 것들은 모두 수장되었다. 그는 한갓 부질없는 재물을 모아 그 때문에 죄를 받은 것이라고 스스로 생각했다. 그는 안경 일행이 돌아오는 길에 노자로 은 3냥을 주었고, 활과 방패를 찬 다섯 기병으로 호송해 주기도 하면서 은근한 마음을 표현했다.

북경 조양문의 수직관

7월 27일 북경에 도착하여 조양문(朝陽門)을 들어가는데, 그곳을 지키던 수직관(守直官)이 조선 사신을 보고 놀라면서, "도적으로 길이 막혔을 텐데, 어느 길로 들어왔소? 도적이 물러가 도로가 막히지 않았소?"라고 물었다. 또 길 가에서 그 모습을 본 자들이 모두, "조선의 병마는 강성하니, 틀림없이 적을 쳐부수고 뚫고 왔다."라 하고, 아이들은 서로 시끌벅적하게 말하길, "고려가 이미 적을 깨부수고 공물과 표문을 가지고 왔다. 황제 만세!"라고들 하

6 『광해군일기』, 「광해군13년(1621)」, 〈5월1일〉.

였다. 하지만, 이는 당시 변방 실정을 모르는 북경 사람들의 모습이 그대로 드러난 것이다. 반면, 옥하관에 들어서자 그곳 관원은 사신의 행장이 소략한 모습을 보고, 대번에 눈치채고 도중의 어려움을 상상하였다.

옥하관 관원

옥하관에 들어가자, 관원들이 와서 말하길, "제독이 새로 나와야 하나 지금 아직 임용되지 않았으니, 단자를 아뢰는 등의 일은 마땅히 관리가 나오기를 기다린 뒤에 해야겠소. 또 방물과 짐을 검사하지 않을 수 없소."라고 했다. 사신이 도착했을 때 짐을 검사하는 것은 전례가 없던 것이라 역관들이 모두 말하길, "우리들의 조공은 한두 번이 아니오. 돌아갈 때 검사한 적은 있으나, 왔을 때 검사한 적은 없었소."라고 했다. 하지만, 짐을 뒤집으며 뇌물을 요구하였다. 옥하관 관원의 폐단의 일면이 여기에서 드러난다. 그들 중에는 안경이 정사년(1617) 사행 때 본 사람들이 많았는데, 늙은 서반(외국 사절 접대 서리) 조유신(曺維信)이 여전히 그곳에 있었다. 안경을 보고는 놀라서 읍을 하고 나아와 손을 잡고 말하길, "고생하셨습니다. 고생하셨습니다. 안 재상 몇 번째요?"라고 하였다. 이후 서반을 통해 출입이 엄격히 통제된 옥하관에서 최소한의 정보를 얻을 수 있게 되었다.

병부상서 장학명과 왕재진

8월 6일 병부에 가서 조속히 복제[7]를 지어 명나라 조정의 칙서를 빨리 내려받을 수 있게 해달라는 정문을 올렸다. 그때 병부상서 장학명(張鶴鳴)과 좌시랑 왕재진(王在晋)이 좌당(坐堂)하여 예를 행한 뒤 직등을 위로하기를, "당신들의 화물이 다 물에 빠졌는데, 핫옷(솜을 넣은 저고리)은 있습니까? 날씨가 일찍 추워질 텐데, 어떻게 바다를 건너려 하오? 가련하오. 돌아갈 기일이 절박한 것을 당신들이 말하지 않아도 내가 이미 알고 있으니, 하물며 성천자께서는 당신들이 고생한 정황을 당연히 아시겠지요. 며칠 전 예부에서 예상(例賞, 관례대로 주는 상) 이외에 또 별상(別賞)을 적어 성지를 받들었으니, 곧 마땅히 마련하여 널리 은전을 베푸리니 배신에게 옷 안팎감을 줄 뿐만 아니라, 원역에게는 은 2냥을 나눠 준다고 합니다. 이 무슨 천하의 대약(大約)이 저와 같을 수 있겠소?"라고 하며 서로 돌아보며 크게 웃었다. 이에 안경 일행은 머리를 조아리고, "터럭 하나도 모두 황제의 힘입니다."[8]고 하니, 상서가 손을 들고, "맞고, 말고요."라고 하였다. 안경이 병부의 관리에게 칙서를 빨리 내려달라는 부탁을 했는데, 그들은 예부에서 별상까지 마련해 준다는 얘기를 하면서 자못 명나라의 관대함을 자랑하는

7 題覆은 명나라 때 육부의 상서가 황제에게 올리는 일종의 공문서이다. 일반적으로 상서가 황제의 질문에 대답하는 글을 가리키는데, 여기서는 조선의 사신이 명나라 황제에게 청하는 사안에 대해 정문으로 써서 예부에 올리면, 예부에서 이 정문을 검토한 뒤 요약 정리하여 복제를 써서 황제에게 올려 윤허를 받는 것을 이른다.

8 한나라 高祖가 平城에서 조나라를 지날 때, 조왕이 아침저녁으로 식사를 올렸는데 격식이 떨어지자 고조가 기대앉은 자세로 아주 심하게 꾸짖었다. 이를 본 조나라 재상 寬高가 조왕이 황제를 공손하게 대했는데도 황제가 왕을 무례하게 대했다 하여 그를 죽일 음모를 꾸몄다. 그러자 조왕 張敖가 말하기를, "그대는 어찌 그런 잘못된 말을 하는가? 先王이 망하게 한 나라를 황제에게 힘입어 되찾아 덕이 자손에게까지 미치니, 터럭 하나까지도 다 제왕의 힘이다."라고 하였다.(『漢書』 권32 「張耳陳餘傳」)

듯했다. 하지만, 안경의 부탁이 제대로 받아들여지지 않아, 한 달이나 기다린 뒤에 9월 6일 다시 병부에 정문을 올려 부탁했다. 그제서야 병부 상서는, "당신들이 아직도 돌아가지 못했다니 가련하오. 곧장 감합(勘合, 문계를 작성하여 비교 검토함) 문서를 작성해 줄 테니, 내일 받아가시오."라고 하였다.

예부주사 종세방

8월 7일 회동사역관(會同四譯館)의 제독(提督)인 예부주사 종세방(鍾世芳)과 아문에서 현관례(외국에서 사신이 왔을 때 영접하는 예)를 행하니, 비로소 사신에게 내리는 하정(식량과 일용품 등)을 주었다. 그래서 감사의 뜻으로 예단을 올리니 받지 않고 사양하더니, 잠시 뒤 사람을 시켜 밀고 갔다. 안경은 제독의 이러한 모습에 대해 '청렴하다'고 서술했다. 그리고, 9월 12일 제독이 죽었을 때 안경은 그의 모습을 회상하기를 '입은 가로로 나 있고, 얼굴은 황빛을 띄며, 거칠어 위의가 없었다'고 하고서 '어진 제독이 죽었다'고 탄식했다. 하지만, 이러한 안경의 말은 사실이 아닌 듯하다. 함께 간 정사 최응허의 같은 날 기록을 보면, '예단을 약간 올렸는데, 받지 않고 자리를 파하더니, 집에 돌아가 하인을 시켜 도로 거두어 가니 가소롭다.'[9]고 하였다.

옥하관을 찾은 양도인

해로로 함께 온 명사 양도인은 조선 사신이 있는 옥하관을 종종

---

9 최응허 저, 이정섭 역, 『조천일기』, 국립문화재연구소, 2019, 199면. "呈禮單若干, 則不受而罷堂, 還家, 使下人還收而去, 可笑."

찾았다. 하지만, 옥하관을 엄격히 통제하고 있어서 번번이 대면하지 못하고, 그냥 갈 수밖에 없었다. 8월 13일 옥하관 수위가 양 대인이 문에 왔다고 하여 안경 등이 급히 의상을 갖춰 뜰에 나가서 기다렸다. 하지만, 가마도 나타나지 않고, 중문에 들어오지도 않았다. 양도인은, "내가 소속된 아문이 아니어서 접견이 편리하지 않으니, 밖에서 안부나 묻고 가겠소."라고 하였다. 이에 안경 등은 역관을 시켜 머리를 조아리며, "옥하관을 매우 엄격하게 닫아두니 나가서 안부도 묻질 못하여 죄가 큽니다."라고 말하고 헤어지는 식이다. 하지만, 최응허의 이날 기록을 보면, '양도인이 가마를 타고 옥하관에 들어왔다. 옥하관 문내에 들어온 명첩을 보고 관복을 갖추고서 장차 나가 기다리려 하였는데, 배 위의 가마 안에 두고 온 잡물을 하나하나 납부하지 않았다는 일로 이순(李恂)을 불러 큰 소리로 크게 꾸짖은 뒤 서로 만나 보는 것은 온당하지 못하다 하여 곧바로 나가버렸으니 웃음 직하다.'[10]라고 다소 내용이 다르다. 양도인은 조선에 있을 때부터 횡포를 부렸는데,[11] 철산 앞바다에서도 일기를 점치는 사람의 말에 미혹되어 "용왕이 일을 할 때는 배를 운행하지 않는 것이 좋으니, 마땅히 6월 이후에 다시 정해야겠소."라 하고는 회항하려다가 당시 옥강 전투로 인해 마음을 돌릴 수밖에 없었다.[12] 하지만, 등주에서 병순도에게 조선 사신을 부탁했고, 옥하관에 머물고 있을 적에는 문밖에서 노자로 쓸 은전을 보내주는 등 인정을 베풀기도 했다.

10 최응허 저, 이정섭 역, 『조천일기』, 국립문화재연구소, 2019, 212면 참고.
11 앞에 서술한 '유홍훈의 집' 참고.
12 『조천일기』, 5월 27일.

요광순무어사 왕화정

왕화정(王化貞)은 안경이 직접 만난 사람은 아니다. 8월 23일 안경이 옥하관에 있을 때 왕화정이 명나라 조정에 올린 글을 보았다. 거기에 "조선에 칙서를 내려 산 동쪽에 군대를 내면 적이 반드시 뒤를 돌아볼 것이니, 감히 뜻대로 멀리까지 오지 못할 것입니다."라는 내용이 있었다. 이 말에는 왕화정이 조선 군대를 이용하여 후금을 막아보려는 의도가 드러난다. 왕화정은 명말의 간신인 환관 위충현(魏忠賢)에게 붙어서 1621년 요동순무에 임명되었다. 이때 명장인 웅정필(熊廷弼)이 요동경략으로 있었는데, 명 정부는 이 둘을 서로 견제시켜 쿠데타를 방지했다. 지위상으로는 웅정필이 높았지만, 왕화정은 병부상서라는 든든한 배경이 있었기 때문에 둘은 서로를 지휘할 수 없었다. 웅정필은 겨우 4천여 명을 거느린 채 산해관에 주둔하였고, 왕화정은 6만여 명을 거느리고 광녕(廣寧)에 주둔하였다. 그런데, 한쪽은 수비를 주장하고 한쪽은 공격을 주장했다. 결국 조정에 인맥이 두터운 왕화정의 주장이 받아들여져 1622년 광녕(현 요녕성(遼寧省) 북진시(北鎭市))에서 후금과 전투를 벌여 전멸에 가까운 패배를 하였다.[13]

안경이 북경에 있을 때는 왕화정과 웅정필이 요동에서 서로 견제하고 있을 무렵이었다. 왕화정이 조선에 칙서를 내려 산 동쪽에 군대를 내게 한다고 했는데, 여기서 산은 어디를 뜻하는지 명확하지 않다.[14] 이때 왕화정은 광녕에 주둔하고 있었고, 후금이 무순, 요양, 심양을 차례로 함락하여 다급한 상황이었다. 그리고 같은

13 백양 저, 김영수 옮김, 『맨얼굴의 중국사』 5, 창해, 28~30면 참조.

14 원문의 '山東'이 '遼東'의 오자일 가능성도 있다.

달 웅정필은 상소를 올려 조선에 사신을 보내어 팔도의 군사를 모아 강가에 군영을 펼쳐 명나라의 위세를 돕게 해야 된다고 하였다.[15] 여기에서 강가는 변경인 압록강이다. 안경이 접한 왕화정의 이 말은 명나라가 후금을 견제하는 데 조선이 필요하고, 이를 적극적으로 이용하려는 것을 명백히 보여준다.

한림 진자장

9월 14일 안경 일행은 회극문에 들어가서 한림(翰林) 진자장(陳子壯)을 통해 칙서를 받았다. 이날 진자장은 따로 반송을 통해 부채를 보내어 간절히 시를 요구했다. 안경은 사양하고 싶었으나, 반송이 나중에 그것을 얘기할 것 같아 시를 지어 보냈다. 그러자 곧 자제를 시켜 금갑(金匣)과 용뇌묵(龍腦墨) 두 세트를 보내고 명첩을 갖추어 감사하기를, "감히 모과의 보답[16]을 드리니, 부끄럽고 부끄럽습니다. 여기 한림원 안의 문방구니 부디 소홀하다 여기진 마십시오."라고 하며 자못 체모가 있었다. 안경이 지어준 시는 다음과 같다.

발해 풍랑 지나오며 물고기의 밥 면하고,	渤海風波幸免魚
대궐 문을 돌아와서 홍려시에 들었는데,	歸來閶闔聽鴻臚
말은 비록 한림원의 선비와는 다르지만,	語音雖異金閨彦

---

15 八月朔, 廷弼言 "三方建置, 須聯絡朝鮮. 請亟發敕使往勞彼國君臣, 俾盡發八道之師, 連營江上, 助我聲勢."(『明史』 1621년 8월)

16 목과의 보답 : 진자장이 안경의 시를 고귀한 구슬에 비유하고, 자신의 선물을 모과처럼 볼품없다는 겸사임. 『시경』 「木瓜」에, "나에게 木瓜를 보내 주었는데 나는 瓊瑤로 보답하고 보답했다고 여기지 않는 것은 길이 친하게 지내고자 해서이다.[投我以木瓜, 報之以瓊瑤, 匪報也, 永以爲好也.]"

문자만은 장서각의 글씨처럼 서로 같네.	文字相同石閣書
과거에는 변방 나라 소견이라 탄식했고,	昔在偏邦嗟見小
지금에는 중국에서 거친 재주 부끄럽네.	今遊中國愧才踈
귀한 부채 시를 지어 태산북두 우러르니,	題詩珍扇瞻山斗
곤륜산의 옥을 주워 까치에게 준 격이네.	掇拾崑崗抵鵲餘

안경은 자신의 시를 옥이 많이 나는 곤륜산에서 작은 옥 하나를 주워 까치에게 던져 주는 것처럼 보잘것없다고 읊었다.

새로 온 예부주사 주장

9월 15일 종세방의 뒤를 이어 예부주사 주장(周鏘)이 제독의 직무를 맡았다. 병부의 원외랑 허달도(許達道)와 함께 와서 조선 사신의 짐을 검사하려다가 그만두고 말하길, "조선의 대재상이 내빙(공물을 가지고 조회옴)한 것은 다른 나라와 같지 않으며 이 기간에 어찌 어긋난 일을 할 수 있었겠습니까? 모쪼록 인부와 말을 다그쳐 원하는 대로 출발하면 됩니다."고 하였다.

한종공 총병

요녕 사람인 한종공(韓宗功) 총병은 안경이 4년 전 사행 때 만난 적이 있었다. 10월 12일 안경이 등주를 떠날 때 황성도와 타기도, 광록도 등을 방비하고 있었다. 그래서 안경이 이곳을 지나는 것을 알고, 한 총병이 술자리를 마련했다. 술이 거나해질 때 정색하며 말하길, "남아의 만남이 이와 같을 수 있겠습니까? 안 대인께서 일찍이 누추한 곳을 거쳐갔는데, 어찌 오늘 저녁 이곳으로 몸을 의탁하다니요? 외론 섬에서 독무(毒霧)와 장연(瘴烟)을 가리지 못하여 살쩍과 머리가 다 희고 손발이 마비 되었으니, 세상에서 얼마나 더 살겠습니까? 안 대인께선 쉽고 험난함을 다 맛보시고도 머리카락이 하나도 희지 않으셨으니 참으로 인간 세상의 수복(壽福)을 받으셨습니다. 다만 지금 무슨 작위를 하고 오셨는지 모르겠지만, 다시 서장관입니까? 정사년 우첨도어사가 지금은 좌부도어사가 되었으니, 5년 사이에 겨우 1급이니, 또한 이는 복이 늦은 것입니다. 축하하고 축하합니다. 저는 청전구물(青氈舊物, 선조의 유물, 가보)을 모두 오랑캐에게 빼앗겼습니다. 이는 아까워할 만한 것이 아니나, 안 대인께서 주신 시는 벽에 걸어두고 아껴 보며 앉으나 누우나 항상 눈이 갔는데, 이 또한 잃어버리고 말았으니 불행하고 불행합니다. 오늘 서로 만난 것은 온갖 죽을 고비를 넘긴 뒤니, 이것을 이어 저에게 다시 연구 한 수를 주시어 평생의 완상을 이어가게 해주시겠습니까?"라고 하였다. 이에 안경은, "죽었다 다시 태어나 실로 깊은 은혜를 입어 마음속 깊이 간직하였으니, 어느 때인들 잊을 수 있겠습니까? 다만 지난번 올 때 시 주머니를 모두 풍이(馮夷, 물을 다스리는 신)에게 빼앗겨 한 개도 없으니 성대한 가르침에 부합하기가 어려울 것 같습니다."라 하고, 서로 손뼉을 치며 크게 웃고는 다음과 같이 시를 지어 주었다.

변방의 오랑캐 땅에 바람이 크게 일어,	關塞胡沙爗爗風
오랑캐가 옛 요동을 깊이 들어왔네	羯奴深入古遼東
가보를 지키지 못해 가업을 전할 수 없고,	青氈失守無傳業
흰 깃털 부채로 정벌 나서 전공이 있네	白羽從征有戰功
만 척의 몽충(전투함)으로 큰 적을 마주하니,	萬艘蒙衝臨大敵
삼군의 사명이 원융(총병)에게 달려있네	三軍司命在元戎
평생의 의로운 기개 서로 알고 있으니,	平生義氣知相許

창해가 뽕밭 되도록 시종 맹서하네. 滄海桑田誓始終

이튿날도 파도가 높아서 배를 출항하지 못하였다. 이날 저녁에는 허정국(許定國) 부총이 밥을 차려 초청했다. 안경 일행이 가서 배에 오르니 한 총병도 함께 앉아 있었다. 허 부총의 노비는 노래를 부르며 비파를 탔다. 한 총병이 안경에게 묻기를, "이 소리는 어떻습니까?"하여 "아주 좋습니다."하니, 미소 지으며 허 부총과 서로 말하길, "그만 두어라. 조선의 악기를 내 일찍이 익숙히 보았는데, '현금(玄琴, 거문고)'이라고 줄을 받치는 괘가 높아 음율이 경쾌하여 사람들이 자기도 모르게 손뼉 치고 춤추게 된다. 이 소리가 어찌 귀에 들어가겠는가?"라고 했다. 그러면서 서로 술잔을 권하다 보니 어느덧 자정에 이르렀다. 안경은 한 총병에게 말하길, "정이 이미 흡족합니다. 이보다 지나치면 지리해 지리니, 비록 『시경』에 '흠뻑 취하도록 마신다'지만, 어찌 삼경에도 잠을 안 재우고 여전히 객을 머물게 하시나요?"라고 했다. 한 총병은, "저는 어릴 적에 혈기가 강건하여 만나는 사람마다 번번이 밤새도록 마셨는데, 이제는 이미 늙었소. 객에게 권하는 것도 단지 3경이 한계가 되었소이다. 모름지기 사양치 마시고, 사경의 북소리를 듣고서 파하는 게 어떻겠소."라고 했다. 너스레를 떠는 게 이와 같았다. 한 총병은 또 손을 잡으며 안경에게 이르길, "한 조각 외로운 나룻배에 풍랑의 위험뿐만 아니라, 가달도 두려워할만 하니, 어떻게 무사히 도달하겠소? 사람으로 하여금 기가 막히게 합니다만, 안 대인께서는 훌륭한 분이니 하늘이 반드시 보우하여 잘 돌아가셨다는 소식을 내 어찌 창해의 밖에서 들을 수 있겠습니까?"라 하며 그렁그렁 눈물을 흘렸다.

Ⅲ. 문화와 제도

명의 해금정책과 등주 상륙

안경의 사은사는 6월 19일 밤 등주에 도착해서 무사히 정박했지만, 이는 명나라 법률상 엄연히 불법이었다. 명 태조가 건립 초에 외국인이 선박을 이용하여 바다를 건너오는 것을 엄격히 금하였다. 만약 이를 어기게 되면 적으로 간주한다고 하였다. 진위사의 경우는 명 사신 유홍훈과 양도인이 함께 타고 있었기 때문에 그들의 말을 듣고 상륙할 수 있었다. 하지만, 안경의 사은사 배는 명 사신이 타고 온 배도 아닐뿐더러 조선 국왕이 보낸 국서도 잃어버린 상황이라 해금정책을 피할 수 없었다. 급기야 등주의 관리로부터 배를 돌려 명나라 법에 저촉되지 말라고까지 하였다. 이에 안경은 곧장 정문(呈文)을 지어 자신이 처한 상황을 설명했다.

"바닷길을 금하는 것은 나라의 법전에 엄숙히 실려 있으니, 온 천하에 누가 높으신 황제의 어명을 따르지 않겠습니까? 오랑캐의 티끌을 쓸어 없애지 못하여 조공의 길을 바꾼 것은 소방의 죄입니다. 육로가 막혀 처음으로 항해를 하며 삼가 소방 임금의 정성이 위대하신 천자의 조정에 미치기를 바랍니다. 여러 번 죽을 고비를 겪은 나머지 이 한목숨 부지하였습니다. 합하(閤下)의 금령은 법에 마땅하지만, 직등의 사행은 이 길 밖에 다른 어느 길이 있겠습니까? 오랑캐에게 짓밟혀 저희들이 머리를 풀어헤치며 법도를 잃어버리느니, 차라리 부모의 나라에서 죽는 것이 낫습니다. 다만 돌아가 과군께 알릴 수 없는 게 안타까울 뿐입니다. 그런데 『맹자』에 이런 말이 있지 않습니까? '형수와 물건을 주고받을 때 손과 손으로 하지 않는 것은 예이지만, 물에 빠졌을 때 손으로 형수를 건져내는 것은 권도(權道, 임기응변의 방편)이다.' 엎드려 바라건대 합하께서는 그 예를 높이면서도 권도를 쓰시어 멀리에서 온 사람의 바람을 잃게 하지 마소서. 국서가 떠내려가는 것을 명의 사신 두 분께서도 함께 보았으니, 다시 무슨 말이 더 필요하겠습니까? 다만 죽을 죄를 지었습니다."

이때 함께 온 명사신이 작은 종이에 편지를 써서 안경에게 보냈다. "당초 대신의 배를 잃어버려서 오지 않을 것으로 여겼는데, 지금 무사히 등주의 구역에 도착했으니, 다른 생각 마시고 마음 편히 기다리시면 됩니다." 이에 안경은 안회가 공자에게 답할 때, "선생님께서 계시는데, 제가 어찌 감히 죽겠습니까?"라는 말로 답장했다.

여순의 풍랑을 겪고, 배들이 황성도까지 가는 길에 안경의 배는 다른 배를 따라가지 못하고, 대양에서 7일간 표류했다가 황성도에 도착했다. 이 때문에 등주에 미리 도착한 배에서 안경의 배가 오지 못할 것으로 여겼다. 등주부에서도 이미 그렇게 여겼는데, 뒤늦게 오게 되니 의심을 했던 것이다. 이에 안경은 위의 정문을 곧장 등주 아문에 보냈다. 이후 등주의 병순도 도낭선(陶朗先)는 조선이 명나라를 섬기는 사대(事大)의 정성을 높이 평가하며 마침내 문을 열고 맞아들였다.

명나라의 배려

6월 21일 아침 일찍 병순도를 만나러 관아에 갔지만, 아직 문을 열지 않았다. 그런데, 이때 명사 유홍훈이 곧 길을 떠난다는 말이 들려서 급하게 찾아가 글을 지어 보냈다.

"오로지 대인의 은덕을 입어 목숨을 보존했으니, 지극한 감읍을 이기지 못합니다. 방물과 문서가 여순에서 떠내려간 정황을 대인께서 친히 보셨으니 다시 진술할 필요가 없습니다. 그러나 이 고을에 올릴 자문 역시 가라앉았으니 아문을 대면할 적에 무슨 낯으로 하겠습니까? 생각건대 대인께서 이미 병순도와 서로 말씀을 나누시다 이야기가 여기까지 미치셨는지요? 또 우리 일행은 노자가 없어 지금 굶주리는 중인데, 만약 대인의 행차와 떨어진다면 형세상 반드시 중도에 쓰러져 죽을 것입니다. 다시금 대인께서 직등을 데리고 가길 비노니, 만약 무사히 도착한다면 노야께서 시종 보살피고 도와주신 은혜를 죽을 때까지 보답하기 어려울 것입니다."

이에 유홍훈은 자신이 병순도를 만나서 작별할 적에 함께 만나서 회견을 하자고 제안한다. 하지만, 안경 일행은 아직 병순도와 현관례를 시행하지 않은 상황이어서 예모에 어긋날 것을 염려하여 현관례를 하기 위해 곧장 아문으로 찾아갔다. 그런데, 공교롭게도 병순도는 이미 유홍훈을 만나러 떠난 상황이었다. 어쩔 수 없이 작별하는 장소를 찾아갔지만, 뒤늦게 유홍훈만 만날 수 있었다. 유홍훈은 병순도에게 해로에서 있었던 근간이 되는 중요한 일들을 이미 다 말했다고 하며 작별하였다. 이후 안경은 병순도의 초청을 받아 아문에서 그를 만났다. 병순도는 이미 어제 안경이 보낸 정문과 명사, 그리고 진위사를 통해 안경 일행의 상황을 다

파악하고 있었다. 그는 성심으로 위로하고 현재 처한 절박한 상황에 대해 대책을 마련해 주었다. 그리고 북경까지 타고 갈 수 있는 가마까지 준비해 줬는데, 안경이 사양하자, '명나라에서는 미관말직도 모두 가마를 탄다'고 하여 끝내 제공하였다. 안경 일행에 대한 병순도의 이 같은 처우는 사대를 위해 온 조선에 대한 명나라의 배려라고 할 수 있다.

유하에서 한신의 고사

안경 일행은 7월 8일 배를 타고 유하(濰河)를 건넜다. 이곳은 한신(韓信)이 모래주머니를 만들어 강의 상류를 막은 다음, 초나라 장수 용저(龍且)를 강으로 유인하여 수장시키면서 승리한 곳이다. 그래서 상류를 바라보니 여전히 모래 흔적이 남아있는 것만 같았다. 안경은 책으로만 보던 곳을 직접 보니 감흥이 일어 시를 지었다.

백정 무리에게 당한 모욕 부끄러워 않고,	不耻屠中衆辱之
성 밑에서 낚시하며 굶주리는 걸 불쌍하다 했는데,	誰憐城下釣魚飢
유수에서 모래주머니는 계략이 심오한 날이고,	謀深濰水囊沙日
제왕을 임시로 청한 건 계책이 옹졸한 때였네.	計拙齊王請假時
사해가 평정되기 전에는 권력이 중했지만,	四海未平權亦重
만방이 안정되자 세력 외려 위태롭네.	萬邦纔定勢還危
영웅의 일 지나갔으니 이제 어디로 가겠는가	英雄事去將安適
새 다잡고 활 감추니 후회한들 어쩔 수 있으랴.	鳥盡弓藏悔莫追

이 시를 짓기 전에 안경은 한신이 모래주머니를 만들어 승리한 고사를 소재로 5언 절구를 읊었다. 이를 본 반송사가 감탄하고서

다시 율시를 짓게 권하자 이 시를 지었다. 첫 구에 나오는 백정은 한신이 미천할 때 회음(淮陰)의 시장에서 백정 소년들이 한신을 모욕하여 가랑이 밑으로 지나가게 한 일을 읊은 것이다. 당시 백정 소년은 "한신아! 네가 죽음으로 결단을 낼 수 있거든 그 칼로 나를 찌르고 그렇지 못하면 내 가랑이 밑으로 기어나가라."라고 했다. 이에 한신이 가랑이 밑으로 기어나가니 시장 사람들이 모두 겁쟁이라고 비웃었다. 그 뒤 한신이 초왕(楚王)이 되어서 그 소년들을 불러 다음과 같이 말했다. "그때 한칼에 죽일 수 있었으나, 죽이는 것에 명분이 없어서 참았던 것이다."

또 한번은 빨래하는 여인에게 밥을 얻어먹은 적이 있는데, 당시 한신은 굶주린 채 성 밑에서 낚시하고 있었다. 이를 불쌍히 여긴 여인이 한신에게 여러 날 밥을 주었다. 그러면서 "대장부가 끼니도 해결하지 못하는데, 나는 왕손을 불쌍히 생각하여 밥을 주었을 뿐이오. 어찌 보답을 바라겠소."[17]라고 하였다. 그 뒤 한신이 초왕이 된 뒤에 그 여인을 불러 천금으로 보답하였다. 이처럼 한신은 미천할 때 백정에게도 따돌림받고 밥을 빌어먹을 정도로 보잘 것 없었지만, 유수의 전투에서 그의 영웅적 면모가 드러났다. 그런데, 제나라를 격파한 뒤 공으로 한고조에게 제왕을 달라고 청한 일은 옹졸한 처사인 것은 분명했다. 이 일로 인해 결국 그 자신이 죽임을 당한 것이기 때문이다.

안경은 기본적으로 한신을 영웅으로 인정하고 있으나, 스스로의 공적을 자랑한 것을 큰 실책으로 여겼다. 천하가 안정되기 전에는 힘이 중요하지만, 안정된 뒤에는 힘이 오히려 위험하다. 영

17 『史記』 권92 「淮陰侯列傳」. "大丈夫不能自食, 吾哀王孫而進食. 豈望報乎."

웅의 시대가 끝났다는 건 나는 새를 다 잡고 좋은 활을 감추듯 영웅도 사라진다는 것이다. 이는 한신을 떠올리면 수식처럼 따라오는 '토사구팽'에 대한 안타까움과 일맥상통한다. 이 시를 본 반송사는 '고재묘격(高才妙格, 높은 재주의 오묘한 품격)'이라며 극찬했다.

추평현의 유적지

추평현(鄒平縣)에는 복생(伏生), 광장(匡章), 진중자(陳仲子), 범문정공(范文正公), 옹치(雍齒)의 유적지가 있어서 각각 시를 한 수씩 지었다.

복생은 나이 90으로	伏生年九十
천고의 독서인인데,	千古讀書人
수업한 문도들 다 흩어져	受業門徒散
황량한 옛집에는 잡목만 우거졌네.(伏生之居)	荒涼舊宅榛
책선은 은혜를 상하까 염려되고	責善恐傷恩
사친은 벗의 도가 아니니,	事親非友道
광장의 뜻이 안타깝지만	匡章志可哀
우리 맹자께선 허여하셨네.(匡章之里)	見許吾鄒老
오릉의 진중자는	於陵陳仲子
제나라에서 청렴한 선비라 불렀네.	齊國稱廉士
삼일 간 귀로 들음이 없다가	三日耳無聞
다만 벌레 먹은 오얏을 보았네.(仲子之閭)	只看螬食李
머릿속에는 만의 군대가 있고	腦中萬甲兵

진퇴에 근심 모두 있으니, 進退憂兼有
송나라의 범희문은 宋室范希文
명현으로 더 나을 사람이 없네.(文正之寓) 名賢無出右

애증은 공공의 도에 달려있기에 愛憎公道在
오히려 옹치 먼저 봉하여, 雍齒尙先封
한 번에 사중의 불평을 없애고 一罷沙中語
사람마다 나라의 공명에 힘쓰게 했네.(雍齒墓並題扇) 人人勤鼎鍾

복생은 한나라 때 학자로 진시황의 분서갱유로 모든 서적이 사라졌을 때 『상서』를 홀로 감추고 외웠다가 나중에 복원하여 제자들을 가르친 인물이다. 그에 의해 복원된 『상서』를 '금문상서(今文尙書)'라 한다. 광장은 전국시대 제나라의 장군으로 아버지에게 책선(責善)을 해서 모두 불효자라고 하였지만, 맹자는 그가 불효에 해당되지 않는다고 하며 예를 갖춰 교유하였다. 진중자는 전국시대 제나라의 선비로 형의 봉록이 의롭지 못하다고 하여 형을 피하고 어머니를 떠나 초나라 오릉(於陵)에서 몹시 가난하게 지냈다. 한번은 3일을 굶다가 우물가에 떨어진 벌레 먹은 오얏을 먹고 기운을 차렸는데, 맹자는 사람이 추구할 수 있는 청렴이 아니라며 비판했다. 범문정공은 송나라 인종 때의 재상 범중엄(范仲淹)으로 조정에 나아갈 때는 백성을 걱정하고, 물러날 때는 임금을 걱정하며 천하의 근심을 먼저 근심하고, 천하의 즐거움을 나중에 즐겼다. 옹치는 한나라 유방의 고향 친구였지만, 그를 배신하고 초나라 장수가 되었다가 다시 한나라로 돌아왔다. 유방은 그를 제일 미워했는데, 천하가 안정된 뒤에 가장 먼저 그에게 상을 내려 논공행상에 불만을 품은 장수들의 걱정을 일시에 사라지게 했다. 안경은 책에서 본 인물의 유적지를 직접 보자, 감개가 일어 이같이 시를 읊었다. 이는 안경 뿐만 아니라, 조선 사신들이 중국에 오면 가질 수 있는 일반적인 아취일 것이다.

신종황제의 생모 사당

7월 24일 동림촌(東林村)을 지날 때 단청을 한 궁전이 담장으로 둘러쳐 있었다. 자세히 보니 신종황제(神宗皇帝) 생모 이씨(李氏)의 원당(願堂)이었다. 그래서 안경은 임진왜란 때 조선을 구해준 신종황제에 대한 공경으로 그의 생모를 추앙하였다.

그늘진 홰나무 버들이 담장을 두르고,	陰陰槐柳繞墻垣
빈 전은 구름에 잠겨 낮에도 문 닫았네.	虛殿雲沉晝掩門
어버이 드러내는 지극한 효에 인도가 갖춰졌고,	孝極顯親人道備
낳아주신 깊은 은혜에 모친 의례가 존엄하구나.	恩深生我母儀尊
붉은 말의 큰 흠향이 종묘를 엄숙히 하고,	騂犧大饗嚴宗廟
단청의 남은 빛이 벽촌을 비추지만,	丹雘餘光映僻村
천하의 봉양으로도 외려 부족하니,	猶不足乎天下養
천년토록 향불로 계시는 것 같이 섬기네.	千年香火事如存

북경 관료의 인정채

인정채(人情債)는 일을 잘 봐달라는 의미로 주는 일종의 뇌물인데, 명나라 당시 북경에서는 원활한 일 처리를 위해 반드시 필요했다. 7월 30일 안경 일행이 옥하관에 들어간 이튿날 서반이 와서 내일 홍려시에 보단(報單)과 주문(奏文)을 아뢰라고 하였다. 그래서 관례대로 여러 곳의 인정채를 고저로 마련하여 상통사 기섬을 시켜 호조에 가게 했다. 은 백냥을 가지고 가서 요구하였는데, 기섬이 돌아와 보고하길, "작은 것을 가지고 큰 것을 바라니, 순우곤(淳于髡)의 웃음을 면치 못할 것 같습니다."라고 하였다. 순우곤의 웃음은 『사기』 「골계열전(滑稽列傳)」에 초나라가 병사를 일으켜 제나라를 공격하자, 제나라 왕이 순우곤에게 황금 100근과 거마 10대를 주며 조나라에 구원병을 요청하라고 했다. 이때 순우곤이 작은 것을 가지고 큰 것을 바라는 너무 기가 막혀 하늘을 쳐다보고 크게 웃다가 갓끈이 뚝 끊어졌다. 이는 명조 탐관오리들의 어처구니 없는 탐욕을 비유한 것이다. 다음날 8월 1일 다시 기섬을 보내 보단과 주문을 올렸는데, 역시 돌아와 말하길, "세금을 내라고 요구하는 폐단이 전보다 백배나 심해 은전을 더 주고 인정채를 더해도 오히려 부족할까 걱정입니다."라고 하였다. 그래서 안경은 해로로 오면서 방물을 잃어버리게 된 경위를 장문으로 적어서 예부에 올렸다. 그 내용은 다음과 같다.

직등은 과군의 사은(賜銀)·변무(辨誣) 두 건을 받들어 사은(謝恩)의 표주(表奏)와 방물(方物)을 가지고 금년 윤 2월에 출발하여 3월 의주에 도착했는데, 요동성이 빼앗겼다는 소식을 듣고 앞으로 나아갈 수 없었습니다. 국경에서 계속 머물다가 천사가 돌아가는 날을 기다렸습니다. 이에 5월 20일 두 천사와 함께 바다로 들어오게 되었습니다. 6월 초4일 여순구에 이르러 밤에 광풍을 만나 여러 선박이 부딪쳐 부서지고 많은 사람들이 빠져 죽었습니다. 다행히 배 안에 수영을 잘하는 몇 사람이 겨우 방물을 건져 내 백사장에 두었습니다. 쏟아지듯 내리는 큰 비에 물과 하늘이 뒤집히니 두 천사가 탄 배와 저희 두 배신의 배, 그리고 협선 등 모두 22척 중에 가라앉은 것이 과반이었고, 남은 것도 부서져 물이 샜습니다. 날이 밝은 뒤 풍파가 조금 사그라져 조금씩 수습하여 방물을 다소 온전한 배로 옮겨 실었습니다. 유 천사는 겨우 물에서 나와 백사장을 거닐었고, 배신과 원역처럼 배를 버리고 해안에 오른 자들이 서로 맥없이 끌어줬는데, 양 천사가 홀로 배 위에 서서 도적들이 횡행하는 것을 보고 손을 흔들어 지시하길, "어서 사신을 배로 모셔라. 방물이 비록 중하나, 사람과는 비할 바 아니다." 라고 하였습니다. 이에 부서진 배에 탄 사람들의 시체가 물에 떠올라 시신이 서로 섞여 파도에 넘실거렸고, 뱃전을 부여잡고 목숨을 비는 사람도 형세상 모두 빠져 죽을 것만 같았습니다. 어쩔 겨를도 없이 다급한 가운데 다 옮겨 싣지도 못한 상태에서 가달이 몰려와 활과 화포를 서로 쏘았지만, 백사장에 건져둔 방물을 다투어 노략질해 갔습니다. 천사가 포를 쏘며 배를 진격하고, 나머지 배들도 모두 해안으로 진격하자 가달이 달아났습니다. 이어서 계속 수습했지만, 짓밟히고 파괴되고 잃어버린 것이 또 반이었습니다. 직등이 좋지 못한 때를 만나 이러한 변고에 이르렀으니, 비록 어쩔 수 없었다고 이유를 대지만, 직등의 사신 임무에는 큰 죄가 아닐 수 없으니 만 번 죽이도 여한이 없습니다. 보잘 것 없는 목숨은 요행히 건졌으나, 과군께서 천조에 이르러 대국을 섬기는 정성에 흠을 남기게 되었으니, 이는 직등이 하늘을 우러러 가슴을 치는 까닭입니다. 험로를 가다보니 더욱 곤경해져 깊은 수렁에 들어가게 되었습니다. 또 천사의 배를 대양에서 잃고 벽력과 폭풍, 안개 속에 밤낮도 없이 표류하다가 10여 일만에 간신히 물고기 밥을 벗어나 등주에 도착할 수 있었습니다. 부모의 나라를 발로 밟았으니 죽더라도 무슨 한이 있겠습니까? 등주의 병순도가 보고서 측은히 여겨 자기 일처럼 도와주었습니다. 우러러 성천자께서 원방을 아껴주시는 인자함이 몸에 배어 지나칠 정도로 보듬고 근심해 주었습니다. 은냥도 넉넉히 제공해 주고 노자와 식량, 부마까지 조달해 주어 무사히 북경까지 도달할 수 있었습니다. 이는 직등이 살아서 대당(大堂)의 아래에 이르고 눈으로 하늘의 해를 볼 수 있게 된 것입니다. 대부(大部)에서 방물을 일일이 살펴보게 되면 직등이 죽을 고비를 겪으며 괴로워한 정황을 상상할 수 있을 것입니다. 천사가 조정에 복귀한 날 대부분 대궐에서 아뢰었다고 하니, 합하께서도 이미 들으셨으리라 생각됩니다. 또 직등이 데리고 온 표해인은 압송한 역관 김홍업을 시켜 모든 배를 등주에 인계했는데, 그 사람들은 원래 모두 등주 근방에서 군병과 수수(水手)에 소속되어 노역을 하던 자들입니다. 그러므로 병순도가 중군 척사종(戚司宗)을 시켜 일일이 호명하여 확인한 뒤에 과거 노역을 찾게 하고, 곧장 공문을 검토하여 병부에 보고하였습니다. 아뢴 내용에 의거하여 주문(奏文)을 시행하면 반드시 칙서를 내릴 근거가 될 것입니다. 직등은 배를 등주에 대놓고 돌아갈 기일이 매우 다급하니, 가을 전에 이르지 못하면 겨울에는 배를 띄우기 어렵습니다. 만약 내년 3월 이후를 기약한다면 반드시 겨울에 얼고 굶주려 죽을 것이 틀림없습니다. 합하께서는 근심 없이 남의 죽음을 그냥 지켜보시겠습니까? 어진 군자는 남을 살리는 것을 자기의 책임으로 삼으니, 이는 직등이 큰 소리로 호소하는 까닭입니다. 지금 합하께서는 인(仁)을 체득하신 어른으로 만물과 봄이 될 수 있으시니 만방에서 북을 치고 춤추며 모두가 따스한 봄날의 누대에서 노니는 것 같습니다. 물에 빠진 이를 건져주는 생각이 반드시 등주의 병순도보다 아래에 있지는 않을 것입니다. 병순도가 우리를 처음에 건져주었으니, 합하께서 마지막에 건져주시길 바랍니다. 하물며 직등이 올 때, 적장 이영방(李英芳)이 진달(眞㺚)을 거느리고 우리 변방을 침범하여 강가에 군대를 주둔한 채 오래도록 돌아가지 않으니, 소방의 위급함이 이미 극도에 이르렀습니다. 그 뒤의 소식은 분명하게 들을 곳조차 없으니, 지금 어떤 어려움에 처했는지 알지 못하겠습니다. 목을 빼고 동쪽을 바라보지만, 떨쳐 날아갈 수 없으니 오장이 찢어질 듯이 아파 통곡하고 통곡합니다. 엎드려 바라건대 대부의 노야께서 조속히 황제께 글을 올리시어 직등이 열흘 이내에 칙서를 받들고 제때 배를 타고 돌아가 과군께 보고할 수 있게 해주십시오. 물러나 고국 땅에서 죽더라도 비록 죽는 날이 사는 날 같을 것입니다.

이 장문의 글에는 안경 일행이 요동길이 막혀 어쩔 수 없이 해로를 선택한 것과 해로에서 풍랑과 가달로 인해 방물을 잃어버린 정황이 다른 곳보다 상세히 서술되어 있다. 특히 여순 포구에서 부서진 배에서 시체가 뒤섞이고 살아남은 이들은 난간을 붙잡고 목숨을 구하는 장면은 참혹하기 그지없다. 또 북경까지 오는 길에 명나라에서 보여준 호의를 적으며 등주의 병순도가 이전에 구제해 준 것처럼 예부에서도 그렇게 해주길 간청하였다. 이 글을 받아본 예부에서는 붉은 붓으로 손수 쓰기를, "인정과 의리가 가련하다. 제청(제본을 써서 황제께 아뢰는 것)을 준허한다."고 하였다. 이후 안경 일행은 다음날 곧장 대궐에 가서 조회할 수 있었다.

대궐의 조회 과정

8월 2일 닭이 울 때, 대궐에 나아가 조회를 했다. 동쪽 장안문(長安門)을 경유하여 승천문(承天門)·단문(端門)·오문(午門)을 지나 앞에서 5배 3고두례를 행하니 홍려시의 소리가 멀리 구름 끝에서 떨어지는 듯 했다. 의례가 끝난 뒤 광록시(조회를 맡아보는 관아)에 들어가니 칙령으로 주반(酒飯)을 내려줬다. 옥하관으로 돌아와 밥을 먹은 뒤 예부에 현당(당상을 뵈는 것)하러 갔다. 좌시랑 주도등(周道登)과 우시랑 정이위(鄭以偉)가 당에 앉아 있었다. 돌아서 의식과 제도를 관장하는 의제사에 가니, 낭중 서모(徐模)와 주사 등양지(鄧良知)가 앉아 있었다. 또 조공과 접대를 관장하는 주객사에 가니, 낭중 계소룡(桂紹龍)과 원외 왕시화(王時和)가 앉아 있었다. 모든 예를 다 행하고, 미시에 옥하관에 돌아왔다.

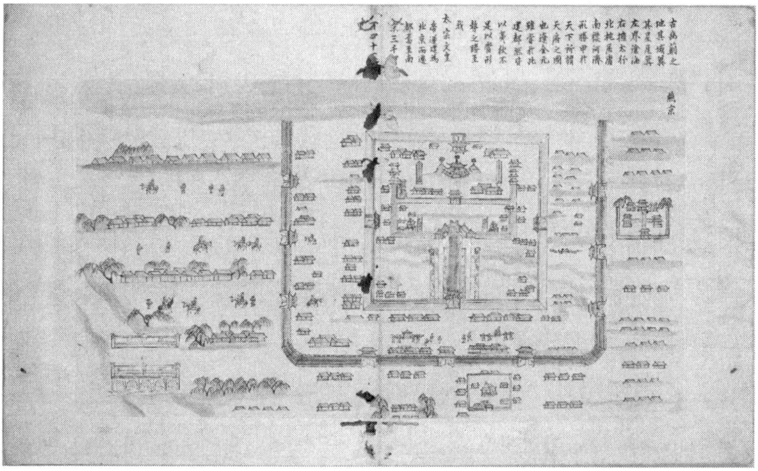

[그림-7] 연경(항해조천도 - 국립중앙박물관 소장)

예부의 방물 검사와 제본

8월 5일 예부에서 방물을 검사했는데, 별일 없이 하나하나 받아 들였다. 주객사 관원이 열어 보기를 마치고, 물에 젖어 썩은 물건을 보고는 초연히 측은해하며, "물건이 이와 같은데, 사람이 죽지 않은 건 천명입니다."라고 했다. 검사가 끝난 뒤 예부에서는 제본(題本)을 지어 황제에게 올렸다. 제문(題文)의 내용은 다음과 같다.

각등이 예부에 도착하여 통지를 보내니 관아에 이르러, 표자문(表咨文)을 조사하는 것과 마필 들이는 것을 제외하였습니다. 처음 조공을 시작하여 이전의 조례에 따라 갖추어 바치려고 했으나, 뒤에 도로가 막혔으니 항해로는 형세상 싣기 어렵다는 것을 이미 해당 국에서 올린 자문(咨文)에 거듭 밝힌 것과 같아 면제했습니다. 물에 빠져 유실된 것은 방물목록에 함께 나타나고 있으니 전래에서 취하여 하나하나 조사하고, 등래(登萊)의 병순도가 보고한 목록과도 대조하여 서로 제하였더니, 물에 잃어버린 수와 서로 같습니다. 제본(題本)에서 밝혀 현재 남아 있는 것을 함께 점검해 보니, 물에 젖은 것이 제본의 것과 같습니다. 보내온 안정(案呈)[18]이 예부에 이르렀는데, 조선 국왕이 대대로 독실하게 충순하였고, 조공을 바치는 것도 일찍이 뒷전으로 여긴 적이 없다는 것을 볼 수 있었습니다. 지금 역적들로 인하여 조공길이 막혔기에 다시 뱃길로 정성스레 나르니, 직분을 다하여 공경하는 마음이 실로 가상하거늘 풍랑의 고통은 더욱 안쓰럽습니다. 미필은 항해로 인하여 싣고 오기 어려웠을 것이고, 원래 가져온 방물도 바닷물에 잃어버린 것이 절반이나, 이는 진실로 바다 귀신의 재난이지, 해당 국 군신의 처음 뜻에 흠될 것이 전혀 있지 않습니다. 지금 해당 관아의 조사에서도 명백히 상응하여 제청(천자에게 제본을 올려 요청함)하노니, 명령을 내리심이 합당합니다.

18 案呈 : 중국 六部淸吏司 및 각처의 經歷司에서 그 本衙門의 堂上官에게 보내는 공문.

예부에서 방물을 점검할 적에 조선 사신이 올린 글과 조선 임금이 보낸 글, 등주의 병순도가 보고한 것을 바탕으로 직접 확인했다. 이미 8월 1일 안경이 방물을 잃어버린 경위를 예부에 올렸기 때문에 예부에서는 풍랑으로 고초를 겪은 조선 사신을 안쓰럽게 여기며 부족한 방물에 대해서 어떠한 것도 묻지 않았다.

사신을 위한 연회 사양

조선 사신은 예부에서 베풀어 주는 연회를 사양했는데, 예부에서는 계속 불허하며 "황상의 은전이니, 사양할 수 없다."고 하였다. 하지만, 당시 태창 황제(광종)의 발인이 가까웠기 때문에 연회를 하는 것은 법도에 맞지 않다고 여겼다. 그래서 8월 7일 안경은 사양하는 글을 지어 예부에 올렸다.

"아뢰건대 직등은 해외의 사람으로 중국의 예의 바탕을 익혀 외우고 있습니다. 본국에 있을 때 광종황제께서 작년에 붕어하셨다는 말을 듣고, 시간이 흘러 천자 7개월의 장례는 접때의 일로 이미 지나갔으리라 생각했지만, 여기에 와서 들으니 재궁(황제의 시신을 넣은 관)이 아직도 빈전에 머무르고 발인이 가까워졌으며 영구가 이미 멍에를 하고 떠나가면 만백성이 비오듯 눈물을 흘린다고 했습니다. 직등은 옥하관에서 머리를 맞댄 채 구구한 정성은 나라 안팎이라고 해서 다르다고 생각지 않습니다. 다만 회동관[19]에서 하는 하마연과 상마연[20]을 법식대로 행하자고 요청하는 것이

19 會同館은 나라의 빈객을 관장하고 언어를 가르치는 기구로 원래는 會同四譯館이었는데 順治 1년에 회동관과 四譯館으로 나뉘어 예부에 소속되었다.

20 下馬宴은 북경에 사신이 도착했을 때 이를 환영하기 위해 여는 연회이고, 上馬宴은 사신이 북경을 떠날 때 이를 환송하기 위해 여는 연회이다. 하마연

예에 맞는지 알지 못하겠습니다. 비록 황은이 내려주신 바라고는 하나 전해오는 옛 법전에 적합한지요? 이러한 때를 만나면, 정녕 애통하기에 마땅한 날이지, 어찌 잔치하고 즐기는 때이겠습니까? 엎드려 바라건대 대부의 노야께서 예법과 인정을 참작하시어 속히 연회의 명을 중지하소서."

이처럼 간곡한 부탁에도 예부상서는 허락하지 않았다. 그래서 안경은 이틀 뒤 연회를 중지해 달라고 거듭 청하였다. 이때 변려문을 지어 간절함을 드러내니 그제서야 받아들여졌다.[21]

별상이 내려짐

8월 16일 아침에 예부의 관리가 와서 전날 예부에서 제본을 올려 '조선 배신이 바다를 건너며 표박되어 화물이 모두 유실되었으니, 관례의 상 이외에 별상을 내려야 한다'고 요청해서 성지를 받았다고 하였다. 그래서 배신 두 사람에게는 각각 두 안팎감을, 원역 이하에게는 각각 은 2냥을 내리니, 나중에 직접 대궐에 가서 받아가라고 하였다. 열흘 전 8월 5일 예부에서 방물을 일일이 점검하면서 조선 사신을 측은히 여긴 적이 있었다. 그리고 이튿날 병부상서 등이 이미 별상을 언급한 적이 있었다. 그 일이 열흘 만에 처리되어 구체적으로 드러난 것이다. 이 소식을 알린 아전은 말이 끝나자 이내 인정채를 요구했다.

과 상마연은 명나라와 청나라에서 조선 사신을 맞을 때 반드시 행하는 외교 의례였던 까닭에 사행 기록에 관련 내용이 풍성하게 남아 전한다.

21 변려문은 제3부 원문 교감 〈8월 9일〉자 참고.

제독에게 올린 글

7월 27일 옥하관에 도착하여 8월 2일 조회를 하고, 16일에는 별상까지 처리되었다. 하지만, 아득히 돌아갈 기약이 없어 8월 18일 제독에게 글을 보내어 다음과 같이 말하였다.

"삼가 드리노니 우러러 진술한 정황을 살펴주심을 간절히 바랍니다. 직등의 사정은 이미 누누이 진술한 것이 한번이 아니니, 노야께서 남김 없이 굽어 헤아려 주시리라 충분히 생각되어 다시 요란을 떨고 싶지 않습니다. 그러나 이래저래 세월만 보내는 사이에 날짜만 흘러가 8월이 절반을 넘기고 9월이 점점 다가오고 있습니다. 배가 갈 수 있는 기한에 맞추기가 형세상 어려워져 갑니다. 죽을 고비를 넘긴 여생이 노야의 은혜를 입고 살아서 고국에 돌아가는 것만 오로지 매일 바라니, 그 절박한 사정이 마땅히 어떻겠습니까? 성지의 준허로 연회 등을 면제받고, 인하여 칙서를 지으라는 명도 이미 내려왔습니다. 바라건대 노야께서는 거듭 불쌍히 여기시어 직등이 수일 내에 속히 돌아갈 수 있게 먼 곳에서 온 사람의 바람에 부응해 주시길 천 번 만 번 우러러 빕니다. …… 삼가 외람되이 글을 올립니다."

안경은 제독에게 등주에서 배를 띄울 수 있는 시기가 얼마 남지 않아 몹시 다급하다는 심정을 드러냈다. 조회를 한 지 보름이 지나 칙서를 지으라는 황제의 명도 내려왔건만, 조처럼 아무런 소식이 없었다. 그럼에도 어쩌지 못하고 다만 옥하관에서 기다리며 무료한 나날을 보냈다. 안경은 당시의 심경을 시로 읊었다.

광대한 연산[22]은 중원를 누르고,	燕山磅礴鎭神州
위엄있는 공동산[23]은 살기가 서늘하네.	威壓崆峒殺氣秋

만 리의 이 행차 일찍이 왔었는데,	萬里此行曾再到
6년이 지난 오늘 다시 오게 되었네	六年今日續重遊
빈 창을 쪼던 새 들어가 자는 것을 보고,	虛窓鳥啄窺入睡
빈 관의 벌레 소린 시름겹게 만드는데,	空館蟲鳴鎖容愁
한밤중에 서풍 불며 비가 몰아치니,	一夜西風吹雨急
서늘한 가을 기운 검은 갖옷에 스며드누나.	新涼侵入黑貂裘

하정으로 받은 물품

8월 21일에는 명나라 조정에서 하정(下程)을 내려 준 것이 도착했다. 5명마다 양 1마리, 거위 1마리, 닭 2마리, 술 10병, 쌀 5말, 과실 4색, 다식(茶食) 4소반, 소채, 주방 조미료, 땔나무 200근, 숯 200근이었다. 이에 안경 등은 관대를 갖추어 뜰에 서서 5배 3고두를 하였다. 예가 끝나자, 여러 하인들이 급하게 처리하느라고 매우 어지러웠다.

광종의 발인식

광종의 발인식은 8월 27일에 있었다. 새벽부터 정오까지 이어졌는데, 조선 사신은 의물이 문밖을 지나가는 것을 엿볼 수밖에 없었다. 가짜 말과 사람 등속을 헤아릴 수 없었다. 사라능단(紗羅綾段)으로 내시와 궁녀를 만들어 작은 수레에 실은 것이 백량이 넘고, 향정을 실은 작은 수레, 색종이로 만든 꽃이 길에 넘쳐났다. 제기와 떡을 실은 큰 수레는 뒤 따르는 부거[24]와 함께 갔다. 유사

22 연산 : 북경의 북쪽에 위치한 산.

23 공동산 : 북경의 동북쪽에 위치한 산.

24 副車 : 天子의 수레 뒤에 따르는 수레. 『史記』 「留侯世家」에 "張良이 秦始皇

(油紗)로 덥개를 하였는데, 화려한 채색이 없는 대나무 격자 같은 것이었다. 다만 황백의 금박 종이로 화전을 만든 것을 싣고 매 10보 정도에서 번번이 정차하여 뿌리니 나비가 바람에 날아가는 것 같았다. 천관(千官)이 지팡이를 짚고 보행하고 늙고 병든 자들은 사람들의 부축을 받으며 갔는데, 혹 느려서 뒤쳐진 자들은 그 집에서부터 가다가 소로나 사잇길에 이르면 모두 옥교자를 타고, 큰길이 나오면 다시 교자를 버리고 보행으로 행렬에 들어가는 등 난잡하며 무질서했다. 또 의장을 잡은 자가 혹 길가에서 대변을 누고 가거나, 혹 뒤떨어져 가지 않는 자가 넘쳐나니 예가 없는 것이 너무 심하였다.

광종의 유언

9월 8일 광종의 반혼이 있었다. 이날 관료들은 일제히 흰 두건을 벗었다. 안경은 광종의 유언을 적은 유조(遺詔)를 아래와 같이 옮겨 적었다.

짐이 젊은 나이에 대통을 이어 황위에 올라 밤낮으로 다만 두려워하며 감히 편안히 거처할 수 없었다. 아! 사람을 쓰고 정사를 펼치는 것은 밝은 황고의 유명을 좇아 힘써 신속히 거행하다 보니 슬픔과 피로가 번갈아 쌓여서 어느덧 낫지 않는 위중한 병에 걸렸다. 타고난 명을 따라 죽으니 무슨 유감이 있겠는가? 다만 생각건대 짐이 왕업을 계승하여 근심과 질병이 바야흐로 새로 생겨 뜻과 공업을 성취하지 못했으니 기약한 바를 찬술하여 뒤의 현인들이 이어나가게 하라. 황실의 장자 주유교(朱由校)는 빼어난 자질을 가

을 博浪沙에서 狙擊하다가 그릇 副車를 맞혔다" 하였다.

지고 있어 황위를 맡길만 하니, 마땅히 일찍 황제의 자리를 이어 조종의 떳떳한 법을 삼가 지키고, 어진 이를 가까이하여 배움을 부지런히 하고, 정사를 바로 세워 백성을 편안하게 하며 아침에 진강을 하는 것이 한결같이 법제를 따르도록 하라. 관혼(冠婚)은 길일을 택해 일찍 거행하고, 출입과 기거에 더욱더 삼가고 조심해야 하며 좌우에서 받드는 신하는 근본에 힘쓰고 단정하고 선량해야 한다. 조정 안팎의 문무의 일을 맡은 여러 신하들은 백성들의 남모르는 고통을 마음속에 생각하고, 같은 마음으로 힘을 합하여 영원히 기반을 보전할 수 있도록 도모하라. 짐은 하늘의 영령이 되신 황고를 좇아 오르내리며 내 뜻이 이뤄질 때까지 지켜볼 것이다. 나의 상제(喪制)는 옛 제도를 따라 날로 달을 바꾸어[25] 27일 탈상하고, 민간의 음악과 종실의 혼인을 금하지 말라. 황실 군왕에게는 변방을 다시 맡기니 봉해진 강역을 잠시라도 이탈해서는 안된다. 독무(督撫)와 진수(鎭守), 도시안(都市按) 삼사관원은 지방에 매여 있으니 마음대로 직무를 떠나게 허락하지 않는다. 상을 당한 날은 본처에 두고 삼일 간 곡을 하며 진향은 위소를 대행하고, 부주현(府州縣)의 관리는 모두 진향을 면제한다. 이 유조를 중외에 알려 다 알게 하라.

희종의 황후 책립

광종은 1620년 8월에 즉위하여 한 달도 안되어 병에 걸렸는데,

25 황제의 복제 기간은 한나라의 제도에 의거하여 하루를 한 달로 여겨 3년 복은 24일, 기년복은 12일, 대공(大功)은 9일, 소공(小功)은 5일로 복을 벗는 제도이다. 그러므로 소상은 13일째, 대상은 27일째가 된다.

다시 일어나지 못했다. 9월에 희종이 즉위하여 이듬해 4월 27일에 황후 장씨를 책립하였는데, 바로 하남부 상부현에 거주하는 감생(은을 바치고 국자감에 들어온 자) 장국기의 딸이었다. 그리고 5월 13일에 이르러 또다시 두 비를 책봉했는데, 양비 왕씨와 순비 단씨였다. 하지만, 광종의 발인이 8월 27일에 있었고, 반혼은 9월 8일이 되어서야 이뤄졌다. 즉, 광종의 관이 여전히 빈전에 있는데, 희종은 황후와 두 비를 맞이한 것이다. 광종의 유조에서 "나의 상제는 옛 제도를 따라 날로 달을 바꾸어 27일 탈상하고, 민간의 음악과 종실의 혼인을 금하지 말라."라는 구절이 있긴 하지만, 당시 조선에서는 있을 수 없는 일이었다. 안경은 광종 발인식 때의 무질서한 모습을 떠올리며 명나라 황실의 무너진 예의를 다시 확인하였다.

병부에 올린 글

함께 온 진위사는 이미 귀국길에 올랐는데, 안경의 사은사는 옥하관에서 칙서를 기다리며 무료한 시간만 보내고 있었다. 그런데, 가을이 늦어지면 배를 띄우기가 여간 어렵지 않다. 이 때문에 안경은 마음이 더욱 다급해져 기다리다 못해 9월 6일 병부에 글을 올렸다.

"직등은 험난함을 무릅쓰고 어려운 길을 건너며 만 번 죽을뻔한 고난의 정황을 남김없이 다 아뢰었습니다. 물고기 뱃속을 탈출한 것이 어찌 유독 직등의 행운뿐이었겠습니까? 소방이 큰 나라를 섬기는 정성을 신령도 도와주고 있기 때문에 공손히 과군의 명을 성천자의 조정에 진달하여 맡은 일을 끝마칠 수 있었습니다. 돌아가 과군에게 보고하는 날에야 비로소 살아서 돌아갔다고 할 것이나, 닫혀 있는 옥하관에서 어느덧 한 달을 지내며 돌아갈 기약도 아득하여 알 도리가 없습니다. 겨울 전에 바다를 건너야 하는데, 형세상 반드시 미치기 어려울 것 같습니다. 머리를 맞대고 이리저리 말해봤자, 어디에 하소연한단 말입니까? 근래 통정사에서 인장을 찍어주지 않은 까닭에 일이 완결되었다는 통장(通狀)이 지체되어 오늘까지 이르렀습니다. 엎드려 바라건대 대부의 대인께서 진위사 배신들의 사례에 따라 통장을 한번 대조 검토한 문서를 속히 내 주신다면, 멀리에서 온 사람이 살아서 돌아갈 길을 빨리 찾을 수 있으니, 이는 오로지 대인께서 다시 살려주신 은혜일 것입니다. 또 진위와 사은 양사의 사행이 동시에 북경에 와서 한쪽만 먼저 돌아가고, 직등이 홀로 남았습니다. 일의 상황이 특별하고 사정이 아주 절박하니 대인께서 굽어 살펴 불쌍히 여겨 주시기 바랍니다. 큰 소리로 호소하는 것은 짧은 시간도 다급하기 때문이니, 불쌍하게 여겨주는 것도 운명이고, 불쌍하게 여겨주지 않는 것도 운명입니다. 거듭 바라노니 대인께서는 자기가 맡은 일처럼 생각하시고, 필부가 눈물을 흘리며 구석을 향하지 않게 해주십시오. 감정이 울컥해서 말을 가려서 하지 못했습니다."

안경은 배를 띄울 수 있는 날이 점점 줄어들고 있는데, 통정사에서는 일이 완결되었다는 확인 인장을 찍어주지 않아 통정사가 소속된 병부에 글을 올렸다. 그는 한시도 급한 상황이라는 점을 부각하며 감정에 호소하였다. 다행히 이 글을 본 병부상서는 안경 일행을 측은히 여기며, "당신들이 아직도 돌아가지 못했다니 가련하오. 곧장 통장을 비교 검토한 문서를 작성해 줄 테니, 내일 받아 가시오."라고 하였다. 하지만, 일은 계속 미뤄졌고, 급기야 일주일 쯤 뒤에는 담당 제독이 죽었다. 안경은 일이 더 지연될 것 같아 탄식하였지만, 다행히 제독이 죽은 이틀 뒤에 회극문에 들어가 칙서를 받고, 그 다음날 옥화관을 나갈 수 있었다.

황제의 칙서

안경은 9월 14일 회극문에 들어가 한림 진자장(陳子狀)으로부터 명 황제의 칙서를 받았다. 『조천일기』에는 15일자에 기록하였다.

"황제는 조선 국왕 아무개에게 칙서를 내리노라. 해당 예부에서 지어 올린 글에 '왕의 주문에 의거하면 표해된 사내 고기룡(顧起龍) 등 36명이 저의 국경 안에 이르렀으므로 지금 배신 형조판서 최응허 등을 차출하여 송환을 맡겨 보냅니다.'라고 하였다. 왕이 천조를 존숭하고 충성스럽게 따르기를 게을리하지 않는 것을 짐이 매우 가상히 여긴다. 이에 특별히 칙서를 내려 격려하고, 인하여 백금과 문금(文錦), 채색 비단을 내려 부지런한 정성에 답하고자 배신 최 등을 통해 보내노니 수령하라. 서장관 및 통사 안 등과 수행원 홍복 등은 각기 노고를 다하였으니 차등을 두어 상을 내리고 아울러 유지를 내리니 그리 알라. 왕은 짐의 지극한 뜻을 몸소 실행하였기 때문에 유지를 내린다. 조선 국왕에게 은 100냥, 비단 4필, 저사(紵絲) 12안팎감를 내린다."

명 황제가 조선 임금이 조선 땅에 표류된 명나라의 고기룡 등 36명을 돌려보낸 것에 대해 치하하고, 사신과 수행원, 임금에게 하사품을 내린다고 하였다. 명나라인을 돌려보낸 것이 바로 안경 일행이 목숨을 걸면서까지 험난한 해로를 건너오게 된 이유이다.

제3부

안경의 조천일기 원문 교감

朝天日記[1]

[2]天啓元年辛酉[3]辨誣賜銀兩件謝恩書狀官駕海朝天日記(自閏二月以後日記, 舊冊盡爲破落, 不可謄書.)[4]

五月

十七日, 晴. 在安州與使臣**崔應虛**, 行見官禮于兩天使, 則大明天子之使臣**劉鴻訓**·**楊道寅**兩人方來留我國. 副使**楊道寅**稱病不出, 正使**劉鴻訓**出見, 從容語曰, "**楊**大人欲向天津, 俺將由濟南, 摯難同行. 貴國陪臣之行, 從俺同往如何? 道路之事, 及各衙門周旋節目, 俺當極力爲之. 此意已與國王面諾, 俺可少忽." 職等叩頭稱謝而退, 休

1 안경의 『조천일기』는 『근전집』 건 · 곤에서 곤의 내용으로 복사본이 장서각에 소장되어 있고, 원본은 현재까지 확인되지 않고 있다. 그리고, 이본인 『駕海朝天錄』은 하버드 옌칭도서관에 소장되어 있다. 여기에서는 정본에 가까운 장서각본을 기본으로 하면서 하버드본과 대조하고 교감했다. 혹 하버드본의 글자가 적합할 경우 각주에서 따로 설명을 했다.

2 하버드본에는 문장 앞에 '大明熹宗'자가 추가됨.

3 하버드본에는 '我朝光海君十三年'자가 추가됨.

4 하버드본에는 '安璥著'자가 추가됨.

于下處. 午後, 遠接從事**金蓍國**・**柳汝恪**兩公來訪, 主牧**南士豪**令公亦來見. ○先是, 祗受有旨曰, "使・書狀皆乘各船, 勿令同載. 雖或一船不幸, 一船猶可得達. 且海路之不通, 自麗末將三百年于玆, 海禁, 大明之嚴制也. 今此之行, 出於權道, 未聞中原之快許也. 我國使臣, 須不離天使, 偕往登州(中原初入地名[5]), 聽其指揮而爲之."[6]

十八日, 晴. 邊上馳報, "假[7]㺚(海上賊也[8])兵三萬餘騎, 直渡玉江, 聲言恐嚇曰, '要得**劉**編修(卽天使也[9]). 今在何處?' 仍留作賊, 搜得避亂唐人男婦盡數屠殺, 積尸相藉. 牛蓄皆搶掠, 萬戶棄城失印而走, 潛到義州城外, 府尹執縛梟示軍中."云, **楊**使率其家丁, 急遽出城, 顚倒登船, 解纜中流, 凡事[10]不與**劉**使相議, 率皆類是[11]. ○是日, 本道巡察[12]**朴燁**令公, 餞諸使臣于牧使衙門. ○夕間整理使**朴簹**[13]公, 來訪于下處.

十九日, 晴. **楊**使之船, 纔下十餘里, 掛於淺泥, 船多虧[14]漏. **楊**使[15]大怒, 將欲下陸, 接待諸官奔走就候, 俄而善爲開誘而止. ○譯官奇

5 하버드본에는 '中原初入地名'자가 없음.
6 하버드본에는 '登州中原, 初入地名.'자가 추가됨.
7 하버드본에는 '假'자가 없음.
8 하버드본에는 '海上賊也'자가 없음.
9 하버드본에는 '卽天使也'자가 없음.
10 하버드본에는 '事'자가 '使'자로 되어 있음.
11 하버드본에는 '也'자가 추가됨.
12 하버드본에는 '使'자가 추가됨.
13 하버드본에는 '令'자가 추가됨.
14 하버드본에는 '虧'자가 '罅'자로 되어 있음.
15 하버드본에는 '使'자가 없음.

遲自船所來, 傳**楊**使之言於職等曰, "前日病, 未能禮接[16], 後當相見於行船處."云. ○陳慰使(使臣[17]**權盡己**書狀**柳汝恒**)一行 館于訓鍊廳, 廳在江頭, 余往訪從容談話, 其行則奏文・咨文, 皆成兩件, 恐或沉失則庶幾全一件也.

二十日, 晴. 劉使發船於清川, 我國諸使臣(謝恩使**崔應虛**, 書狀官**安璥**, 陳慰使**權盡己**, 書狀官**柳汝恒**, 兩使行)並皆登船. 余與**崔**使各乘船, 搜銀本道都事**李襀**亦到江頭, 點檢方物. 畢後, 陳慰使之弟**權儆己**, 其書狀之弟**柳汝恪**兩公, 別其兄於船上, 又移上吾船. 吾季弟**安**同知, 以天使護衛大將, 自京來到, 亦上吾船, 相與敍別. 鐵甕新安妓生等數十人追及江岸, 徘徊躑躅, 卽令舟[18]人負以上之. 一妓紅羅繡鞋脫落水底, 不得拯出, 滿坐[19]大笑. 於是酌酒掩淚, 歌以送別. "船開棹進, 江天欲暮, 落日平蕪, 人影漸遠." 先是, 天使行次, 應入之船外, 我國使臣所載之船裝治于江邊, 許多家丁與避亂唐人[20], 爭占好船, 任意奪載. 故余所坐之船, 得於衆棄之餘, 尤甚破落, 如在漏危, 事已急迫, 無他可乘, 只待天命而去. 順流而下, 潮落水淺, 泊于橫寺前浦口. 是夕, 陳慰使之船及其書狀之船一時偕泊, 懸燈相望, 吹角相應. 兩天使, 兩起陪臣, 與夫避亂諸船, 摠二十二隻, 或先或後, 風帆蔽海[21].

---

16 하버드본에는 '禮接'자가 '接禮'자로 되어 있음.

17 하버드본에는 '臣'자가 없음.

18 하버드본에는 '舟'자가 '船'자로 되어 있음.

19 하버드본에는 '坐'자가 '座'자로 되어 있음.

20 하버드본에는 '作挐'자가 추가됨.

21 하버드본에는 '矣'자가 추가됨.

友愛那堪說，離懷未見端，
歸舟斜日下，疋[22]馬暮江干，
哀涕難禁瀉，悲歌莫助歡，
誰將滄海濶，欲借此心寬．　　右別舍弟

塵濕凌波韈，風生泛漢楂，
佳人兒女泣，行客丈夫誇，
落照低滄海，遙空掩赤霞，
歸期應不遠，臨別莫傷嗟．　　右妓鞋落水

二十一日，晴．因潮行船，纔下十餘里，水淺泊宿，地名艮雲里[23]．

蕭寺臨江岸，隣船乞佛燈，
雲深人語細，風定水波徵，
月殿何時到，星槎此日乘，
已知親舊遠，因與別山僧．　　右題橫寺

二十二日，晴．因潮行船，又下十餘里，水淺泊宿，地名禿伊浦[24]．

遠峀看逾小，滄溟去益深，
天空飛鳥沒，日落暝雲沈，
刳木初通道，承筐欲獻琛，

22 하버드본에는 '疋'자가 '匹'자로 되어 있음. 하버드본이 맞음.
23 하버드본에는 '云'자가 추가됨.
24 하버드본에는 '云'자가 추가됨.

孤舟如許重，一片載丹心.　　右題[25]禿伊浦洋中

二十三日，晴. 曉因夜水之退，急急行船，未五里許，掛泥而止. 午後，因潮繼發，是日下弦，水不多至.

潮退泥生陸，潮還浪接天，
嵎峓[26]東海外，河漢北辰邊，
觀□[27]延陵季，乘槎博望騫，
茫茫古人迹，往事幾千年.　　右掛泥書懷.

二十四日，晴. 直下老江，前洋風逆下碇. 地名等乙卽山也. 居人進魚菜於余船. 先[28]是[29]，自安州至老江，沿江而居者，皆舟人之家，其父母妻兒，處處追以送之，哭擗于江岸，呼天之聲，不忍聞也.

晩泊江門外，三聲畫角寒，
城池圍樹木，樓櫓[30]倚波瀾，
拂劍行裝遠，浮査去路難，
居人進魚菜，珍重且加餐.　　右泊[31]老江鎭前

25 하버드본에는 '題'자가 없음.
26 하버드본에는 '峓'자가 '夷'자로 되어 있음.
27 장서각본은 빈칸인데, 하버드본에는 '樂'자로 되어 있음. 하버드본이 맞음.
28 하버드본에는 '先'자가 없음.
29 하버드본에는 '日'자가 추가됨.
30 하버드본에는 '櫓'자가 '榭'자로 되어 있음.
31 하버드본에는 '泊'자가 없음.

二十五日，晴．曉掛雙帆，過定州前洋．地名于乙山也．夕宿宣沙浦前洋．郭山地也．

龍吼風摧楫，鯨奔浪蹴帆，
顚危祈海若，忠信賴天監，
水路三千里，山梯百二函，
平生無所學，只有感神諴．　　右宣沙浦前洋

二十六日，晴．過木米島，泊宇里太．宣川前洋也．欲汲水，枯渴旱甚故也．夕宿椵島，亦無泉脉，是鐵山前洋也．

穀稱牟麥稷，奚取島名同，
牧人占夢富，場馬得蒭豊，
峯嶽周遭在，江河轉運通，
汲泉粮不患，飽飯此舟中．　　右木米島椵島俗稱牟麥稷云[32]戲作

二十七日，晴．泊於朴達洞[33]，與陳慰[34]一行，并步下岩上，良久坐話．得泉汲之，多拾枯薪，還宿于船．是夕[35]，風浪大作．先是，吾行上通事**奇暹**，**楊**使以差備奪載其船，**暹**之言曰，"**楊**使於鐵山前洋，惑聽日者**張鳳羽**之言，'龍王用事之時，不宜行船，當過六月而後，改卜可也.' 卽令回泊鐵山而俟之．**暹**叩頭曰，'老爺下海[36]已遠．接待諸官

32 하버드본에는 '故'자가 추가됨.
33 하버드본에는 '洞'자가 '浦'자로 되어 있음.
34 하버드본에는 '使'자가 추가됨.
35 하버드본에는 '夕'자가 '夜'자로 되어 있음.
36 하버드본에는 '下海'자가 '海下'자로 되어 있음.

皆已回[37]去, 必須啓知國王, 然後乃可下陸. 況沿海守率領軍兵, 盡赴玉江戰所, 郡縣皆空. 此意惶恐敢達.'"云云. 盖天使之意, 以玉江爲懼. 故不遂此計, 號令之顚倒, 不可說也.

誰能超大海, 直欲到中原,
瘴霧晴猶濕, 腥風晝亦昏,
帆飛隨鳥擧, 船躍避鯨呑,
願及朝天早, 生還報國恩.　　　右朴達串岩上敍懷

二十八日, 晴. 曉發泊於龍川前洋. 島名車牛也. 巖石天然削成, 可坐可臥. 對之如案, 憑之如几, 支頤休息, 穩做晝寢, 日已夕矣. 謝恩使[38]·陳慰使[39]兩船, 誤入他歧, 掛於泥, 余亦還泊, 待汐水之至. 諸船來會, 霧暗不得發, 而順風終日大吹, 天使之船渺然先往矣.

島號車牛載, 詩書若有藏,
層層成萬軸, 疊疊置千箱,
似擧齊眉案, 如登坦腹牀,
停舟留半日, 讀罷古皇王.　　　右車牛之石如積萬卷書冊故題

二十九日, 小雨. 朝諸船偕發. 作祭文, 禱于船上. 稻粱各三斗, 炊祭飯, 凡舟中食物各色, 每一器并羅列畢奠設. 倚子床卓爲神位, 沐浴具冠帶, 自讀祭文. 其文曰.

---

37 하버드본에는 '回'자가 없음.
38 하버드본에는 '使'자가 없음.
39 하버드본에는 '使'자가 없음.

"維天啓元年月日，朝鮮國謝恩陪臣書狀官**安璥**，敢昭告于滄海上尊神之位．伏以北奴憑陵路，忽阻於遼廣，東方貢獻[40]舟，始通於登萊．鵬翼難攀，鶬[41]首何托？中國出聖主，海波安靜之時，小邦遣陪臣，漢水朝宗之日．欲及塗山之會，庶免防風之誅，神其扶持保佑之，我無艱險遲滯也．經萬里於瞥目，祥飆送帆，許一端之誠心，瑞雲迎棹．謹奠塵土之産，仰祝滄溟之靈．尙饗．"

○午後，望見薪島遙在鎭江前洋，中原之地始此云．追來不知船三隻，其一唐船也．相近問之，則避亂唐人領率船也．其唐船則進香使**李必榮**[42]還越後回船也．終日冒雨過獐子諸島，暮泊鹿島止宿．夜風雨大作，波濤洶湧，舟人披靡不能起身，自薪島至此五百里許云．

40 하버드본에는 '貢獻'자가 '獻貢'자로 되어 있음.

41 하버드본에는 '鶬'자가 '鸀'자로 되어 있음.

42 하버드본에는 '榮'자가 '瑩'자로 되어 있음.

六月

初一日，辛未，灑雨．朝發向石城島．未及一二息許，風回水逆，落帆下碇．波浪甚惡，檣傾楫摧．薄暮冥冥．遙望島外，有船十餘隻．遮風回泊，必是天使之行也．顧見余同行之船，亦皆避風回走[1]，邈然無相議者．夜一更，因水退，轉棹稍近島畔而宿．自鹿島至此五百里許云．

傾檣摧楫海飜天，蓬底挑燈坐不眠，
魚鼈遁藏俱失所，鯤鵬搏擊浩無邊，
吾心安靜如行陸，神力扶持利涉川，
夜半始知風浪定，旅人歌吹在隣船．

初二日，晴．平明霧捲，遂近天使之船，譯官**奇暹**出，傳**楊**使之言於余曰，"書狀之船先到．辛苦辛苦．" 遂與諸船幷發[2]向長山島．謝恩使[3]·陳慰使[4]兩船亦隨後相望，擧帆促櫓而進．未及長山一二息許，風回水逆，乃下碇．夜深水退時，柔櫓前進[5]．自石城島至此三百里許云[6]．

遼陽陸路昔曾經，今日誰尋海岱青，

1 하버드본에는 '走'자가 '舟'자로 되어 있음.
2 하버드본에는 '將'자가 추가됨.
3 하버드본에는 '使'자가 없음.
4 하버드본에는 '使'자가 없음.
5 하버드본에는 '前進'자가 '進前'자로 되어 있음.
6 하버드본에는 '云'자가 추가됨.

天子聖明登寶位，羯奴猖獗負皇靈，
宣麻翰院[7]臨藩國，奉表陪臣向帝庭，
欲逐仙槎銀漢去，夜深柔櫓入滄溟.

稱獐稱鹿島名多，誰遣奔鯨蹴怒波，
雲海渺然連玉宇，星槎疑是上銀河，
帆前共助呼耶[8]語，棹下同歡欸乃歌，
直待明朝[9]宜早發，夜來風浪更如何.

初三日，晴. 朝於島底汲水，有白頭老漢獻菜于船上，跪告沙邊[10]曰，“前數日，王參將軍人，逃入此島，賊奴差人拿去脅之曰，‘不速降則屠之.’云.” 因乞米甚懇，楊使給米三升. 卽吹哮放炮，諸船一時擧帆而去. 過廣鹿島，暮至洋中泊宿. 乃金州衛前洋也.

星槎西出海門開，萬里蒼茫眼界恢，
衆水盡從天際去，群峯爭向島中來，
暝雲壓浪龍藏窟，瘴霧驅風蜃結坮，
事大至誠神必佑，布帆無恙入登萊.

初四日[11]. 因順風早發，終日行船. 暮時風勢漸惡，楊使之船最在前頭，揮旋入一浦口. [12]乃旅順也，左右岸[13]上烟坮，軍兵持弓矢鳥銃

7 하버드본에는 ‘院’자가 ‘苑’자로 되어 있음.
8 하버드본에는 ‘耶’자가 ‘邪’자로 되어 있음.
9 하버드본에는 ‘明朝’자가 ‘天明’자로 되어 있음.
10 하버드본에는 ‘沙邊’자가 없음.
11 하버드본에는 ‘晴’자가 추가됨.

環立, 諵然曰, "天朝船來了[14]." 諸船皆泊于此. 夜半, 狂風大作, 雨注浪覆. 浦口狹甚[15], 船皆相擊, 盡爲沉敗, 人死者甚多. 劉使漂水, 僅賴水漢之拯, 赤脫登岸, 泥塗滿身. 陳慰・謝恩諸使臣及[16]兩行員役, 亦僅以身免相携登岸, 船遂覆.

初五日, 朝, 只有余所坐之船出入浪底, 自夜分至辰時, 幾敗而得全. 舟人力盡, 無復可爲. 風[17]浪小[18]歇, 衣袽塞板. 望見崔使立於水邊, 徬徨躑躅, 乃進船載之. 凡方物・文書・行李之拯置沙上者, 促令輸載. 漂沉之餘, 非徒搬運未易, 敗舟者, 浮尸相雜, 瀰漫於水, 攀舷呼[19]哭, 冒死爭登. 倉[20]皇[21]急遽之際, 纔運方物, 僅八九隻. 日又昏暮, 假㺚成郡[22], 放炮發矢, 人無近者. 大雨復作, 雷風飜海, 舟人戰股, 束手無策, 只待胥溺而已. ○沿海諸島, 遠近相爲鱗次, 而至於廣鹿之於黃城千有餘里, 其間絶遠無憑指點. 故必欲由旅順. 旅順之距廣鹿[23]五百里許, 距黃城亦五百里許, 而水宗之外極目南望則如見小帽子者, 此黃城之現形於旅順也. 此外無一點可望之處, [24]廣鹿之

---

12 하버드본에는 '是'자가 추가됨.
13 하버드본에는 '岸'자가 '屹'자로 되어 있음.
14 하버드본에는 '了'자가 '耳'자로 되어 있음.
15 하버드본에는 '狹甚'자가 '甚狹'자로 되어 있음.
16 하버드본에는 '其餘'자가 추가됨.
17 하버드본에는 '風'자가 없음.
18 하버드본에는 '小'자가 '少'자로 되어 있음.
19 하버드본에는 '呼'자가 '號'자로 되어 있음.
20 하버드본에는 '倉'자가 '蒼'자로 되어 있음.
21 하버드본에는 '皇'자가 '黃'자로 되어 있음.
22 하버드본에는 '郡'자가 '群'자로 되어 있는데, 하버드본이 맞음.
23 하버드본에는 '島'자가 추가됨.

難於直向黃城而由旅順也. 旅順一帶, 旣云附賊, 初不欲入, 而迫於風浪, 狼狽[25]而入. 旣入之後, 中有恢恢之地可容萬艘, 而天使疑之[26]不入其內, 乃泊浦口狹隘之處. 遭風見敗, 旣敗之後, 猶或開誘賊徒, 不與之構釁, 則彼非眞㺚, 庶幾感動, 而**楊**使恇惻, 先自疑阻, 激彼之怒. 不幸孰甚焉. ○旅順之風, 猝起中夜, 諸船撞碎於浦口. 吾船最居外面, 獨當颷颶甚於他船, 而千萬幸免者纜不絶也. 船頭結爲兩纜. 船尾又結一纜, 如一髮之引千斤, 而船之躑躅隨浪高下, 板底之水將與舷齊, 缸瓿釜鼎器皿之屬, 浮動相擊於舟中. 人無着足處, 篙工水手已知不救, 而各懷獨生之計, 抱持帆席直欲浮水. 軍官**盧士立**譯官**金弘業**, 攀援大叫, 使不得投下. 有水手一漢奔告于余曰, “事已急[27]矣. 脫上衣上吾背, 庶幾可以[28]生.” 余卻之曰, “等死於水, 舟覆後未晩也. 莫如悉力幷救以俟天命.” 於是, 舟人合聲奮力, 終夜救水, 力盡氣乏, 皆不能起. 只有稍壯者五六人, 迭相勸力. 余於[29]橐中搜出造果葉葉納其口, 使之療飢而勉之. 天明之後, 漸回生道. 及至稍晩, 風浪小息, 始見諸船, 皆敗散[30]沙岸[31]. **楊**使之船亦艱難[32]得免, 退泊于浦中. 余卽移船相近, 則**楊**使立於船上, 揖余曰, “仙舟獨全好好阿!” 余擧手答曰, “老爺辛苦.” **楊**使揮令曰, “擇其稍完之船, 急

24 하버드본에는 ‘故’자가 추가됨.
25 하버드본에는 ‘狽’자가 ‘貝’자로 되어 있음.
26 하버드본에는 ‘之’자가 ‘而’자로 되어 있음.
27 하버드본에는 ‘急’자가 ‘迫’자로 되어 있음.
28 하버드본에는 ‘以’자가 없음.
29 하버드본에는 ‘於’자가 ‘亦’자로 되어 있음.
30 하버드본에는 ‘於’자가 추가됨.
31 하버드본에는 ‘岸’자가 ‘邊’자로 되어 있음.
32 하버드본에는 ‘難’자가 ‘辛’자로 되어 있음.

急載使臣.” 于時, 劉使自敗船處, 顚沛[33]步來, 乃得乘船. 陳慰使[34]及其[35]書狀亦皆得乘, 謝恩使則旣載吾船, 而員役皆上. 二船之載, 合爲一船, 船重難運. 故粮石多投海中而發.

初六日, 晴. 假㺚橫馳, 矢炮不絶, 沙上拯置公私行李, 皆續續掠去, 不勝憤憤, 人皆翹足於舟中. 楊天使放炮, 令諸船幷進驅之, 則或持或棄而遁. 於是, 追拾方物, 又得五六隻. 然皆躙踏水沉汚破者甚多. 浦口敗船片片漂散者, 外挽出二隻而補治之, 合載浮出之人, 令宣沙浦僉使金友聖領率回還本國. ○楊使知此處不可少[36]留, 旋令行船偕出浦外, 則風逆未進, 而掛帆退行一日程許, 依山泊宿. 雲霧四塞. 島名平島云.

初七日, 晴. [37]舟人下陸汲水, 海邊之人或馳馬或放炮. 其投降附賊已久, 逢人搶掠, 甚於眞㺚矣. 方物之[38]沉濕者, 於船上曝之. 霧蔽陽薄, 海水且醎, 不能盡乾, 腐朽者亦多. 金友聖・劉舜民兩船之回已其啓聞. 且寄家書而難保其得達故國也. 是夜大雨, 風浪洶湧, 舟人喪心, 投棄粮石, 達夜禱祝.

初八日, 晴. 霧捲後進船. 呈文于兩天使船, 恭問氣候, 則楊使於船上擧手稱謝, 劉使則無衣服且病臥, 未得出見云. 船敗之後, 楊使只

33 하버드본에는 ‘沛’자가 ‘倒’자로 되어 있음.
34 하버드본에는 ‘使’자가 없음.
35 하버드본에는 ‘其’자가 없음.
36 하버드본에는 ‘少’자가 ‘久’자로 되어 있음.
37 하버드본에는 ‘朝’자가 추가됨.
38 하버드본에는 ‘之’자가 없음.

送衣一袭一於劉使之處，而一不進船相見，不近人情矣．午後，作祭文，禱于船上．[39]略曰，

遭風伯之掀浪恐入鯨呑，賴海神之拯人幸免魚腹．再生餘命，百拜洪恩．亦奚以爲愧乏專對之具，其何能淑憂深胥溺之灾．更加矜憐，俾保終始．云云．

假㺚躍馬於沙上，水賊卸舟於岸下，氣色甚惡．是夜仍宿平島．

初九日，晴．朝霧捲日出．東風暫吹，遂發船．纔出島口，颶[40]風驟雨，雷霆霹靂，波濤蹴天，諸船奔觸相爲撞碎．余船與楊使船結纜，幾不得救解，有水手兩漢入水，解之緣纜而上．食頃，風雨漸止，還入島內，徐徐下碇而汲水於沙邊，騎㺚馳馬成群，揮釖彈弓，將欲搶掠，卽令軍官炮[41]射手等，下陸逐之．成川炮手林百壽放一丸中馬，驚散．隣家老弱，登山遠走．未時，東風緊吹，大浪如山，楊使吹角，又令發船，期以初更必到黃城，衆情憫鬱而危之，余獨立船上，遙望故國，則是日乃慈母生辰也．重泉旣隔，溟海又隔．想諸弟必會一堂，不覺涙落，呑聲躑躅，東向再拜而去．島外唐船十隻，迎詔使來云，"登州之定送也．" 楊使乘快皷噪而行．日已暮，月又落．正[42]是二三更也．風止不得進．諸船相失，咫尺不辨．莫知所向，任其去來而無可奈何．

39 하버드본에는 '其'자가 추가됨.
40 하버드본에는 '颶'자가 '飄'자로 되어 있음.
41 하버드본에는 '官炮'자가 '砲軍'자로 되어 있음.
42 하버드본에는 '正'자가 '政'자로 되어 있음.

初十日. 朝霧捲. 見之[43]諸船, 各於大洋中泛泛. 以臆度指點, 必是登州近處. 五六島, 列於雲波之外, 而先往之船, 出入乎此也. 欲往從之, 則風逆浪高, 乍近乍遠. 終日櫓役, 而徒勞無功. 日暮後, 雲霧又[44]塞. 雷霆風雨, 雹卵交下, 檣舵俱折, 漂出大洋. 達夜祈[45]天, 萬無生道.

十一日. 細雨濛濛, 四方沉暗, 船往無定. 午後, 日色[46]滲漏, 望見所謂黃城島者, 隔於波濤之間, 似不甚遠, 促櫓而進. 則[47]纔數里, 逆風忽吹, 日落昏黑, 遂任其風而委船. 船板破傷, 無處不漏. 粮石行李, 顚倒投水矣. 自昨日, 諸船或隱或現於黃城之間者, 皆得稍稍入泊, 而余船及**朴景龍**之船[48] · **李海壽**之船并三隻, 漂落洋中, 終日終夜, 又値雷霆風雨, 遂各相失. 余船之到登州第六日後, **李海壽**之船, 始得生到, **朴景龍**之船, 竟無去處. 還國後聞之, 漂泊于鐵山稍近處, 爲賊[49]㺚所擒云.

十二日, 晴. 天明後見之, 則余船回泊于旅順前洋. 終日無風, 不得進退. 薄暮移船無處, 遙[50]見浦口有可泊之處, 似與旅順不相近, 而其中[51]僅容[52]數隻之船[53]. 故舟人悉力促櫓, 遂入泊經[54]宿. 浦邊人

43 하버드본에는 '則'자가 추가됨.

44 하버드본에는 '又'자가 '四'자로 되어 있음.

45 하버드본에는 '祈'자가 '禱'자로 되어 있음.

46 하버드본에는 '色'자가 '光'자로 되어 있음.

47 하버드본에는 '則'자가 없음.

48 하버드본에는 '之船'자가 없음.

49 하버드본에는 '賊'자가 없음.

50 하버드본에는 '遙'자가 '望'자로 되어 있음.

家誼聒疑之.

十三日, 晴. 平明, 浦邊, 兩唐人高聲來問曰, "這何船?" 令譯官以實答曰, "朝鮮國進貢之船, 遭風漂轉, 退泊于此."云. 則擧手作揖而去. 移船汲水後, 似有東風之徵, 促令發船, 則舟[55]人爭來諫曰, "天使之不聽人言[56]所以致敗也. 其可再踵覆轍乎, 且事事不順, 舟楫盡破, 莫如姑留修葺, 觀勢回國, 寧得罪於吾君, 而死得故土之葬耳." 余揮淚卻之曰, "受[57]命出疆, 復命何辭? 況我國旣遠而登州入望, 庶幾竭誠, 神必扶持." 遂擧帆, 人人惶悸, 皆懷憫默. 俄而風逆浪作, 不得已還泊. 崔使久病之餘, 因致積傷, 氣絶良久. 一舟驚動救[58]之, 僅乃得甦. 是夜, 風雨雷霆[59], 電如流火, 洞徹波底, 雹似鳥卵, 穿入篷窓. 舟人震慄, 憤言曰, "不聽[60]吾計, 今何如哉?"

十四日, 大雨不霽. 朝浦邊唐人乘縛草船來問所向, 頗有慇懃之色, 或持[61]菜[62]來饋, 余[63]以扇柄米升報之. 觀其中多剃漢, 而不剃者或

51 하버드본에는 '有'자가 추가됨.
52 하버드본에는 '船'자가 추가됨.
53 하버드본에는 '船'자가 '地'자로 되어 있음.
54 하버드본에는 '經'자가 없음.
55 하버드본에는 '舟'자가 '主'자로 잘못되어 있음.
56 하버드본에는 '故'자가 추가됨.
57 하버드본에는 빈칸이 있음.
58 하버드본에는 '救'자가 '久'자로 되어 있음. 하버드본이 맞음.
59 하버드본에는 '風雨雷霆'자가 '雷霆風雨'자로 되어 있음.
60 하버드본에는 '聽'자가 '從'자로 되어 있음.
61 하버드본에는 '持'자가 없음.
62 하버드본에는 '或果'자가 추가됨.

有之. 余問曰, "你們的剃頭, 必非本心而不剃尤爲可嘉." 慰諭甚勤, 皆有慷慨感悟之言. 問地名, '龍堂王神所居'云. 午後, 舟人下陸, 修治帆索楫物. 余亦下船, 久坐岩上, 心身[64]稍定. 日暮上船宿. 是夜, 三起候風, 而波浪寂然無聲矣. 盖浦邊無船材, 故以秫䅲結爲船, 往來[65]浦內, 下船則掛立於沙上, 遠見如貫革列立. 余喫乾薑乾栗, 試與唐人而問之, [66]薑則知而栗則不知. 其地方必無矣.

十五日, 晴. 朝似有東風之徵, [67]將欲擧帆, 風不來, 遂止. 唐人五六名[68], 又持菜鷄來慰之, 余亦[69]食物優答之. 午後, 買猪爲牲, 作祭文, 竭誠祈風. 其辭曰.

受命于君, 奉表朝天. 遼河路阻, 滄海無邊. 登萊雲外, 一葦渺然. 檣傾楫摧, 瘴雨蠻烟, 幾死者數, 奚憚獨賢. 日復一日, 候風船舷, 東北不吹, 曷日行船. 願借神力, 利涉大川. 竭誠告神, 庶幾矜憐. 尙饗.

且以黃綃兩幅, 手畫雙龍, 高掛長竿, 淨掃沙上, 潔地補帳幕, 設神位, 整冠帶, 自讀文哽塞. 唐人嘖嘖來觀, 皆爲之墮淚. 祭畢, 列坐唐人與舟人, 均分饋之. 又以便服步上峯頭, 南望黃城則一丸杳在[70]

---

63 하버드본에는 '亦'자가 추가됨.

64 하버드본에는 '身'자가 '神'자로 되어 있음.

65 하버드본에는 '於'자가 추가됨.

66 하버드본에는 '則'자가 추가됨.

67 하버드본에는 '故'자가 추가됨.

68 하버드본에는 '名'자가 '人'자로 되어 있음.

69 하버드본에는 '以'자가 추가됨.

雲際. 潛心默禱, 四拜而下. 日暮時[71], 唐人來告曰, "煙臺軍報金州衛, 不久賊必來此搜探, 須快快發船." 卽[72]中流待風. [73]二三更時[74], 月正明, 風且東, 冒夜擧帆. 未幾四方沉霧.

十六日. 自曉至朝, 大霧中放船, 船徃如箭. 日光欲漏而還掩, 雲陰將散而復合. 仰不見天, 而向天默祝[75]者久之. 頃之, 海鷲三兩飛鳴而來. 恰似迎檣者. 然舟人賀曰, "如此大洋飛鳥亦絶而鷲子現形, 島必近矣." 俄而因霧爲雨, 霏霏沉暗. 日尙晩[76], 未有所覩. 有**壽山**者使公之奴也, 登舷指示曰, "某處島形在." 衆皆一時送目, 亦未灼[77]見. 漸漸近之, 則雲霧間, 岩崖完[78]然與船頭相接, 一舟抃舞雀躍. 余謂使[79]曰, "等之十餘日漂流, 苦望黃城者, 是耶? 今日再生, 莫非天也." 幷立船上, 揮淚四拜. 雲霧或散, 諸島羅列如碁布焉. 暮至一島下, 泊舟而宿. 是夜月色如晝, 波心晏然. 始脫衣穩臥, 遂成甘寢, 夢還故國. 是亦吉兆也[80].

不識登萊路, 誰分島嶼名,

---

70 하버드본에는 '在'자가 '坐'자로 되어 있음.
71 하버드본에는 '時'자가 없음.
72 하버드본에는 '卽'자가 없음.
73 하버드본에는 '卽'자가 추가됨.
74 하버드본에는 '時'자가 없음.
75 하버드본에는 '祝'자가 '禱'자로 되어 있음.
76 하버드본에는 '矣'자가 추가됨.
77 하버드본에는 '灼'자가 '的'자로 되어 있음.
78 하버드본에는 '完'자가 '宛'자로 되어 있음.
79 하버드본에는 '之'자가 추가됨.
80 하버드본에는 '也'자가 없음.

霧穿微雨霽, 天漏落霞明,

海燕迎檣語, 沙鷗近楫驚,

扁舟今始泊, 幾日到皇京.　　右黃城大[81]霧中

十七日, 晴. 望見島上, 似有煙臺. 無憑問路, 有兩唐人來近余船, 指示詳悉. 乃移泊廟堂前, 則舵磯島防守之所也. 戰船七隻泊在, 而哨官**馮民敬**, 具名帖送禮, 卽爲答禮. 午後, **民敬**撑小艇來慰余曰, "兩詔使(卽兩天使)[82], 及一起陪臣(卽陳慰使), 留此待風二三日, 昨日始向登州, 且有一起陪臣之船, 漂失落後云, 貴船之謂也." 與軍官李耆着碁, 碁法無異. 但不排障馬, 只爭置中. 三局後, 啜茶敍話而去.

十八日, 晴. 朝似有風色[83], 卽出浦口擧帆, **民敬**登岸指揮[84], 言其不可去之風. 故回船. 午時, **民敬**送鮮魚[85]致款, 卽進船答禮. 又有順風之徵, **民敬**亦送船導之. 擧帆渡海, 纔過水宗, 風忽逆. 唐船疾, 故先往. 余船鈍[86]不能及. 遂止泊一小島. 島邊之石, 皆如人形. 或負或揖, 相向而立者, 不知其數. 是夕[87], 遠天雷鳴, 大雨四集, 而竟不來矣.

---

81 하버드본에는 '大'자가 없음.

82 하버드본에서는 注로 되어 있지 않음.

83 하버드본에는 '色'자가 '微'자로 되어 있음.

84 하버드본에는 '指揮'자가 '揮手'자로 되어 있음.

85 하버드본에는 '魚'자가 없음.

86 하버드본에는 '極'자가 추가됨.

87 하버드본에는 '夕'자가 '夜'자로 되어 있음.

題[88]人形石[89].

海石皆人形，奇怪千百十，

造物自天然，雕刻非工習，

何年削瑱珉，箇箇波上浥，

或如共[90]對話，或如相向揖，

或似仰面看，或似低頭立，

或若臨門遣，或若開戶入，

有或簪峩峩，亦或冠岌岌，

丈人或荷蕢，山僧或負笈，

漁翁戴網罟，牧童擴[91]蓑笠，

平身起欠伸，折腰俯掇拾，

依俙聚復散，彷彿來還集，

風薀不可轉，水浸寧患濕，

鶴柱雲裡返，鮫珠雨中泣，

潮觸龍吼壯，浪擊鷗驚急[92]，

高撑天室崩，遠擧斗柄挹，

過船帆常礙，停槎纜可縶[93]，

屈平寃魂碎，伍員怒氣戢，

宓妃長太息，湘女重於悒，

88 하버드본에는 '題'자가 '有'자로 되어 있음.

89 하버드본에는 '詩二十句'자가 추가됨.

90 하버드본에는 '共'자가 '相'자로 되어 있음.

91 두 본 모두 '擴'이지만, 문맥상 '横'이 맞음.

92 하버드본에는 '驚急'자가 '夢驚'자로 되어 있음.

93 하버드본에는 '縶'자가 '繫'자로 되어 있음.

回瀾[94]賴爲砥，觀水術莫及，
作詩題石面，壯遊聊成什.[95]

十九日，晴．天未明，大霧中行船，尋入眞珠門，則先往唐船出迎余船曰，“昨日何以未及？眞是‘坌[96]高麗’，‘坌高麗’也!” 盖[97]譏我鈍也．至廟島，則我國船五隻留泊．問之，則兩天使與陳慰使，昨日待風入登州，登州泊船處不好，故退泊于此云．廟島守備官送船報之，余亦尾隨之．日落後，到登州，宿于船上．仰觀重城周遭於海岸，引潮入門，藏戰艦[98]於其中，可容萬艘．女墻聳雲，蓬萊仙閣丹艧，縹緲於中天，影落馮夷之宮．遊人士女，避暑城堞樓臺之上，明燈踏歌，處處同．

題廟島鏡面石[99]
雨洗雲磨閱古今，頑根如鑑可爲箴，
觀人自別姸媸面，見肺誰欺好惡心，
照夜龍珠光亦奪，通天犀角影相侵，
風波萬死吾行色，愧此頭顱雪滿簪．

登州士女遊觀處[100]
山浮鰲頂[101]自天來，樓閣空中處處開，

---

94 하버드본에는 ‘瀾’자가 ‘瀨’자로 되어 있음.
95 하버드본에는 ‘右題人形石’자가 추가됨.
96 ‘坌’은 둔하다는 뜻의 ‘笨’자와 통용된다.
97 하버드본에는 ‘盖’자가 ‘槩’자로 되어 있음.
98 하버드본에는 ‘艦’자가 ‘船’자로 되어 있음.
99 하버드본에는 ‘右’자가 추가됨.
100 하버드본에는 ‘登州士女遊觀處’자가 ‘右題登州遊觀處’자로 되어 있음.

萬堞城高臨絶壑, 六銖衣薄依層臺,
笙歌縹緲雲間奏, 笑語喧騰醉裏詼,
一葉孤舟滄海客, 尋眞何幸入蓬萊.

二十日, 晴. 朝兵巡道衙門, 令夜不收持令標, 來[102]示于舟中, 曰, "我太祖高皇帝制曰, '外國人駕海來, 一切禁斷. 犯則以賊論.' 昨日, 陳慰的則聽得詔使兩爺之言, 姑令下陸, 將奏聞朝廷, 以待處置. 又今[103]何船從那邊來, 每人而[104]接之, 日亦不足, 其快快回船, 毋[105]貽陷律. 况這船定是朝鮮的麽? 必有國王之咨, 本無咨而托言漂失, 豈有此理! 守城門的準此." 卽製呈文曰, "職等奉使無狀, 不吊乎[106]天, 海若臭載, 來之坎窞, 縱云无妄, 又誰咎歟? 駕海之禁, 嚴載國典, 普天率土, 孰不遵[107]高皇[108]約束? 不能掃淸胡塵, 恢拓朝宗之路, 小邦之罪也. 山梯旣阻, 海航初駕, 恭將寡君之誠, 冀徹聖天子之庭, 萬死之餘, 得此一生, 閣下之禁, 在法當然, 職等之行, 更有何路? 舍此夷狄, 吾其被髮, 寧見誅於父母之邦, 將無以歸報寡君. 傳不云乎. '受授不親, 禮也. 嫂溺手援, 權也.' 伏願閣下尊其禮而用其權, 毋使遠人失望也. 咨文之漂落, 天使兩爺, 實所共鑑, 夫復何言? 死罪死罪." 促令**車義仁**寫之之際, 天使書小紙, 使**奇暹**傳于余

101 하버드본에는 '頂'자가 '項'자로 되어 있음.
102 하버드본에는 '來'자가 없음.
103 하버드본에는 '又今'자가 '今又'자로 되어 있음.
104 하버드본에는 '而'자가 없음.
105 하버드본에는 '毋'자가 '無'자로 되어 있음.
106 하버드본에는 '乎'자가 '于'자로 되어 있음.
107 하버드본에는 '此'자가 추가됨.
108 하버드본에는 '帝'자가 추가됨.

曰, "這船死矣. 今乃生到乎登府[109]之拒, 無他腸, 安以[110]俟之." 余亦書小紙, 付諸**奇暹**之還曰, "子在回何敢死." 且以呈文, 偕往呈于衙門, 則兵巡道又下令標曰, "觀此呈文, 鮮人事大之誠, 可嘉[111]." 便卽開門引入, 別遣官員照京玉河館, 驗船上人名數. 兵巡都御史[112], 姓名**陶朗先**云. 天使兩爺, 又使人問安曰, '來泊好樣. 不勝欣慰, 卽卽入來.'云. 直[113]至兩爺所館[114], 呈名帖退. 與陳慰使及書狀, 逢於馬上, 入其下處談話而罷. 是夕, 館吾行於萬壽宮, 宮乃[115]廟堂也. 庭宇靜僻, 道士居焉.

橫槎跨海挾天風, 來入蓬萊萬壽宮,
道士說經閑日永, 鄕人祈福屢年豊,
草煎不老茶嘗熟, 沙[116]鍊長生藥有功,
自古燕齊多異事, 神仙如在杳茫中.

二十一日, 晴. 朝往兵巡衙門, 門尙早不開. 又聞**劉**使, 此刻, 將啓程旋往, 投名呈文. 畧曰, "職等本月初九日夜, 與老爺船相失於洋中, 遭風漂轉, 莫適所向者十餘日, 萬死之餘, 今始生到[117]. 專蒙老

109 하버드본에는 '府'자가 '州'자로 되어 있음.
110 하버드본에는 '以'자가 '而'자로 되어 있음.
111 하버드본에는 '可嘉'자가 추가됨.
112 하버드본에는 '史'자가 '使'자로 되어 있음.
113 하버드본에는 '直'자가 '卽'자로 되어 있음.
114 하버드본에는 '所館'자가 '館所'자로 되어 있음.
115 하버드본에는 '乃'자가 '內'자로 되어 있음.
116 하버드본에는 '沙'자가 '砂'자로 되어 있음.
117 하버드본에는 '到'자가 '道'자로 되어 있음.

爺恩德, 俾[118]存軀[119]命, 不勝感泣之至. 方物・文書[120]漂落於旅順之狀, 老爺親鑑, 不必更陳. 而此州呈咨文亦爲沉失, 謁現衙門, 何以爲顔? 想老爺旣與兵巡相會語[121], 及此乎? 且一行無盤纏, 方在飢餓中, 如或落後於老爺之行, 則勢必中塗[122]僵斃. 更乞老爺帶行職等, 無事得達, 則老爺終始護恤之恩, 粉骨難報."云. **劉**使立見余等曰, "此時俺將行, 當與兵巡面別於郊外, 須躡我出來, 可以會見于一處也." 等退而思之, 則兵巡[123]時未行見官禮, 事體非便故[124·125], 急急再往兵巡[126]衙門, 則兵巡上輿[127]已出矣. 遙見余等立於街上, 令聽用官傳言曰, "俺將往別**劉**爺, 回來後, 當相見."云. [128]等亦往尋郊所, 則車塵馬足[129]之間, 無接迹[130]處, 借入[131]路傍廬舍以俟之. **劉**使與兵巡別後, 出遵[132]大路. 等亦祗[133]迎於路[134]左, **劉**使下輿擧手[135]

118 하버드본에는 '俾'자가 '保'자로 되어 있음.
119 하버드본에는 '軀'자가 '躬'자로 되어 있음.
120 하버드본에는 '之'자가 추가됨.
121 하버드본에는 '語'자가 '話'자로 되어 있음.
122 하버드본에는 '塗'자가 '途'자로 되어 있음.
123 하버드본에는 '兵巡'자가 없음.
124 하버드본에는 '事禮非便故'자가 없음.
125 하버드본에는 '於兵巡, 故事體未便'자가 추가됨.
126 하버드본에는 '兵巡'자가 없음.
127 하버드본에는 '輿'자가 없음.
128 하버드본에는 '余'자가 추가됨.
129 하버드본에는 '足'자가 '跡'자로 되어 있음.
130 하버드본에는 '迹'자가 '足'자로 되어 있음.
131 하버드본에는 '入'자가 '人'자로 되어 있음.
132 하버드본에는 '遵'자가 '遵'자로 되어 있음.
133 하버드본에는 '祗'자가 '秪'자로 되어 있음.
134 하버드본에는 '路'자가 '道'자로 되어 있음.

曰, "多謝[136], 幹事極言於兵巡."云云. 有**曲**姓監務官者, 或稱把摠, 名**思化**, 一目眇而多氣. 來見余等, 自言, "管攝貴國之事." 導余等, 入自南門, 休于所館. 俟兵巡還衙門, 卽往投名則兵巡盛陳兵威, 出接余等. 行禮後, 親自迎入于話房設倚子. 兵巡主壁[137]使東[138], 吾西[139]而坐, 禮意[140]頗厚. 謂曰, "前日已與陳慰[141]陪臣, 面言詳[142]悉, 尊官亦已聞之[143]否? 俺旣請命于朝, 方俟聖旨之下. 係是軍務, 不欲煩說耳. 盖水路進兵, 留駐于鎭江義州等處事也." 等答曰, "職等昨始入城, 聽得陳慰[144]之言耳." 兵巡曰, "唯唯." 又慰勞勤懇曰, "風波危急之日, 只仗忠信, 天所扶持, 豈容人力? 昨者, 呈文所言激切, 見溺不援, 可乎? 但水路辛苦, 趕路亦險[145], 何以去了? 當令備造轎子, 擔送耳." 等叩頭謝曰, "聖天子懷來萬邦, 不遮朝宗之路. 職等生入父母之國, 厚蒙大老爺恩典, 微禹其魚. 但念職等, 侯邦小官, 其敢偃然乘轎於天子之國乎?" 兵巡曰, "天朝, 微官皆乘轎, 陪臣皆[146]大官也. 何必固辭." 啜茶而罷. 歸所館, 又差官送名帖, 回謝矣[147]. 晩間[148]陳慰兩公來訪. 及暮, **曲公**入[149]來求索[150], 無耻也.

---

135 하버드본에는 '擧手'자가 '揖余'자로 되어 있음.
136 하버드본에는 '多謝'자가 추가됨.
137 하버드본에는 '坐'자가 추가됨.
138 하버드본에는 '向'자가 추가됨.
139 하버드본에는 '向'자가 추가됨.
140 하버드본에는 '意'자가 '義'자로 되어 있음.
141 하버드본에는 '使'자가 추가됨.
142 하버드본에는 '詳'자가 '相'자로 되어 있음.
143 하버드본에는 '之'자가 '知'자로 되어 있음.
144 하버드본에는 '使'자가 추가됨.
145 하버드본에는 '險'자가 '滔'자로 되어 있음.
146 하버드본에는 '皆'자가 없음.

二十二日，晴. 楊使發程，余等往候之. 楊使出示兵巡之書，書中曰，“登州荒僻之區，爲人迹不到之處. 今日且爲衝邊矣. 諸事草創，掛漏良多，老年翁不罪其疎，反煩齒[151]謝耶? 愧悚愧悚. 承諭陪臣從行事，自彼計筭，殆未知弟待之之法耳. 驛遞近多逃亡，若加以陪臣行李，恐逃亡詭避. 有司，巧卸於貢使，則大非朝廷柔遠初心，而於[152]老年翁携行本願亦[153]大拂矣[154]. 不如留之數日，與干旗分爲兩行，而在道則弟加員役護送，在登則給公廩贍用，**更**[155]一路支費，弟再贈以多金，務俾[156]賓至如初，酬其忠順. 至其失落方物**或**[157]**飄**[158]遺本章，弟自當代爲題，明達天聽也. 如此靡妥，老年翁以爲如何? 郊外恭候，面悉[159]未旣. 弟名正具. 左冲.”云云.[160] 等亦往郊所，如昨日而返. 日暮，雷霆風雨，達夜如注.

二十三日，雨[161]. 朝往摠兵衙門，行見官禮. 摠兵**沈有容**老將也. 出

---

147 하버드본에는 '矣'자가 '也'자로 되어 있음.
148 하버드본에는 '間'자가 '聞'자로 되어 있음.
149 하버드본에는 '入'자가 '又'자로 되어 있음.
150 하버드본에는 '索'자가 '倭刀'자로 되어 있음.
151 하버드본에는 '煩齒'자가 '齒煩'자로 되어 있음.
152 하버드본에는 '於'자가 없음.
153 하버드본에는 '非'자가 추가됨.
154 하버드본에는 '矣'자가 '也'자로 되어 있음.
155 하버드본에는 '更'자가 '足'자로 되어 있음.
156 하버드본에는 '俾'자가 '令'자로 되어 있음.
157 하버드본에는 '或'자가 '及'자로 되어 있음.
158 하버드본에는 '飄'자가 '漂'자로 되어 있음.
159 하버드본에는 '悉'자가 '委'자로 되어 있음.
160 하버드본에는 '正具左冲云云'자가 注로 처리됨.
161 하버드본에는 '雨'자가 '晴'자로 되어 있음.

接之禮, 亦有款曲之意. 啜茶後, 等曰, "職等之船, 泊于城外, 風浪可畏. 願老爺命納城內之溝, 與戰艦同泊, 以俟職等之還, 如何?" 答曰, "是了. 豈可徒泊之乎? 亦可修治楫物以俟之耳." 等謝揖[162]而退. 午後, 兵巡道下令登[163]府, 將製小肩輿, 以給四介陪臣, 信票[164]來示矣.

二十四日, 晴. 將往見登州府官而不果. **曲公**期會, 不至使人. 問之, 則請俟他日云. 無信之甚者也. 求請[165]之事, 頗煩.

偶入蓬萊島, 舟行路幾何?
相逢僊[166]侶在, 長揖高官多,
樓閣浮天紀, 城池枕海波,
三生曾未到, 此日夢中過. 右題入扇應求[167] [168]

二十五日, 晴. **曲公**來見, 求索支離, 求大米亦懇曰, "有老親, 要作飯養之."云. 午後, 兩起之行幷請宴. 都司**欒維城**[169], 承兵巡分付, 押宴于別衙門. 極備極精, 禮數甚盛, 九爵後罷出. **欒**都司, 身長腹大, 善飮食者[170]. 禮畢, 膳夫輩, 擔餘到庭, 索面皮, 鬧甚矣. 午後,

162 하버드본에는 '謝揖'자가 '揖謝'자로 되어 있음.
163 하버드본에는 '州'자가 추가됨.
164 하버드본에는 '標'자로 되어 있음. 일반적으로 하버드본의 글자가 자주 쓰임.
165 하버드본에는 '請'자가 '索'자로 되어 있음.
166 하버드본에는 '僊'자가 '仙'자로 되어 있음.
167 하버드본에는 '應求'자가 없음.
168 하버드본에는 '(一云十三日作)'자가 추가됨.
169 하버드본에는 '城'자가 '誠'자로 되어 있음.
170 하버드본에는 '也'자가 추가됨.

摠兵衙門，遣將官，奉邀至[171]，則方在藏船之溝．余[172]船亦已入置其中．盖從前日之請，而招余等見之也．啜茶後，謝拜千萬而退．

鑿門爲水口，引海入城中，
藏艦蒙衝滿，輸粮甬道通，
行間超俊特，壇上揖英雄，
胡命其能久，天威一掃空．　　右[173]藏戰船[174]之溝

軍威尊重處，最是摠兵衙，
熊羆爲心腹，貔貅作爪牙，
鼓聲分霹靂，旗影動龍蛇，
引我升壇揖，高談立歠茶．　　右沈總兵接禮

二十六日，晴．護衛將**韓恒吉**失**楊**天使書，團鍊使**崔渙**失其東西幷呈文，訴于衙門，推得之．儒士[175]**王範**・**陳治國**請見，相對談論，率皆科擧之規．**王範**又謂等曰，"**李英芳**追**韓宗功**抵義州城下，中丸而走，勝戰卻敵，無**如**[176]貴國，人皆稱賀．" 等未之信曰，"此報從何來?" **王範**借得『蓬萊知縣通報』一冊示之．乃廣寧都御史[177]**王化貞**上本也．自登至京，道路皆傳，又於[178]禮兵兩部，公會諸官[179]，多言之．且曰，

---

171 하버드본에는 '至'자가 '到'자로 되어 있음.
172 하버드본에는 '等之'자가 추가됨.
173 하버드본에는 '題'자가 추가됨.
174 하버드본에는 '船'자가 '艦'자로 되어 있음.
175 하버드본에는 '韓'자가 추가됨.
176 하버드본에는 '如'자가 '餘'자로 되어 있음.
177 하버드본에는 '史'자가 '使'자로 되어 있음.

“朝鮮與中國協力, 則擒此賊易矣.”云[180]. 蓋中原不計我國兵力, 而[181]疑其無意討賊也. 午後, 兵巡衙門[182]招之, 引[183]入話房, 談話而退.

兵巡陶老爺, 招我入房中,
接話音雖異, 書懷意可通,
權推拯溺手, 仁大活人功,
厚惠終何報? 三生隔海東.　　　右陶御史[184]見請[185]

二十七日, 晴. 兵巡衙門憲牌來示. 有曰, “欽差整飭登州海防・摠理海運・兼管登萊兵巡・屯田山東等處[186]・提刑按察司按察[187]使**陶**, 據朝鮮國謝恩陪臣等呈稱, ‘職等閏二月[188]發程, 到旅順口遇大風, 文書方物與船俱沉. 今月初九日, 于[189]大洋中, 與天使兩爺之船相失. 漂流十餘日, 昨夜始得來到. 一行盤纏盡[190]爲飄落[191], 許多員

---

178 하버드본에는 ‘於’자가 없음.
179 하버드본에는 ‘官’자가 ‘公’자로 되어 있음.
180 하버드본에는 ‘云’자가 없음.
181 하버드본에는 ‘而’자가 없음.
182 하버드본에는 ‘衙門’자가 없음.
183 하버드본에는 ‘引’자가 없음.
184 하버드본에는 ‘史’자가 ‘使’자로 되어 있음.
185 하버드본에는 ‘見請’자가 ‘請見’자로 되어 있음.
186 하버드본에는 ‘處’자가 없음.
187 하버드본에는 ‘司按察’자가 없음.
188 하버드본에는 ‘一云三月’이 주석으로 추가되어 있다. 7월 2일자를 보면 ‘윤 2월에 의주에 도착했다’는 기록이 있다. 하지만, 육로가 막혀 돌아와 5월에 배를 탔다.
189 하버드본에는 ‘于’자가 없음.
190 하버드본에는 ‘盡’자가 ‘皆’자로 되어 있음.

役飢餓[192]將斃，等情到道.' 據此，已經[193]行府支給路費銀五十兩，以助資斧去. 復今據該府送到銀兩，合行發給收用，爲此牌，仰本官照牌事理，卽將發去，銀五十兩照數查收，盤費應用具收過，印信領收，送道查考，毋得違延未便. 須至[194]牌者，右牌仰朝鮮國陪臣等官，准[195]此." 卽修名帖，具[196]呈文，回謝曰，"朝鮮國謝恩陪臣等，爲謝恩典事，職等偏蒙大老爺恩典，飢餒之中，旣見[197]鷄鶋之饗，醉酒飽德，無任感祝. 足將踵門，而恭承免謝之命，惶恐而退. 不意今者，半百之金，又及罄竭之餘，仰受洪私，罔知攸謝. 玆蓋伏遇大老爺欽體聖天子柔遠之仁，拯濟小邦，波及賤价，不勝感激，蹈舞之至."云云. 又憲牌爲慰勞遠人，以利攸往事. "照得朝鮮肇封箕子，素稱禮義之邦，敬事皇朝，世效東藩之職. 玆者，朝鮮國王特遣謝恩陪臣到登，但念各官役[198]遠涉艱辛，遭風敗船，漂失行李，情殊可憫，相應奬賞，以慰遠勞，除在[199]給銀兩，另行牌發，賞賚・酒筵・程饌等項，不必牌行外，所有各官[200]役犒賞，合行知會，本官回還該國之日，報知國王，以見本道優禮之意云云[201]."

191 하버드본에는 '飄落'자가 '漂失'자로 되어 있음.
192 하버드본에는 '餓'자가 '饑'자로 되어 있음.
193 하버드본에는 '經'자가 '徑'자로 되어 있음.
194 하버드본에는 '至'자가 '知'자로 되어 있음.
195 하버드본에는 '准'자가 '準'자로 되어 있음.
196 하버드본에는 '具'자가 '且'자로 되어 있음.
197 하버드본에는 '見'자가 '得'자로 되어 있음.
198 하버드본에는 '官役'자가 '陪臣'자로 되어 있음.
199 하버드본에는 '在'자가 없음.
200 하버드본에는 '員'자가 추가됨.
201 하버드본에는 '云云'자가 없음.

二十八日, 晴. 兵巡道憲牌, 爲公務事. "陪臣跟役往京者, 已共賞銀訖, 其在船看守者, 逐名開[202]具[203]人數, 以憑按名, 發給食米, 應用[204]施行云云[205]." 儒士郝姓人來見, 談間問我國科擧之規. 余悉以所爲者言之, 則掉頭曰, "難矣哉[206]. 三經四書沒誦者, 鬼神能之." 仍言中朝之規, 只取業經而講之之式. 異於我國, 不爲口讀[207], 而[208]持筆書其意[209]於講紙, 若先儒氏出註者, 然試官亦以此考之云. 然[210]則尤有難於我國之規也[211].

客路靑山外, 孤舟碧海濱,
此行初入界, 誰道是知津,
到處歡情少, 逢場識面新[212],
三生緣分在, 邂逅夢中人.　　右題[213]郝秀才扇

二十九日, 呈文兵巡道爲謝罪事. "職等蒙大老爺奬賞, 銀兩查收, 照單分給訖. 官役輩當躬自叩謝, 而惶恐未遑之際, 致勤老爺再三

202 하버드본에는 '開'자가 '閱'자로 되어 있음.
203 하버드본에는 '具'자가 '其'자로 되어 있음.
204 하버드본에는 '用'자가 '行'자로 되어 있음.
205 하버드본에는 '云'자가 없음.
206 하버드본에는 '哉'자가 없음.
207 하버드본에는 '讀'자가 '誦'자로 되어 있음.
208 하버드본에는 '而'자가 없음.
209 하버드본에는 '意'자가 '義'자로 되어 있음.
210 하버드본에는 '然'자가 없음.
211 하버드본에는 '也'자가 없음.
212 하버드본에는 '新'자가 '親'자로 되어 있음.
213 하버드본에는 '題'자가 없음.

下問. 又於差官討手[214]本, 回復之時, 書房小吏不識上國文書之式, 妄用小紙. 卽將小吏決罪二十棍, 拿詣大衙門俟命. 無非職等不敏之失, 不可諉諸下輩之罪. 故敢此進來叩頭謝罪云云[215]." 兵巡答批曰, "下輩不諳, 不必深究. 陪臣躬自踵門, 足諒祇[216]愼. 本道暑恙未瘥[217], 不能相會, 發去名帖一函, 差官致謝." 卽又答謝呈文曰, "蒙大老爺眷恤, 不罪有罪, 反賜恩言, 此[218]謂生死而肉骨者也. 且審大[219]老爺暑天愆和. 不勝區區憂慮. 退思勿藥之喜."

214 하버드본에는 '書'자가 추가됨.
215 하버드본에는 '云'자가 없음.
216 하버드본에는 '祇'자가 '持'자로 되어 있음.
217 하버드본에는 '瘥'자가 '差'자로 되어 있음.
218 하버드본에는 '可'자가 추가됨.
219 하버드본에는 '大'자가 없음.

七月

初一日 庚子 雨. 朝送人于曲監務, 不得見而還, 人之無實[1]如此. 午間[2], 登府送人問應用人馬幾何, 卽使[3]通官往答之, 且[4]備禮物送之. 兩行并呈催行之文于兵巡衙門, 而未呈之際, 兵巡勘合文書已來到矣. 哨官錢裕[5]徵持贈金扇有四韻之題, 又以他扇請余次韻. 求寫不已, 故書贈之.

可笑吾生也有涯, 萍蹤漂轉到中華,
北奴猾夏遼河[6]斷, 東國朝天渤海遮,
短劒此時長作客, 扁舟何日言歸家?
臨風一別神仙境, 萬里波濤接彩霞. 右題扇贈錢哨官

初二日, 晴. 兵巡道長單云, "朝鮮國陪臣等呈稱, '奉差京師, 隨行天使駕舟, 由海至洋中, 遭風敗船, 漂流十餘日, 盤費沉失, 今幸到此. 由陸前進, 乞賜夫馬, 馱運方物, 庶爲恩便等.' 因據此爲照, 朝鮮國遠在東藩, 世秉忠貞, 聘享不絶, 今因遼路中梗, 取道登萊, 而[7]颶颶爲灾, 行李飄[8]失, 情實可憫. 已該本道處給路費以濟長途, 外所有應

1 하버드본에는 '實'자가 '信'자로 되어 있음.
2 하버드본에는 '間'자가 '後'자로 되어 있음.
3 하버드본에는 '使'자가 '令'자로 되어 있음.
4 하버드본에는 '且'자가 '具'자로 되어 있음.
5 하버드본에는 '裕'자가 '祐'자로 되어 있음.
6 하버드본에는 '河'자가 '海'자로 되어 있음.
7 하버드본에는 '而'자가 없음.
8 하버드본에는 '飄'자가 '漂'자로 되어 있음.

給夫馬・口粮, 相應塡給, 以昭天朝柔遠之仁. 爲此, 仰經[9]過衙門官吏, 照單事理, 照數應付, 至北京[10]往回, 毋得視爲秦[11]越, 致失中華之體, 計開[12]陪臣二員, 轎夫十六, 口粮四分, 廩給二分, 員役并馬三十二, 推車九兩, 車夫十六, 如無車, 用驢三十頭. 經[13]過州縣驛遞等衙門准此." 又**兵巡道**呈禮部咨, "據朝鮮國謝恩陪臣**崔**某[14]・**安**某[15]等呈稱, '職等齊捧[16]寡君兩件謝恩奏咨方物, 去閏二月, 本國離發到義州. 聞遼東失守, 不得前進. 隨天使一時由海路到旅順口, 遭風敗船, 方物・文書太半沉失. 職等受命無狀. 致此无妄之灾, 日夜呼[17]哭, 罔知所爲. 又於今月十九日, 于大洋中與天使船相失, 漂流十餘日, 皇靈所暨, 神物[18]扶持, 身脫魚腹, 足躡平地, 而盤纏盡失, 一行飢餒. 幸賴貴州察職等矜憫[19]之情, 曲加憐恤, 俯活涸轍. 庖廩繼至, 亦旣**飢**[20]德, 聚首感泣. 第念水路已往, 而陸**行**[21]在前, 前頭[22]跋涉之

9 하버드본에는 '經'자가 '徑'자로 되어 있음.
10 하버드본에는 '師'자가 추가됨.
11 하버드본에는 '秦'자가 '楚'자로 되어 있고, 장서각 본에는 '嫀'로 되어 있으나, '秦'이 맞다. 소원한 관계를 말할 때 '秦越'과 '楚越'은 통용됨.
12 하버드본에는 '開'자가 '閱'자로 되어 있음.
13 하버드본에는 '經'자가 '徑'자로 되어 있음.
14 하버드본에는 '某'자가 '應虛'자로 되어 있음.
15 하버드본에는 '某'자가 '璥'자로 되어 있음.
16 하버드본에는 '捧'자가 '奉'자로 되어 있음.
17 하버드본에는 '呼'자가 '號'자로 되어 있음.
18 하버드본에는 '物'자가 '明'자로 되어 있음.
19 하버드본에는 '憫'자가 '惻'자로 되어 있음.
20 하버드본에는 '飢'자가 '飽'자로 되어 있음. 여기에서 '飽德'이 맞음. 음식을 배부르게 먹여 준 덕으로 『시경』에 "이미 술로 취하게 해주시고, 덕으로 배부르게 해 주셨으니 왕이시여! 만년토록 큰 복을 누리소서.[旣醉以酒, 旣飽以德, 君子萬年, 介爾景福.]"라는 내용이 나온다.

艱, 甚於曩日. 道路[23]之迂直, 盜賊之竊發, 皆未可知也. 如或落後於天使之行, 則勢不得必達. 職等之死於道路, 雖似螻蟻, 使寡君格天事大之誠, 恐[24]歸虛地. 此職等所以仰天搥胸者也. 小邦二[25]百[26]年來, 仰事父母之國, 一朝爲賊奴所阻, 山梯旣斷, 海航初駕, 欲及塗山之會, 庶免防風之誅. 出沒鯨濤[27]萬死, 朝宗君臣大義, 昭揭日月. 雖書諸竹帛, 聞於隣國, 無足愧[28]也. 伏願老爺亟差伴送, 且出夫馬, 搬運方物, 俾得貢獻之便, 幷將失落之情, 轉報禮部, 以憑聞奏施行, 不勝感泣之至.' 等因具[29]呈, 到道爲照, '朝鮮陪臣**崔**·**安**等, 遠人遭變, 行李盡失, 枵腹艱辛, 情實可憫[30], 已該本道, 處給路費, 譏[31]給夫馬, 廩給口粮, 選差官·快手, 伴送赴京**外**[32], 其漂失官文·方物, 但因天災所使, 人力難支, 情屬可原. 謹將所失官文及一切方物, 備開[33]後款, 擬合呈報, 爲此, 今將前項緣由, 理合具呈, 伏乞照驗施行. 須至[34]呈者.' 右呈禮部. 按察使**陶朗先**."

21 하버드본에는 '行'자가 '路'자로 되어 있음.
22 하버드본에는 '前頭'자가 없음.
23 하버드본에는 '路'자가 '途'자로 되어 있음.
24 하버드본에는 '恐'자가 '空'자로 되어 있음.
25 하버드본에는 '二'자가 '三'자로 되어 있음.
26 하버드본에는 '餘'자가 추가됨.
27 하버드본에는 '濤'자가 '波'자로 되어 있음.
28 하버드본에는 '愧'자가 '怪'자로 되어 있음.
29 하버드본에는 '具'자가 '其'자로 되어 있음.
30 하버드본에는 '憫'자가 '悶'자로 되어 있음.
31 두 본 모두 '譏'이지만, 마땅히 '議'가 되어야 함.
32 하버드본에는 '外'자가 '師'자로 되어 있음.
33 하버드본에는 '開'자가 '閱'자로 되어 있음.
34 하버드본에는 '牒'자가 추가됨.

初三日，晴．<u>登府</u>造送轎子，以紙塗其內面．伴送<u>**張**指揮</u>名<u>**弘驃**</u>也．備送盛饌，[35]<u>快手</u>名**遲**[36]<u>**國升**</u>也．<u>兵巡道</u>呈<u>兵部</u>文書，亦爲成送，與呈<u>禮部</u>之文無加減．但未及漂海人丁交割等事情矣．<u>伴送</u>[37]<u>快手</u>兩人，點閱轎夫驢馬，期以明日早發．相與屈指計程曰，“前頭多[38]小路，將二千里.”云云[39]．

伴送<u>**張**夫子</u>，持盃慰遠行，
去來同一醉，萬里短長程．　　右醉題[40]伴送扇

初四日，晴．詣衙門告辭．<u>兵巡</u>中暑，不坐堂出，送名帖曰，“行去平安”云云[41]．驢三十頭載方物，每以一駄分作二駄，碎屑難合，可憫．每一轎擔夫八名，皆自願雇立．肩磨[42]或有如牛背瘡者也．四人相遆，前二後二擔之．右[43]肩左[44]肩一時偕換．換時必前後相語[45]曰，“換肩阿.” 百步許，則頻頻換之．又時時相告曰，“重阿?不重阿?” “徧[46]了!臥伊了[47]!” 曰，“大的阿!大的阿!” “仔細阿!仔細阿!”，言其

---

35 하버드본에는 ‘遲’자가 추가됨.
36 하버드본에는 ‘遲’자가 없음.
37 하버드본에는 ‘與’자가 추가됨.
38 하버드본에는 ‘多’자가 ‘大’자로 되어 있음.
39 하버드본에는 ‘云’자가 없음.
40 하버드본에는 ‘張’자가 추가됨.
41 하버드본에는 ‘云’자가 없음.
42 하버드본에는 ‘肩磨’자가 없음.
43 하버드본에는 ‘右’자가 ‘左’자로 되어 있음.
44 하버드본에는 ‘左’자가 ‘右’자로 되어 있음.
45 하버드본에는 ‘語’자가 ‘話’자로 되어 있음.
46 하버드본에는 ‘徧’자가 ‘編’자로 되어 있음.

相勉操心也. 有時止轎於路中, 路人擁轎而觀之. 擔夫偕上餔[48]子, 買喫酒果餠麵, 醉飽然後來肩之. 同聲相應曰, "馱阿!馱阿!" "走阿! 走阿!". 渡黃河至黃縣, 宿趙姓人家. 是日行六十里.

晩渡黃河水, 初疑天上來,
千年一淸後, 到海何時回.　　右題遲快手扇

初五日, 晴. 早發, 西距二十里, 涉大川名曰難乃河. 路中題門曰, '盧仙勝迹' 三十里, 立碑曰, '登州萊州界'. 南有山[49]黃山, 北濱[50]海. 廣野極目, 大槩川多, 近海而未見潮汐之痕, 白沙平原, 處處林樹[51]間, 必有村庄矣. 又題門曰, "東牟首邑北馬重鎭. 行六十里, 是謂[52]黃山馹." 遆馬中火于燕哥店. 涉進海川南邊, 遠山曰王乙山, 過珍淸堡, 暮入朱橋馹, 宿翰林客館. 是日, 行百二十里云. 路人皆言[53], '六月灑雨, 蝗虫蔽野, 田畝之上, 揮旗驅之, 或掘坎火埋, 或官命[54]捕之, 或捕而食之云云[55].'

蝨賊害心根, 田家[56]無所食,

---

47 장서각본과 하버드본에는 모두 '臥伊了[wòyīlè]'지만, '歪了[wāilè](삐뚤었소)'를 잘못 기록한 것 같음.
48 장서각본과 하버드본에는 모두 '餔'이지만, 문맥상 '鋪(점포)'가 맞음.
49 하버드본에는 '山'자가 없음.
50 하버드본에는 '于'자가 추가됨.
51 하버드본에는 '之'자가 추가됨.
52 하버드본에는 '謂'자가 '爲'자로 되어 있음.
53 하버드본에는 '言'자가 '曰'자로 되어 있음.
54 하버드본에는 '命'자가 '令'자로 되어 있음.
55 하버드본에는 '云云'자가 없음.

天灾豈偶然, 夷狄侵中國.　　右題人扇

初六日, 晴. 行五里許, 立石曰, '掖縣界'. 下南邊名山曰舊山, 上南則新山. 渡王河, 歷豊萊村, 過水古河水古村到萊州. 日尙早, 不給夫馬, 止宿東關里**劉姓**人家. 自朱橋到此六十里[57]. 萊州分巡道**陳亮采**往濟南布政之所, 知府**林銘鼎**·知縣**薛文周**在城而無傳令, 不使入城**云**[58]. ○儒士二人來見, 求題扇.

大府威聲重, 譏關號令尊,
行人禁不入, 白晝掩城門.　　右題[59]戴姓人扇

道路爭相見, 朝鮮御史[60]來,
海山千萬里, 何處是登萊.　　右題[61]汪姓人扇

初七日, 晴[62]. 早發, 平郊之外, 林藪[63]間, 多塚墓立石處, 亦多有之曰澤沽處, 有澤民塋. 二十里, 題石曰贍學田, 又曰贍士田. 三十里有舖[64], 門外多盤石. 有川曰臯[65]村河, 五十里有[66]河, 大村庄立石

56 하버드본에는 '家'자가 '野'자로 되어 있음.
57 하버드본에는 '云'자가 추가됨.
58 하버드본에는 '云'자가 없음.
59 하버드본에는 '題'자가 없음.
60 하버드본에는 '史'자가 '使'자로 되어 있음.
61 하버드본에는 '題'자가 없음.
62 하버드본에는 '晴'자가 없음.
63 하버드본에는 '藪'자가 '樹'자로 되어 있음.
64 하버드본에는 '舖'자가 '館'자로 되어 있음.
65 하버드본에는 '臯'자가 '沽'자로 되어 있음.

曰, '掖縣西交界', 又立門曰, '平度東界'. 中火于灰阜馹, 舟[67]渡深河, 有門曰, '昌邑**東**[68]'. 四十里, 又有澤水亂流而渡. 暮投牛庄村**馬姓**人家宿. 通共百十餘里. 期以[69]明朝入昌邑縣適馬云. ○有士群集, 各求題扇, 忙甚難拒, 只記其一.

田園村巷邃, 城市邑居寬,
遠客停車處, 青衿挾路觀.　　　右題人扇

初八日, 晴. 舟[70]渡濰河, 韓信囊沙之[71]水也. 遠見上流, 尙有沙痕.

韓信龍且事, 濰沙幾萬囊,
早知功不伐, 何用假齊王.

伴送稱贊, 又呼韻懇請.[72]

不耻屠中衆辱之, 誰憐城下釣魚飢,
謀深濰水囊沙日, 計拙齊王請假時,
四海未平權亦重, 萬邦纔定勢還危,
英雄事去將安適, 鳥盡弓藏悔莫追.

---

66 하버드본에는 '涉'자가 추가됨.
67 하버드본에는 '舟'자가 '再'자로 되어 있음.
68 하버드본에는 '界'자가 추가됨.
69 하버드본에는 '以'자가 없음.
70 하버드본에는 '舟'자가 '再'자로 되어 있음.
71 하버드본에는 '之'자가 없음.
72 하버드본에는 (不已更題七言一首)이 추가되고, '伴送'부터는 注로 표시됨.

伴送再拜曰，高才妙格.[73]

未到昌邑十里，有新福堡，義婦塚. 楡柳・桑柘，狹路擁翠，知縣送下程食物，過縣西七里有新營堡，過寒亭，暮入濰縣城北隅，宿**王姓**人家. 是日行共百十餘里. ○主人堂號好賢，索詩甚勤[74].

門對山東路，墻連縣北城，
日華生粉壁，雲影入雕甍，
榻掛尊賢迹，堂留好士名，
天涯孤客夢，骨冷竟難成.　　　右爲主人題好賢堂[75]

初九日，晴. 中火于昌樂. 知縣冠帶來見，相對啜茶，禮接甚恭. 談話移時，亦論科擧之規，乃少年文官，顔貌端妙，己未榜及第，十九登科，時二十一歲[76]. 名**仲嘉**，自言孔子弟子**仲由**之[77]後裔云. 縣西五里有方朔舊隴[78]，十里有古劇南城. 其他[79]**王裒**・**龐蒴**之古迹，處處題門[80]. 又有放勛[81]橋・堯溝. 又立石曰，墾闢荒田，又曰，益都縣新建官庄. 渡雙鳳河，又渡洰洱河，宿**周姓**人家，共八十里. ○路[82]

73 하버드본에는 '伴送'부터 注로 표시됨.
74 하버드본에는 '勤'자가 '懇，故卽題好賢堂'자로 되어 있음.
75 하버드본에는 '右爲主人題好賢堂'자가 없음.
76 하버드본에는 '歲'자가 없음.
77 하버드본에는 '之'자가 없음.
78 하버드본에는 '隴'자가 '曨'자로 되어 있음.
79 하버드본에는 '題門處，多是'자가 추가됨.
80 하버드본에는 '處處題門'자가 없음.
81 하버드본에는 '勛'자가 '勳'자로 되어 있음.
82 하버드본에는 '由'자가 추가됨.

逢[83]萊州[84]分巡道之行, 自濟南還, 駐輿問曰, "是阿[85]你們的朝鮮進貢陪臣麽? 多多辛苦." 卽令通官李恂進前叩頭稱謝, 且告過州之日不得入城之事. 曰, "皇朝之待朝鮮, 視同內服, 雖天子之庭, 不問出入, 而獨於萊州拒門不納, 恐懼懷慚之中, 不能無憾, 敢此仰達." 分巡慰之曰, "起來起來. 俺不在城, 下官不職. 當治之."云云[86].

草樹迷官路, 塵埃染客衣,
荒墳多累累, 短碣獨[87]依依,
河廣孤舟小, 原長駟[88]牡騑,
西行幾千里, 故國未言歸. 右途中口占

初十日, 晴. 曉發, 到青州王姓人家朝飯[89], 知府蔡寅賓・益都知縣胡良機, 送名帖下程食物. 太公時古城猶[90]存. 所謂牛山卽一丸小丘[91], 嘗美之木更無一株, 與孟子之[92]時, 又加遠矣. 使齊景公登臨, 則其垂涕尤[93]難禁也. 行到二十里, 有盛村青龍橋. 又過村舖, 題曰,

---

83 하버드본에는 '逢'자가 '蓬'자로 되어 있음. 여기에서는 문맥상 '길에서 내주의 분순도를 만났다'가 되어야 하는데, 하버드본에서는 '길은 봉래를 경유하였다'는 의미로 잘못 보고 있다.

84 하버드본에는 '州'자가 없음.

85 하버드본에는 '阿'자가 '何'자로 되어 있음.

86 하버드본에는 '雲'자가 없음.

87 하버드본에는 '獨'자가 '狒'자로 되어 있음.

88 하버드본에는 '駟'자가 '四'자로 되어 있음.

89 하버드본에는 '王姓人家朝飯'자가 '朝飯于王姓家'자로 되어 있음.

90 하버드본에는 '猶'자가 '尙'자로 되어 있음.

91 하버드본에는 '丘'자가 '邱'자로 되어 있음.

92 하버드본에는 '之'자가 없음.

'矮槐古迹, 臨淄交界.' 道路人民物貨[94]繁盛, 肩磨之說[95], 果然. 渡淄河, 宿金嶺馹. 路多深巷長谷, 其平地則豆黍豊茂, 樹木則皆柿棗楸梨, 巨家高甍聳出林間. 邢軍門之第在城內, [96]軍門已化, 有子三人, 一子登第, 今爲薊州監軍云. 是日行百二十里.

曉過長途睡不知, 天涯行役轉支離[97],
槐安國裏何多事, 粱夢人間始熟炊,
風露滿身寧免病, 塵沙蔽目好吟詩,
嵎峽咫尺東方白, 未到靑州日出時.

卽墨田單邑, 臨淄尙父墟,
遠遊何日到, 伊軋小肩輿. 右人止輿而求題扇[98]

十一日. 早[99]發, 向長山縣. 聞**劉天使**病不復命而留其村舍. 故往拜之. 其接待之禮·飮食之品, 極盛極備, 門庭深邃, 有若宮闕. 逐門懸額, 皆以金字. 曰講幄師臣, 曰台鼎重望, 曰父子進士, 曰太史公第. 其他花卉之屬, 無不具焉. 見余等泣[100]曰, "俺奉使貴國, 無害物傷人之心, 惟飮食折銀一事, 勉從**楊**大人之言, 畢竟旅順之敗, 無乃

---

93 하버드본에는 '尤'자가 없음.
94 하버드본에는 '貨'자가 '莽'자로 되어 있음.
95 하버드본에는 '說'자가 '莽'자로 되어 있음.
96 하버드본에는 '而'자가 추가됨.
97 하버드본에는 '離'자가 '難'자로 되어 있음.
98 하버드본에는 '右人止輿而求題扇'자가 '右題人扇'자로 되어 있음.
99 하버드본에는 '早'자가 '曉'자로 되어 있음.
100 하버드본에는 '語'자가 추가됨.

是殃耶. 至於國王所贈, 終無一介東西, 而僅免魚腹, 來見白髮雙親, 是亦國王之賜, 沒齒何忘. 尤所痛者, 父親平生之稿, 隨身東去, 編次未畢, 盡付滄溟, 不孝子也. 『皇華集』須斯速寄傳," 且出『頃陽子集』二卷給之曰, "願塵淸眸." 其父**劉相一**之撰也. 又贈路費銀三兩曰, "贐少無辭." 欲留之宿曰[101], "遠客不宿而過, 則主人未免薄名, 與其貽我惡名, 不若初不來訪也." 等以方物在縣, 典守無人, 固辭. 又曰, [102]"是阿, 今宵有月更坐談話而罷可也." 遂握手相別, 且令家丁五騎佩弓矢, 護送至[103]縣. 縣之距其家十八里許. 歸來正[104]及三鼓. 長河緩流, 明月中天, 閭閻寂然, 夜戶不閉. 下輿後, 家丁告還, 答以"辛苦辛苦, 多謝多謝."

天遣文星下紫微, 玉龜[105]腰帶衣緋衣,
卸舟滄海田橫島, 問舍淄川呂望畿[106],
龍節此時東往返, 鳳綸何日北旋歸,
隨來奉表朝鮮使, 夜扣[107]山陰月下扉.

十二日, 晴. 西五里, 題曰'范文正古寓.' 長山・鄒[108]平, 各十五里爲界. 中火于**吳姓人**[109]家. 路有伏生授經之處, 且[110]匡章之里[111],

---

101 하버드본에는 '曰'자가 없음.
102 하버드본에는 '曰'자가 없음.
103 하버드본에는 '至'자가 '之'자로 되어 있음.
104 하버드본에는 '正'자가 '政'자로 되어 있음.
105 하버드본에는 '龜'자가 '黽'자로 되어 있음.
106 두 본 모두 '畿'를 썼으나, 여기에서는 낚시터를 뜻하는 '磯'가 맞음.
107 하버드본에는 '扣'자가 '叩'자로 되어 있음.
108 하버드본에는 '鄒'자가 '雛'자로 되어 있음.

仲子之閭, 雍齒之墓, 如此名賢之區, 頗多[112]. 伴送謂余等曰, "章丘直路, 雖似平易, 間道捷徑, 將縮二百許里[113]."云. 故取濟陽小路, 則沮洳之地不可行也. 暮投**馮哥**店宿, 共八十餘里云.

伏生年九十, 千古讀書人,
受業門徒散, 荒涼舊宅榛.　　　右[114]伏生之居

責善恐傷恩, 事親非友道,
匡章志可哀, 見許吾鄒老.　　　右[115]匡章之里

於陵陳仲子, 齊國稱廉士,
三日耳無聞, 只看螬食李.　　　右[116]仲子之閭

腦中萬甲兵, 進退憂兼有,
宋室范希文, 名賢無出右.　　　右[117]文正之寓

愛憎公道在, 雍齒尙先封,
一罷沙中語, 人人勸鼎鍾.　　　右[118]雍齒墓並題[119]扇

---

109 하버드본에는 '人'자가 없음.
110 하버드본에는 '有'자가 추가됨.
111 하버드본에는 '之里'자가 없음.
112 하버드본에는 '焉'자가 추가됨.
113 하버드본에는 '許里'자가 '里許'자로 되어 있음.
114 하버드본에는 '題'자가 추가됨.
115 하버드본에는 '題'자가 추가됨.
116 하버드본에는 '題'자가 추가됨.
117 하버드본에는 '題'자가 추가됨.

十三日, 晴. 十里許有村曰'烟柳庄.' 三十里[120]**張哥**隣[121]有[122]河橋·麻河庄. 歷新庄·**方哥**店[123]. 舟渡鹽河, 入濟陽城底**董**姓人[124]家, 日已斜[125]. 未食朝飯, 一行飢乏, 塵垢滿身, 傍人皆來慰之. 知縣不在, 遆馬未易[126]. [127]促登前途, 纔過馬關子·白楊村, 三十里, 日落入宿, 是乃渡蛇橋**楊**姓人[128]家也. 行共九十里云.

手把黃金扇, 相逢最少年,
題詩星散後, 弱水隔三千. 右少年求題[129]扇

有自稱士人者五六群, 衣服鮮明. 來見談間, 一人[130]黃紗巾碧紗袍[131]者, [132]在座[133], 使公書于紙問曰, "尊公服色何如?" 其人書對曰, "先妣之喪, 故着此[134]." 使[135]又書[136]曰, "弊邦一遵中國, 皆三伐[137]之

---

118 하버드본에는 '題'자가 추가됨.
119 하버드본에는 '題'자가 없음.
120 하버드본에는 '有'자가 추가됨.
121 하버드본에는 '隣'자가 '店'자로 되어 있음.
122 하버드본에는 '有'자가 '過'자로 되어 있음.
123 하버드본에는 '新庄方哥店'자가 '方哥店新店'자로 되어 있음.
124 하버드본에는 '人'자가 없음.
125 하버드본에는 '已斜'자가 '旣晡矣'자로 되어 있음.
126 하버드본에는 '遆馬未易'자가 '未易遞馬'자로 되어 있음.
127 하버드본에는 '故'자가 추가됨.
128 하버드본에는 '人'자가 없음.
129 하버드본에는 '求題'자가 없음.
130 하버드본에는 '間一人'자가 '問'자로 되어 있음.
131 하버드본에는 '袍'자가 '糹+包'자로 되어 있음.
132 하버드본에는 '一人'자가 추가됨.
133 하버드본에는 '座'자가 '坐'자로 되어 있음.

禮, 古昔聖王之制也. 親喪則衰經三年, 歠[138]粥疏食水飮, 非喪事不出入[139], 或居廬[140]墓側者不到家, 哀毁盡誠, 祥禫之後, 復常. 然則禮制由中國出, 無乃小邦僻在遐遠, 只據方策中, 取法而然歟, 傳習之誤耶? 尊公喪服與夫禮不相似, 然敢問." 其人面[141]色如土, 不辭而去. 傍坐者相顧曰, "一箇[142]魚溷百川水, 不可使聞於外國也." 仍[143]問曰, "貴國素稱禮義之邦, 喪禮可得聞其詳歟? 中國之人, 孰不知聖賢之禮, 未必人人皆善也." 又問科擧程式・仕路高下・風俗所尙, 亹亹而罷.

黃冠宜野服, 不合居喪者,
禮義由賢出, 夷狄從諸夏,
今來始見之, 服色疑眞假,
素衣棘人欒, 檜詩亦見寡,
異服察異言, 未免齊東野,
借問服此服, 何以易天下,
食稻衣夫錦, 同參里中社,

134 하버드본에는 '衣'자가 추가됨. 하버드본이 맞음.
135 하버드본에는 '使'자가 '余'자로 되어 있음.
136 하버드본에는 '書'자가 '問'자로 되어 있음.
137 하버드본에는 '伐'자가 '代'자로 되어 있음. 하버드본이 맞음.
138 하버드본에는 '歠'자가 '啜'자로 되어 있음.
139 하버드본에는 '入'자가 '門外'자로 되어 있음.
140 하버드본에는 '居廬' 자가 '廬于'자로 되어 있음.
141 하버드본에는 '面'자가 '顔'자로 되어 있음.
142 하버드본에는 '箇'자가 '介'자로 되어 있음.
143 하버드본에는 '仍'자가 '因'자로 되어 있음.

人而不學禮, 襟[144]裾同牛馬,
衰麻變黃絹, 顙泚流如[145]瀉,
聖人作法制, 不當如是也.

十四日, 雨. 朝飯前馳三十里, 遇雨, 入王哥庄**劉姓**人家. 朝飯後, 雨歇, 又行三十里, 到臨邑縣南關**王姓**人家. 伴送落後, 不得遆馬, 仍[146]宿. [147]共[148]六十餘[149]里云[150]. ○扇匠百柄之扇, 只書一柄[151].

渭川青玉竹, 會稽白雲牋,
合作輕輕扇, 涼風六月天.[152] 右題白洒金扇[153]

可笑吾生晚, 頻年萬里行,
今宵古齊地, 猶見月孤明. 右題人扇應求[154]

十五日, 晴. 曉發, 過古釣盤·吳哥店·黃哥店, 場市之中, 物貨甚豊. 又過方朔古里, 至陵縣**崔姓**人家. 未飯前, 行六十里矣. 遆馬後,

144 하버드본에는 '襟'자가 '衿'자로 되어 있음.
145 하버드본에는 '如'자가 '洳'자로 되어 있음.
146 하버드본에는 '仍'자가 '留'자로 되어 있음.
147 하버드본에는 '是日纔'자가 추가됨.
148 하버드본에는 '共'자가 '行'자로 되어 있음.
149 하버드본에는 '餘'자가 없음.
150 하버드본에는 '云'자가 없음.
151 하버드본에는 '扇匠百柄之扇只書一柄'자가 없음.
152 하버드본에는 '(扇匠, 以百柄之扇求題, 只書白灑金扇一柄.)'자가 추가됨.
153 하버드본에는 '右題白洒金扇'자가 없음.
154 하버드본에는 '應求'자가 없음.

日暮, 只行二十里, 至大土橋, 宿王姓人家. 凡[155]八十里. 長・鄒之間, 無山大野極目, 閭閻相望, 黍粟茂密, 荏子尤實. 至此始見丘陵之形, 此所以爲縣名陵也. 但村家則或草或土, 舉多無梁之盖, 上塗以石炭與石灰, 如土床之狀. 列置醬瓮, 兼爲稼穡之場, 然雨漏處亦多, 而菌生棟矣.

誤逢誇大主, 寧作滑稽臣,
盗竊長生酒, 詼諧不死身,
直言都是詭, 古里或非眞,
千載東方朔, 吾知物外人.　　右過舅倩古里題人扇求詩

十六日, 晴. 曉發, 行四十里到[156]德州, 貫城中出門外, 朝飯于熊小野店, 雇船順流而下, 向于天津. 盖通渠引漕, 自南京經過之水也. 舟檣簇簇, 緣河兩岸, 閭閻櫛比, 酒樓茶肆, 士女喧闐. 樹林[157]隱映, 烟波渺茫, 景緻[158]則[159]甚佳矣[160]. 達夜行船. ○先是, 陳慰書狀柳汝恒, 以[161]父親進香使之行, 方在北京, 自願[162]入來, 道路傳聞則已爲辭朝, 來寓天津, 求得船隻云. 故等從柳[163]之懇, 而偕往天

155 하버드본에는 '凡'자가 '共'자로 되어 있음.
156 하버드본에는 '到'자가 '至'자로 되어 있음.
157 하버드본에는 '樹林'자가 '林樹'자로 되어 있음.
158 하버드본에는 '緻'자가 '致'자로 되어 있음. 하버드본을 많이 씀.
159 하버드본에는 '則'자가 없음.
160 하버드본에는 '矣'자가 없음.
161 하버드본에는 '其'자가 추가됨.
162 하버드본에는 '願'자가 '遠'자로 되어 있음.
163 하버드본에는 '使'자가 추가됨.

津, 及[164]到天津, 則[165]進香之[166]賃船, 開洋纔過四日云. 柳之不幸, 天也.

十七日, 晴. 自昨日未時開船, 至曉, 過滿地村, 平明, 泊安寧鎭. 是處距[167]德州, 水路[168]百里, 乃景州地也. 又過蓮汚村, 乃河間府交河縣地[169]也. 又過泊頭, 處處沿[170]湖, 青樓高閣, 金額翬飛. 夜過齊哥庵・長樂洲, 矇矓假寐中, 經過皆未[171]瑩得[172].

浦溆蒼茫兩岸平, 水流深淺夜無聲,
漕渠轉運通南海, 賓旅行裝達北京,
檣影欲移村犬吠, 蓬風初落渚禽驚,
回頭故國迷天末, 惆悵孤舟載月明.

十八日, 晴. 朝過南皮縣地[173], 縣在浦東四十里云. 至安土莊歷滄洲, [174]過荊齊縣, 乃新設之邑也[175], 城在東一里, 有知縣云. 又過青

164 하버드본에는 '天津, 及'자가 '未'자로 되어 있음.
165 하버드본에는 '則'자가 '聞'자로 되어 있음.
166 하버드본에는 '之'자가 '使'자로 되어 있음.
167 하버드본에는 '是處距'자가 '自'자로 되어 있음.
168 하버드본에는 '距此爲'자가 추가됨.
169 하버드본에는 '地'자가 없음.
170 하버드본에는 '沿'자가 '沿'자로 되어 있음.
171 하버드본에는 '能'자가 추가됨.
172 하버드본에는 '共二百餘里'자가 추가됨.
173 하버드본에는 '地'자가 없음.
174 하버드본에는 '又'자가 추가됨.
175 하버드본에는 '也'자가 없음.

縣, 樓閣尤盛. 岸上人捕蝗入㔶負去者, 甚多. 又過流河馹, 此則靜海縣地也. 通舟行共[176]四百餘里云.

項羽宰天下, 分茅最不公,
南皮果惡地, 不與他州同,
可惜成安君, 入關無大功,
封之不滿意, 忿氣爭英雄,
耳王餘獨侯, 交情難保終,
一丸古縣土, 荊棘生其中.

十九日, 晴. 朝過楊柳青, 人家之[177]盛, 舟檣之泊, 尤難[178]勝記. 粧樓處處[179]女人或[180]投壺, 豪士或[181]着碁, 相與戲謔[182]. 俯見余等之船, 指示玩笑, 或多[183]顚倒下樓而觀之者[184]. 巳時到天津衛, 聞進香使前四日已開洋, 欲向登州云. 伴送之船, 終日不來, 以此不得入城, 泊于衆船之間, 擾聒難堪, 與陳慰使結船談話. 市上烹蟹至賤[185]. ○大堤人行唱竹枝詞, 余亦題四首.

---

176 하버드본에는 '通舟行共'자가 '是日晝夜, 行'자로 되어 있음.
177 하버드본에는 '之'자가 '甚'자로 되어 있음.
178 하버드본에는 '尤難'자가 '不可'자로 되어 있음.
179 하버드본에는 '粧樓處處'자가 '處處粧樓遊'자로 되어 있음.
180 하버드본에는 '人或'자가 없음.
181 하버드본에는 '或'자가 없음.
182 하버드본에는 '戲謔'자가 '歡喜'자로 되어 있음.
183 하버드본에는 '多'자가 없음.
184 하버드본에는 '者'자가 없음.
185 하버드본에는 '矣'자가 추가됨.

其一[186]

珠箔依依如畫圖，美人竝[187]立爭投壺，

相將勝負助歡謔[188]，笑拔金釵歸酒壚[189]。

其二[190]

月下歸來歌[191]採蓮，萬檣齊泊粧樓前，

相携女伴向何處，欲訪郎君吹笛船。

其三[192]

五兩檣頭風正急，女郎解佩呑聲泣，

隣船偕唱竹枝詞，離恨滿江江雨濕。

其四[193]

彈罷瑤箏樓上人，煙波極目迷天津，

孤舟一去無消息，幾度傷心虛送春。

二十日，晴。朝遣奇暹等于衙門告之。稍晚伴送來。卽移船泊于清微閣，乃道士[194]觀也。登玉皇樓，朱欄縹緲。三層之上，設坐[195]金像，

---

186 하버드본에는 '其一'자가 없음.

187 하버드본에는 '竝'자가 '幷'자로 되어 있음.

188 하버드본에는 '謔'자가 '戲'자로 되어 있음.

189 하버드본에는 '壚'자가 '爐'자로 되어 있음.

190 하버드본에는 '其二'자가 없음.

191 하버드본에는 '歌'자가 '可'자로 되어 있음.

192 하버드본에는 '其三'자가 없음.

193 하버드본에는 '其四'자가 없음.

194 하버드본에는 '之'자가 추가됨.

乃玉皇也. 燒香之火, 晝夜不滅. ○次道士**望軒**軸.[196]

渡海相逢羽化人, 玉樞長誦口生津[197],
青囊儲藥仙姿妙[198], 丹鼎銷杳道氣眞,
柯爛一碁初輟[199]局, 花開三界幾回春,
養神不必求諸遠, 可笑吾行再入秦.[200]

遠泊清微閣, 東溟萬里船,
砂成金鼎火, 香散玉爐烟,
異草[201]嘗疑藥, 眞人望似仙,
明朝歸去路, 塵隔五雲天.　　右次李[202]紹軒軸

○又題一絶贈丘培元[203]
口誦黃庭十九[204]春, 雪膚今作羽衣人,
餐霞餘術如傳俗, 願借刀圭滌路塵.[205]

---

195 하버드본에는 '坐'자가 '座'자로 되어 있음.
196 하버드본에는 '次道士望軒軸'자가 '道士鄭望軒李紹軒俱有詩軸'자로 되어 있음.
197 하버드본에는 '津'자가 '塵'자로 되어 있음.
198 하버드본에는 '妙'자가 '玅'자로 되어 있음.
199 하버드본에는 '輟'자가 '撤'자로 되어 있음.
200 하버드본에는 '右次望軒'자가 추가됨.
201 하버드본에는 '草'자가 '艸'자로 되어 있음.
202 하버드본에는 '李'자가 없음.
203 하버드본에는 '軸○又題一絶贈丘培元'자가 없음.
204 하버드본에는 '十九'자가 '九十'자로 되어 있음.
205 하버드본에는 '右贈丘培元'자가 추가됨.

二十一日, 晴. 無夫馬不得發, 與道士鄭望軒·李紹軒·丘培元及李指揮稱同甲者等, 談話于清微閣. 至未時, 得雇船, 由三歧河, 泝流而上, 泊于十餘里之地. 題竹枝詞及待人樓律[206]

夜雨新添流水深, 沙痕草色平湖心,
扁舟下瀨急如箭, 飛去飛來驚渚禽.
其一[207]

兩岸遊人扶醉歸, 移船相近遙相識,
風波萬里飽辛苦, 莫惜江村來典衣.
其二[208]

橫塘渡[209]口起青樓, 樓上佳人待客舟,
刺繡倦成當晝夢[210], 浣紗閑唱滿江愁,
千行落字無書鴈, 一任芳盟有信鴟,
多少歸帆門外過, 眼穿西日水東流.[211]

二十二日, 晴. 朝行舟過韓溝兒, 乃武清縣地也. 河邊人多擧綱得魚, 嗅以[212]買之, 則小小鮮也. 作羹第一味矣[213]. 余戲曰[214], "大國

206 하버드본에는 '題竹枝詞及待人樓律'자가 없음.
207 하버드본에는 '其一'자가 '右竹枝詞一'자로 되어 있음.
208 하버드본에는 '其二'자가 '右竹枝詞二'자로 되어 있음.
209 하버드본에는 '渡'자가 '坡'자로 되어 있음.
210 하버드본에는 '夢'자가 '夛'자로 되어 있음.
211 하버드본에는 '右待人樓津'자가 추가됨.
212 하버드본에는 '以'자가 '而'자로 되어 있음.

有小小魚何歟?" 漁人笑曰, "又有大者, 我將持來耳." 去而呼其件, 果然携一大魚, 貫鰓[215]而到矣. 午至楊村馹, 下陸. 伴送未來, 來而後, 促夫馬相詰之際, 日已暮, 入宿**杜姓**人家. 是夜又雨. 近者三日, 晝晴夜雨, 道路泥滑, 轎夫顚蹶, 自天津至此六十里云. ○竹枝詞二首題兩漁人扇[216].

漑我釜鬵烹小鮮, 烹難待熟先流次[217],
早知若是江湖興, 何必還忘漁後筌.[218]
其一[219]

釣得嘉魚如臥劍, 漁翁來販江頭店,
呼兒急索囊中錢, 至[220]味不令人獨占[221].
其二[222]

二十三日, 陰. 午後, 快[223]晴. 過璧[224]塔坪・頓丘越板橋, 又過乾橋

---

213 하버드본에는 '矣'자가 '也'자로 되어 있음.
214 하버드본에는 '曰'자가 '謂漁人曰'자로 되어 있음.
215 하버드본에는 '鰓'자가 '腮'자로 되어 있음.
216 하버드본에는 '竹枝詞二首題兩漁人扇'자가 없음.
217 하버드본에는 '次'자가 '涎'자로 되어 있음.
218 하버드본에는 '(竹枝詞下同題而漁人扇)'자가 추가됨.
219 하버드본에는 '其一'자가 없음.
220 하버드본에는 '至'자가 '知'자로 되어 있음.
221 하버드본에는 '占'자가 '點'자로 되어 있음.
222 하버드본에는 '其二'자가 없음.
223 하버드본에는 '快'자가 '夬'자로 되어 있음.
224 하버드본에는 '璧'자가 '壁'자로 되어 있음.

店・商村，未及武清縣・八里站，日暮，推車不來，入[225]宿李姓人家．是日只行四十里．主人壁上有六言絶句，故[226]次之．

其一[227]

雲日暝[228]時客路，林烟起處人家，
蕭蕭不息征馬，啞啞[229]爭投宿鴉．

其二[230]

白水橋邊茶肆，青旗影下酒家，
長程日暮倦客，古樹風生亂鴉．

二十四日，晴．朝[231]發入武清縣，日出時也．[232]於侯姓人[233]家朝飯[234]．知縣李士元送名帖下程食物，卽書名帖回謝．過東林村・小王孤・大王孤・水滲舖[235]田村舖[236]，有丹艧宮殿，垣墻繚繞，乃神宗皇帝生母李氏願堂也．又於路傍題門曰，'水陸交衝．' 日已暮[237]，

225 하버드본에는 '入'자가 '止'자로 되어 있음.
226 하버드본에는 '故'자가 '囑余'자로 되어 있음.
227 하버드본에는 '其一'자가 없음.
228 하버드본에는 '暝'자가 '冥'자로 되어 있음.
229 하버드본에는 '啞啞'자가 '哂哂'자로 되어 있음.
230 하버드본에는 '其二'자가 없음.
231 하버드본에는 '朝'자가 '早'자로 되어 있음.
232 하버드본에는 '朝飯'자가 추가됨.
233 하버드본에는 '人'자가 없음.
234 하버드본에는 '朝飯'자가 없음.
235 하버드본에는 '舖'자가 '餔'자로 되어 있음.
236 하버드본에는 '舖'자가 없음.
237 하버드본에는 '矣'자가 추가됨.

入漷縣，宿李姓人[238]家．是日行[239]共八十里云．

陰陰槐柳繞墻垣，虛殿雲沉晝掩門，
孝極顯親人道備，恩深生我[240]母儀尊，
騂犧大饗嚴宗廟，丹雘餘光映僻村，
猶不足乎天下養，千年香火事如存．

二十五日，晴．朝過張哥院・舟師廳有城臨湖．午入[241]通州東關，戴哥店舊主人已亡，宿西關都姓人[242]家，是日行三十五里云．

再入通州未六年，主人庭宇掩重泉，
從軍夫婿亡征戰，失業妻兒遠播遷，
街上宛然沽酒肆，門前猶繫販魚船，
東關旅客西關去，他日來尋又那邊．

二十六日，晴．曉起促行，全無夫馬．分送譯官于衙門而督之，則皆曰，"你們的前例到[243]此，必留多日，今番何若是催之．" 邈然不動，念奔走之際，日已暮，仍宿[244]．○徃在丁巳，陸路赴京，到此州題一律，尚在日記中，今復五年，又用[245]其韻．

---

238 하버드본에는 '人'자가 없음.
239 하버드본에는 '行'자가 없음.
240 하버드본에는 '生我'자가 '我生'자로 되어 있음.
241 하버드본에는 '入'자가 '後過'자로 되어 있음.
242 하버드본에는 '人'자가 없음.
243 하버드본에는 '到'자가 '來'자로 되어 있음.
244 하버드본에는 '念奔走之際日已暮仍宿'자가 '且日暮入宿'자로 되어 있음.

行尋神禹跡茫茫，重見江南燕語檣，
歸夢不隨[246]山隔斷，片愁還與水流長，
狂歌鳳德譏夫子，耻學雞鳴謁孟嘗，
年老自憐爲客久，一生强半在他鄉.

二十七日，晴. 譯[247]官往來促之，則夫馬車輛之價，以錢若干. [248]不滿三分之一而[249]塞責，不得已雇騾載方物，僅僅[250]入京. 改服於東嶽廟，與陳慰使從容談話，各賦四韻. 脫置所乘四轎子於道士廳而一時上馬，幷入朝陽門. 門內守直官驚來叩馬曰，“盜賊梗塞，從何路入來耶? 抑盜賊撤去，而道路無阻耶?” 皆雀躍相顧[251]笑語[252]. 又於路傍觀光者皆曰，“朝鮮兵馬强盛，必破賊衝突而來也.” 兒童輩[253]相與喧騰[254]曰，“高麗已破賊，進貢表來了，皇帝萬歲.”云云. 到玉河館，館夫等嘆曰，“你們行李漂失之餘，只此畧畧，水路艱辛可想.” 聞言[255]惻然. ○題東嶽廟[256]

245 하버드본에는 ‘用’자가 ‘疊’자로 되어 있음.
246 하버드본에는 ‘隨’자가 ‘須’자로 되어 있음.
247 하버드본에는 ‘譯’자가 ‘驛’자로 되어 있음.
248 하버드본에는 ‘所載’자가 추가됨.
249 하버드본에는 ‘只爲’자가 추가됨.
250 하버드본에는 ‘僅僅’자가 ‘菫菫’자로 되어 있음.
251 하버드본에는 ‘顧’자가 없음.
252 하버드본에는 ‘語’자가 없음.
253 하버드본에는 ‘輩’자가 없음.
254 하버드본에는 ‘騰’자가 ‘騰’자로 되어 있음.
255 하버드본에는 ‘聞言’자가 ‘相與’자로 되어 있음.
256 하버드본에는 ‘題東嶽廟’자가 없음.

頻[257]年奉使入中原，行役間關不可言，
執玉塗山新宇宙，繫舟蓬島別乾坤，
蟻柯自覺三生夢，鯨海誰招萬死魂，
東嶽廟神應笑我，白頭何事徃來煩[258]．[259]

二十八日，晴．日晩門始開，牌子來言，“提督新出，時未莅任，呈報單等事，當待其出官後稟爲之．且方物東西，不可不驗包．”云．譯[260]官輩皆曰，“我們的進貢，非一[261]再，還時驗包則有之，未聞來時之驗也[262]．” 可見其刀登[263]求索之端也．館夫牌子中，或多丁巳年(1617)面目，而老序班**曺維信**尙在，見我而驚，進揖執手曰，“辛苦!辛苦! 安宰相幾次里[264]阿．” 言幾度也．

五載再觀周，逢人多舊面，
白頭曹序班，驚我重相見．　　右與[265]序班口占[266]

二十九日，晴．深閉館[267]門，寂無跫音．是日，新提督出官[268]于外

---

257 하버드본에는 '頻'자가 '多'자로 되어 있음.
258 하버드본에는 '煩'자가 '頻'자로 되어 있음. 하버드본이 맞음.
259 하버드본에는 '右題東嶽廟'자가 추가됨.
260 하버드본에는 '譯'자가 '驛'자로 되어 있음.
261 하버드본에는 '非'자가 추가됨.
262 하버드본에는 '也'자가 '包'자로 되어 있음. 하버드본이 맞음.
263 두 본 모두 '刀登'이지만, 문맥상 '叨登'(뒤집다, 다시 들추다)이 맞음.
264 두 본 모두 '里'지만, 문맥상 '了'가 맞음. 중국어의 발음으로 '幾次里阿'는 '幾次了阿'(몇 번째인가)와 비슷하기 때문에 안경이 이렇게 기록한 듯함.
265 하버드본에는 '與'자가 '示'자로 되어 있음.
266 하버드본에는 '口占'자가 없음.

廳, 日晩, 有呼唱之聲, 且招伴送問一行之事. 通官將欲出門叨[269]頭, 則勿令爲之, 門鎖益固矣.

鎖館守重門, 跫音那得到,
不曾疑遠人, 應是備他盜.　　右題館壁[270]

三十日, 雨. 序班來言, "明日[271]呈報單且呈奏文於鴻臚寺." 凡諸處人情, 磨鍊高低, 令上通事[272]**奇邏**出[273]. 戶曹齎來倭的銀百兩, 持[274]去而[275]應求[276]. 還報曰, "持狹欲奢, 未免淳于之笑."云[277]. 是夜, 大雷雨, 旅夢難成.

疾風迅雷雨, 夜起敬天怒,
天怒若人情, 人情無定數.　　右題[278]人情高低

267 하버드본에는 '館'자가 '關'자로 되어 있음.
268 하버드본에는 '官'자가 '館'자로 되어 있음.
269 하버드본에는 '叨'자가 '叩'자로 되어 있음. 하버드본이 맞음.
270 하버드본에는 '右題館壁'자가 없음.
271 하버드본에는 '日'자가 '朝'자로 되어 있음.
272 하버드본에는 '事'자가 '使'자로 되어 있음. 하버드본이 맞음.
273 하버드본에는 '出'자가 '持去'자로 되어 있음.
274 하버드본에는 '持'자가 없음.
275 하버드본에는 '去而'자가 '以爲'자로 되어 있음.
276 하버드본에는 '之資'자가 추가됨.
277 하버드본에는 '云'자가 추가됨.
278 하버드본에는 '題'자가 없음.

八月

初一日，庚午，晴. 朝遣奇暹呈報單・奏文，還來[1]言，"其徵索之弊，百倍曩時，加貸銀兩，添給人情而尙患不足."云. 令寫字官車義仁，急書呈文，改裹方物，日已暮矣.

禮部呈文[2].

朝鮮國陪臣等謹呈爲泣陳情，懇冀蒙照察事. 職等齎捧寡君賜銀辨誣兩件，謝恩表奏方物，于本年閏二月起身，三月到義州，聞遼城[3]失守，不得前進. 久留境上，以待天使回程之日. 乃於五月二十日，跟同兩天使駕海入來. 六月初四日，到旅順口，夜遇狂風，諸船撞碎，人多漂死. 舟中幸有善游泳者數人，僅拯方物出[4]，置于沙上. 大雨如注，水天飜覆，兩天使所坐之船，及兩起陪臣之船，與其夾船，通共二十二隻，敗沒者過半，而餘存者亦[5]破漏. 平明之後，風波小息，稍稍收拾，移載方物於稍完之船. 而劉天使僅[6]脫於水，彷徨沙上，及[7]陪臣員役之棄舟，登岸者，相携躑躅，楊天使獨立船上，見賊徒橫行，擧手指示曰，"急急載使臣之身，方物雖重，與人有間." 于時，敗船之人浮尸相雜，瀰[8]漫於水，攀舷乞命，勢將胥溺. 倉皇[9]急

1 하버드본에는 '來'자가 없음.
2 하버드본에는 '禮部呈文'자가 '呈禮部文曰'자로 되어 있음.
3 하버드본에는 '城'자가 '東'자로 되어 있음.
4 하버드본에는 '出'자가 없음.
5 하버드본에는 '皆'자가 추가됨.
6 하버드본에는 '僅'자가 '菫'자로 되어 있음.
7 하버드본에는 '及'자가 없음.
8 하버드본에는 '瀰'자가 '彌'자로 되어 있음.

遽之中, 搬載未畢[10], 假殘交馳, 矢砲相接, 沙邊駄物, 爭先搶掠. 天使放砲進船, 餘船亦皆進岸[11], 追逐假殘[12]. 續續拾得, 則其蹂躪破壞之餘, 失落又半. 職等遭時不淑, 致有此變, 雖諉諸無可奈何, 而無非職等奉使無狀之罪, 萬死何惜. 螻蟻之命, 雖獲倖免而使寡君格天事大之誠, 未免欠缺, 此職等所以仰天搥心[13]者也. 行險愈[14]困, 入于坎窞. 又與天使之船, 相失於大洋, 雷霆風霧之[15]中, 罔晝夜漂流者十餘日, 竟脫魚腹, 得到登州. 足蹋父母之國, 死亦何恨? 登之兵巡, 見而惻然, 猶己溺之. 仰體聖天子柔遠之仁, 而撫恤過深, 多給銀兩, 以助資斧・打發・夫馬, 使之得達京師. 此職等生致身於大堂之下, 目覩天日者也. 大部點視方物, 則職等萬死辛苦之狀, 亦可想矣. 天使還朝之日, 庶幾奏知[16]於九重, 則閤下想已聞之矣. 且職等帶來漂海[17]人丁[18], 使押解譯官金弘業, 全船交割於登州, 則其人等, 原系皆其近處等地軍兵水手有身役者. 故兵巡令中軍**戚司宗**, 點名查考, 仍其舊役, 卽討公文, 轉報兵部. 以憑聞奏施行, 必有降勅之擧. 職等艤船在登, 歸期甚急, 未及秋前, 則冬難發船, 若待來年三月之後, 則其必凍餒而死, 無疑矣. 閤下其肯恝然立視其死乎? 仁

9 하버드본에는 '倉皇'자가 '蒼黃'자로 되어 있음.
10 하버드본에는 '而'자가 추가됨.
11 하버드본에는 '進岸'자가 없음.
12 하버드본에는 '假殘'자가 없음.
13 하버드본에는 '心'자가 '胸'자로 되어 있음.
14 하버드본에는 '愈'자가 '踰'자로 되어 있음.
15 하버드본에는 '之'자가 없음.
16 하버드본에는 '知'자가 '和'자로 되어 있음.
17 하버드본에는 '漂海'자가 없음.
18 하버드본에는 '漂海'자가 추가됨.

人君子, 以活人爲己任, 此職等所以大聲而呼之也. 今閣下體仁長物, 與物爲春, 鼓舞萬邦, 咸囿春臺, 其拯溺之念, 必不下於一登州之[19]兵巡也. 兵巡旣拯於始, 故籲閣下之拯其終也. 况職等來時, 賊將**李英芳**領率眞㺚, 犯搶我邊, 擁兵江上, 久不還巢, 小邦之岌岌, 已到十分地頭. 厥後消息, 無從瑩得, 未知此時何樣安危. 引領東望, 不能奮飛, 五內飛越[20], 痛哭痛哭[21]. 伏願大部老爺, 亟判覆題, 使職等旬日之[22]內, 得奉勅書, 及時回船, 歸報寡君, 退死吾土, 則雖死之日, 猶生之年也.

大堂朱筆手批曰, "情義可憐, 準許題請."

初二日, 晴. 鷄鳴時, 詣闕[23]見朝. 由東長安門過承天門·端門·午門, 前[24]五拜三叩頭, 鴻臚之聲, 逈落雲端. 禮畢後, 入光祿寺, 勅賜酒飯. 還館喫飯後, 往禮部見堂. 左侍郎**周道登**·右侍郎**鄭以偉**[25]坐堂[26]. 旋往[27]儀制司, 則郎中**徐謨**[28]·主事**鄧良知**在坐. 又往主客司, 則郎中**桂紹龍**·員外**王時和**在坐, 皆行[29]禮畢. 未時還館, 序班

19 하버드본에는 '之'자가 없음.

20 하버드본에는 '飛越'자가 '摧裂'로 되어 있음. 문맥상 '오장이 찢어진다'로 보면 하버드본이 맞음.

21 하버드본에는 '痛哭'자가 없음.

22 하버드본에는 '之'자가 없음.

23 하버드본에는 '將'자가 추가됨.

24 하버드본에는 '前'자가 없음.

25 하버드본에는 '在'자가 추가됨.

26 하버드본에는 '堂'자가 없음.

27 하버드본에는 '禮'자가 추가됨.

28 하버드본에는 '謨'자가 '模'자로 되어 있음.

29 하버드본에는 '行'자가 없음.

曹維信呈名帖, 立見作揖[30]而退.

初三日, 晴. 開見貢參[31], 經霾褪色, 故曝之. 是夜, 夢見諸弟中第三, 卽蒙白而見, 相持痛哭而覺. 還國[32]後聞之, 七月初三日, 化去[33]云. 然則死後三十[34]日, 始見于夢也.[35] ○西館陳慰使令公, 送一絶求和. 無聊中次送.

深深庭[36]院鳥聲幽, 山蔽騷人賦反囚,
東嶽廟中相對面, 隔墻如夢入雙眸.

初四日, 晴. 貢參盡乾, 更裹之. 部吏持票文來, 問[37]貢馬不來之[38]由[39], 明日將驗視云. 其操弄可知. 是夜雷風[40]大雨. 詩一首送西館[41]

再度朝天路不同, 山梯遮絶海航通,
從知列宿皆環北, 誰遣長江必向東,

30 하버드본에는 '揖'자가 '禮'자로 되어 있음.
31 하버드본에는 '參'자가 '蔘'자로 되어 있음.
32 하버드본에는 '國'자가 없음.
33 하버드본에는 '去'자가 '歸'자로 되어 있음.
34 하버드본에는 '三十'자가 '十三'자로 되어 있음.
35 이 부분은 귀국한 뒤에 알게 된 내용으로 안경이 귀국 후에 원고를 수정했다는 증거이다.
36 하버드본에는 '庭'자가 '足+庭'자로 되어 있음.
37 하버드본에는 '問'자가 '聞'자로 되어 있음.
38 하버드본에는 '之'자가 없음.
39 하버드본에는 '由'자가 '曰'자로 되어 있음.
40 하버드본에는 '雷風'자가 '風雷'자로 되어 있음.
41 하버드본에는 '詩一首送西館'자가 없음.

聖帝握符登紫極, 陪臣啣命貢丹衷,
何當淨洗遼河水, 麟閣來參第一功.[42]

初五日, 晴. 朝驗方物于禮部, 無事點納. 主客司官員, 披閱既[43]畢, 見其沈朽[44]之物, 愀然矜惻[45]曰, "物尙如此, 人之不死, 天也." ○部題曰, "各等因到部, 通送到司, 除査表咨內馬疋. 始因起[46]貢, 在先照例, 開具進獻, 後因道路阻絶, 航海勢[47]難裝載, 旣有該國咨文, 申明似應, 准免. 所有漂失, 幷見在方物數[48]目, 査取前來逐一, 與登萊兵巡道呈報數目, 査對相除, 漂沒之數相應. 題明而見在者, 驗俱, 水漬例[49]應題. 進案呈到部, 看得朝鮮國王世篤忠順, 貢獻曾無後. 時玆因逆囚, 阻絶貢道而復航海輸誠, 恭謹之念, 實爲可嘉, 而風浪之苦, 尤爲可憫. 所開馬疋, 委因航海, 實難裝載, 原來方物, 漂失相半, 此誠海若爲灾, 均非該國君臣之初意有所欠缺也. 今據該司査明相應, 題請, 合候命下."云云. ○副使廳副使**石憲楨**送饌榼, 答送禮帖. 是夜達曙大風.

初六日, 晴. 往兵部, 以從速覆題, 快降明勅事呈文, 則尙書**張鶴鳴**·左侍郎**王在晋**坐堂行禮後, 慰勞職等曰, "你們的行李盡漂, 糯

42 하버드본에는 '右呈陳慰使'자가 추가됨.
43 하버드본에는 '旣'자가 '已'자로 되어 있음.
44 하버드본에는 '朽'자가 '汚'자로 되어 있음.
45 하버드본에는 '矜惻'자가 '歎'자로 되어 있음.
46 하버드본에는 '起'자가 없음.
47 하버드본에는 '勢'자가 없음.
48 하버드본에는 '數'자가 '類'자로 되어 있음.
49 하버드본에는 '例'자가 '倒'자로 되어 있음. 하버드본이 적합함.

衣在乎? 日勢早寒, 何以過海?[50] 可憐許[51]. 歸期之[52]切迫, 你雖不說, 我已知之[53], 况聖天子知你們辛苦之狀. 頃者, 禮部於例賞之外, 又題別賞, 奉聖旨, 是卽[54]當從磨鍊, 廣布恩典, 而只以陪臣兩表裏, 員役二兩銀[55]頒賜施行云. 是何以天下之大約之如彼耶?" 相顧大笑. 等[56]叩頭曰, "秋毫皆帝力也." 尙書擧手曰, "是阿是阿." 且謂曰[57], "欽差宣諭朝鮮招撫遼衆監軍御史[58]**梁之垣**, 由海路入鎭江[59], 觀勢移入義州."云云. ○職方司該吏來請曰, "監軍奉邀." 往則監軍避入于房, 只有郎中**余大成**·員外**許達道**·主事[60]**張時雍**三人[61]在坐. 等行揖而退, 監軍入房窺見, 不與之行禮, 未知始何心而請之. 盖自尊也.

初七日, 晴. 提督來坐衙門, 行見官禮, 始給下程. 呈禮[62]單則不受以示辭讓之端, 俄而使人推之, 其廉可知. 提督姓[63]名主事**鍾**[64]**世芳**

50 하버드본에는 '誠'자가 추가됨.
51 하버드본에는 '許'자가 '悶'자로 되어 있음.
52 하버드본에는 '尙遠, 私心之'사가 추기됨.
53 하버드본에는 '之'자가 '矣'자로 되어 있음.
54 하버드본에는 '卽'자가 '則'자로 되어 있음.
55 하버드본에는 '兩銀'자가 '盤器'자로 되어 있음.
56 하버드본에는 '笑等'자가 '等笑'자로 되어 있음.
57 하버드본에는 '且謂曰'자가 '仍言'자로 되어 있음.
58 하버드본에는 '史'자가 '使'자로 되어 있음.
59 하버드본에는 '江'자가 '口'자로 되어 있음.
60 하버드본에는 '事'자가 '司'자로 되어 있음.
61 하버드본에는 '三人'자가 없음.
62 하버드본에는 '呈禮'자가 없음.
63 하버드본에는 '鍾'자가 추가됨.
64 하버드본에는 '主事鍾'자가 없음.

也. 送名帖謝矣[65]. ○以秦昌皇帝發引在近, 故免宴事. 呈文[66], 則不許曰, "皇上恩典, 不可辭也[67]."

伏以職等以海外之人, 習誦[68]中國之禮素矣. 在國之日, [69]聞光宗皇帝旣于上年崩殂, 意謂日月逾邁, 天子七月之葬[70], 襄事已過, 而來此聞之, 則梓宮尙留於殯殿, 卽遠之期, 將在近日, 靈輀旣駕, 萬姓雨泣. 職等, 聚首玉河, 區區之誠, 不以海內外而自別也. 第以會同館, 下[71]馬上[72]馬之宴, 循例請行, 未知於禮可乎. 雖曰'皇恩所賜', 流來舊典而適與? 此時相値, 則正[73]當哀慟[74]之日, 豈是[75]宴樂之辰乎? 伏願[76]大部老爺酌禮參情, 亟寢宴享之命[77]. ○嘗與序班等, 從容談話, 問[78], "光宗之喪, 至今未葬何故?" 曰, "皇帝登極之初, 卽修山陵例也. 神宗襄事纔畢, 光宗旋卽崩逝, 何假畢役乎? 以此遲延, 至于今日[79]矣."

---

65 하버드본에는 '之'자가 없음.

66 하버드본에는 '禮部'자가 추가됨.

67 하버드본에는 '則不許曰皇上恩典不可辭也'자가 없음.

68 하버드본에는 '習誦'자가 '誦習'자로 되어 있음.

69 하버드본에는 '伏'자가 추가됨.

70 하버드본에는 '日月逾邁, 天子七月之葬'자가 '天子七月而葬, 日月流邁'자로 되어 있음.

71 하버드본에는 '下'자가 '上'자로 되어 있음.

72 하버드본에는 '上'자가 '下'자로 되어 있음.

73 하버드본에는 '正'자가 '政'자로 되어 있음.

74 하버드본에는 '慟'자가 '痛'자로 되어 있음.

75 하버드본에는 '豈是'자가 '是豈'자로 되어 있음.

76 하버드본에는 '願'자가 '乞'자로 되어 있음.

77 하버드본에는 '云云. 尙書不許曰, "皇上恩典, 不可辭也'자가 추가됨.

78 하버드본에는 '問'자가 '門'자로 되어 있음.

79 하버드본에는 '日'자가 '月'자로 되어 있음.

初八日, 晴. 設酒饌, 招[80]件送餉之. 快手**遲國升**亦與焉. 酒酣[81]件送請於我曰, "願得一聯, 題于扇, [82]爲後日之面." 固辭而題[83].

地接扶桑島嶼幽, 蓬萊山下[84]繫孤舟,
重城設險雲連堞, 高觀浮空月滿樓,
約伴朝天仙佩合, 辭君歸[85]國客星流,
同行萬里難忘處, 魂夢相尋碧海頭.

初九日, 晴. 遣**奇暹**, 再請免宴事于禮部. 前旣呈文而不許. 故作啓, 懇切而呈之, 則尙書手批準許, 題請, 因招譯官**奇暹**問曰, "誰所作?"[86]

[87] 觀養頤以及物叨蒙錫爵之恩, 動食指而驚魂不是賜餔之典,
何心對案, 有淚盈襟.
伏念職等 侯邦賤臣, 帝庭專价,
當神祖之柔遠共球敬受於畢來, 逮聖孫之繼明玉帛恐誅於後至.
山梯阻於羯虜, 海航通於萊夷,
水萬折而必東微誠斷斷, 星四環以[88]拱北大義昭昭,

80 하버드본에는 '招'자가 '邀'자로 되어 있음.
81 하버드본에는 '酒酣'자가 없음.
82 하버드본에는 '以'자가 추가됨.
83 하버드본에는 '之'자가 추가됨.
84 하버드본에는 '下'자가 '河'자로 되어 있음.
85 하버드본에는 '歸'자가 '故'자로 되어 있음.
86 하버드본에는 '則尙書手批準許, 題請因招, 譯官奇暹問曰, "誰所作?"'자가 없음.
87 하버드본에는 '伏以'자가 추가됨.

有何尊周之功, 獲此褒魯之寵,

光祿寺酒飯已眩鵁鶄之腸, 會同館笙簧[89]亦近牛馬之耳,

方思蹈舞之不暇, 固知辭讓之無端.

茅念光廟之賓天, 尙留梓宮於殯殿,

喬山之宅將迫卽遠之期, 率土之濱更切如喪之慟,

追恩三載, 遏密八音,

不忍聞齊國之韶仲尼忘味, 何可繼庖人之肉子思拜辭,

笑哭之貌未同, 吉凶之禮難並.

伏望 苟有邇言可擇, 勿須鄙夷其人,

曲諒情祈, 俯垂頷肯,

則拜稽金闕瞻陟降之皇靈, 優遊玉河飽生成之帝德.

職等謹當 以白巾素服, 替華筵珍羞,

願從西周監于二代之禮, 歸言東國定爲三年之喪. [90]

初十日, 雨. 梁監軍使人招譯官, 遣**奇暹**聽令, 則問曰[91], "你國王服色, 何段[92]何紋?" **暹**對曰, "天子所賜蟒龍衣・絳袍・玉帶."云云. 盖當身特賜一品服. 故相見之際, 欲知等級, 頗有自尊之意, 其多氣可知. 且曰, "俺行欲率你的通官, 兩行各差一人送之."云. 午後, 陳慰兩公來訪, 共往提督廳茂實軒.

88 하버드본에는 '以'자가 '而'자로 되어 있음.

89 하버드본에는 '簧'자가 '篁'자로 되어 있음.

90 하버드본에는 '尙書手批準許題請, 因招譯官奇暹問之曰, 誰所作也.'자가 추가됨.

91 하버드본에는 '曰'자가 없음.

92 하버드본에는 '段'자가 '緞'자로 되어 있음.

長安通望坐高軒，禁苑風烟麗日暄，
珠履往來豪俠肆，金袍呼[93]唱帝王門，
大邦文物斯爲盛，中國威儀有自尊，
萬里再觀天下壯，此生心地小乾坤.

十一日，晴. **奇暹**朝往禮部，將進方物於內府而以雨停之云. 灑而忽晴，內府官侍輩促之，令明朝早進云. 提督晚來於[94]後館，有呼唱之聲，未久罷出. 是夜，伴送入坐吾房談詩，操筆書小紙[95]絶句一首，卽[96]求和.

坐久[97]消長夜，吟成得短詩，
床頭堆燭淚，孤客欲眠時.　　右吟成[98]令伴送書之

十二日，晴. 禮部進方物于內府，則內侍等[99]皆索人情，**暹**爲言海上之事，答曰，"然，辛苦則可憐，古風不可廢也." 且部當[100]該吏來言，"漂海人丁，何不率付京師? 盖郎中新來者，不識交割之例." 皆[101]吏輩之操弄，欲[102]捧人情之端也. 當初譯官**金弘業**，自公洪水營，領率

93 하버드본에는 '呼'자가 '爭'자로 되어 있음.
94 하버드본에는 '於'자가 '聞'자로 되어 있음.
95 하버드본에는 '小紙'자가 없음.
96 하버드본에는 '卽'자가 없음.
97 하버드본에는 '坐久'자가 '久坐'자로 되어 있음.
98 하버드본에는 '右吟成'자가 없음.
99 하버드본에는 '等'자가 '輩'자로 되어 있음.
100 하버드본에는 '部當'자가 '當部'자로 되어 있음.
101 하버드본에는 '出於'자가 추가됨.
102 하버드본에는 '其'자가 추가됨.

唐船來, 及安州**周應奎**・**顧起龍**等船也. 至登州遣**弘業**於衙門, 點名交割, 受出文書, 而衙門將官[103]以**應奎**不與陪臣之船偕到, 而徑先獨來, 重杖幾死矣. 至今日, 該吏詰問之際, 使**弘業**出示文書, 該吏無辭.

十三日, 晴. 門人傳言, '**楊老爺**到門, 入送名帖.' 等顚倒衣裳[104]出庭而俟之, 則不出轎子, 不入中門, 曰, "非我衙門, 接見非[105]便, 自外問候而去."云. 等令譯官叩頭曰, "鎖館甚嚴, 不卽往候, 罪萬罪萬." **楊**擧手曰, "多謝多謝." 頃之, 回去出門. ○午後, 西館請之往話[106], 盛備酒饌, 盤中有橘餠仙果之品.

鳳卵初生箇箇團, 霜橙香橘壓金盤,
旣沽名酒三年久, 將遣愁懷萬里寬,
醉興却忘爲遠客, 詩情何必讓高官,
天涯共罷孤舟夢, 河漢秋淸[107]月影寒.

十四日, 晴. 朝**提督**急急來坐[108]于廳. 傳言曰, "**皇上**下敎[109]禮部曰, '朝鮮紙筆硯墨皆好, 其中紙品尤好. 如有餘東西入進, 將見之.'云." 搜得一行所有, 只以沉水紙卷及常用筆墨硯奉進, 則**提督**曰, "此紙

103 하버드본에는 '官'자가 '軍'자로 되어 있음.
104 하버드본에는 '衣裳'자가 없음.
105 하버드본에는 '非'자가 '未'자로 되어 있음.
106 하버드본에는 '西館請之往話'자가 '往話西館'자로 되어 있음.
107 하버드본에는 '淸'자가 '天'자로 되어 있음.
108 하버드본에는 '坐'자가 '往'자로 되어 있음.
109 하버드본에는 '敎'자가 '詔'자로 되어 있음.

不合御覽, 亦可類進, 必有賞賜之報."云.

雲孫灑落白於[110]雪, 東國獻于天子庭,
天子見之驚且歎, 勅加恩賞渡滄溟.

十五日, 晴. **楊**給事又到門, 投名帖及銀二兩曰, "今日節日也. 敬伸拜儀, 奉面非便, 故未敢入也." 卽令通官進前叩頭而謝. 午後, 與西館偕往提督廳, 得酒吟詩, 終日於茂實軒. 副使**石憲禎**來揖曰, "別賞賜[111]聖旨始下, 部吏明間[112]必來告."云[113].

跨海孤舟一葉輕, 誰憐今日死中生,
行裝盡擲波臣[114]泣, 性命求全水伯驚,
明主不關藏袴惜, 微軀偏被解衣榮,
天恩未報東歸國, 歌頌無能蕩蕩名.

十六日, 晴. 朝, 牌子與部吏來言曰, "依前例題賞之事及撰勅聖旨並下." 且曰, "前日[115]該部題請朝鮮陪臣[116], 涉海漂泊, 行李盡失, 例賞之外, 別賞賜事, 奉聖旨. 是陪臣兩人, 各二[117]表裏, 員役以下,

---

110 하버드본에는 '於'자가 '如'자로 되어 있음.
111 하버드본에는 '次'자가 추가됨.
112 하버드본에는 '部吏明間'자가 '明間部吏'자로 되어 있음.
113 하버드본에는 '云'자가 '矣'자로 되어 있음.
114 하버드본에는 '臣'자가 '神'자로 되어 있음.
115 하버드본에는 '日'자가 '月'자로 되어 있음.
116 하버드본에는 '等'자가 추가됨.
117 하버드본에는 '二'자가 없음.

各銀二兩, 磨鍊入奏, 更奉聖旨知道. 今下部裏[118], 後當親詣闕領受."云云[119], 仍索面皮.

海內山川十二州, 周封分野載春秋,
不緣隨處探奇勝, 何以還家憶壯遊,
蓬島烟霞仙境畫, 天津風雨客程愁,
舟行幾日來中國, 萬里蒙戎季子裘.

又[120]
遠客[121]蹤跡滯京華, 八月中[122]秋見桂花,
海外行裝知有劒, 天涯消息問無家,
今宵蝶夢來仙枕, 何日星河降客槎,
帝女七襄雲錦織, 欲將機石向人誇.　　　右兩首走次陳慰韻

十七日, 陰. 例事下程來, 通官入告曰, "石副使點視." 自占[123]之餘, 牌子館夫諸下人爭之, 置于堂中, 閧亂聒聒.

登州入望是幷州, 欲掛風帆正值秋,
足胝八年神禹迹, 心勞千里子長遊,
狼烟數報邊城急, 鯨海遙遮故國愁,

118 하버드본에는 '裏'자가 '中'자로 되어 있음.
119 하버드본에는 '云'자가 없음.
120 하버드본에는 '又'자가 없음.
121 하버드본에는 '客'자가 '遊'자로 되어 있음.
122 하버드본에는 '中'자가 '仲'자로 되어 있음.
123 하버드본에는 '占'자가 '點'자로 되어 있음.

北闕罷朝空館閉, 西風吹起[124]大夫裘.

又[125]

二十年前我髮華, 季方聊與揷蓮花,
文章早播詩書肆, 禮法咸稱孝友家,
直宿金盧同秉管, 來尋銀漢共乘槎,
瓊琚坐見貧兒富, 安得逢人誦輒誇.　　右兩首再疊次陳慰[126]

十八日, 晴. 以事完已久, 邈無回期, 呈文于**提督**曰, "謹呈, 爲仰陳情懇冀蒙垂察事. 職等情事, 旣已累累塵[127]瀆不一, 而足想老爺俯諒無餘, 不欲更聒[128]. 而荏苒之間, 日子淹[129]延, 八月過半, 九月漸迫. 行船之期, 勢將難[130]及. 萬死餘生, 得蒙老爺之恩, 生還故國, 惟日望之, 其情事之切迫, 宜[131]如何哉. 聖旨准許免宴等, 因而撰勅之命亦已欽下. 伏願老爺更加憐憫, 使職等數日之[132]內, 從速回發, 以副遠人之望, 千萬仰祝. 且詔使楊老爺再臨館門, 投名帖贐[133]銀兩, 禮當回謝而關[134]法至嚴, 未能出門進拜, 煩乞老爺賜票一開, 俾

---

124 하버드본에는 '起'자가 '送'자로 되어 있음.
125 하버드본에는 '又'자가 없음.
126 하버드본에는 '韻'자가 추가됨.
127 하버드본에는 '塵'자가 '陳'자로 되어 있음.
128 하버드본에는 '聒'자가 '話'자로 되어 있음.
129 하버드본에는 '淹'자가 '奄'자로 되어 있음.
130 하버드본에는 '將難'자가 '難將'자로 되어 있음.
131 하버드본에는 '宜'자가 '當'자로 되어 있음.
132 하버드본에는 '之'자가 없음.
133 하버드본에는 '給'자가 추가됨.
134 하버드본에는 '關'자가 '闔'자로 되어 있음.

得往拜其門, 不勝懇切惶恐之至, 謹昧死以呈.” ○午間, 伴送以武穆詩‘長驅擣河洛, 直渡向燕幽.’之句, 寫示, 余亦以‘馬蹀閼[135]氏血, 旗梟克[136]汗頭.’ 繼書之回示, 盖伴送武弁也, 嘆[137]時之無將也. 是日, 金弘業生日[138], 有醉倒破面者矣[139].

燕山磅礴鎭神州, 威壓崆峒殺氣秋,
萬里此行曾再到[140], 六年今日續重遊,
虛窓鳥啄窺入睡, 空館蟲[141]鳴鎖容愁,
一夜西風吹雨急, 新凉侵入黑貂裘.

又[142]
秋涼仙掌露生華, 六象馴如馬五花,
玉璽降痲頒屬國, 金函封表集皇家,
朝辭北闕微醒酒, 夕向東溟穩泛槎,
膂力尙强衰謝日, 不須從事獨賢誇.　　　右兩首三疊次陳慰[143]

十九日, 晴. 譯官**李恂**自西館來言, “陳慰之行[144]回發在近.”云. 而余

135 하버드본에는 ‘閼’자가 ‘閼’자로 되어 있음.
136 하버드본에는 ‘克’자가 ‘可’자로 되어 있음.
137 하버드본에는 ‘嘆’자가 ‘歎’자로 되어 있음.
138 하버드본에는 ‘也’자가 추가됨.
139 하버드본에는 ‘矣’자가 ‘焉’자로 되어 있음.
140 하버드본에는 ‘到’자가 ‘度’자로 되어 있음.
141 하버드본에는 ‘蟲’자가 ‘虫’자로 되어 있음.
142 하버드본에는 ‘又’자가 없음.
143 하버드본에는 ‘韻’자가 추가됨.
144 하버드본에는 ‘之行’자가 없음.

一行以勅書故[145], 將不得一時回程. 秋日漸冷, 客懷難堪. ○陳慰使書狀, 求見吾日記, 謄書一件贈之. 盖其自記者, 失於旅順云.

多少歸程某某州, 海天風日不宜秋,
離家爲客如僧定, 觀國來賓異官遊,
孤枕渺茫驚遠夢, 殘燈明滅照牢愁,
傷心萬里扁舟月, 一夜新霜滿翠裘.

又[146]
晝靜空簾漏日[147]華, 看書人老眼生花,
自憐衰境長爲客, 可笑終年不在家,
樓上欲吟王粲賦, 河邊猶繫博望槎,
還鄕莫歎[148]囊無得, 天下奇觀與衆誇.　　右兩首四疊次陳慰[149]

二十日, 晴. 西館譯官**李海壽**來言, "陳慰一行, 明日當爲領賞."云. 不出數日將發, 約以明日謀酒敍別.

庸才充使聖明時, 奔走桑楡暮景遲,
弓墜未攀龍去影, 石和重聽鳳來儀,
翱翔鵷路[150]黃金闕, 拜稽鴻臚白玉墀,

145 하버드본에는 '故'자가 '之遲延'자로 되어 있음.
146 하버드본에는 '又'자가 없음.
147 하버드본에는 '日'자가 '月'자로 되어 있음.
148 하버드본에는 '歎'자가 '嘆'자로 되어 있음.
149 하버드본에는 '韻'자가 추가됨.
150 하버드본에는 '路'자가 '鷺'자로 되어 있음.

思[151]渥再霑[152]光祿酒，昔年蹤跡不勝悲.

又[153]

行役都忘道路難，相逢人傑亦奇觀，
自從奉使來中國，隨處通名謁大官，
春部蜂衙公事畢，秋齋蟲壁客眠寒，
攘夷未見尊周室，誰任當年九合桓.　　右兩首又次陳慰韻

二十一日，晴. 欽賜下程來到. 每五人，羊一，鵝一，鷄二，酒十瓶，米五斗，果子四色，茶食四盤，蔬菜，廚料，柴二百斤，炭二百斤矣. 具冠帶立于庭，五拜三叩頭，禮畢後，諸下人爭之，不勝擾擾. ○午後，西館使書狀，進[154]朝領[155]賞，自闕下來訪，酌酒敍別.

二十二日，晴. 朝見牌子，問之則梁監軍已於昨日辭朝云.

坐筭長程作客時，非關尼父去遲遲，
身遊上國聞詩雅，足躡明庭見縟儀，
朝日始生馴象路，瑞雲初散晝龍墀，
寧追先帝賓天遠，白首重來擧目悲.

151 하버드본에는 '思'자가 '丹'자로 되어 있음.
152 하버드본에는 '霑'자가 '沾'자로 되어 있음.
153 하버드본에는 '又'자가 없음.
154 하버드본에는 '進'자가 '造'자로 되어 있음.
155 하버드본에는 '領'자가 '頒'자로 되어 있음.

又[156]

堯舜乾坤做不難, 新皇明聖萬民觀,

天開北極調元殿, 地縮東韓御史[157]官,

金闕仰瞻雲色曉, 玉階斜步露華寒,

從知王道平如砥, 吾黨羞稱五霸桓.　　　右又[158]再疊次陳慰韻

二十三日, 晴. 牌子來傳, 遼廣巡撫御史[159]**王化貞**, 上一本有曰[160], "宣勅朝鮮揚兵山東[161], 則賊必顧後, 不敢專意長驅."云云[162].

繫頸單于定幾時, 羽書飛報凱歌遲,

關中復用蕭丞相, 邊上誰稱郭子儀,

鵷路早開瞻鳳闕, 豸冠重到拜螭墀,

梓宮卽遠期將迫, 海外陪臣敢不悲.

又[163]

山海梯[164]航跋涉難, 帝庭文物再言觀,

承筐誰是朝鮮使, 執贄相將禮部官,

156 하버드본에는 '又'자가 없음.

157 하버드본에는 '史'자가 '使'자로 되어 있음.

158 하버드본에는 '又'자가 '兩首'자로 되어 있음.

159 하버드본에는 '史'자가 '使'자로 되어 있음.

160 하버드본에는 '曰'자가 추가됨.

161 두 본 모두 '山東'으로 되어 있으나, 조선이 병사를 일으킨다는 문맥으로 보아, '遼東'의 오탈자 아니면 요동 지역의 어느 산 동쪽을 말하는 것 같음.

162 하버드본에는 '云'자가 없음.

163 하버드본에는 '又'자가 없음.

164 하버드본에는 '海梯'자가 '梯海'자로 되어 있음.

濁浪已深千丈混，淸水安得一條寒，
歸來自信磷緇戒，守靜時時爵[165]躍桓． 右又[166]三疊次陳慰韻

二十四日，晴．陳慰兩公奉邀[167]，設酌相別，懷抱甚惡．

門開西館不開東，來日同來去未同，
齊魯道[168]中千里月，登萊州上一帆風，
詩囊旣滿[169]行裝促，使節言旋幹事終，
先到故園[170]秋正晩，黃花須待白頭翁．

客髮三千丈，歸心十二時，
他鄕同會合，歧路各分離，
齊海揚帆遠，燕山秣馬遲，
玉簫雲外曲，何日聽參差． ○右次陳慰使留別韻

○先是往復唱和非一，而柳書狀獨默，故贈別．
隻字如金不欲傳，騷壇誰與話新聯，
春雲態度曾無散，秋水精神獨[171]自全，
萬首已知窮杜老，一言尤戒坐蘇仙，

165 하버드본에는 ‘爵’자가 ‘雀’자로 되어 있음.
166 하버드본에는 ‘又’자가 ‘兩首’자로 되어 있음.
167 하버드본에는 ‘陳慰兩公奉邀’자가 ‘奉邀陳慰兩公’자로 되어 있음.
168 하버드본에는 ‘道’자가 ‘途’자로 되어 있음.
169 하버드본에는 ‘滿’자가 ‘備’자로 되어 있음.
170 하버드본에는 ‘園’자가 ‘國’자로 되어 있음.
171 하버드본에는 ‘獨’자가 ‘猶’자로 되어 있음.

多君囊括行衰世, 此別何妨贈短篇.

二十五日, 晴. **泰昌皇帝**梓宮尙在殯殿, 來[172]二十七日發引前, 期三日千宮蒙白, 等亦白巾素服. 鎖在空館, 無聊之懷, 尤不可言也. ○午後, 陳慰使以疊用韻二首寄示, 卽次之.[173]

逢人不欲見貪饕, 封館東西上鑰牢,
周樂盡觀新雅頌, 越吟還奏古風騷,
豸冠今日辭天闕, 鵨[174]首明朝駕海濤,
安得與君摶九萬, 案前偕聽玉皇璈.[175]

又[176]
貪麴將軍老更饕, 愁城無力解圍牢,
心田火起多焦爛, 眉岱鋒攢厭繹騷,
暮色留雲來小雨, 秋聲侵樹送寒濤,
何當一見西王母, 合奏和平侍女璈.　　右韻甚澁陳慰困我[177]

二十六日, 雨. 呈文于提督曰, "職等, 鎖在空館, 有同聾瞽. 光宗皇帝卽遠期迫, 而莫[178]聞知, 昨日之夕, 始着白巾. 又聞出陵之路, 將

172 하버드본에는 '來'자가 '將以'자로 되어 있음.
173 하버드본에는 '以疊用韻二首寄示, 卽次之.'자가 '陳慰使寄示七律二首卽次之'자로 되어 있음.
174 하버드본에는 '鵨'자가 '𪇆'자로 되어 있음.
175 하버드본에는 '(韻甚澁陳慰困我也)'자가 추가됨.
176 하버드본에는 '又'자가 없음.
177 하버드본에는 '右韻甚澁陳慰困我'자가 없음.
178 하버드본에는 '有'자가 추가됨.

經館門之外, 街號巷擗, 萬姓哭送, 而職等閉門縮坐, 謾不知何事, 揆諸情禮[179], 豈有此理. 小邦雖僻處遐遠, 父師餘條, 三代遺制, 遵而不失, 以至于今. 聖朝東漸之化, 偏被而親炙之者, 二百有餘年矣. 君臣父子之禮, 粲然益備, 至於送終, 尤致其必誠必信而極盡情文, 此[180]小邦之見稱[181]中國, 中國之視同內服者也. 今若束縛之牢囚之, 使不得哭望君父之喪, 則是鄙夷之也, 獸視之也, 烏在其[182]同內服乎? 職等在國之日, 聞中國之訃, 則寡君親率君[183]臣爲位望哭, 爲之[184]服如喪考妣, 遏密八音. 在萬里之外, 猶且[185]如此, 其在今日, 靈輀轂下, 陟降之天咫尺[186], 豈可晏然退坐, 不[187]出見乎? 伏乞老爺暫時開門, 使之哭拜於路左, 則[188]有關乎禮, 無害於事[189], 無任隕越之至." 提督答批曰, "辭意誠信, 禮文則然矣. 第須題請, 不便竟行."

二十七日, 晴. 自曉頭至午時, 發引儀物, 經過門外者, 窺見之[190], 則虛馬虛人之屬, 不可勝數. 以紗羅綾段爲內侍及宮女[191], 載於小

179 하버드본에는 '禮'자가 '義'자로 되어 있음.
180 하버드본에는 '所以'자가 추가됨.
181 하버드본에는 '於'자가 추가됨.
182 하버드본에는 '視'자가 추가됨.
183 하버드본에는 '君'자가 '群'자로 되어 있음.
184 하버드본에는 '素'자가 추가됨.
185 하버드본에는 '且'자가 '尙'자로 되어 있음.
186 하버드본에는 '陪臣'자가 추가됨.
187 하버드본에는 '爲'자가 추가됨.
188 하버드본에는 '無害於事'자가 추가됨.
189 하버드본에는 '無害於事'자가 없음.
190 하버드본에는 '之'자가 없음.
191 하버드본에는 '搽子'자가 추가됨.

車者, 過百輛, 香亭小輿, 以綵紙爲花者, 瀰[192]漫於道[193]. 盛以祭具餠品大輿, 則副車偕行, 油紗爲盖, 不見華彩, 如竹格之制. 但載黃白金薄[194]紙爲花錢, 每十步許, 輒停車散擲, 如蝶飛風矣. 千官絰杖步行, 老病者須人扶携, 或有緩不及者, 自其家追到小路間路, 則皆乘有[195]屋轎子, 及出大路, 則輒去轎子, 步入班行, 亂雜無序. 且持儀杖者, 或於路傍, 放糞而去, 或落後不去者, 滔滔無禮甚矣.

二十八日, 晴. 是日, 吾[196]大忌也. 設席明燭於空庭, 東向仰天痛哭四拜, 雞人未唱時也. 曾於丁巳年哭, 是日於此, 玉河之哭大忌再度, 生[197]平之[198]可哀處也. 午後, 相者來見我曰, "尊官有不豫之[199]色, 其必遠念親庭乎?" 余曰, "我無父母[200], 今日大[201]忌也." 相者泫然.

二十九日, 晴. 陳慰一行, 昨日路塞, 未出城門, 今朝始得出去[202]云. ○軍官**安士龍**·**洪德峻**, 使公怒而杖之云, 未知其故[203].

---

192 하버드본에는 '瀰'자가 '彌'자로 되어 있음.
193 하버드본에는 '道'자가 '路'자로 되어 있음.
194 하버드본에는 '薄'자가 '撲'자로 되어 있음.
195 하버드본에는 '有'자가 없음.
196 하버드본에는 '親'자가 추가됨.
197 하버드본에는 '生'자가 '是'자로 되어 있음.
198 하버드본에는 '之'자가 '生'자로 되어 있음.
199 하버드본에는 '之'자가 없음.
200 하버드본에는 '我無父母'자가 '永感下而'자로 되어 있음.
201 하버드본에는 '大'자가 '乃親'자로 되어 있음.
202 하버드본에는 '去'자가 없음.
203 하버드본에는 '其故'자가 '何罪'자로 되어 있음. '무슨 죄'와 '그 이유'는 어감

聖皇[204]仁與物爲春，拭目乾坤萬化新，
海晏三年誰獻雉，河清千載必生人，
欣瞻日月依君父，慶會風雲仰主臣，
東國恪勤褒一札，紫泥封勅降楓宸.　　　右次使公韻

의 차이가 크다. '그 이유'라고 하면, 군관의 죄를 단정하지 않고 다소 신중하게 표현한 것으로 뒤에 수정한 것으로 생각할 수 있다.

204 하버드본에는 '皇'자가 '王'자로 되어 있음.

九月

初一日(已亥), 晴. 朝遣**奇暹**, 呈事完狀于通政司, 而位不齊空返. 午後, 與使公談話, 出示五言律一首求和, 卽次之.

天高雨滌炎, 風動月生[1]簾,
使事勞丹悃, 旅愁養黑恬,
留連太史跡, 奮拂參軍髥,
故國多歸夢, 何人爲我占.

初二日, 雨. 通政[2]印[3]不開, 空往空返.

鎖鑰無人挫漢威, 遼陽城郭嘆都非,
長風駕海難爲水, 瘴雨飜天盡濕衣,
蓬島掛[4]帆移夜月, 扶桑回棹趁朝暉[5],
重尋鐵瓮知何日, 緣綺芳盟定不違.
右使公有鐵瓮尋芳之[6]句, 故次及之.

初三日, 晴. 快手**暹國升**, 懇於余曰, "伴送則屢贈瓊章, 獨於俺, 何惜一聯, 不能無憾." 余曰, "但看酒有無, 莫評詩好惡." **國升**笑.

---

1 하버드본에는 '生'자가 '色'자로 되어 있음.
2 하버드본에는 '司'자가 추가됨.
3 하버드본에는 '尙'자가 추가됨.
4 하버드본에는 '掛'자가 '開'자로 되어 있음.
5 하버드본에는 '暉'자가 '輝'자로 되어 있음.
6 하버드본에는 '之'자가 없음.

頎頎八尺丈夫身，護送朝鮮兩使臣，
萬里歸來同作伴，三生緣分更相親，
玉河夜雨封[7]愁久，蓬島秋雲入夢頻，
白馬金鞭明日去，滄波離別泛槎人. 右[8]題快手遲公之扇[9]

初四日，晴. 通政[10]尙不開印，無聊轉劇，招呼羊山，寂然無形影，肝腦塗地矣. 先是下程之羊五六頭，諸衙門[11]下人，相爭攘奪，唯一頭獨在，依人哀鳴. 每以喫餘梨棗食物投之則來食之，行步中庭，隨處輒來，至是無聲，問之，則以使公之命，將作羊肝元，已屠之云. [12]可憐，故詩以吊之.

朝天異使虜，此身非蘇武，
思歸夜如年，豈待看羝乳，
鶢鶋享太牢[13]，錫與稠恩數，
賜生必蓄之，觳觫何忍覩.

誰謂爾無羊，濈濈頭角聚，
官人攘而去，一羊餘於五，
踪踪失其群，以我依爲主，

7 하버드본에는 '封'자가 '對'자로 되어 있음. 하버드본이 맞음.
8 하버드본에는 '贈遲快手'자가 추가됨.
9 하버드본에는 '題快手遲公之扇'자가 없음.
10 하버드본에는 '司'자가 추가됨.
11 하버드본에는 '門'자가 없음.
12 하버드본에는 '尤極'자가 추가됨.
13 하버드본에는 '牢'자가 '平'자로 되어 있음.

如厠每相隨，散步同倚柱.

朝來寂無聲，肝腦出翠黼，
廚夫不曾告，使余臨餐吐，
哀哉無復道，俾出何童羖，
作詩吊羊魂，羊衺空自撫.

初五日，晴. 遣**奇暹**，往候於兵部，將欲呈文. 尚書纔坐堂而牌招詣闕，故不坐. 盖登州兵巡道一本來奏，乃朝鮮國回報軍務事也. 又廣寧御史[14]一本邊報，緊急事也. 該吏秘不詳言云.

單于更傳箭，漢塞乏英雄，
曝骨沉沙際，埋魂掩草叢，
塵昏朔漠野，火照甘泉宮，
畫出廟堂策，平戎無上中.

初六日，小雨. 呈文于兵部曰，
"職等[15]聞，思匹夫之不獲，若己推之，望傍人之拯溺，大聲呼之. 若己之任，旣有其人，則大聲之急，將籲何處. 職等冒險涉艱，萬死辛苦之狀，畢陳無餘，脫出魚腹，豈獨職等之幸哉. 小邦事大之誠，神所扶持，故恭將寡君之命，得達聖天子之庭，幹事畢矣. 歸報寡君之日，方可謂之生還，而鎖在空館，淹[16]過一朔，回發之期，邈無聞

14 하버드본에는 '史'자가 '使'자로 되어 있음.
15 하버드본에는 '竊'자가 추가됨.
16 하버드본에는 '淹'자가 '奄'자로 되어 있음.

知. 冬前過海, 勢必難及. 聚首喁喁, 控告何所? 近因通政司印不開, 事完通狀稽滯至此. 伏乞大部老爺, 依陳慰陪臣之例, 一路勘合, 從速出給, 則庶幾遠人快[17]得生還之路, 而惟老爺再生之恩也. 且兩起之行, 同時赴京, 一起先回, 職等獨留. 事體之殊異, 私情之憫迫, 想老爺俯察而矜憐之矣. 大聲之呼, 晷刻是急, 哀之, 命也, 不哀之, 亦命也. 更乞老爺, 思其若已之推, 毋使匹夫泣而向隅也. 激情所發, 言不知裁."尙書惻然曰, "你們的尙未回, 可憐許[18]. 卽當成給勘合, 明日其援去也."

初七日, 陰. 自外傳言, '**熊**經畧與**王**御史[19], 直渡三叉河, **沈**總兵領水軍, 由旅順進攻㺚賊, 斬獲七千餘級.'云云[20], 都是誇[21]張之言也. 細雨終日, 閉館[22]縮坐.

履胡之場躪胡血, 繫頸單于來北闕,
四海無復一點塵, 天下曷敢有越厥.

初八日, 陰. 山陵返魂云. 是日脫白巾. **泰昌皇帝**(遺詔), **奉天承運皇帝**[23]詔[24]曰, "朕以妙躬嗣登大寶, 夙夜祗懼罔敢寧居. 於用人行政,

---

17 하버드본에는 '快'자가 '夬'자로 되어 있음.
18 하버드본에는 '歸帖'자가 추가됨.
19 하버드본에는 '史'자가 '使'자로 되어 있음.
20 하버드본에는 '云'자가 없음.
21 하버드본에는 '誇'자가 '夸'자로 되어 있음.
22 하버드본에는 '館'자가 '門'자로 되어 있음.
23 하버드본에는 '遺'자가 추가됨.
24 하버드본에는 '若'자가 추가됨.

遵明皇考遺命，力疾擧行，哀勞交萃，奄至彌留．定數未[25]移，考終何憾[26]？但念**朕**紹承洪緖，煢疚方新，志業非[27]就，所期纘述，端屬後賢．皇長子(**由校**)，茂質英資，克荷神器，宜早嗣皇帝位，其恪守祖宗彝憲，親賢[28]勤學，立政安民，朝講一遵典制．冠婚擇吉早行，出入起居，倍宜兢愼，左右侍御，務近端良．內外文武百執事之臣，尙懷隱痛，同心協贊贊，永保基圖．朕從皇考在天之靈，陟降監觀於志畢矣．喪制[29]依舊制，以日易月，二十七日釋服，毋禁民間音樂·嫁娶．宗室郡王，藩屛重寄，不可輒離封域．督撫鎭守都市按三司官員，地方攸繫，不許擅離職守．聞喪日，止於本處，哭臨三日，進香代行衛所，府州縣官，幷免進香，詔諭中外，咸使聞知．”
○先是，入北京，聞本年四月二十七日，冊立皇后**張氏**，乃河南府祥符縣居監生**張國紀**女也．至五月十三日，又冊封兩妃，良妃**王氏**·純妃**段氏**也．光宗之喪，尙在殯殿，而今始襄葬．婚喪之制，與夫禮不相似[30]．然[31]東國未之有也．

初九日朝[32]，大霧，夕大風．使公有詩，卽次其韻．[33]

25 하버드본에는 '末'자가 '未'자로 되어 있음. 하버드본이 맞음.
26 하버드본에는 '憾'자가 '憾'자로 되어 있음.
27 하버드본에는 '非'자가 '未'자로 되어 있음.
28 하버드본에는 '遠小'자가 추가됨.
29 하버드본에는 '制'자가 '禮'자로 되어 있음.
30 하버드본에는 '也'자가 추가됨.
31 하버드본에는 '而'자가 추가됨.
32 하버드본에는 '朝'자가 없음.
33 하버드본에는 '使公有詩卽次其韻'자가 없음.

夜酌清秋月下賖，醉鄕忘却客天涯，
旅遊不憚行行遠，儒術方知念念差，
白首此時長鎖館，青驄何日共尋花，
愁多驚起還家夢，一葉風帆海外斜.
右使公又有尋芳之句故及之[34]

初十日，晴. 詣闕領賞三件也. 書狀之賞[35]，黑段四，黃紅紗各四[36]，衣六，紅段一[37]，銀十兩[38]也. 還館[39]，使公謂余曰，“**安士龍·洪德峻**得罪於我，**李長坤**得罪於書狀，幷贖其賞可也.” 余曰，“不可，皇恩可奪乎?”

莫惜金龜喚酒賖，椰[40]盃深處是生涯，
不求仙術身空老，素昧醫方病未差，
秋冷寶鞘抽劒氣，夜長虛幌落燈花，
吟成奮筆題新句，驟雨驚風滿紙斜.　　右再疊次使公疊用[41]韻

十一日，晴. 詣闕謝賞後，欲見閣老，將訴未歸之情，則**序班**力止之，詣國子監謁先聖，則廟中方[42]開[43]大役修理急急[44]. 問之則曰，“天子

34 하버드본에는 ‘使公又有尋芳之句故及之’자가 ‘次使公韻’자로 되어 있음.
35 하버드본에는 ‘三件也書狀之賞’자가 없음.
36 하버드본에는 ‘四’자가 ‘五’자로 되어 있음.
37 하버드본에는 ‘一’자가 ‘四’자로 되어 있음.
38 하버드본에는 ‘是書狀之賞’자가 추가됨.
39 하버드본에는 ‘還館’자가 없음.
40 하버드본에는 ‘椰’자가 ‘擲’자로 되어 있음.
41 하버드본에는 ‘疊用’자가 없음.
42 하버드본에는 ‘廟中方’자가 ‘修理之’자로 되어 있음.

初卽位, 必將臨幸, 故治之."云. 但無監董之官, 又無一介儒生, 無移安還安之禮. 役夫皆閭閻募軍, 紛雜亂聒於殿裏[45], 而塵土狼藉之中, 望見至聖先師孔子之位, [46]無粉面書塡之版, 頹然在座[47]. 雖玉堦金壁燦爛堂廡, 抑何補於尊崇哉. 傍人觀[48]余等行禮於庭, [49]皆曰, "朝鮮[50]知禮義."

於皇夫子廟庭弘, 諸弟三千一貫曾,
萬古綱常倫旣正, 百王心法道相承,
墻高數仞何由見, 堂遠如天不可升,
祀典卽今重賁飾, 明時尊尙國人矜.[51]

周宣石皷, 仲尼之門,
蝌蚪剝落, 古器猶存. 　　右題石皷

十二日, 晴. **光宗皇帝**神主附[52]大廟云. **提督鍾世芳**身死云. 曾見其形容, 口横面黄, 麤荒[53]無儀. 知其不久, 果然殺[54]吾賢提督, 可嘆.

---

43 하버드본에는 '開'자가 없음.
44 하버드본에는 '急急'자가 '方張'자로 되어 있음.
45 하버드본에는 '裏'자가 '內'자로 되어 있음.
46 하버드본에는 '則'자가 추가됨.
47 하버드본에는 '座'자가 '坐'자로 되어 있음.
48 하버드본에는 '傍人觀'자가 없음.
49 하버드본에는 '傍人聚观'자가 추가됨.
50 하버드본에는 '人'자가 추가됨.
51 하버드본에는 '右謁文廟'자가 추가됨. 하버드본이 맞음.
52 하버드본에는 '附'자가 '祔'자로 되어 있음.
53 하버드본에는 '荒'자가 '鄙'자로 되어 있음.

必待新提督出任, 故事益遲延, 不幸[55].

長頸圓身目在心, 心中懷抱獨沉吟,
四絃置腹鳴聲直, 十指當胸怨慕深,
群物此時咸得所, 疋[56]夫何日遇知音,
吾將薦汝周庭瞽, 誦奏關雎樂不淫.　　右盲[57]者抱琵琶行乞題扇贈之

十三日, 晴. 朝廷賀禮. ○午後, 寂然[58]依[59]几, 睡魔忽至, 乃一夢也.

門守堅如百二關, 客行留滯幾時還,
鶺鴒冷冷逢秋月, 蝴蝶翩翩渡[60]海山,
圍帶自知腰漸削, 衡冠初[61]見鬢多班,
可憐不學謀身計, 虛老平生逆旅間.　　右次使令[62]公久客書懷韻

十四日, 晴. 入會極門受勅書. 翰林**陳子壯**傳勅, 跪受[63]於庭. 遙見寶座玲瓏而有大寺人, 身與戶齊, 聳出[64]御榻之側. 高聲宣旨, 饋他

---

54 하버드본에는 '殺'자가 '失'자로 되어 있음.
55 하버드본에는 '也'자가 추가됨.
56 하버드본에는 '疋'자가 '匹'자로 되어 있음.
57 하버드본에는 '盲'자가 '瞽'자로 되어 있음.
58 하버드본에는 '独(獨)'자가 추가됨.
59 하버드본에는 '空'자가 추가됨.
60 하버드본에는 '渡'자가 '度'자로 되어 있음.
61 하버드본에는 '初'자가 '忽'자로 되어 있음.
62 하버드본에는 '令'자가 없음.
63 하버드본에는 '受'자가 '授'자로 되어 있음.
64 하버드본에는 '於'자가 추가됨.

酒飯. 職[65]等叩頭而出, 每門各有守直, 內官徵索人情, 處處聒聒. 皇極之[66]殿, 時方重修, 盖之以黃瓦, 大役蜂午. 會極殿在皇極之東而南向, 會極門則西向而與皇極相近, 會極內庭, 東西南長廊邐迤, 爲藏寶之庫. 每門各有揚額者, 不可[67]知其幾間. 此所謂'內帑', 金銀玉帛之儲云. ○是日, 仍爲辭朝, 領酒飯於光祿寺. 又見衆膳夫攔奪, 旋往禮部, 將[68]欲見堂辭退則曰, "免."

題陳內翰扇[69]

渤海風波幸免魚, 歸來閶闔聽鴻臚,
語音雖異金閨彦, 文字相同石閣書,
昔在偏邦嗟見小, 今遊中國愧才疎,
題詩珍扇瞻山斗, 掇拾崑崙[70]抵鵲餘.[71]

[72]翰林**陳公子壯**[73], 因伴送傳扇求題甚懇. 余固辭[74], 伴送嫐之[75], 故題送. 卽[76]仵其們子寄金匣龍腦墨兩套, 具名帖致謝曰, "敢呈木瓜[77]

65 하버드본에는 '職'자가 없음.
66 하버드본에는 '之'자가 없음.
67 하버드본에는 '可'자가 없음.
68 하버드본에는 '將'자가 없음.
69 하버드본에는 '題陳內翰扇'자가 없음.
70 하버드본에는 '崑崙'자가 '昆岡'자로 되어 있음.
71 하버드본에는 '右題陳內翰林扇'자가 추가됨.
72 하버드본에는 '先是陳'자가 추가됨.
73 하버드본에는 '陳公子壯'자가 없음.
74 하버드본에는 '以'자가 추가됨.
75 하버드본에는 '嫐之'자가 '之嫐'자로 되어 있음.
76 하버드본에는 '卽'자가 '則陳公'자로 되어 있음.

之報, 愧聳愧聳, 這院裏文房之友, 幸勿見踈."[78]

十五日, 晴. 周主事鏘代任提督也. 與兵部許員外[79]達道來, 坐廳[80]將驗包而不驗曰, "朝鮮大宰相之來聘, 與他不同, 此間豈容濫僞[81]之事乎? 但促夫馬依願發送耳." 職等入[82]見作揖辭出[83], 日已暮[84]. 出自河[85]大門, 未到通州二十里, 至[86]雇米店, 高姓人[87]家宿.

勅書謄書[88]

皇帝勅諭朝鮮國王(姓諱). 該禮部題稱, '據王奏, 有漂海人丁顧起龍等三十六名, 至王境內, 今差陪臣刑曺判書官崔[89]等, 管送前來.' 具見王尊奉天朝, 忠順不懈, 朕甚嘉之. 玆特降勅奬勸, 仍賜白

---

77 하버드본에는 '瓜'자가 '苽'자로 되어 있음.

78 장서각본의 '題陳內翰扇'에서 '幸勿見踈'까지가 하버드본에는 다음과 같다. 先是陳翰林, 因伴送傳扇, 求題甚懇, 餘固辭以伴送嬲, 故題送則陳公伻其們子寄金匣龍墨腦兩套, 具名帖, 致謝曰, "敢呈木苽之報愧聳愧聳這院裏文房之友, 幸勿見踈." 渤海風波倖免魚, 歸來閶闔聽鴻臚. 語音雖異金閨彦, 文字相同石閣書. 昔在偏邦嗟見小, 今遊中國愧才踈. 題詩珍扇瞻山門, 掇拾昆岡抵鵲餘. 右題陳翰林

79 하버드본에는 '許員外'자가 '員外許'자로 되어 있음.

80 하버드본에는 '外'자가 추가됨.

81 하버드본에는 '容濫僞'자가 '有監爲'자로 되어 있음.

82 하버드본에는 '入'자가 '進'자로 되어 있음.

83 하버드본에는 '出'자가 '退'자로 되어 있음.

84 하버드본에는 '矣'자가 추가됨.

85 두 본의 원문에는 何로 되어 있으나, 옥하관의 河로 수정함.

86 하버드본에는 '至'자가 없음.

87 하버드본에는 '人'자가 없음.

88 하버드본에는 '勅書謄書'자가 없음.

89 하버드본에는 '應虛'자가 추가됨.

金・文錦・彩段[90], 以答勤誠, 就令陪臣**崔**[91]等齎回, 至可收領. 其書狀[92]通事等[93]官**安**[94]等, 從人**洪福**等, 各効勤勞, 賜賚有差, 幷諭知之. 王其體朕至意, 故諭. 賜國王, 銀一百兩, 錦四段, 紵絲十二表裏.

暗骨[95]朶雲大紅四疋, 暗骨[96]朶雲翠藍四疋, 暗骨[97]朶雲眞[98]青四疋, 木紅裏絹十二疋[99], 粧花絨錦鎖子如意連毬[100]花青錦貳[101]段[102], 粧花絨錦鎖子如意連毬[103]花藍錦貳[104]段[105·106]. [107]天啓元年九月初九日. 踏紫泥廣運之寶, [108]齎來之規, 裹以金錢紙黃絹之袱[109], 納諸畫龍

90 하버드본에는 '彩段'자가 '綵緞'으로 되어 있음.
91 하버드본에는 '應虛'자가 추가됨.
92 하버드본에는 '官安璥'자가 추가됨.
93 하버드본에는 '通事等'자가 '等通事'자로 되어 있음.
94 하버드본에는 '安'자가 '奇暹'자로 되어 있음.
95 하버드본에는 '骨'자가 '香'자로 되어 있음.
96 하버드본에는 '骨'자가 '香'자로 되어 있음.
97 하버드본에는 '骨'자가 '香'자로 되어 있음.
98 하버드본에는 '眞'자가 '直'자로 되어 있음.
99 하버드본에는 '(暗骨朶雲大紅四疋, 暗骨朶雲翠藍四疋, 暗骨朶雲眞青四疋, 木紅裏絹十二疋)'자가 없음.
100 하버드본에는 '毬'자가 '球'자로 되어 있음.
101 하버드본에는 '貳'자가 '二'자로 되어 있음.
102 하버드본에는 '段'자가 '疋'자로 되어 있음. 장화융금은 疋이라 하지 않고 段이라고 함.
103 하버드본에는 '毬'자가 '球'자로 되어 있음.
104 하버드본에는 '貳'자가 '二'자로 되어 있음.
105 하버드본에는 '段'자가 '疋'자로 되어 있음.
106 하버드본에는 '(暗骨朶雲大紅四疋, 暗骨朶雲翠藍四疋, 暗骨朶雲眞青四疋, 木紅裏絹十二疋)'자가 추가됨.
107 하버드본에는 '書大年號曰'자가 추가됨.

漆筒.

金鞍玉勒馬如龍, 公子王孫處處逢,
珠履躡門豪士聚, 花冠盈路美人從,
不平心事論長劒, 相許情懷付大鍾,
醉擊珊瑚誇富貴, 原嘗春信揔貧傭.
右[110]遊俠之[111]人, 佩龍劒, 躡雲履携, 兩兩佳人, 其[112]醉如泥者[113], 忽[114]遇於道傍休息之處[115], 排門而入展. 扇求題.

花貌雲膚翠岱[116]眉, 出門飛去紫騮馳,
蜂腰裙帶飄飄擧, 螓首冠簪岌岌危,
玉佩蘭蓀隨處聞, 瑤臺雲雨與誰期,
多情此夜秦樓月, 正及阿郎未寢時.
右[117]一男子馱美人於駿馬, 立諸街上, 入門[118]作揖曰, "彼姬當代第一色, 俺方携赴佳會, 願贈詩侈之."

108 하버드본에는 '其'자가 추가됨.
109 하버드본에는 '袱'자가 '褓'자로 되어 있음.
110 하버드본에는 '右'자가 없음.
111 하버드본에는 '之'자가 없음.
112 하버드본에는 '中有'자가 추가됨.
113 하버드본에는 '者'자가 없음.
114 하버드본에는 '者'자가 추가됨.
115 하버드본에는 '休息之處'자가 없음.
116 하버드본에는 '岱'자가 '黛'자로 되어 있음.
117 하버드본에는 '右'자가 없음.
118 하버드본에는 '入門'자가 없음.

金雀銀麟縮步搖，遍身珠[119]翠半含嬌，
荑生錦袂纖纖手，花剪羅裙窄窄腰，
言語始傳鸚鵡舌，歌詞初倣[120]鳳凰簫，
曲終一揖乘風去，雲外香塵遠益飄.
右[121]女與男子兩騎幷行，而馬上[122]携手者，能言語善歌舞，其夫誇之．故[123]各以所見題之.[124]

十六日，晴[125]．早[126]發到通州，伴送落後，故止行，仍宿西關[127]**都姓**人[128]家.

雲錦袈裟袒右肩，六環飛錫下諸天，
道心寂滅新生佛，法骨淸癯老病禪，
辟穀自飢聊遣日，養松皆偃不知年，
空將一鉢龍潛水，淨洗人間萬劫緣.　　右見[129]辟穀僧不剪爪十指屈曲，戱題.[130]

---

119 하버드본에는 '珠'자가 '朱'자로 되어 있음.
120 하버드본에는 '倣'자가 '放'자로 되어 있음.
121 하버드본에는 '右'자가 없음.
122 하버드본에는 '馬上'자가 '上馬'자로 되어 있음.
123 하버드본에는 '題'자가 추가됨.
124 하버드본에는 '各以所見題之'자가 없음.
125 하버드본에는 '晴'자가 없음.
126 하버드본에는 '早'자가 '曉'자로 되어 있음.
127 하버드본에는 '關'자가 '館'자로 되어 있음.
128 하버드본에는 '人'자가 없음.
129 하버드본에는 '見'자가 '戱'자로 되어 있음.
130 하버드본에는 '不剪爪十指屈曲戱題'자가 없음.

十七日，晴．伴送晚到，卽發行，過滶[131]縣，西八里店**徐姓**人[132]家宿[133]．

秋聲生野樹，暝色入城門，
棲定聞啼鳥，欄踈逐放豚，
奇觀窮道路，壯志少乾坤，
客日來無盡，何時到故園．

十八日，霧．曉發，望武淸縣不入．暮投楊村馹，[134]**杜姓**人[135]家宿[136]．是日行百[137]十里．有人來慰曰，"好行李．" 且求題[138]詩[139]．

去時一揖人，來日重逢面，
從此各天涯，相思何處見．　　右題人扇[140]

十九日，晴．大風，道路堅氷．朝飯于桃花口，渡南倉津，宿南倉村[141]**劉姓**人[142]家．是日行四十里．行人皆曰，"冷了．"[143] 寒液滿鼻．

---

131 하버드본에는 '滶'자가 '郭'자로 되어 있음.
132 하버드본에는 '人'자가 없음.
133 하버드본에는 '宿'자가 없음.
134 하버드본에는 '宿'자가 추가됨.
135 하버드본에는 '人'자가 없음.
136 하버드본에는 '宿'자가 없음.
137 하버드본에는 '二'자가 추가됨.
138 하버드본에는 '題'자가 없음.
139 하버드본에는 '故題其扇'자가 추가됨.
140 하버드본에는 '右題人扇'자가 없음.
141 하버드본에는 '南倉村'자가 없음.
142 하버드본에는 '人'자가 없음.

有霜初履日，無處不堅氷，
水路三千里，天門九萬層，
寒聲雲海吼，烈氣浪山崩，
自惻重裘弊，何如裸壤繒.

二十日，晴. 早發欲渡天津，無船，終日坐津頭，行人士女，來見如堵. 或獻實果于轎子[144]，不可不受，令通官捧以[145]謝之. 余亦擧手於轎內而稱'多謝'. 日暮，艱得一[146]小艇，往復畢渡，入東門出西門，十二里許. 冒夜而[147]行，宿稍直口**黃姓**人[148]家.

二十一日，陰. 曉發過塔立村，乃靜海縣北五十里也. 未及縣八里鋪，入**尙姓**人[149]家朝飯. 又行過縣城，至城郭村，**滕姓**人[150]家宿. 行八十里也[151]. 是[152]日吾生日也. 作客他鄕[153]，仍憶故山書懷.

近年人世事，都付客行忙，
諱日留他國，生辰到異鄕，

143 하버드본에는 '冷了'자가 추가됨.
144 하버드본에는 '子'자가 '前'자로 되어 있음.
145 하버드본에는 '以'자가 '而'자로 되어 있음.
146 하버드본에는 '一'자가 없음.
147 하버드본에는 '而'자가 없음.
148 하버드본에는 '人'자가 없음.
149 하버드본에는 '人'자가 없음.
150 하버드본에는 '人'자가 없음.
151 하버드본에는 '也'자가 '云'자로 되어 있음.
152 하버드본에는 '是'자가 '今'자로 되어 있음.
153 하버드본에는 '作客他鄕'자가 '自顧平生奔走不暇'자로 되어 있음.

荒阡濡雨露，遠路飽風霜，
隔海還家夢，依俙拜北堂.

二十二日，雨. 早發過四十里釣臺舖，至一津，將渡而止，入宿靑縣越邊離家鎭[154]**蔣姓**人[155]家. 是日[156]五十里[157]行矣.

村名有釣臺，七里灘之隈，
皇帝與同臥，故人還別來，
東京鼎得重，北極星非灾，
千古一竿竹，子陵安在哉.

二十三日，晴. 早發，五里許渡舟[158]，六十餘里，又渡舟[159]，風亂日暮，入滄州，乃津頭泊船處也. 有古樓額曰，'望瀛紅霞'，落照暎[160]度曲曲朱欄，船艦無數，商賈雜沓[161]，富庶繁華之地也. 移入南關[162]里[163]**王姓**人[164]家宿[165]. 是日行七十里云[166].

---

154 하버드본에는 '離家鎭'자가 없음.
155 하버드본에는 '人'자가 없음.
156 하버드본에는 '行'자가 추가됨.
157 하버드본에는 '泥滑難'자가 추가됨.
158 하버드본에는 '渡舟'자가 '舟渡'자로 되어 있음.
159 하버드본에는 '渡舟'자가 '舟渡'자로 되어 있음.
160 하버드본에는 '暎'자가 '映'자로 되어 있음.
161 하버드본에는 '沓'자가 '踏'자로 되어 있음. 하버드본이 맞음.
162 하버드본에는 '關'자가 '館'자로 되어 있음.
163 하버드본에는 '宿'자가 추가됨.
164 하버드본에는 '人'자가 없음.
165 하버드본에는 '宿'자가 없음.
166 하버드본에는 '云'자가 없음.

畵閣臨江渚, 雕欄依[167]日邊,
檣烏通客旅[168], 笙鶴集神仙,
方丈知何處, 瀛洲望在前,
樓名三大字, 金暎落霞天.

二十四日, 晴. 早發五里許, 路傍墓門題石曰, '太子少傅大司馬戴公神道碑.' 大官塋域, 處處有之. 繞以垣墻, 其內或有家舍, 氏族同葬焉. 又過獅子城駕虹橋, 暮至鹽山縣西關里, [169]**李姓**人[170]家宿[171]. 是日行九十餘[172]里云[173].

城留獅子號, 橋渡駕虹長,
一片荒墳石, 傷心立路傍. 　　右題人扇

二十五日, 晴. 早發過劉公渠, 至慶雲縣西關[174]里, 息馬休人, 暮入楊和尙寺前村[175], [176]**張姓**人[177]家宿[178]. 是日行百里云.

---

167 하버드본에는 '依'자가 '倚'자로 되어 있음.
168 하버드본에는 '客旅'자가 '旅客'자로 되어 있음.
169 하버드본에는 '宿'자가 추가됨.
170 하버드본에는 '人'자가 없음.
171 하버드본에는 '宿'자가 없음.
172 하버드본에는 '餘'자가 없음.
173 하버드본에는 '云'자가 없음.
174 하버드본에는 '關'자가 '館'자로 되어 있음.
175 하버드본에는 '村'자가 없음.
176 하버드본에는 '宿'자가 추가됨.
177 하버드본에는 '人'자가 없음.
178 하버드본에는 '宿'자가 없음.

朝過劉公渠, 暮來和尙寺,
日馳百里餘[179], 道路窮何地.　　右途中口占

二十六日, 晴. 早發行二十里, 有縣曰, '楊信[180]', 又過桑老樹店, 暮入[181]尙哥店, [182]**張姓**人[183]家宿[184]. 乃賓州地[185], 州在東十八里云[186]. 是日行百里許[187].

楊信途中老樹桑[188], 賓州日出近東方,
遙知故國滄波隔, 曾不崇朝一葦航.　　右次主家[189]壁上韻

二十七日, 霧. 早發至二十五里許[190], 舟渡一津曰'鹽河', 下流乃浦台縣地也. 縣在東十二里云. 河之[191]上流卽濟陽縣, 縣之距此八十里云. 午後, 冒風[192]雨入博興縣北關[193]里, [194]**于姓**人[195]家宿[196]. 是

179 하버드본에는 '里餘'자가 '餘里'자로 되어 있음.
180 두 본 모두 '楊信'이라고 했는데, 현재는 陽信縣임.
181 하버드본에는 '入'자가 '投'자로 되어 있음.
182 하버드본에는 '宿'자가 추가됨.
183 하버드본에는 '人'자가 없음.
184 하버드본에는 '宿'자가 없음.
185 하버드본에는 '也'자가 추가됨.
186 하버드본에는 '云'자가 없음.
187 하버드본에는 '許'자가 없음.
188 하버드본에는 '樹桑'자가 '桑樹'자로 되어 있음.
189 하버드본에는 '家'자가 '人'자로 되어 있음.
190 하버드본에는 '許'자가 없음.
191 하버드본에는 '之'자가 없음.
192 하버드본에는 '風'자가 없음.
193 하버드본에는 '關'자가 '館'자로 되어 있음.

日行八十里云. ○主人問余曰, “朝鮮之路, 何由於[197]此? 指路者誰的麽誤了.”

皇靈覃及遠, 諸國畢來賓,
大路通天下, 孤蹤率土濱,
誰憐浮海客, 莫笑門[198]津人,
壯節酬題柱[199], 棲棲老此身.

二十八日, 晴. 早發至樂安縣, 入西門出東門, 城中擾雜, 人肩相磨. 暫時息馬. 又渡大川曰, ‘淄河’. 下流[200], 此田單金帶騁乎之水也. 暮宿彭家屯[201]. 引渠繞村, 有雕石虹橋, 門上作人居甚盛. 是日行九十里.

○[202]淄水懷古
龍牛焚盡絳繒衣, 腰帶黃金騁馬歸,
功業再成枹鼓日, 狄人三月解重圍.

二十九日, 晴. 早發至壽光縣, 渡洰洱河下流. 又渡但[203]河善人橋,

194 하버드본에는 ‘宿’자가 추가됨.
195 하버드본에는 ‘人’자가 없음.
196 하버드본에는 ‘宿’자가 없음.
197 하버드본에는 ‘由於’자가 ‘以由’자로 되어 있음.
198 하버드본에는 ‘門’자가 ‘問’자로 되어 있음. 하버드본이 맞음.
199 하버드본에는 ‘柱’자가 ‘桂’자로 되어 있음.
200 하버드본에는 ‘下流’자가 없음.
201 하버드본에는 ‘屯’자가 ‘店’자로 되어 있음.
202 하버드본에는 ‘右’자가 추가됨.

[204]村名[205]曰, '道天店.' 暮投王望店, 宿**董姓**人[206]家, [207]行九十里.

一渡善人橋, 能令過者式,
聞風可以興, 天下無邪慝.　　　右題人扇

203 하버드본에는 '但'자가 '沮'자로 되어 있음.
204 하버드본에는 '有'자가 추가됨.
205 하버드본에는 '名'자가 없음.
206 하버드본에는 '人'자가 없음.
207 하버드본에는 '是日'자가 추가됨. 하버드본이 맞음.

十月

初一日，戊辰，晴．早發行四十里，到濰縣北關[1]里息馬．又過承惠永惠兩社倉，暮投王奴店[2]，**孫姓**人[3]家宿[4]．是日行九十里云[5]．

落日平原樹，長天曠野雲，
塵清回淑氣，風靜廓妖氛，
辛苦三韓使，趍蹌四海君，
路從濰縣北，千里細初分．

初二日，晴．曉發過昌邑，舟渡濰河．河邊見一旅櫬，乃南方知縣官之喪也．爭渡聒聒，伴送於馬上揮鞭大叱曰，"朝鮮進貢陪臣，奉皇勅回還本國．道路肅淸回避之不暇，况死知縣護喪的奴才[6]，何敢無禮擾亂乎．"擔柩者，皆却立，盖其人黃縣人也．官[7]遊遠方，身死而歸云．其家屬男女幷三轎，喪者亦以衰[8]絰乘轎，不隨柩行，或先或後，任意而[9]自行．擔夫輩，或置柩於路傍踐踏之，夜則或臥柩上．家屬則占入隣家，與柩不相近，亦無哭聲．喪禮如此[10]，可怪之甚．余

1 하버드본에는 '關'자가 '館'자로 되어 있음.
2 하버드본에는 '宿'자가 추가됨.
3 하버드본에는 '人'자가 없음.
4 하버드본에는 '宿'자가 없음.
5 하버드본에는 '云'자가 없음.
6 하버드본에는 '才'자가 '子'자로 되어 있음.
7 하버드본에는 '官'자가 '宦'자로 되어 있음.
8 하버드본에는 '衰'자가 '縗'자로 되어 있음.
9 하버드본에는 '而'자가 없음.
10 하버드본에는 '喪禮如此'자가 없음.

語及伴送, 伴送有難色, 答曰, “這輩迷劣, 何足責禮.” 伴送與余, 登岸指示囊沙處曰, “去時有詠, 此日可續[11].” 展扇求題, 忙寫四十字.

勝敗濰河[12]決, 沙痕萬古堆,
胯中銷壯氣, 跨[13]下脫奇才,
傳檄燕從靡, 聞風楚可摧,
英雄同逝水, 一去不曾回[14].

舟渡深河, 暮投灰阜驛, 宿**徐姓**人[15]家. 是日共[16]百里. 在途[17]望見則昌邑之南有山曰‘高重’[18], 灰阜之南有山曰[19]‘王望’[20].

初三日, 晴. 早發行五十里, 朝飯於郞村舖. 午過萊州城外不入. 夕到平里店[21]**徐姓**人[22]家宿[23]. 是日行共[24]百[25]里云矣[26]. ○掖縣知縣

---

11 하버드본에는 ‘此日可續’자가 ‘可續一詩’자로 되어 있음.
12 하버드본에는 ‘河’자가 ‘水’자로 되어 있음.
13 하버드본에는 ‘跨’자가 ‘袴’자로 되어 있음.
14 하버드본에는 ‘回’자가 ‘迴’자로 되어 있음.
15 하버드본에는 ‘人’자가 없음.
16 하버드본에는 ‘共’자가 ‘行’자로 되어 있음.
17 하버드본에는 ‘在途’자가 없음.
18 하버드본에는 ‘山曰高重’자가 ‘高重山’자로 되어 있음.
19 하버드본에는 ‘山曰’자가 없음.
20 하버드본에는 ‘山曰王望’자가 ‘王望山也’자로 되어 있음.
21 하버드본에는 ‘宿’자가 추가됨.
22 하버드본에는 ‘人’자가 없음.
23 하버드본에는 ‘宿’자가 없음.
24 하버드본에는 ‘共’자가 없음.
25 하버드본에는 ‘餘’자가 추가됨.

薛文周, 差人追送名帖及食物曰, "去時不入城, 未安于心, 來亦過行, 不勝缺然, 卽當莿謝."云云[27]. 膳夫二人, 請自熟, 設支供, 以貢繾綣之意. 饌品極精, 以雞豬之肉, 作六七別味, 味皆甚佳. 盖去時分巡道以路告之, 言必責下官也.

去日忽忽去, 來時緩緩來,
朝疑城府閉, 夜訪里門開,
未免人輕侮, 那堪旅瑣灾,
蒸豚致繾綣, 官酒過三盃.

初四日, 晴. 大風, 木葉盡脫. 早發過朱橋馹, 朝飯於新店. 又過徐鄕城麻姑仙里, 夕投北馬鎭, [28]**劉姓**人[29]家宿[30]. [31]行百十里.

朱橋還渡入徐城, 欲訪麻姑問里名,
北馬鎭中沽酒肆, 行人來聽踏歌舞[32].　　右口占

初五日, 晴. 大風, 日氣甚寒. 過黃縣, 渡黃河, 歷太史遺風・淳于故[33]里, 蓬縣仙觀, 萊嶽[34]具瞻. 夕入登州, 寓[35]宿開元寺. 是日行九

26 하버드본에는 '云矣'자가 없음.
27 하버드본에는 '云'자가 없음.
28 하버드본에는 '宿'자가 추가됨.
29 하버드본에는 '人'자가 없음.
30 하버드본에는 '宿'자가 없음.
31 하버드본에는 '是日'자가 추가됨.
32 하버드본에는 '舞'자가 '聲'자로 되어 있음.
33 하버드본에는 '故'자가 '古'자로 되어 있음.
34 하버드본에는 '嶽'자가 '岳'자로 되어 있음.

十里云[36]. 途中捃摭地名, 合作一律, 示同行.

故[37]里淳于氏, 遺風太史公,
蓬島仙觀壯, 萊嶽具瞻崇,
山勢星環北, 波光日出東,
欲將遊覽處, 收拾入詩中.

陳慰使尙留此寺, 其書狀在船上促發云. 柳進香·康陳慰·鄭書狀三船敗沒之言, 人皆諱秘於**柳**書狀. 故唐人亦皆慰諭曰, "**柳**大宰之船好往."云云. 譯官同知**李民省**自**康**陳慰敗船處來, 衣冠盡脫, 泣訴余曰, "願得生還." 吾將與使公同上一船, 死生以之已爲約束. 故來時, 吾坐[38]之船空在. 命**民省**載之, 覔給粮石. 盖**民省**丁巳年赴京時, 同行譯官也. 又有其時譯**卞應星**之子, 自**鄭**書狀敗船[39]來訴, 亦與**民省**同載之. ○光祿卿**趙佐**, 訪余於船上, 欲寄家書. 盖其弟**趙佑**遊擊時留本國. 故憑傳一札也.

投御[40]人報客, 光祿寺卿來,
曾未相知者, 何爲欲見哉?
暫携舟纜解, 願寄尺書裁,
有弟留東國, 鴒原曷日廻.

---

35 하버드본에는 '寓'자가 없음.

36 하버드본에는 '云'자가 없음.

37 하버드본에는 '故'자가 '古'자로 되어 있음.

38 하버드본에는 '坐'자가 '生'자로 되어 있음.

39 하버드본에는 '船'자가 '所'자가 추가됨.

40 하버드본에는 '御'자가 '啣'자로 되어 있음.

初六日, 晴. 朝往**陶爺**衙門, 見官則對[41]恭慰之曰, "多多辛苦, 風浪如此, 何以開洋, 不如姑停以待春和." 等謝曰, "老爺念及於此, 感激[42], 受勅淹留, 於心未安, 入島候風, 風不順則回泊, 猶或可也. 豈可頽然坐此[43]自晝中塗乎." 軍門曰, "是阿[44], 然前車旣覆, 十分愼旃, 期於利涉. 且頃見廣寧禦史[45]題本, 有毛文龍者, 樹功於這邊, 今方駐兵貴國, 想貴國益復多事也[46]." 盖**毛**之爲人, 皆曰狂夫. 爲**王**御史所薦, 渠亦自請出來, 不量衆寡, 輕易擧事. 鎭江僞署[47]**佟養志**[48], 貪殘淫虐, 人皆欲食其肉. **毛**也因以誘之, 夜半猝襲, 僥倖得志, 誇張己功, 轉報朝庭. 徒知取之之易, 不料鎭之之難, 竟使遼左孑遺之民, 肝腦塗地, 可勝歎哉. 登萊之人, 多有扼腕言也.[49] ○**陶爺**以兵巡陸軍門, 移設衙門, 尤爲隆重. 以火藥四十斤・鐵丸[50]百介給之, 使備行路, 更示委曲致念之意.

初七日, 晴. 監軍邀之. 等往拜行見官[51]禮. 後對茶[52]問曰[53], "貴國,

41 하버드본에는 '對'자가 '進'자로 되어 있음.

42 하버드본에는 '感激'자가 추가됨.

43 하버드본에는 '而'자가 추가됨.

44 하버드본에는 '是阿'자가 추가됨.

45 하버드본에는 '史'자가 '使'자로 되어 있음.

46 하버드본에는 '也'자가 '矣'자로 되어 있음.

47 장서각본에는 '僞暑'로 되어 있으나, 문맥상 僞署가 맞음.

48 장서각본에는 '佟養志'로 되어 있으나, '佟養正'이 맞음. 동양정은 진강성(현 丹東縣에 있던 九連城)을 지키던 후금인으로 모문룡이 밤에 진강성을 습격했을 때 항복한 장수로 이때 죽었다.

49 하버드본에는 '盖毛之爲人 ~ 多有扼腕言也'의 내용이 없음.

50 하버드본에는 '一'자가 추가됨.

51 하버드본에는 '見官'자가 없음.

52 하버드본에는 '對茶'자가 없음.

軍兵幾何? 粮食[54]幾何?" 等答曰, "小邦, 三面受敵, 分戍之外, 餘兵不數[55]. 地瘠民貧, 三年不能餘一年之食. 加以壬辰之後, 歲歲興發, 千里運餉, 士不宿飽. 然職等非主兵主粮之官, 未詳知其[56]實數也." 監軍曰, "唯唯. 且俺雖徃, 一草[57]不要害. 將欲以萬兩之銀, 貿穀於貴國[58], 而今聽陪臣之言, 未知何以則可也." 等又答曰, "老爺如欲貿穀, 貿於中國而[59]船運之, 庶幾不乏軍前之需, 小邦則無穀可貿. 使天而雨銀, 飢者不得[60]食矣," 監軍微笑. 等且禀曰, "老爺行期定在何間? 職等先回, 將啓知於寡君耳." 監軍曰, "俺受命已久, 而事多未完. 數日之後, 當爲發船." 等辭退聞其下人之言, 且見氣色, [61]當初自請受任, 爲朝廷推奬而及來海上, 風濤甚惡, 且聞我國使臣, 處處渰沒之報, 多有懼色, 姑待來春云云[62]. ○等之將徃監軍衙門也. 陳慰使謂等[63]曰, "勿呈名帖. 頃者, 吾等呈名帖, 監軍怒曰, '誰敢呈名於我耶.'" 其自尊無雙. 厥後, 軍門聞之, 語監軍曰, "鮮人識禮, 交接之際, 相通名帖, 有何不可."云. 等旣聞這說, 到其門, 先使**奇暹**入告曰, "陪臣在外, 伺候嚴, 未敢呈名[64]於老爺耳." 監軍點

53 하버드본에는 '曰'자가 없음.

54 하버드본에는 '食'자가 '石'자로 되어 있음.

55 하버드본에는 '數'자가 '多'자로 되어 있음.

56 하버드본에는 '知其'자가 없음.

57 하버드본에는 '草'자가 '芥'자로 되어 있음.

58 하버드본에는 '國'자가 '邦'자로 되어 있음.

59 하버드본에는 '而'자가 '則'자로 되어 있음.

60 하버드본에는 '以'자가 추가됨.

61 하버드본에는 '則'자가 추가됨.

62 하버드본에는 '云'자가 없음.

63 하버드본에는 '等'자가 '余'자로 되어 있음.

64 하버드본에는 '帖'자가 추가됨.

頭曰, "唯唯." 卽令孫守備迎入, 禮接似[65]恭. 且曰, "好去利涉, 假㺚可畏, 所過諸島, 愼勿相遇. 如遇之, 言吾在後." 盖其意欲使等藉其威聲也. 是日[66]吉日也. 一行宿于船上, 張伴送・曲監務, 幷持饌榼來, 別于船.

款款曲監務, 堂堂張指揮,
臨分爭解佩, 惜別共牽衣,
杯酒傾如瀉, 帆風[67]疾若飛,
此生難再見, 魂夢亦相違.

初八日, 晴. 往陶爺衙門辭之, 則立對茶鍾[68]慇懃作別曰, "好行好行." 出往船所, 因潮移船. 又往宴所, 則陶爺命[69]中軍遊擊將軍蔡同春, 押宴于訓鍊廳, 饌品極備, [70]禮甚盛. 禮畢, 又來船所, 乘月步上蓬萊閣, 則衛士明燈[71]坐樓下. 軍門・監軍兩人, 微服私會于樓上. 等還下于[72]城堞, 堞[73]外有一刹. 構於絶壁萬丈之上, 影倒滄波, 駕空浮虛, 自非身具羽翼, 不能至[74]也. 等敲門, 一沙彌開戶, 坐話. 禪燈良久, 伺軍門下樓, 而繼登仙閣, 所謂'東坡親筆'[75], 以火照之,

---

65 하버드본에는 '似'자가 '以'자로 되어 있음.
66 하버드본에는 '行船'자가 추가됨.
67 하버드본에는 '帆風'자가 '風帆'자로 되어 있음.
68 하버드본에는 '立對茶鍾'자가 '進茶慰之'자로 되어 있음.
69 하버드본에는 '命'자가 '令'자로 되어 있음.
70 하버드본에는 '接'자가 추가됨.
71 하버드본에는 '燈'자가 '燭'자로 되어 있음.
72 하버드본에는 '于'자가 '見'자로 되어 있음.
73 하버드본에는 '堞'자가 없음.
74 하버드본에는 '至'자가 '止'자로 되어 있음.

僅[76]記原[77]韻而返. 時[78]夜[79]三鼓, 缺月將隱. 東溟渺渺, 與天一色. 不[80]知故國定[81]在何處.

一[82]

蓬島烟霞界, 登州海嶠巓,
大衙羅將相, 高閣揖神仙,
奉勅三韓使, 回旋萬里船,
誠心事上國, 朝日出東天.

二[83]

受命分巡道, 開筵訓鍊廳,
高官咸在位, 衛士峻奔庭,
禮數恭傳爵, 談論快建瓴,
慇懃終日宴, 相對似神靈.

三[84]

船頭一條路, 上去接蓬萊,

---

75 하버드본에는 '之韻猶存'자가 추가됨.
76 하버드본에는 '僅'자가 '堇'자로 되어 있음.
77 하버드본에는 '原'자가 '元'자로 되어 있음.
78 하버드본에는 '時'자가 없음.
79 하버드본에는 '正'자가 추가됨.
80 하버드본에는 '不'자가 '未'자로 되어 있음.
81 하버드본에는 '定'자가 '正'자로 되어 있음.
82 하버드본에는 '一'자가 없음.
83 하버드본에는 '二'자가 없음.
84 하버드본에는 '三'자가 없음.

地絶層城築，天浮積石堆，
玲瓏金棟宇，璀璨玉樓臺[85]，
塵迹誠難到，飛仙可得陪.

四[86]
蓬萊高閣路，邐迤下城隅，
寸地無塵跡，諸天有別[87]區，
虛空蒙佛力，滅沒賴神扶，
雲鎖禪門靜，休煩俗客呼.

又有七言律二首[88]，及海市韻，追次並錄于左[89].
蓬萊閣及[90]城上寺韻並二首[91].

一[92]
一上層城轉入雲，冷風吹擧九霞裙，
鰲頭彩閣神靈府，鶴背星冠羽化群，
水接天心雲漢近，月明人語玉皇聞，
黃粱未熟槐安夢，不覺徘徊到夜分.

---

85 하버드본에는 '臺'자가 '抬'자로 되어 있음.
86 하버드본에는 '四'자가 없음.
87 하버드본에는 '有別'자가 '別有'자로 되어 있음.
88 하버드본에는 '首'자가 '律'자로 되어 있음.
89 하버드본에는 '追次並錄於左'자가 없음.
90 하버드본에는 '及'자가 없음.
91 하버드본에는 '並二首'자가 '追次並錄於左'자로 되어 있음.
92 하버드본에는 '一'자가 없음.

二[93]

峯頭雉堞上層層，城壓禪房勢欲崩，
萬里仙槎愁怳惚，三生凡骨夢飛騰，
雲邊植杖驚栖鶴，月下敲門喚宿僧，
兜率十天滄海闊，一聲淸磬夜燃燈.

又[94]

大海漫漫淩碧空，蓬萊仙閣浮空中，
危檻無地俯馮夷，飛甍直上干月宮，
神物扶持自天成，制作何待般垂工，
島嶼出沒列兒孫，風雲變幻驅魚龍，
何人留此海市篇，手迹宛然蘇仙翁，
做出胸中一造化，長杠健筆何其雄，
吟詩如聽鬼泣聲，海上奇怪看無窮，
盡輸舒卷千萬狀，開闔四瀆[95]靈氣融，
鰲擎鼉作蜃[96]結坮，巨鯨一吸玻瓈鐘，
蠙珠犀貝錯爲市，屋翔天際宜其豊，
詩人筆端善形容，天地爲爐萬物銅，
我來摩挲長歎息，驟雨颸颸生餘風.

93 하버드본에는 '二'자가 없음.
94 하버드본에는 '又'자가 없음.
95 하버드본에는 '瀆'자가 '讀'자로 되어 있음.
96 하버드본에는 '蜃'자가 '昬'자로 되어 있음.

又

拖席乘潮水，祈風卜海雲，
虔誠茅酒薦，精潔紙錢焚，
冥感臨香火，微誠載祝文，
黃麻九天降，幾日報吾君.

初九日，晴．四更具冠帶，設奠于船上，告行船，卽因順風掛帆開洋．巳時到廟島，汲水．島之西岸，有文石如鏡，分明照人面目，謂之'鏡面石'．來時旣題拙詩．重到拭之，已爲風磨，可歎．自申時，大風北來，達夜浪打，舟人皇皇結纜於沙[97]上石者五處．朝起視之則五石皆移古處矣.

朝自登州發，夕來廟島前，
颶風將覆海，鯨浪已掀天，
未見扶持力，誰回造化權，
纜繩更收拾，辛苦縛船舷.

初十日，晴．上[98]廟堂作祭文，燒香祈風．堂之額曰，'天妃娘娘之廟'云.

[99]江南奉勅，使事旣完於天庭，海東回槎，故國遙在於日域．
苟非感應之助，誰得利涉之便?

---

97 하버드본에는 '沙'자가 '船'자로 되어 있음.

98 하버드본에는 '上'자가 없음.

99 하버드본에는 '祭文略曰'자가 추가됨.

十月陰風，正[100]當墐戶之日，萬里驚浪，此豈解纜之時?
嗟臣職之不遑，念王事之靡盬.
餐島中三尺之雪，依波上一葉之舟.
斷斷無他，白首之所學何事? 洋洋如在，丹心之至誠共鑑.
欲免魚腹之灾，願借鴻毛之順.

十一日，晴. 曉，因順風發船. 出眞珠門[101]，疾往如箭，浪高可畏. 入泊舵磯島，纔巳時也. 副揔兵**許定國**在防所，其麾下**陳**哨官者來，見於船上[102]，話罷[103]，日暮而去. 吾往其船，回謝**陳**曰，“不可不見**許爺**”云. 旋往許所，投名則出接曰，“明日偕往黃城”云.

入泊舵磯島，來尋許揔兵，
中流思祖豫，長揖識韓荊，
白羽揮談大，黃金踐諾輕，
掛帆隨戰艦，相與到黃城.

十二日，晴. **許**副[104]揔[105]乘船出浦口，吾船隨之，同往黃城. **韓**揔兵**宗功**亦在島防守，草創衙門，額曰，‘臥薪軒’. **韓**乃遼城人也. 丁巳年，有面分，故泊船之後，乘月訪之，則握手敍舊，有若隔世人也.

---

100 하버드본에는 ‘正’자가 ‘政’자로 되어 있음.
101 하버드본에는 ‘因順風發船. 出眞珠門’자가 ‘出眞珠門，因順風發船’자로 되어 있음.
102 하버드본에는 ‘談’자가 추가됨.
103 하버드본에는 ‘罷’자가 없음.
104 하버드본에는 ‘副’자가 없음.
105 하버드본에는 ‘兵’자가 추가됨.

許·**韓**相對設酌，款接吾[106]等，極言舟行之難，**韓**獨愀然謂余曰，“男兒會面有如是，夫**安爺**曾歷陋止，豈料今夕寄身？孤島[107]，不蔽毒霧瘴烟，鬚髮盡白，手足痲木，在世能復幾日？**安爺**備嘗夷險之外[108]，一髮不白，眞是人間壽[109]福也．[110]第未知方帶何爵而再次畫狀耶？丁巳之右僉都御史[111]，今爲左副[112]，五年之間纔一級，亦是晩福也．可賀可賀[113]．俺靑氈舊物，皆[114]付賊虜．此則不足惜，而**安爺**所贈之詩，掛壁愛玩，坐臥常目，而亦未免見失，不幸不幸．此日相逢，得於萬死之餘，繼此而可復贈我一聯[115]，以續平生之玩耶？”余答曰，“死而更生，實荷腆念，中心藏之，何日忘之？但向來詩囊，都付諸馮夷，無一箇東西，難副盛教也．”相與拍手大笑．

○奉贈韓摠兵宗功[116]

關塞胡沙煒煒風，羯奴深入古遼東，
靑氈失守無傳業，白羽從征有戰功，
萬艘蒙衝臨大敵，三軍司命在元戎，
平生義氣知相許，滄海桑田誓始終．[117]

106 하버드본에는 ‘吾’자가 ‘余’자로 되어 있음.
107 하버드본에는 ‘島’자가 ‘棹’자로 되어 있음.
108 하버드본에는 ‘之外’자가 없음.
109 하버드본에는 ‘壽’자가 ‘遐’자로 되어 있음.
110 하버드본에는 ‘可賀可賀’자가 추가됨.
111 하버드본에는 ‘史’자가 ‘使’자로 되어 있음.
112 하버드본에는 ‘都御史’자가 추가됨.
113 하버드본에는 ‘可賀可’자가 없음.
114 하버드본에는 ‘皆’자가 ‘盡’자로 되어 있음.
115 하버드본에는 ‘贈我一聯’자가 ‘一聯贈我’자로 되어 있음.
116 하버드본에는 ‘奉贈韓摠兵宗功’자가 없음.

十三日, 晴. 北風甚惡, 波浪接天. 夕時, 許將設飯請邀, 等往赴其船, 則韓摠兵[118]亦同坐. 許使其[119]奴唱歌彈琵琶. 韓問余曰, "此聲何如?" 余[120]曰, "好好的." 韓笑之, 與許相語曰, "休矣休矣. 朝鮮樂器, 吾嘗慣見所謂'玄琴'卦高調朗, 令人不覺抃躍, 此聲何足入耳哉!" 相與勸盃, 已到夜分, 余謂韓曰, "情已洽矣. 過此則支難, 雖曰厭厭之飮, 豈可三更不寐而尙留客乎?" 韓曰, "吾少時氣健, 逢人, 輒爲達夜之飮, 今既[121]衰矣. 勸客, 只以三更爲限[122], 不須[123]辭, 仍[124]聽四皷而罷可也." 言滑類此. 韓又携手謂余曰, "一葉孤舟, 不但風浪之危, 假[125]㺚可畏, 何以得達, 令人氣塞. 安爺善人也, 天必佑之, 其好歸的消息, 俺何[126]從得聞於滄海之外哉? 俺專蒙貴國恩典, 獲保十口家累, 此生何以報?" 泫然出涕. 且言義州節制勤幹辦事關門鎖鑰也, 龍川太守慈祥愷悌天上神仙也, 非下界中凡人也.

九尺雄姿百戰酣, 天山勳業箭惟三,
黃鬚英略龍韜壯, 綠眼威風虎視眈,
李牧稱良宜守北, 岑彭爲重可征南,

---

117 하버드본에는 '右贈韓摠兵'자가 추가됨.
118 하버드본에는 '兵'자가 '將'자로 되어 있음.
119 하버드본에는 '其'자가 없음.
120 하버드본에는 '余'자가 '答'자로 되어 있음.
121 하버드본에는 '既'자가 '已'자로 되어 있음.
122 하버드본에는 '限'자가 '恨'자로 되어 있음.
123 하버드본에는 '須'자가 '頃'자로 되어 있음.
124 하버드본에는 '仍'자가 '乃'자로 되어 있음.
125 하버드본에는 '假'자가 '猳'자로 되어 있음.
126 하버드본에는 '何'자가 '可'자로 되어 있음.

仙舟蓬島相逢晩, 一見知心在立談.
右奉贈許副揚定國. 許見贈韓詩亦求之[127].

十四日, 晴. 西北之[128]風終日大吹, 未[129]得發動[130], **韓**揔兵送小紙書, 乞令京差通官, 面言心事. 卽遣**奇暹**往對. 良久, [131]報曰, "所言皆慷慨時事, 嘗記諸數尺之紙, 欲將傳寄於**安爺**而語煩, 故不布耳[132]." 於**暹**見處裂以付, 大[133]率皆中國事也. 且以小小紙密封送我, 有曰, "**毛姓**人得志於那邊, 則貴國當不得." 又有"**馬姓**[134]者, 願從監軍之行, 此人自前得利於貴國, 今又自請, 壑欲難充, 如此輩必多濫觴之弊, 貴國的當不得矣."云. 黃城爲島, 四面諸嶼, 回曲相掩, 巖石奇怪, 可泊藏船之處甚多. **韓**揔兵來防之後, 新設營鎭, 又鑿大池於海曲, 引潮水於其中, 可容千艘, 以爲藏舟之所, 船未滿百而軍數三千云. 與**許**副揔舵磯之防, 相爲聲援, 故大小軍務往來相議云. 於廣鹿島又置防所而近陸之處, 假㺚頻頻間諜, 故領兵之將, 不能久住於絶島云云. 等與**韓**·**許**[135]相對之日, 人報曰, "有一荒唐船, 自廣鹿邊出來, 俄而到泊." 執其人供招, 則曰, "分戍之兵粮盡, 故將

---

127 하버드본에는 '右奉贈許副揚定國. 許見贈韓詩亦求之.'자가 '右贈許揔兵'자로 되어 있음.

128 하버드본에는 '之'자가 없음.

129 하버드본에는 '未'자가 '不'자로 되어 있음.

130 하버드본에는 '動'자가 없음.

131 하버드본에는 '還'자가 추가됨.

132 하버드본에는 '耳'자가 '云'자로 되어 있음.

133 하버드본에는 '大'자가 없음.

134 하버드본에는 '人'자가 추가됨.

135 하버드본에는 '韓許'자가 '許韓'자로 되어 있음.

往登州受料."云. **韓·許**相謂曰[136], "這邊無文報得, 非諜者乎?" 命拿拘留矣.

題鑿渠藏艦之役[137]

潮汐爲門海作溝, 引渠通壑壑藏舟,

神鞭驅石頑猶疾, 鬼簣移山重不留,

形勢自然持勝美, 威聲所至挫凶酋,

舳艫千里旋旗蔽, 衝截遼河可斷流[138]. [139]

十五日, 晴. 曉月, 因順風放船, 已到旅順前洋. 月落後, 風順, 故仍[140]爲行船, 平明見之, 則到平島前洋[141]. 日暮, 到廣鹿後洋, 而[142]風止, 故暫下碇. 遙見海岸, 有船五六隻, 揚帆橫行, 疑是假㺚, 舟中待變夜, 又櫓役促之[143], 達曙未[144]休. 寒霧四塞, 龍吟鯨吼, 變幻於傾[145]刻間. 前車之敗, 到此遇風云[146]. 悚身潛禱而過. 追思**柳·康**諸公, 不勝哽塞, 雖欲一酹, 得乎?

---

136 하버드본에는 '曰'자가 없음.

137 하버드본에는 '題鑿渠藏艦之役'자가 없음.

138 하버드본에는 '流'자가 '河'자로 되어 있음.

139 하버드본에는 '右題鑿渠藏艦之役'자가 추가됨.

140 하버드본에는 '風順故仍'자가 '又'자로 되어 있음.

141 하버드본에는 '也'자가 추가됨.

142 하버드본에는 '而'자가 없음.

143 하버드본에는 '櫓役促之'자가 '促櫓'자로 되어 있음.

144 하버드본에는 '未'자가 '不'자로 되어 있음.

145 하버드본에는 '傾'자가 '頃'자로 되어 있음. 하버드 본이 맞음.

146 하버드본에는 '云'자가 없음.

狂風昨日怒波頹, 幾箇舟人利涉回,
覆轍在前宜戒後, 迷途雖往可追來,
屈原有悔[147]應憐死, 唐介無辜幸免灾,
瀘水淸霜秋夜冷, 饅頭何處酹三盃.
右題[148]前船渰沒處悲吟, 不知何處吊湘君.

十六日, 晴. 朝近長山島而風逆止碇, 終日不得發[149], 促櫓近島宿[150].

長山一脉列兒孫, 次第相携入海門,
浪興天高飛鳥沒, 潮因風急駭鯨奔,
人人皮服夷居雜, 處處氈韝㺚語諠,
蠻貊可行忠信篤, 孤舟無恙亦君恩.

右遙見長山島[151]. 羊裘[152]之人大呼而未詳其語. [153]

十七日, 大霧. 逆風不息. 稍近[154]島畔下碇, 諸島之人避亂者, 皆剃髮, 處處[155]爲假㺚, 留一處[156]待風, 可畏也.

---

147 하버드본에는 '悔'자가 '懷'자로 되어 있음.
148 하버드본에는 '題'자가 '過'자로 되어 있음.
149 하버드본에는 '行'자가 추가됨.
150 하버드본에는 '于洋中'자가 추가됨.
151 하버드본에는 '右遙見長山島'자가 없음.
152 하버드본에는 '裘'자가 '喪'자로 되어 있음.
153 하버드본에는 '右題長山島'자가 추가됨.
154 하버드본에는 '近'자가 '迹'자로 되어 있음.
155 하버드본에는 '處處'자가 없음.
156 하버드본에는 '處'자가 '此'자로 되어 있음.

深深毒霧沈，暗暗驚波伏，
同在一舟中，不分人面目.　　　右[157]船上大霧中書懷[158]

十八日，雨暫灑而止．因[159]順風[160]黽勉行船，未到石城島十里許，忽値狂風，始見天際一點黝雲，自北向南．瞥目之頃，掩蔽洋中．白浪湧蹴，水天飜覆，龍驄斷絶，帆席裂飛，漂出大洋，舍命而奔．夜黑之後，適遇一小島投入．波濤擊石之聲，天地崩摧，泊舟巖[161]底，得避大風，若非此島，洋外[162]更無一丸可依之土，豈非天命乎? 舟中人自相招魂.

破船多漏塞衣袽，出沒狂濤縱所如，
黨力北驅風日惡，鷁頭[163]南指海天虛，
誰知絶島三更後，無恙孤帆[164]萬死餘，
穩臥篷窓成一夢，蝶魂先往舊鄕閭.
右石城島[165]前洋遭[166]風，夜半得泊五馬島[167].

157 하버드본에는 '題'자가 추가됨.
158 하버드본에는 '書懷'자가 없음.
159 하버드본에는 '其'자가 추가됨.
160 하버드본에는 '順風'자가 '風順'자로 되어 있음.
161 하버드본에는 '巖'자가 '岸'자로 되어 있음.
162 하버드본에는 '外'자가 '中'자로 되어 있음.
163 하버드본에는 '頭'자가 '首'자로 되어 있음.
164 하버드본에는 '帆'자가 '舟'자로 되어 있음.
165 하버드본에는 '島'자가 없음.
166 하버드본에는 '遭'자가 '過'자로 되어 있음.
167 하버드본에는 '畔'자가 추가됨.

十九日，晴．大風極[168]寒．落檣繫[169]船，薪水俱乏，上島汲水採薪，島中有五家，**陶姓**人三父子，捉鷄來慰曰，“好好的幸．免舟覆，福哉．” 問島名則‘五馬’云．且曰，“宰相船上辛苦，可於我們的溫房下宿也．” [170]“惡風之後，必有順風，須放心[171]待之．” 員役輩試往其家則有饋飯者，其盤匜之屬，[172]多我國器皿．問曰，“這東西那裏來?” 答曰，“陸地[173]人所贈．”云．島之東南二百里許，又有一大島，名曰‘海洋．’ 適逢其島人來此島者，誇於[174]員役曰，“我們島中[175]酒飯餠麵[176]魚肉甚豐，非如此島之貧也[177]，你可往見否？俺將此刻回去耳[178]．” 遂撑小艇，揚帆跨浪，出沒如鷗，盖兩島相通婚姻家云．人有欲上我船而搽子看看者[179]，不許，則似有未滿之色．雖然絶島之人無非賊也，量人强弱而必爲之逆順，故不禁見船則恐誨盜也．

維舟五馬島邊磯，東望扶桑旭日晞，
魚腹葬忠寃氣結，鴟皮盛憤怒魂飛，
無便可得偸生處，有命曾知視死歸，

---

168 하버드본에는 ‘極’자가 ‘劇’자로 되어 있음.
169 하버드본에는 ‘繫’자가 ‘裂’자로 되어 있음.
170 하버드본에는 ‘余曰’자가 추가됨.
171 하버드본에는 ‘放心’자가 ‘坐以’자로 되어 있음.
172 하버드본에는 ‘或’자가 추가됨.
173 하버드본에는 ‘地’자가 ‘之’자로 되어 있음.
174 하버드본에는 ‘於’자가 ‘諸’자로 되어 있음.
175 하버드본에는 ‘中’자가 ‘裏’자로 되어 있음.
176 하버드본에는 ‘麵’자가 ‘麵’자로 되어 있음.
177 하버드본에는 ‘也’자가 ‘寒’자로 되어 있음.
178 하버드본에는 ‘耳’자가 ‘云’자로 되어 있음.
179 하버드본에는 ‘搽子看看者’자가 없음.

從此神明應見助, 拭淚[180]相慰[181]莫歔啼.
右五馬島漂泊日, 題岩石上.

二十日, 晴. 北風大吹不休. 纜繩凍絶, 楫[182]棹摧落. 作祭文以禱之.[183] 貿牲於島人, 以[184]大猪一口[185], 肉甚肥澤. [186]小米二十七斗量給, 則猪主[187]喜, 自請去毛而供之. 祭畢, 島人皆言, "不可輕易發船. 願從容留泊, 以待順風, 貴國不遠, 一風可到."云. ○泊船之岩, 或如[188]怪石皆可玩. 至於生鰒・紅蛤・海參[189]・青角, 至賤, 不可勝食.

專對無能濫叨邦君之命, 幹事纔畢遠自天子之庭.
夏月入歸, 冬日[190]旋返.
經旅順之狂浪幸保餘生, 値石城之颶風自分必死.
海靈默佑以[191]授纜, 島神驚惻而引迎檣.

---

180 하버드본에는 '淚'자가 '眸'자로 되어 있음.
181 하버드본에는 '慰'자가 '對'자로 되어 있음.
182 하버드본에는 '楫'자가 '檣'자로 되어 있음.
183 하버드본에는 '其文曰'자가 추가됨. 이어서 오는 '貿牲於島人 ~ 不可勝食.'의 내용이 제문 뒤에 있음.
184 하버드본에는 '以'자가 없음.
185 하버드본에는 '口'자가 '頭'자로 되어 있음.
186 하버드본에는 '以'자가 추가됨.
187 하버드본에는 '大'자가 추가됨.
188 하버드본에는 '或如'자가 '多有'자로 되어 있음.
189 하버드본에는 '參'자가 '蔘'자로 되어 있음.
190 하버드본에는 '日'자가 '月'자로 되어 있음.
191 하버드본에는 '以'자가 '而'자로 되어 있음.

退泊將宿三宵，前頭又有[192]千里.
拯溺之恩旣重，更乞西風之吹，利涉之吉可期，俾遂東向之志[193].

是夜波紋如螢，好風之徵也.

二十一日，晴. 聞雞鳴[194]. 因順風擧帆，到居衝島則巳時也. 風亂浪高，雲黑雨洒[195]. 入小島依泊[196]，達夜祝天[197].

大浪山如覆，孤舟勢已傾，
不知人命重，天地本無情.

彼蒼夢夢將奈何[198]

二十二日，細雨暫洒而[199]大風終日益烈，以四五[200]大索繫舟岩下.[201]

出沒避蛟龍，維舟將恐[202]斷，
無寧縱[203]所如，直欲浮銀漢.

---

192 하버드본에는 '有'자가 '過'자로 되어 있음.
193 하버드본에는 '云云'자가 추가됨.
194 하버드본에는 '鳴'자가 없음.
195 하버드본에는 '洒'자가 '灑'자로 되어 있음.
196 하버드본에는 '翻舟動盪'자가 추가됨.
197 하버드본에는 '彼蒼者天君命奈何'자가 추가됨.
198 하버드본에는 '彼蒼夢夢將奈何'자가 없음.
199 하버드본에는 '止'자가 추가됨.
200 하버드본에는 '尺'자가 추가됨.
201 하버드본에는 '驚魂屢散，度夜如年'자가 추가됨.
202 하버드본에는 '恐'자가 '復'자로 되어 있음.

驚魂屢散，度夜如年[204].

二十三日，晴. 天欲曉[205]，[206]因順[207]風行船，未到百里許，[208]北風忽回，月隱而雲掩，波浪[209]怒吼，遑遽回船，漂流無定. 幸得一小島，艱難[210]依泊.

三更下碇度寒宵，冠帶加身苦待朝，
密雪乍晴波浪起，頑雲初散月星昭，
天邊故國經年返，洋外孤臣幾日漂，
獨立船頭東向拜，歸魂先送不須招.

又[211]
曉月微生還掩雲，波濤劈海天疑分，
危舟無復可依處，膂發風聲何忍聞.

二十四日，大雪大風，終日終夜，浪高船躍，人皆褫魄，相與言[212]曰，“此舟之中，上下五十二人，如或一人有不死之命，則衆皆賴此而生

---

203 하버드본에는 ‘縱’자가 ‘從’자로 되어 있음.
204 하버드본에는 ‘驚魂屢散，度夜如年’자가 없음.
205 하버드본에는 ‘曉’자가 ‘曙’자로 되어 있음.
206 하버드본에는 ‘而’자가 추가됨.
207 하버드본에는 ‘’자가 없음.
208 하버드본에는 ‘而’자가 추가됨.
209 하버드본에는 ‘波浪’자가 ‘浪波’자로 되어 있음.
210 하버드본에는 ‘難’자가 ‘辛’자로 되어 있음.
211 하버드본에는 ‘又’자가 없음.
212 하버드본에는 ‘言’자가 ‘語’자로 되어 있음.

矣. 天豈無知哉, 如其終不得免, 則莫若[213]速覆舟也."

不辱汝往哉, 何時還報事,
蒼天若有知, 庶幾來無棄.[214]　　戲吟此詩, 以慰衆心.

二十五日, 或雪或晴. 大風逆吹, 寒灰無燼, 竈烟不起, 人皆倒臥.

積雪覆滄溟, 波濤凝[215]欲濁,
篷窓冷不開, 船上頹氷嶽.[216]　　呵筆而題, 擁面而臥.

二十六日, 陰曀. 終夕大風連吹, 長鯨噴浪, 直瀉雲霄, 魚族跳躍, 隱現無常, 舟人憂[217]曰, "此風波不息, 雨雪長久之徵也."

鯨鯢偃溟渤[218], 屈曲如山丘,
飜海日星沒, 蹴天波浪浮,
三魂初返國, 一節再觀周,
神物有知覺, 不須呑我舟.

二十七日, 大雪交雨, 乍下乍霽, 曉時, 似有順風之報[219], 遂喜躍擧帆, 未出數里, 卽[220]回風退流勢將難遏[221], 余親執櫓勸力, 使公亦共

---

213 하버드본에는 '急'자가 추가됨.
214 하버드본에는 '右'자가 추가됨.
215 하버드본에는 '凝'자가 '疑'자로 되어 있음.
216 하버드본에는 '右'자가 추가됨.
217 하버드본에는 '憂'자가 '泣'자로 되어 있음.
218 하버드본에는 '溟渤'자가 '渤溟'자로 되어 있음.
219 하버드본에는 '報'자가 '徵'자로 되어 있음.

之, 舟人大呼[222], '奮棹', 幸得一小島, 艱難依泊而[223]避風.

非關生死念, 不是愛微軀,
白首懷忠信, 丹心效拙愚,
波濤餘地小, 日月仰天呼,
海若莫能救, 亡之命矣夫.

二十八日, 大雪大風. 午後[224]凍雨交作, 水天晦瞑, 暮時乍晴.

束帶立船舷, 仰天呼父母. 平生一寸誠, 到此終無有[225].
疾痛必呼父母, 況於是乎.

二十九日, 晴. 寒沍徹骨, 人不得運身. 粮亦垂盡, 只待大[226]命. 滿船愁慘之形可掬, 令軍官<u>**盧士立**</u>磨墨, 呵筆作絶命辭.

旣無羽翼兮飛上天, 又無鱗介兮潛逃淵,
驚波怒吼兮覆我船, 天不活我兮焉往焉,
將從屈原兮遊九泉, 故國消息兮誰能傳.

三十日, 密雪終日, 北風尤惡. 午後, 步下岩邊, 則員役輩爭拾海菜

---

220 하버드본에는 '卽'자가 '浪'자로 되어 있음.
221 하버드본에는 '退流勢將難遏'자가 '裂舟勢將覆'자로 되어 있음.
222 하버드본에는 '曰'자가 추가됨.
223 하버드본에는 '艱難依泊而'자가 '繫纜'자로 되어 있음.
224 하버드본에는 '午後'자가 없음.
225 하버드본에는 '無有'자가 '有無'자로 되어 있음.
226 하버드본에는 '大'자가 '天'자로 되어 있음.

如[227]・青角・苔藻等物. 呵手拮据而歸[228], 將爲充腹之計. 余[229]曰 "若等食此, 能活幾日." 衆皆掩泣曰 "至誠感天, 天高聽卑. 願得須臾無死還見故土耳." 且拾枯枝, 燎火於釜, 煮雪爲水, 盛置舟中之甕, 經夜視之, 凍甕如拆卵矣.

彈丸諸島布如碁, 冬月經旬泊五兒,
船上雪多猶救渴, 囊中粮絶[230]奈堪飢,
石花長服腸生鼈[231], 海菜爭收手[232]拆龜,
欲質蒼天無我罪, 神明終必有扶持. 右漂泊五兒諸[233]島, 記所見.

227 하버드본에는 '菜如'자가 '衣'자로 되어 있음.
228 하버드본에는 '而歸'자가 없음.
229 하버드본에는 '問'자가 추가됨.
230 하버드본에는 '粮絶'자가 '絶糧'자로 되어 있음.
231 하버드본에는 '鼈'자가 '鱉'자로 되어 있음.
232 하버드본에는 '手'자가 '水'자로 되어 있음.
233 하버드본에는 '諸'자가 없음.

十一月

初一日, 戊戌. 陰曀大風, 萬無生道, 使**<u>奇暹</u>**抖擻舟中之粮, 曰, "公儲旣盡. 爾等私備之粮幾許? 事之危迫, 將不出數日而決. 未死之前, 折甘分小[1], 可延時刻之命也." 舟人泫然各持囊橐, 並置[2]于前, 或斗或升, 零星些小[3]. 於是以上下人口之數, 每五合[4·5]作籌通計, 則僅[6]支八九日. 余病不能食, 以消雪水一椀, 煮細米一合爲粥, 朝夕歠之. 只令炊飯以供[7]操舟之人, 欲爲連[8]命, 反覆[9]開諭以慰之曰, "詩不云乎. '人可以食, 鮮可以飽.' 死則已矣, 不死而還故國, 則豈無一斗粟乎? 同舟則胡越一家, 共難[10]則仇怨協力, 爾等其[11]勉之." 人皆拭淚叩頭曰, "唯唯." 或有慍見者曰, "此船何時覆, 無[12]寧遄死, 不欲見風浪之苦."

初二日, 晴. 擧帆出島, 外風忽回, 顚沛而入, 觸于岩石, 船舷幾碎. 人皆呑聲而哭曰, "不死何俟?" ○<u>石城</u>·<u>居衝</u>, 兩島近處, 名不知小

---

1 하버드본에는 '小'자가 '少'자로 되어 있음.
2 하버드본에는 '置'자가 '進'자로 되어 있음.
3 하버드본에는 '小'자가 '少'자로 되어 있음.
4 하버드본에는 '五合'자가 '合五'자로 되어 있음.
5 하버드본에는 '式'자가 추가됨.
6 하버드본에는 '僅'자가 '堇'자로 되어 있음.
7 하버드본에는 '供'자가 '饋'자로 되어 있음.
8 하버드본에는 '連'자가 '延'자로 되어 있음.
9 하버드본에는 '覆'자가 '復'자로 되어 있음.
10 하버드본에는 '難'자가 '誰'자로 되어 있음.
11 하버드본에는 '其'자가 '亦'자로 되어 있음.
12 하버드본에는 '無'자가 없음.

絶島多, 而奇怪之石尤多. 或如開門, 或如岸幘, 有掛帆之形, 奔兕之狀. 所觸足以碎船者, 不可勝記[13]. 舟中嘗以一帳隔風, 坐以[14]待朝. 夜半, 使公唱歌曰, "死而復死兮, 一百番復死兮, 白骨爲塵土, 魂魄且有無, 向主之一片丹心, 寧有改乎." 余塞耳不聽曰, "其鳴[15]也哀, 此非絶命辭乎." 使[16]答曰, "吾等有可生之理乎?" 公之哀鳴, 不一而足. '蟻柯自覺三生夢, 鯨海誰憐萬死魂.'之句[17]誰作歟? 余亦悽然, 知其終不免乎死.

初三日, 大雪復作, 六合閉塞, 終日掩篷[18]. 風浪接天, 纜繩之曲凍不得[19]伸. 氷舟踴躍, 任他傾覆, 雖篙工水手之熟於船者, 不能接足. 如圓瓢委地, 口吐黃水. 午後暫止, 稍稍起立, 又令煎[20]雪爲水, 納于甕, 齊沐作祭文, 血誠祈禱.[21]

朝天奉勅, 歸報吾君, 水路風雪, 遑恤辛勤.
舟行所屆, 祭必三薰, 取具臨時, 奚暇苾芬.
竭誠而已, 匪爲繁文, 敬恭明神[22], 寧不我聞.
危檣隨處, 浪打紛紛, 出沒島嶼, 鷗雁非羣.

---

13 하버드본에는 '記'자가 '數'자로 되어 있음.
14 하버드본에는 '以'자가 '而'자로 되어 있음.
15 하버드본에는 '鳴'자가 '唱'자로 되어 있음.
16 하버드본에는 '公'자가 추가됨.
17 하버드본에는 '是'자가 추가됨.
18 하버드본에는 '終日掩篷'자가 없음.
19 하버드본에는 '得'자가 '可'자로 되어 있음.
20 하버드본에는 '煎'자가 '煮'자로 되어 있음.
21 하버드본에는 '其文曰'자가 추가됨.
22 하버드본에는 '明神'자가 '神明'자로 되어 있음.

東望故國, 目斷飛雲, 大命近止, 神其處分[23].

右乞命之絶筆也. 此後不復有祭文, 不復有生氣, 漸入危境. 盖冬至只隔四五日, 日候極寒, 風雪之險惡, 無[24]怪者也[25]. 其在登州, 人皆請俟春和, 而不聽, 至于今日, 雖悔曷追, 員役中有畵策[26]來陳者[27]曰, "雪風[28]之惡, 日復日日, 逆風恒吹, 萬無前進[29]之理, 勢將枯死於絶島. 無已則莫如任風漂流無定. 萬一僥倖, 還到登萊, 此外無[30]生道也[31]. 如或不然, 則寄托人居之島, 乞食求生, 土窟過冬, 彼亦人也, 必不忍害人命. 請擇於斯二者, 計將安出?" 余曰, "否, 環島而窺我者, 皆假㺚也. 與其被髮, 吾寧其魚. 况旣迷不遠之復而事皆不幸. 今雖放船, 難保其必到於[32]登, 將[33]奈何. 蒼天終不惠我, 則是[34]命也. 死何恨焉." 人皆拭淚而退. 觀其顔色, 憔瘁[35]深黑, 已爲鬼形矣.

23 하버드본에는 '云云'자가 추가됨.
24 하버드본에는 '足'자가 추가됨.
25 하버드본에는 '也'자가 없음.
26 하버드본에는 '者'자가 추가됨.
27 하버드본에는 '陳者'자가 '諫'자로 되어 있음.
28 하버드본에는 '雪風'자가 '風雪'자로 되어 있음.
29 하버드본에는 '前進'자가 '進前'자로 되어 있음.
30 하버드본에는 '此外無'자가 '則可得'자로 되어 있음.
31 하버드본에는 '也'자가 '而'자로 되어 있음.
32 하버드본에는 '於'자가 없음.
33 하버드본에는 '將'자가 '萊, 勢無'자로 되어 있음.
34 하버드본에는 '亦'자가 추가됨.
35 하버드본에는 '瘁'자가 '悴'자로 되어 있음.

初四日，晴．旭日始出．急急具冠帶，立於船上，東向四拜，泣曰，“等受君命而不得復命，罪已大矣，[36]爲天地萬古之冤魂，遙望日月而永訣．” 左右失聲痛哭．俄而西風忽來，遂擧帆行船．風力不緊，窮日之行，前進不易．且於洋中遇岩如山，巀然在前．潮滿則未見形貌，近處皆坻[37]石，水波黑色㦬難睨視．舟[38]或恐[39]觸[40]，不覺喪心，未到鹿島一二[41]息許，颶風自北，暮夜漆[42]黑．舟人大叫，皆[43]曰，“回一帆則庶幾可生．” 皇皇[44]急急，罔知所爲．回帆云者，爭執引帆之繩，不欲回者，亦執回帆[45]之繩，相持痛哭．余不覺叩頭於檣，額穿流血，俄頃，風勢似微，止碇于洋中，達夜浪蹴，涷纜如紘[46]，將不得支．無可奈何，潛心默禱，憂惱難堪．困憊中乍枕船板，掩面而臥．浪打板外，如撞頭顱，暫刻接睫，則[47]非夢間，有白首翁，鬢眉瑩秀，飄若神仙．揖余而言曰，“莫泣莫泣．故國咫尺，明日可到．我乃海上龍神也．感君至誠，故來告耳．” 忽然而去．余欣欣自得，起而欠伸，使公問曰，“公有夢乎? 我亦得夢似言．吾等必免於死矣．” 余曰，“勿洩夢，過後言之，可也．” 使公曰，“長夜漫漫，何時曉，[48]欲待天明移

---

36 하버드본에는 '將'자가 추가됨.
37 하버드본에는 '坻'자가 '砥'자로 되어 있음.
38 하버드본에는 '舟'자가 없음.
39 하버드본에는 '或恐'자가 '恐或'자로 되어 있음.
40 하버드본에는 '舟'자가 추가됨.
41 하버드본에는 '二'자가 없음.
42 하버드본에는 '漆'자가 '柒'자로 되어 있음.
43 하버드본에는 '皆'자가 없음.
44 하버드본에는 '皇皇'자가 '遑遑'자로 되어 있음.
45 하버드본에는 '帆'자가 '船'자로 되어 있음.
46 하버드본에는 '如紘'자가 '幾絶'자로 되어 있음.
47 하버드본에는 '則'자가 없음.

船近島, 則可得小避風浪也.” 余曰, “已至於此, 何必避風? 天明則莫如放船任風[49], 聽其所止而休焉也.”

初五日, 晴. 無處可依, 北風大起, 不得已植檣掛席. 委船隨風, 自分漂流南[50]走, 莫知所向. 或曰, “琉球國正[51]在南方, 若或生到, 則必不殺.” 或曰, “若到日本[52]見殺無疑.” 使公曰, “如到濟州則其幸可言.” 余曰, “死生在天, 天必爲之所矣. 東西南北, 何必憶[53]度.” 午後, 風[54]日明朗, 忽回西南之風, 鷁[55]首東指, 疾如[56]飛過. 杳杳然我國地方諸山, 隱現於波浪之外, 雲天之際者, 如馬齒形, 瞬息之頃, 漸漸分明. 舟人指點曰, “這是龍川主山. 這是鐵山主山.” 與夫大何島·大串諸島, 山形歷歷無疑, 而日暮心促, 風帆如矢, 無以加矣, 猶欲走馬加鞭矣. 遙見陸邊則有浮沉[57]流下, 攅塞蔽[58]海[59]者, 如山如雲, 亘長天同一雪色. 舟人曰, “彼必‘流澌’也. 大海則醎甚, 故氷無一點[60], 近陸之水, 則[61]夜合而晝解, 隨潮往來者, 塞斷海口, 船

48 하버드본에는 ‘乎’자가 추가됨.
49 하버드본에는 ‘放船任風’자가 ‘任風放船’자로 되어 있음.
50 하버드본에는 ‘南’자가 ‘而’자로 되어 있음.
51 하버드본에는 ‘正’자가 없음.
52 하버드본에는 ‘則’자가 추가됨.
53 하버드본에는 ‘憶’자가 ‘臆’자로 되어 있음.
54 하버드본에는 ‘風’자가 ‘天’자로 되어 있음.
55 하버드본에는 ‘鷁’자가 ‘鐲’자로 되어 있음.
56 하버드본에는 ‘如’자가 ‘若’자로 되어 있음.
57 하버드본에는 ‘有浮沉’자가 ‘漂沈’자로 되어 있음.
58 하버드본에는 ‘蔽’자가 없음.
59 하버드본에는 ‘門’자가 추가됨.
60 하버드본에는 ‘點’자가 ‘点’자로 되어 있음.

無羽翼, 其能飛越乎? 已往則幸而免也, 難乎免於今日, 將若之何?" 果然日暮時, 澌近相値則船頭碍[62]積, 固難運行, 而風力極緊, 雙帆直衝, 抉澌迎船, 若有[63]助之者也[64]. 隨隙隨入, 舟行不息. 夜黑之後, 得入海門, 乃大串無人之境也[65], 是則[66]我國鐵山地也. 維舟於氷岸[67], 仰觀天星, 則[68]正[69]是三更之夜. 點檢遺失, 則船頭爲澌所擊, 舷[70]上第一板破落, 第二者又[71]將隨落矣.

初六日, 晴. 朝起見之, 則積澌成山, 堅塞海門. 昨日若緩一刻, 則何以到此? 無非天也. 卽撑氷梯于岸, 步下沙際, 始躡陸地, 不覺踴躍[72], 手舞足蹈, 仰天歡呼. 於是, 舟人皆起舞同樂, 喜幸之色可掬. 此地之[73]距鐵山府六十里. 使善走者定送, 收拾夫馬而來. 期以明日入府云. 監牧官**金俊明**持酒飯來迎. 乃於岩崖下[74]向陽處坐話. 暮入監牧廳, 宿溫突.

---

61 하버드본에는 '則'자가 없음.
62 하버드본에는 '碍'자가 '礙'자로 되어 있음.
63 하버드본에는 '若有'자가 '有若'자로 되어 있음.
64 하버드본에는 '也'자가 없음.
65 하버드본에는 '也'자가 없음.
66 하버드본에는 '則'자가 없음.
67 하버드본에는 '岸'자가 '岍'자로 되어 있음.
68 하버드본에는 '則'자가 없음.
69 하버드본에는 '正'자가 '政'자로 되어 있음.
70 하버드본에는 '舷'자가 '船'자로 되어 있음.
71 하버드본에는 '又'자가 '亦'자로 되어 있음.
72 하버드본에는 '踴躍'자가 없음.
73 하버드본에는 '之'자가 없음.
74 하버드본에는 '下'자가 없음.

氷雪流澌塞海門，順風驅入疾如奔，
破帆不碍隨雲影，斷楫無餘擊浪痕，
脚下步沙疑換骨，身邊憑地欲招魂，
我生然後哀人死，魚腹何從覓屈原．　　右始泊大串而作[75]

河淸中國聖道昌，萬邦玉帛通梯航，
風調雨順海不揚，指南何憂歸越裳，
星槎銀漢[76]杳茫茫，渤海高隔天中央，
維時和叔宅朔方，至日剝盡陰生陽，
玄威凝沍雨雪雱，北風怒號雲飛颺[77]，
浹旬不見白日光，四塞昏曚沉霧黃，
波濤飜覆蹴大洋，巨鯨出沒呑艅艎，
篷底灰寒磬[78]于囊，蝶夢未炊槐安粱，
氷舟躑躅盪瓊觴，凍纜難伸鉤鐵剛，
黃帽龜手莫能當，鷁[79]首漂落知何鄉，
滿船病臥魂魄喪，擧頭祝天天蒼蒼，
天心仁愛惻人亡，微禹孰逭其魚殃，
作善曾聞降百祥，一理相應明章章[80]，
自斷[81]爪髮掛危檣，三沐致潔三焚香，

75 하버드본에는 '右始泊大串而作'자가 '右泊大串'자로 되어 있음.
76 하버드본에는 '漢'자가 '河'자로 되어 있음.
77 하버드본에는 '颺'자가 '揚'자로 되어 있음.
78 하버드본에는 '磬'자가 '罄'자로 되어 있음.
79 하버드본에는 '鷁'자가 '鷁'자로 되어 있음.
80 하버드본에는 '章'자가 없음.
81 하버드본에는 '章'자가 추가됨.

禱之久矣我涕滂，克誠有享神無常，
回帆無恙瞬息忙，白鷗隨處携行裝，
身離刳木足躡場，不覺蹈舞還翱翔，
朝廷矜憫[82]親舊傷，此生萬死餘年長，
何人來慰勸酒漿，多謝一吸充飢腸，
麻綸明日報吾王，故山哭掃松楸霜.
右[83]下船行一篇[84]雙韻[85]二十句.[86]

初七日，晴. 路人皆言，"今年之雪，近古所無，積深丈餘，丘陵阻塞，不省[87]蹊逕." 午後，冒寒入鐵山[88]府宿. ○先是，海上漂風之日，吾語[89]使公曰，"吾等往時五月二十日乘船於安州，六月二十日下陸於登州，[90]日子[91]三十也. 今之還也，十月初七日. 上船於登州，至今漂流於洋中，如或不死則必也滿三十日乎. 果然入鐵山之日，正[92]當十一月初七日也. 此吾偶言而暗合者，雖出於千萬之幸，而亦豈非前定之數乎[93]?" ○邑中五里內，隣有哭婦. 其子善琵琶者，官奴也. 爲進

82 하버드본에는 '憫'자가 '憐'자로 되어 있음.
83 하버드본에는 '右'자가 없음.
84 하버드본에는 '行一篇'자가 '躡陸之日用'자로 되어 있음.
85 하버드본에는 '作'자가 추가됨.
86 하버드본에는 '感舊也'자가 추가됨.
87 하버드본에는 '辨'자로 되어 있음.
88 하버드본에는 '山'자가 '城'자로 되어 있음.
89 하버드본에는 '語'자가 '謂'자로 되어 있음.
90 하버드본에는 '其間'자가 추가됨.
91 하버드본에는 '凡'자가 추가됨.
92 하버드본에는 '正'자가 '政'자로 되어 있음.
93 하버드본에는 '乎'자가 '耶'자로 되어 있음.

香使柳令公帶去不返. 見吾等之[94]生還, 故哭之. 邑人皆掩泣. 及坐客舍舟人格軍告別將散, 等爲得酒漿送之. 滿庭鼓舞, 觀者如堵. 日暮時, 舟人列立階下, 相告在海之言曰, "風順矣, 請行船." 於是, 齊唱款乃之歌[95], 作擧碇掛席之聲, 嗚咽下淚, 一時星散, 邑人莫不流涕矣.

漂海驚魂履地安, 上天投我大還丹,
舟人先告尋家去, 邑卒爭迎聚堵觀,
相酌酒漿勤慰勞, 强携歌舞動悲歡,
此生若使無今日, 波底誰知白骨寒.

94 하버드본에는 '之'자가 없음.
95 하버드본에는 '歌'자가 '曲'자로 되어 있음.

[96]一

自車牛島至薪島百里許, 自薪島至鹿島五百餘里[97], 自鹿島至石城島五百里許, 自石城[98]至長山島三百里許, 自長山[99]至廣鹿島二百里許, 自廣鹿[100]至(西北間旅順口)五百里許, 自旅順至黃城島五六百里許, 自黃城至舵磯島二百里許, 自舵磯至廟島三百里許, 自廟島至登州百里許, 通共三千三百餘里云.

一

自登州至黃縣六十里, 自黃縣至黃山馹六十里, 自黃山至朱橋馹六十里, 自朱橋至萊州府六十里, 自萊州至灰阜馹六十里, 自灰阜至昌邑縣八十里, 自昌邑至濰縣八十里, 自濰縣至昌樂縣五十里, 自昌樂至青州府六十里, 自青州至金嶺馹七十里, 自金嶺至長山縣七十里, 自長山至鄒平縣二十五里, 自鄒平至章丘縣七十里, 自章丘至龍山馹四十里, 自龍山至濟南府七十里, 自濟南至濟河縣四十里, 自濟河至禹城縣六十里, 自禹城至平原縣七十里, 自平原至德州府七十里, 自德州至景州府七十里, 自景州至阜城縣六十里, 自阜城至阜庄馹六十里, 自阜庄至獻縣四十里, 自獻縣至河間府六十里, 自河間至任丘縣六十里, 自任丘至雄縣六十里, 自雄縣至新城縣六十里, 自新城至涿州府六十里, 自涿州至良鄉縣七十里, 自良鄉至北京六十里, 通共一千八百十五里云.

---

96 하버드본에는 '路程裏數記'자가 추가됨.
97 하버드본에는 '餘里'자가 '里許'자로 되어 있음.
98 하버드본에는 '島'자가 추가됨.
99 하버드본에는 '島'자가 추가됨.
100 하버드본에는 '島'자가 추가됨.

一

鄒平之北有間路至濟陽縣百二十里, 自濟陽至臨邑縣七十里, 自臨邑至陵縣六十里, 自陵縣至德州七十里.

德州始有通渠, 賃船浮河, 夜晝順流, 由安寧鎭, 過荊齊縣・滄州・青縣・流河馹・靜海縣・楊柳青, 入天津. 又泝[101]三歧河, 至楊村馹下陸得夫馬, 過武淸縣・漷縣・張哥院・通州, 入北京.

一

濰縣之北, 又有間路. 自濰縣由壽光縣・樂安縣・博興縣・楊信縣・慶雲縣・鹽山縣, 出於滄州. 其間名山大川, 所經古跡, 則如登州之蓬島, 黃山之王乙山, 萊嶽具瞻. 蓬萊仙觀・淳于故里・太史遺風, 盧仙勝跡, 萊州之舊山新山, 東牟首邑, 北馬重鎭, 昌邑之濰河, 韓信囊沙之水也. 昌樂之方朔舊隴, 王裒・龐萠之故處, 堯溝放勛河, 青州之淄水・澠水, 長山之[102]長白山・長河, 鄒平之伏生授經處, 匡章之里, 仲子之閭, 雍齒之墓, 未遑盡錄. 大槩鄒平以北, 未見一山, 平野漫漫. 至陵縣, 纔見一帶丘陵, 此所以爲陵縣也. 德州有通渠, 自南方穿來, 南北京相通, 漕運之渠也. 泥濁緩流, 至于天津, 自北京流來之渠[103]相合, 入于海. 南北京之間, 不知幾千里, 公私舟檣, 往來簇簇. 兩岸官府, 閭閻樓觀, 雕甍櫛比, 物貨殷富, 茶肆酒壚, 飮食狼藉, 遊人宕子, 官娼私妓, 處處會集[104], 繁華奢侈,

101 하버드본에는 '泝'자가 '沂'자로 되어 있음.
102 하버드본에는 '長山之'자가 없음.
103 하버드본에는 '也. 泥濁緩流, 至于天津, 自北京流來之渠'자가 없음.
104 하버드본에는 '集'자가 '聚'자로 되어 있음.

極矣. 但州縣衛所內外閭里, 太平[105]廟堂・道觀・佛宇, 士女相雜, 其尙鬼之俗, 荒淫之風, 甚盛. 至於文廟, 則塵埃茂草, 見之寒心. 登州文廟則列坐塑像, 被以冕旒之服云.

大堂 見官禮堂上官員 姓名
禮部尙書 　　　左侍郎 周道登
　　　　　　　右侍郎 鄭以偉
兵部尙書 張鶴鳴 左侍郎 王在晉
　　　　　　　右侍郎

淸吏諸司 見官禮堂下官員 姓名
禮部 儀制淸吏司郎 中 徐謨 員外 王時和
　　主客淸吏司郎 中 杜紹龍 主事 鄧良知
　　　　　　　　　　提督主事 鍾世芳

兵部職方淸吏司郎 中 佘人成 員外 許達道
　　　　　　　　　主事 張時雍
製勅 翰林院編修 陳子壯 秋濤己未榜 南海人

毛將之初來也, 待接[106]不滿, 其意作言曰, "你國之陪臣, 越海進貢, 天子嘉之, 各賜萬兩銀子, 俺此來討賊, 你國視若秦瘠, 何耶?" 監司因此言, 狀[107]啓朝廷. 皆以余等過蒙皇賜. 及還, 先來鄭大鵬, 等

105 하버드본에는 '平'자가 '半'자로 되어 있음.
106 하버드본에는 '待接'자가 '接待'자로 되어 있음.
107 하버드본에는 '狀'자가 없음.

於差備門外, 下敎曰, "使・書狀, 皆受萬兩之賞乎. 大鵬以別賞二表裡・十兩銀對." 至於親舊譏曰, "卒富貴[108]不祥, 子孫其盡用萬兩乎? 可笑可笑." 中原人相我曰, "公內貧外富."云云. 今而後信其言也.

108 하버드본에는 '貴'자가 없음.

公字伯溫，號芹田，皇明世宗嘉靖四十三年甲子，我朝明廟十九年也．公生于斯時．神宗萬曆三十一年癸卯，宣廟三十六年而是歲司馬．四十年壬子，光海四年而文科．官宗簿寺正兼春秋編修官，歷兩司亞長・翰院大司諫．萬曆四十五年丁巳，光海九年，而公以書狀，朝于南京．熹宗天啓元年辛酉，光海十三年，而本國有辨誣事，故公又與**崔應虛**，水路朝天．蓋兩度奉使，王事多艱，特選名流故也．是時，皇朝正使**劉鴻訓**，副使**楊道寅**，來勅本國未及旋歸，清汗據遼東，山梯阻絶．故陪隨天使，始通海航，偕往天朝．雖殫誠奉職，往回屢颶濱險，幾陷不測．能竣國事而還，固非格天感神之誠，何能專節復命乎？**月沙公**所謂'公之忠義，不下於漢中郎**蘇**也．'云矣．屢授吏議不起，退居連山，戒子孫曰，"吾非文士，豈經此危？"令不復仕．有『朝天錄』・「渡海歌」傳于世．仁廟十八年庚辰卒，享年七十七．至曾孫府使公，以武從仕．**月沙李廷龜**公曰，"余觀安芹田公『朝天錄』，至天地永訣之告，未嘗不慨然流涕者也．蓋水路始通於辛酉，而安公以創始之行，尤極涉險也．噫！旅順之狂浪，石城之颶風，非格天感神之誠，烏能專節復命乎？公之忠義，可儔於漢中郎將**蘇武**也．至於隱居不起，戒後不仕，其意誠悲矣哉．"

崇禎紀元后，二百二十四年癸丑(1853)，季秋，安芹田公十代孫正煥，謹重修本篇，永傳于子孫焉爾．

- 부록 -

Ⅰ.「해의국사(海衣國史)」 국역 및 원문 교감

해의국(海衣國)은 서남쪽 큰 바다 한가운데 있다. 땅은 사방 9만여 리로 천지처럼 광활하다. 그곳 천자의 성은 장(張, 펴다)씨이고, 이름은 첩(貼, 붙다)이며, 자는 속지(束之, 묶다)이다. 스스로 짐(朕)이라 일컬었는데, 태고시절 혼돈씨의 후손이다. 장씨는 대대로 물가에 살면서 계속 혼돈씨의 일을 하다가 10대를 지나 첩(貼)에 이르렀다. 첩은 현묵(玄默, 묵묵히 말이 없음)을 숭상했지만 자질이 신중하지 못했다. 어려서부터 일찍이 사람들에게 자랑하기를, "짐은 제왕의 후손으로 존귀함이 비할 바 없다. 망녕되이 스스로를 높이고 부풀려 큰 명망을 얻는 부류와는 차원이 다르다. 하물며 짐이 이 바닷가 텅 빈 곳에 있는데, 물산이 풍부하고 지역이 넓으니 이곳에서 천하를 다스리며 왕좌에 앉아 '짐'이라 일컫기는 손바닥 뒤집듯이 쉽다."라고 하였다. 이에 문득 서남쪽 바다에 나아가 도성을 수덕(水德)에다 잡고 왕조의 색은 검은색을 숭상하며 연도를 헤아려 10을 기년(紀年)으로 하고 연호는 건봉(乾封)으로 고쳤다.

거둥할 적에 흑곤룡포를 입고 《예기》「옥조」에 나오는 푸른 대를 매니, 그 사이의 소라와 자개 문양이 매우 반짝이며 광채가 사람을 비추듯 세상에 큰 교화를 일으켜 나라의 만물이 바람을 맞아

쓰러지듯 밝게 빛나는 광채를 흠뻑 입었다. 이로 말미암아 짐 천자의 명성이 온 세상에 퍼졌다. 그러나 심원한 이야기[도교]를 좋아하고, 불법을 숭상하여 날마다 승려와 함께 지내면서 속세 사람을 좋아하지 않았다. (하지만) 목욕재계하고 초청하면 또한 번번이 나아가니 됨됨이가 경박하였다. 말은 더욱 싱거워 임금의 너그럽고 후덕한 도량이 없으며 사람됨이 보잘 것 없었다. 그렇지만, 청렴하고 욕심이 적어 몸소 매우 담박한 생활을 하였다. 기름진 쌀과 고기를 먹지 않고, 반찬 가짓수를 줄이고 음악도 중지했다. 이처럼 검소했기 때문에 국가가 반석보다 편안하여 일찍이 기운 적이 없었다.

이 무렵 주(周)나라 난왕(赧王)이 진(秦)나라에 땅을 바치니, 희씨 왕조는 결국 멸망했다. 짐 천자는 진시황과 병립하여 국호를 '해의(海衣)'라 하였다. 해의가 '짐'이라 일컬은 것 또한 이때부터 시작되었다. 진시황 26년(B.C.221)에 천자가 조서를 내려, "짐이 바다에 불사약이 있다고 들었으니, 서불 등을 시켜 다녀오게 하라."라고 하여 짐도 이들을 따라갔다. 마침내 동쪽으로 바다를 헤엄쳐 갔는데, 이 일이 《사기(史記)》의 「진시황본기(秦始皇本紀)」에 기록되어 있다.

짐 천자에게 감태(甘苔, 미역과의 해조)라는 재상이 있는데, 자칭 은나라 재상 감반(甘盤)[1]의 후손이라고 하였다. 사람됨이 풍미가 청렴 담박하여 조상의 유업을 지켜낼 만한 자였다. 또 곽동(藿同,

1 감반(甘盤) : 중국 은(殷)나라 때의 어진 신하이다. 무정(武丁, 高宗)에게 글을 가르친 적이 있었는데, 무정이 즉위하자 정승이 되었다.

미역)을 장군으로 삼았는데, 자칭 한나라 대사마 곽광(霍光)[2]의 후손이라고 하였다. 선제(宣帝) 때 곽씨가 사치하고 방종하여 제멋대로 권세를 부려 지위를 잃고 서인이 되었다가 잡풀에 빠져들었다. 그러므로 그 성[霍]에 초두[艹]를 더하였다.

한나라 평제(平帝) 때 왕망(王莽)[3]이 납향일[4]에 초주(椒酒, 조피 열매를 섞어 빚은 술)를 올릴 적에 짐독을 섞어 황제가 갑자기 붕어했다. 사람들이 간혹 '짐(鴆)'과 '짐(朕)'이 발음이 서로 같다고 의심했다. 바로 '증삼(曾參)이 사람을 죽였다'[5]는 격이다. 이에 짐 천자는 일찍이 소선(蘇仙, 소식)의 시 중에 "유련은 나를 잃게 하고, 연안은 짐독과 같다.[流連喪國, 宴安鴆毒.]"[6]는 구절을 읊조리며 깊이 음

---

2 곽광(霍光) : 중국 전한 때의 권신이다. 표기장군(驃騎將軍) 곽거병(霍去病)의 이복동생으로, 무제(武帝), 소제(昭帝), 선제(宣帝)의 3대를 보필하여 정사를 집행하였다. 하지만, 죽은 뒤 선제는 그의 일족을 멸했다.

3 왕망(王莽) : 『한서』에 왕망은 평제 때 섭정을 하던 태황태후 왕정군(왕망의 백모)에 의해 대사마(大司馬)가 되어 정책을 주도했다. 한번은 평제의 외가가 장안성에 들어왔는데, 왕망이 분노하여 모두 죽였다. 이때부터 평제가 왕망을 멀리하려고 하여 왕망이 독살했다는 기록이 있다.

4 납향일 : 동지 뒤 세 번째 미일(未日)로 짐승을 사냥하여 조상에게 제사 올리는 날.

5 공자의 제자 증삼(曾參)이 비(費) 땅에 살 적에 그곳에 같은 성명을 가진 사람이 살인을 했다. 어떤 사람이 이것을 증삼이 살인한 것으로 알고 증삼 어머니에게, "증삼이 살인하였습니다."라고 했다. 그 어머니가 처음에는 믿지 않다가 연달아 세 사람이 그런 말을 하니 믿게 되었다는 고사가 있다.(『戰國策』, 「秦策」.)

6 이 시를 소식의 시라고 하였으나, 소식의 제자 이치(李廌, 1059~1109)의 시 「여산가(驪山歌)」에 나오는 구절이다. 유련[밤낮 배를 띄우고 연회를 함]은 나라를 망하게 하고, 연안[매일 잔치로 날을 지샘]은 독을 마시는 것과 같아서 사치함이 마음을 미혹하게 한다.[由來流連多喪國, 宴安鴆毒因奢惑.]

미하고 말하길, "그 뜻이 지극하다. 임금이 거울로 삼을만하다." 라고 하였다. 짐은 이로써 밤낮으로 끊임없이 노력하여 감히 게을리한 적이 없었다.

그 후 진(晉)나라 때에 이르러 해의국의 번신인 강동왕(江東王) 하순(夏蓴, 순채)이라는 자가 있었는데, 처사 장한(張翰)[7]과는 포의지교(布衣之交, 벼슬하기 전에 사귄 벗)였다. 장한이 하순을 부추기며 "대왕의 풍채와 기미는 맑고 깊으며 빙옥(氷玉)의 절개를 갖추어 얼굴에 드러나는 아름다움이 있습니다. 지금 짐 천자는 행동거지가 경박하고, 말이 무미하여 바라보매 임금 같지 않습니다. 그런데도 도리어 북면하고 신하가 되어 섬기며 머리를 숙여 조회를 하니 적이 대왕을 위해 애석합니다."라고 말하였다. 하순이 좌우를 물리치고 손을 잡고 말하길, "나에게 계응[8]이 있는 것은 물고기에게 물이 있는 것과 같다."고 하였다. 마침내 몰래 부용성(芙蓉城)[9]을 점거하고 정삭(正朔)[10]을 받들지 않았다. 스스로 대택황제(大澤皇帝)[11]라 칭하고 성명을 순우연(淳于淵)으로 바꾸고 연호를

7 장한(張翰) : 진(晉) 나라 때 대사마동조연(大司馬東曹掾)을 지냈다. 하남성 낙양에 있을 때 난이 일어날 것을 미리 짐작하고는 "가을바람이 부는 것을 보니, 오중(현 상해시 송강구)의 나물과 순채국, 농어회가 그립다.[因見秋風起, 思吳中菰菜・蓴羹・鱸魚膾]"고 한 뒤 사직하고 떠났다.(『晉書』·「張翰傳」)

8 계응은 장한(張翰)의 자이다.

9 부용성(芙蓉城) : 전설에 나오는 선경(仙境)으로 소식(蘇軾)의 시에 「부용성」이 있다.

10 정삭(正朔) : 새 왕조가 새로 반포하는 역법(曆法)으로 여기서는 해의국에서 반포한 법을 가리킨다.

11 대택황제(大澤皇帝) : 대택은 지금의 안휘성 숙현(宿縣)에 있는 마을 이름이다. 진(秦)나라 말 진승(陳勝)과 오광(吳廣)이 이곳에서 의병을 일으켰다. 여

순희(純熙)로 고쳤다.

짐 천자가 발끈 화를 내며 말하길, "어리석은 하순은 강동의 잡종 수초이면서 업적도 아주 작은 소국에 불과한데, 도리어 우리 대국을 우습게 여기니 짐이 매우 부끄럽다."라고 하였다. 이에 감태가 짐 천자를 뵈러 들어갔는데, 마침 식사 중이었다. (감태가) 앞에 있는 젓가락을 빌려 계책을 세우자, 드디어 순을 토벌하는 의론이 정해졌다. 짐 천자는 발분망식(發憤忘食)하다가 밥상을 치우고 먹던 것을 뱉고는 검을 뽑아 상을 베며 말하길, "순을 이 상처럼 베어버리겠다."라고 하였다. 곽동에게 명하여 복파장군(伏波將軍)으로 삼고, 황각(黃角, 황각채)과 청각(靑角, 청각채)을 좌우 종사관으로 삼았다. 또 다사마(多士麻, 다시마)를 표기장군(驃騎將軍)으로 삼아 수졸 백만과 함께 정벌을 가니, 투구와 갑옷을 걸친 병사들이 선두부터 꼬리까지 만여 리에 달했다. 곽 장군은 바닷가 사람 가사리(加士里, 우뭇가사리)를 불러 기실참군(記室參軍, 비서참모)으로 삼았는데, 그 사람이 바로 잘생기고 자줏빛 뾰족한 수염이 수려한 '염참군(髥參軍)'이라 불리는 자이다. 짐 천자는 부평(浮萍, 부평초)을 유세객으로 삼아 먼저 가서 염탐하게 했다. 그가 돌아와 보고하기를, "강동이 비록 작으나 또한 왕노릇 할 만한 곳입니다. 또 장강이 있어 하늘이 만든 험지입니다. 순의 모반은 박힌 뿌리가 견고하고 물결처럼 도도하니 아침에 명령하여 저녁에 금지할 수 있는 것이 아닙니다. 급히 공격하여 실패하지 마소서."라고 하였다.

기에서는 하순이 해의국에 반란을 일으킨 것을 진승과 오광이 대택에서 봉기한 것에 비유하고 있다.

짐 천자가 말하길, "알겠다. (그러나) 짐의 뜻이 이미 정해졌다." 고 하고는 이어서 물었다.

"순의 대장은 누구인가?"

"문조(文藻)입니다."

"바로 세상에서 말하는 '문장(文章)'이라는 자인가? 모추(毛錐, 붓)의 자식은 도필리(刀筆吏, 문서 담당 하급관리)에 불과하니 어찌 곽동을 감당하겠는가? (좌우)종사관은 누구인가?"

"도아리(都阿里)와 대아리(大阿里)입니다."

"바로 방축(防築, 방죽) 아래에 살고 있는 자인가? 비록 장대하지만, 우리 황각(黃角)과 청각(靑角)만 못하다. 유군장(游軍將, 유격대를 지휘하는 장수)은 누구인가?"

"민아리(閔阿里, 미나리)입니다."

"우리 다사마(多士麻, 다시마)만 못하다. 짐이 근심할 것이 없다."

이윽고 병사를 진격하였는데, 목앵(木罌)[12]에 군사를 태우고 조수를 거슬러 강동으로 곧장 들어갔다. 타고(鼉鼓, 악어 가죽으로 만든 북)가 우레처럼 울리고 파도가 거세게 치며 강과 바다가 뒤집혀 소리가 천지에 진동했다. 문조 등은 배수진을 치고 모든 병사가 굽이를 거슬러 방비를 했으나, 힘이 약해 버티지 못하였다. 소문만 듣고 무너져 달아나거나, 양손을 뒤로 묶고 와서 투항하고는 스스로 죽을 죄를 지었다고 하였다. 마침내 지수(泜水)가에서 문조를 베고, 하순을 사로잡아 그 집을 허물고 웅덩이를 파서 못을

12 목앵(木罌) : 나무로 만든 통 여러 개를 엮고 그 위에 판자를 덮어서 만든다. 한나라 초기에 한신(韓信)이 위(魏) 나라를 치기 위해 임진(臨晉)을 건널 때 목앵을 이용했다.(『史記』 권92 「淮陰侯列傳」)

만드니 강동이 평정되었다. 곽 장군은 휘하의 병사 곤포(昆布, 다시마)를 보내어 승전보를 아뢰었다.

짐 천자는 아주 기뻐하며 군사가 돌아온 날 장사(壯士)에게 성대한 잔치를 베풀었다. 칠보상(온갖 산해진미를 차린 음식상)을 차리고 친히 술잔을 내리며 말하길, "짐은 오늘에야 천자의 존귀함을 알았다."[13]하고 드디어 되찾은 토지를 나누어 공신들을 봉해주었다. 감태를 봉하여 주(注)의 왕으로 삼고, 곽동은 월라후(月羅候)가 되고, 다시마는 곡(曲)의 백(伯)이 되고, 나머지도 모두 버금가는 것을 받았다. 주의 왕 감태의 식읍이 유독 많은 것은 젓가락을 빌려 계책을 세운 공 때문이었다.

강동이 망하자, 장 처사[장한]는 호기롭게 바다를 밟을 뜻이 있었다. 시를 읊조리길, "한나라가 망하자 장자방이 분노했고, 진나라 황제를 노중련이 부끄러워했네."[14]라고 하였다. 유독 그의 벗인 노(鱸) 선생과 함께 황하 가에 있는 택중(澤中)에 조각배를 띄우고 물고기를 잡고 사냥하면서 지냈다. 짐 천자는 사람을 보내 초빙하기를, "장한 그대가 오면 크게는 왕이고, 적어도 제후는 될

---

13 한나라 고조가 천하를 통일한 뒤에 예절을 제정하였는데, 뒤에 신하들이 질서 정연하게 예를 행하는 것을 보고 "나는 오늘에야 천자의 존귀함을 알았다.[吾乃今日知爲天子之貴也]"고 하였다.(『史記』「叔孫通列傳」)

14 남조시대 송나라의 사영운(謝靈運)은 전국시대 한(韓) 나라가 진(秦) 나라에 의해 망하자, "한나라가 망하자 장자방이 분발하고, 진나라 황제를 노중련이 부끄러워했네.[韓亡子房奮 秦帝魯連恥]"라고 읊었다. 자방은 유방을 도와 한나라를 개국한 장량(張良)의 자이고, 노중련은 전국시대 제나라 사람으로 진나라가 황제를 칭하면 동해를 밟고 죽을 것이라는 말을 했다.

것이오. 옛날 전횡(田橫)이 스스로 목을 베자 빈객이 모두 죽었소. 지금 강동왕이 오래지 않아 삶겨질 텐데, 함께 죽으러 오지 않는다면 무슨 면목으로 지하에서 강동왕을 만나겠소?"라고 하였다.

장한이 답하길, "강동왕과 나는 방외의 친분이 있어 우정이 깊습니다. 그러나 용기는 헛되이 죽지 않고, 절개는 구차히 나아가려 하지 않으니, 하필 붕우와 함께 모두 죽은 뒤에야 우정의 떳떳함이 있겠습니까? 지금 저의 벗으로는 아직 노 선생이 있으니, 강동왕이 비록 죽더라도 저는 근심이 없습니다. 기어이 강동왕을 삶으시려 한다면 저에게도 국 한 그릇을 나눠주시면 좋겠습니다."라고 하였다. 짐 천자는 매우 화가 나 마침내 하순을 삶아 국을 만들고 사지를 찢어서 절였다.

건봉 말년에 짐 천자는 남이 알아보지 못하게 수수한 차림으로 강 어귀에서 노닐었는데, 어부에게 잡혀 사구의 평대에서 붕어하니 한 섬의 물고기로 그 냄새를 어지럽혔다.[15] 그러므로 해의는 임시로 비린내를 띄고 장안시에 이르니, 비로소 실체가 세상에 드러나 소선(素膳, 어물이나 어육을 쓰지 않은 간소한 반찬)이 되었다. 황태자 세모(細毛, 참가사리)가 자리를 이었으나, 머리에 피도 마르기 전의 어리고 잔약한 처지라 자립하지 못하였다. 삭발하여 승려가 되니 나라가 없어졌다. 그 자손들은 매우 번창하여 중국에 흩어져 살게 되니, 오랑캐들이 모두 짐의 칭호를 썼다. 그러므로 지

---

15 B.C. 210년에 진시황이 천하를 순행하다가 사구(沙丘)의 평대(平臺)에서 붕어하자, 정승 이사(李斯) 등이 세상에 혼란이 일어날 것을 염려하여 죽음을 숨기고 냄새를 교란시키기 위해 절인 어물 한 섬을 가져왔다.

금 세상에 대짐과 소짐이 있듯이 짐을 쓰는 것에 달리 말이 없다. 아마도 짐은 과거에 위아래에서 통칭하였기에 참람되지 않았던 듯하다.

태사공이 말하였다. 짐 천자는 스스로 비루한 곳에 있다가 그윽한 덕이 위에 알려져 구구한 땅을 가지고 만승의 권세에 이르렀다. 왼쪽에는 강이 있고, 오른쪽에는 호수가 있으며 깊이를 헤아릴 수 없는 연못을 앞에 두고 해자로 삼았다. 산의 구리나 은을 녹이고 바다를 끓여 소금을 만들어 서패(犀貝, 화폐)와 진주의 부유함이 천하에서 으뜸이었다. 돈꿰미가 썩어 돈을 셀 수 없었고, 곡식이 상해 이루다 먹을 수 없을 정도로 집집마다 넉넉하고 사람마다 풍족하니 온 나라가 모두 평온했다. 그러므로 난을 다스리고 바로잡아 나라를 오랫동안 보전하며 향유한 세월이 길었다. 바야흐로 조룡(祖龍)[16]의 자리가 세상에 힘을 드러냈다. 6국이 무릎으로 기어와 신첩(臣妾)으로 받들기에도 겨를이 없었거늘, 짐 천자는 홀로 해성(海城)을 지키며 세상에 병립하였다. 진 나라가 무도하여 2세에 망했지만, 짐 천자는 2년, 3년, 만 년에 이르도록 끝없이 전해졌다. 어찌 다만 짐 천자의 현묘한 교화뿐이겠는가? 당시 어진 재상 감태와 곽동의 무리가 서로 보좌하고 도왔기 때문이다. 비록 그렇지만, 미혹되이 불교를 좇아 현담을 나누고 반승[승려를 대접하는 행사]을 행하였으며 옹졸하고 경솔하여 임금의 기국이 없었다. 말년에 이르러 어부 예차(豫且)의 그물에 걸려 남의 손

16 조룡(祖龍) : 조는 시(始)이고, 용(龍)은 황(皇)으로 진시황을 가리킨다. 『사기』 「진시황본기」에 "今年祖龍死"가 나온다.

에 죽고 천하의 이야깃거리가 되었으니 어찌 애통하지 않겠는가? 어린 아들이 그 뒤를 이었지만, 즉위하지 않은 것이나 마찬가지였다. 머리를 깎고 승복을 입어 마침내 나라를 잃어버리는데 이르렀다. 창업을 이룬 군주가 열어둔 길이니 슬프도다.

– 원문 –

海衣國史[1]

海衣國, 在西南大海[2]中. 地方九萬餘里, 與天地同廣濶. 其天子姓張氏, 名貼, 字東之. 自稱曰[3]朕[4] 太古混沌氏之[5]苗裔也. 張氏世居河濱, 復修混沌之業, 逾十葉至于貼.[6] 雖尙玄默 體不沈重. 自少時, 嘗[7]誇語於衆曰, 朕帝王[8]之後, 尊貴無比. 非如妄自尊大暴得大名之

---

1 해의국사는 2007년 9월 30일자 연합뉴스에서 "선문대 국어국문학과 유권석(39) 겸임교수가 17세기 조선 중기 때 인물인 금곡(金谷) 박상연(朴尙淵, 1631~1696)의 문집 '금곡집'(金谷集)에서 발굴한 '해의국사'(海衣國史)"라고 알려졌다. 하지만, 안경의 생애가 1564~1640인 점을 생각하면 이 이야기의 시작은 더 빨라지는 셈이다.
* 아래의 원문은 가장 정본에 가까운 장서각 소장본을 중심에 두고, 하버드본과 금곡집을 대조하였다.
安璥, 『芹田集』 乾, 53면.(필사본의 영인본, 장서각 소장)
安璥, 『芹田集』 單, 68면.(필사본, 하버드옌칭도서관 소장)
朴尙淵, 『金谷集』 2권1책, 後堂書室, 1976, 170면.(석판본, 국립중앙도서관 소장).

2 금곡집에는 之가 있음.

3 하버드본에는 曰자가 없음.

4 금곡집에는 古자 있음.

5 금곡집에는 之자 없음.

6 금곡집에는 '첩이 어렸을 적에 어머니 황후 박씨가 일찍이 수렴청정을 하다가, 첩이 자라자 정사를 맡겨 첩이 천자가 되었다.[貼之幼也, 母皇后薄氏, 嘗垂簾聽政, 貼旣長, 歸政, 貼之爲天子也.]'가 있음.

類也. 況朕有此海堧空閑[9]之地, 物衆地大, 以此王天下南面[10]稱朕, 易如[11]反掌. 於是奄有西南之海, 以爲國都水德, 王色尙黑, 數以十[12]爲紀[13], 改元乾封[14].

御黑衮龍之袍 束青玉藻之帶 間以螺鈿蚌甲之文, 彬彬班班 光彩照人 大行敎化於四海 海內萬物 [15]從風而靡 翕然衣被昭回之光 由是朕天子之[16]名 播於遠邇. 然而好談玄玄 崇信佛法 日與僧尼相處[17] 不喜俗人. 齊戒以請, 則亦時往, 器局素輕. 言益浮誇, 無君人[18]寬厚之量, 爲人所[19]賤. 雖然[20]淸廉寡欲, 自奉甚薄. 不食粱肉, 減膳撤樂. 儉素如是, 故國家安於盤石, 而[21]未嘗傾覆焉.

先[22]是周赧王, 獻地于秦, 姬氏遂亡. 朕天子與始皇幷立, 國號海衣.

---

7 금곡집에는 嘗자 없음.
8 금곡집에는 朕帝王가 皇帝로 되어 있음.
9 금곡집에는 間, 하버드본에는 閑자가 없음.
10 금곡집에는 南面이 없음.
11 금곡집에는 如가 於로 되어 있음.
12 금곡집에는 十이 六으로 되어 있음.
13 하버드본에는 紀가 記로 되어 있음.
14 금곡집에는 旗幟皆黑이 있음. (깃발이 모두 검었다.)
15 금곡집에는 莫不이 있음.
16 금곡집에는 之가 없음.
17 금곡집에는 處가 親으로 되어 있음.
18 금곡집에는 君人이 人君으로 되어 있음.
19 금곡집에는 素로 되어 있음.
20 금곡집에는 雖然이 없음.
21 금곡집에는 而가 없음.
22 금곡집에는 先이 於로 되어 있음.

海衣之[23]稱朕, 又[24]自此始. 始皇二十六年, 制曰, 朕聞海上有不死藥, 其令徐市等, 往來之, 朕亦從此逝矣. 遂東遊海上, 語在秦記[25].

朕天子, 有相曰甘苔, 自稱殷相甘盤之後, 爲人風味廉談[26], 能守其緖業者也. 又以藿同爲將軍, 自稱漢大司馬[27]霍光之後, 宣帝時, 霍氏奢縱擅權[28]自恣, 廢爲庶人, 沒入爲[29]草莽. 故加草頭於其姓.

平帝時, 王莽臘日上椒酒, 置鴆帝[30]暴崩. 人或以鴆與朕[31]音相似而疑之. 正所謂曾參之殺人也. 朕天子嘗誦蘇[32]仙詩流連喪國宴安鴆毒之句, 沈吟玩味曰, 旨哉言乎, 爲人君可鑑, 朕所以日夕乾乾無[33]或敢怠[34]者也.

其後至晉時, 海衣國藩臣, 有江東王夏蓴者, 與處士張翰爲布衣之交. 翰勸蓴曰, 大王風彩氣味淸澈淵深, 涵[35]氷玉之節, 有粹面之美. 今朕天子, 擧[36]措輕薄, 言語無味[37], 望之不似人君. 而反[38]北面臣

---

23 금곡집에는 之가 없음.
24 금곡집에는 又가 없음.
25 금곡집에는 記가 紀로 되어 있음.
26 금곡집에는 談가 淡으로 되어 있음.
27 금곡집에는 大將軍博陸侯가 있음.
28 하버드본에는 權이 勢로 되어 있음.
29 금곡집에는 爲가 없음.
30 금곡집에는 鴆帝가 朕으로 되어 있음.
31 금곡집에는 鴆與朕이 朕與鴆으로 되어 있음.
32 하버드본에는 蘇가 蘓(어)로 되어 있음.
33 금곡집에는 無가 毋로 되어 있음.
34 하버드본에는 怠가 台로 되어 있음.
35 금곡집에는 育이 있음.

事, 俛首朝宗[39] 竊爲大王惜之. 蕁辟左右握其手曰, 蕁之有季鷹, 猶魚之有水也. 遂[40]竊據芙蓉城, 不奉正朔. 自稱大澤皇帝, 更姓[41]名淳于淵, 改元純熙[42].

朕天子𧆛[43]然斯怒曰, 蠢玆夏蕁, 江東之雜種水草, 爲業[44]蕞爾小國, 反[45]鄙我大邦, 朕甚恥之. 於是, 甘[46]苔入謁朕天子, 方食. [47]借前箸[48]籌之, 遂定討蕁之議. 朕天子[49]發憤忘食, 撤食吐哺, 拔釖[50]斫案曰, 斫[51]蕁與此案同立. 命藿同爲伏波將軍, 以黃角靑角, 爲左右從事官. 又以多士麻[52], 爲蕇古[53]將軍, 與水卒百萬, 征之, 魚冑鱗介之士[54], 首尾亘萬餘里. 藿將軍辟海上人加[55]士里爲記室[56]參軍, 其人

---

36 금곡집에는 擧가 氣로 되어 있음.
37 금곡집에는 味가 綸으로 되어 있음.
38 금곡집에는 反이 없음.
39 금곡집에는 而甘心焉이 있음.
40 금곡집에는 '以翰爲相, 翰固辭不受, 乃以靑苔爲相'이 있음.
41 금곡집에는 姓이 없음.
42 금곡집에는 純熙 대신 '淳邊臣白蘋奔走告其反'이 있음.
43 금곡집에는 𧆛이 艶으로 되어 있음.
44 금곡집에는 業이 性으로 되어 있음.
45 금곡집에는 反이 없음.
46 금곡집에는 甘이 丞相으로 되어 있음.
47 금곡집에는 '具以告苔, 苔曰請'이 있음.
48 금곡집에는 爲大王이 있음.
49 금곡집에는 朕天子이 없음.
50 금곡집에는 釖이 劍으로 되어 있음.
51 금곡집에는 斫이 斬으로 되어 있음.
52 금곡집에는 麻가 馬로 되어 있음.
53 금곡집에는 蕇古가 票古로 되어 있음. 하버드본에는 古가 騎로 되어 있음.
54 금곡집에는 '與水卒百萬, 征之, 魚冑鱗介之士'가 '牛毛爲前鋒都督 高勃乃爲

美且鬈紫髯若棘[57], 世所謂髯參軍者也. 朕天子令浮萍爲說客, 先[58]往覘之. 還報曰, 江東雖小亦足以王, 且有長江天塹之險. 蕁之反謀[59], 植根[60]固, 流波漫[61], 非可以朝令[62]夕禁也[63].[64] 急擊勿失.

朕天子曰, 諾, 朕志已定矣.[65] 仍[66]問曰, 蕁之大將誰也? 曰文藻. [67]曰, 是世所謂文章者乎. 毛錐之子, 不過爲刀筆吏, 安能當藿同? 從事官誰也?[68] 曰, 都阿里大阿里. 曰, 是防築[69]下居生者乎. [70]雖長大, 不如我黃角靑角. 游軍將[71]誰也? 曰, 閔阿里. 曰[72]不如我多士

後將軍 葛勃乃爲奇兵 率水軍百萬 征之. 陣解魚麗, 鼓角以行 介冑鱗甲之士'(우모를 전봉도독으로 삼고, 고발을 곧 후장군으로 삼으며, 갈발을 곧 기병으로 삼아 수군 백만을 거느리고 정벌을 갔다. 물고기 비늘처럼 진이 펼쳐져 고각소리에 따라 행군하니 딱딱한 갑옷을 걸친 병사들이)로 되어 있음.

55 금곡집에는 加가 佳로 되어 있음.

56 금곡집에는 記室이 紀實로 되어 있음.

57 금곡집에는 棘이 戟으로 되어 있음.

58 금곡집에는 先이 없음.

59 금곡집에는 蕁之反謀이 없음.

60 금곡집에는 甚이 있음.

61 금곡집에는 流波漫이 없음.

62 금곡집에는 而가 있음.

63 금곡집에는 也가 없음.

64 『고문진보후집』, 「重答張籍書」(韓愈)에 "其植根固, 其流波漫, 非可以朝令而夕禁也."가 나옴.

65 금곡집에는 諾朕志已定矣가 朕之意已正矣으로 되어 있음.

66 금곡집에는 仍이 因으로 되어 있음.

67 금곡집에는 上이 있음.

68 금곡집에는 從事官誰也가 左右從事誰也로 되어 있음.

69 금곡집에는 防築이 大堤로 되어 있음.

70 금곡집에는 身이 있음.

71 금곡집에는 游軍將이 遊將軍으로 되어 있음.

麻. 朕無憂乎.

遂進兵[73], 以木罌載軍, 泝于潮[74]直入江東. 鼉[75]鼓雷鳴, 波濤噴薄, 江翻海覆[76], 聲震[77]天地. 藻等作背水陣, 悉兵洄曲以備, 力弱不能支, 望風奔潰[78], 面縛投降, 自請菹醢之罪. 遂斬藻於泜水[79]上, 擒夏蕁[80], 破家瀦澤, 江東平. 藿將軍遣麾下士昆布, 以露布奏捷.[81]

朕天子大喜, 師還之日, 大饗莊士[82], 御七寶床, 親自錫爵曰, 朕乃今日知[83]爲天子之貴也. 遂分茅封[84]功臣. 封甘苔爲注之[85]王, 藿同爲月羅候, 多士麻爲曲之[86]伯, 餘皆有差. 注之[87]王甘苔, 食邑獨多, [88]借箸運籌之功也.

---

72 금곡집에는 曰 다음에 生長汚渠 性甚柔弱이 있음.

73 금곡집에는 進兵이 없음.

74 금곡집에는 潮가 朝로 되어 있음.

75 금곡집에는 鼉가 黽으로 되어 있음.

76 금곡집에는 覆이 國으로 되어 있음.

77 하버드본에는 震이 振으로 되어 있음.

78 금곡집에는 奔潰이 없음.

79 금곡집에는 之가 있음.

80 금곡집에는 擒夏蕁이 없음.

81 금곡집에는 而獻俘가 있음.

82 금곡집에는 莊士가 將士로 되어 있음. 하버드본에는 士가 主로 되어 있음.

83 금곡집에는 今日知가 知今日로 되어 있음.

84 금곡집에는 封이 없음.

85 금곡집에는 之가 芝로 되어 있음.

86 금곡집에는 之가 芝로 되어 있음.

87 금곡집에는 之가 池로 되어 있음.

88 금곡집에는 盖以가 있음. 하버드본에는 乃가 있음.

江東之亡也[89]. 張處士, 怏怏有蹈海之志. 吟詩曰, 韓亡子房憤, 秦帝魯連恥. 獨[90]與其友鱸先生, 浮扁舟之河上澤中, 漁獵[91]. 朕天子使人招之曰, 翰來大者王, 小者侯. 昔田橫自頸[92], 賓客皆死. 今江東王朝暮當烹而不來俱死, 若何面目見江東王[93]於地下乎.

翰報曰, 江東王與我, 有方外之分. 交情則[94]密矣. 然勇不虛死, 節不苟立, 何必與朋友, 偕死而[95]後, 盡交道之當然哉. 今吾友, 尙有鱸先生者. 江東王雖死, 吾無患矣. 必欲烹江東王, 幸分我一杯[96]羹. 朕天子大怒, 遂[97]烹蓴作羹, 節解臠之. [98]

---

89 금곡집에는 也가 太夫로 되어 있음.

90 금곡집에는 恥獨이 獨恥로 되어 있음.

91 금곡집에는 漁獵이 '絶意功名課農漁以自適'으로 되어 있으나, 『資治通鑑綱目』「갑오년」(B.C.207)에 "餘遂與數百人, 去之河上澤中, 漁獵."라는 내용이 나옴.

92 금곡집에는 頸이 剄으로 되어 있음.

93 금곡집에는 王이 없음.

94 금곡집에는 則이 之로 되어 있음.

95 금곡집에는 而이 然으로 되어 있음.

96 금곡집에는 杯가 盃로 되어 있음.

97 금곡집에는 遂가 없음.

98 금곡집에는 '是歲秋, 江東之亡大夫, 迎立夏蓴之子秋茅, 復有古地. 朕天子欲伐之, 問於甘苔, 秋茅若率德改行, 不如封之. 上曰 然, 不可究武. 遣使諭之. 茅奉朔稱臣, 遂封諸古地以爲王.'이 있음. 해석을 하면 "이해 가을 강동의 亡大夫가 하순의 아들 秋茅를 왕으로 맞이해 세우고 옛 영토를 회복하였다. 짐 천자는 토벌하고 싶어 감태에게 물으니, '추모는 (조상의) 덕을 따르고 (조상의 나쁜) 행실을 고쳤으니, 봉해주는 것만 못합니다.'고 하였다. 상이 말하길, '그렇다. 끝까지 무력을 쓸 수는 없다.'하고는 사신을 보내 타일렀다. 추모가 명령에 복종하며 신하라 칭하니, 마침내 옛 땅에 봉하고 왕으로 삼았다."

乾封末, 朕天子以微服, 遊[99]於江口, 爲漁夫[100]漢所襲, 崩於沙丘[101]平臺[102], 以一石[103]魚亂其臭. 故海衣暫有腥氣, 至長安市[104]. 始發表[105]爲素膳. 皇太子細毛嗣, 生髮未燥, 幼沖殘弱, 不能自立. 削髮爲僧, 國除. 其子孫, 甚蕃[106]散處中國, 夷狄皆冒朕號. 故今之世[107]有大朕小朕, 毋[108]作朕焉. 盖朕, 古者上下通稱, 不爲僭也.

太史公曰, 朕天子, 自在側陋, 玄德升聞, 以區區之地, 致萬乘之權. 左江右湖, 臨不測之淵, 以爲池. 鑄山煮海, 犀貝蠙珠之富[109], 甲于天下[110]. 貫朽而不可較[111], 紅腐不可勝食, 家給人足, 四海寧謐. 故[112]能撥亂反正, 享國長久, 多歷年所. 方祖龍之席, 捲[113]海內[114]也. 六國膝行臣妾之不暇, 而朕天子獨保海城, 竝立於世. 秦以無道,

99 장서각본에는 遊가 游로 되어 있음.
100 금곡집에는 夫가 父로 되어 있음.
101 금곡집에는 丘가 口로 되어 있음.
102 하버드본에는 臺가 坮로 되어 있음.
103 금곡집에는 鮑가 있음.
104 금곡집에는 市가 없음.
105 금곡집에는 表가 喪으로 되어 있음.
106 금곡집에는 蕃이 繁으로 되어 있음.
107 하버드본에는 之世가 世之로 되어 있음.
108 금곡집에는 毋가 毛로 되어 있음.
109 금곡집에는 富가 屬으로 되어 있음.
110 금곡집에는 富有四海가 있음.
111 금곡집에는 較가 校로 되어 있음. 『漢書』「食貨志」에 "京師之錢累百鉅萬, 貫朽而不可校."가 나온다.
112 금곡집에는 '家給人足, 四海寧謐. 故'가 '故海內盈謐'로 되어 있음.
113 금곡집에는 捲이 卷으로 되어 있음.
114 금곡집에는 內가 宇로 되어 있음.

二[115]世而亡[116], 朕天子二葉三葉至于萬葉, 傳之[117]無窮. 豈特朕天子玄默之化乎. 當時賢佐甘苔藿同輩, 相與輔相之也. 雖然, 惑[118]從佛氏 談玄飯僧, 凉[119]薄輕率[120], 無人君[121]之器. 至于[122]末年, 見掛於豫且之網[123], 身死人手, 爲天下口實, 豈不哀哉. 冲子嗣服, [124]同未在位. 剃髮衣[125]緇, 遂至於喪家. 創業之主, 啓之也, 悲夫.

115 하버드본에는 二가 貳로 되어 있음.
116 금곡집에는 而亡이 亡而로 되어 있음.
117 하버드본에는 之가 至로 되어 있음.
118 금곡집에는 惑이 或으로 되어 있음.
119 금곡집에는 凉이 輕으로 되어 있음.
120 금곡집에는 輕率이 飄蕩으로 되어 있음. 하버드본에는 率이 㧖로 되어 있음.
121 금곡집에는 君 다음에 寬厚가 있음.
122 금곡집에는 至于가 없음.
123 금곡집에는 網이 綱으로 되어 있음.
124 금곡집에는 苔가 있음.
125 금곡집에는 衣가 爲로 되어 있음.

Ⅱ. 『조천일기』 전체 일정표[1]

날짜	장소	주요사건
5.17	安州 (청천강)	명 사신(정사 劉鴻訓)을 따라 등주로 가기로 결정. 임금의 교지에서 대명의 海禁政策으로 오랫동안 못간 것을 언급하며 명 사신을 따라갈 것을 명함.
18	安州	변방에서 발생한 가달의 횡포를 들음. 巡察使, 整理使 등과 전별.
19	安州	전날 출발한 명 사신(부사 楊道寅)의 배가 개펄에 걸림. 진위사를 만남. 그들은 침몰할 것을 우려하여 奏文·咨文을 두 건으로 만들어 나누어 가짐.
20	橫寺浦口	別舍弟(5율), 妓鞋落水(5율). 배에 오르기 직전의 풍경과 출항. 명 사신(劉鴻訓, 楊道寅)과 진위사(權盡己, 柳汝恒), 사은사(崔應虛, 安璥), 그리고 피난선 등 총 22척이 함께 횡사 포구에 정박함.
21	艮雲里	題橫寺(5율). 10리를 감.
22	禿伊浦	題禿伊浦洋中(5율). 10리를 감.
23	禿伊浦	掛泥書懷(5율). 5리를 가서 정박했다가 다시 감. 하현이라 물이 적음.
24	老江鎭前洋	泊老江鎭前(5율). 大洋으로 나갈 적에 老江가의 뱃사공 가족들이 통곡함.
25	定州前洋 宣沙浦前洋	宣沙浦前洋(5율). 定州의 于乙山과 郭山의 宣沙浦를 지남.
26	木米島 椵島	木米島椵島俗稱牟麥稷云戲作(5율). 宣川의 木米島와 鐵山의 椵島를 지남. 샘이 없음.
27	朴達浦	朴達串岩上叙懷(5율). 박달포에서 물을 길음. 밤에 풍랑이 임. 일관의 말을

1 이 표는 안경의 『조천일기』를 근거로 작성한 것임. 표에 나오는 5절은 5언 절구, 5율은 5언 율시, 7율은 7언 율시, 7고는 7언 고시, 5배는 5언 배율, 7배는 7언 배율이다. 그리고 몇 수의 표시가 없는 것은 모두 1수이다. 그리고 제목이 없는 시는 형식만 기재했다.

		들은 명 사신(부사 楊道寅)의 미혹된 언행.
28	車牛島	車牛之石如積萬卷書冊故題(5율). 龍川의 車牛島. 사은·진위 양사의 배가 개펄에 걸렸다가 늦게 도착. 천사의 배가 먼저 감.
29	薪島, 獐子島, 鹿島	祈風祭文. 제문을 지어 하늘에 기도. 피란 중국인을 태우고 가는 배를 만남. 비를 맞으며 獐子島의 여러 섬을 지나 鹿島에 정박함. 밤에 폭풍으로 사람들이 일어설 수 없음.
6.1	石城島	7율. 풍랑에 돛대가 기울고 노가 부러짐. 다른 배들은 각각 바람을 피해 정박함.
2	長山島	7율(2수). 장산도에 도착하기 직전에 풍랑을 만나 닻을 내리고 기다렸다가, 밤에 노를 저어감.
3	廣鹿島, 金州衛前洋	7율. 노인이 채소를 바치며 쌀을 구걸함. 廣鹿島를 지나 金州衛 앞 바다에 정박.
4	旅順浦口	저녁에 풍랑으로 양 사신을 따라 여순 포구로 들어감. 밤늦게 광풍이 불어 배가 서로 부딪힘. 유 사신은 물에 빠졌다가 구조를 받고 살아남.
5	旅順浦口	간밤에 많은 사람이 죽고, 많은 배가 가라앉음. 배에 실려 있는 方物과 문서 등을 건져 모래 위에 옮김. 안경이 탄 배의 긴박했던 상황과 구조활동. 명사와 진위사, 사은사를 모두 태우고 무게를 줄이려 양식을 버림.
6	旅順浦口 平島	여순포구에서 가달의 약탈 때문에 돛을 달고 바다로 나감. 雲霧가 가득함.
7	平島	해변 사람들의 약탈이 많음. 배에서 방물을 말리려고 했지만, 안개와 바닷물 때문에 마르지 않고 썩은 것이 많음. 밤에 폭풍으로 양식을 던지고 밤새 기도함.
8	平島	祭文. 안개가 걷힌 뒤 명 사신에게 글을 보내 안부를 물음. 유 사신이 병이 남. 오후에 제문을 지어 기도함. 가달과 해적이 출현.
9	大洋	출항했다가 폭우로 다시 돌아옴. 가달이 공격함. 모친 생신. 동풍이 불어 양 사신이 출항을 명하여 황성도까지 가자고 함. 중국 배가 천사를 맞이하러 옴. 한밤에 바람이 그치고 안개가 껴 다른 배들과 떨어짐.
10	大洋	아침에 안개가 걷히자 바다 한가운데 떠 있음. 구름 너머에 登州의 5~6개 섬이 보임. 역풍에 못 가다가, 해가 지자 폭풍에 돛대와 키가 부러져 표류함. 밤새 기도함.
11	大洋	표류하다가 오후에 黃城島를 보고 노를 저었으나, 역풍에 못 감. 朴景龍, 李海壽의 배와 함께 표류하다가 폭풍으로 떨어짐. 이후 박경룡의 배는 가달에게 잡힘.
12	龍堂王島	여순 근처로 회항. 바람이 없다가 저녁에 어느 섬에 들어가 정박.
13	龍堂王島	섬의 중국인이 왔다감. 뱃사람들이 두려워 귀국하자 했지만, 다시 출항함. 갑자기 역풍이 불고 물결이 일어 회항. 밤에 폭풍이 침.

14	龍堂王島	大雨. 중국인이 채소와 과일을 갖다 줌. '龍堂王神'이 있는 섬이라 함. 오후에 배를 수리함.
15	龍堂王島	祈風祭文. 중국인이 닭과 채소를 갖다 줌. 오후에 백사장에 간이 제단을 만들고 돼지를 바치며 祈風祭를 지냄. 이후 홀로 산에 올라 기도함. 적[淸]이 金州衛를 지나 이곳에 온다고 해서 배를 띄워 중류에서 바람을 기다림. 달빛에 동풍이 불어 출발. 잠시 뒤 안개가 자욱함.
16	黃城島	黃城大霧中(5율). 아침까지 짙은 안개 속에 운항함. 홀로 기도함. 갈매기 2~3마리 날아와 섬을 예상함. 섬을 보자 다함께 배위에서 눈물을 훔치며 4번 절함. 섬에 정박해서 단잠을 잠.
17	鮀磯島	명 哨官 馮民敬을 만남. 명 사신과 진위사의 배가 어제 등주로 갔다고 함.
18	廟島群島	題人形石(5언20구). 풍민경이 함께 묘도를 향했는데, 중국배는 빨라서 먼저 갔고, 안경의 배는 묘도군도의 작은 섬에 정박함.
19	廟島 登州	題廟島鏡面石(7율), 登州士女遊觀處(7율). 묘도에 가니 조선의 배 5척이 정박해 있어서 물어보니, 두 천사와 진위사는 어제 등주에 갔는데, 그곳에 배를 정박할 곳이 적당하지 않아서 이곳에 왔다고 함. 묘도의 수비관 배를 따라 가다, 해진 뒤에 등주 도착하여 배에서 잠.
20	登州	呈文. 7율. 아침에 병순도 아문에서 와서 명태조의 명이라며 어제는 명사에 의해 상륙을 허가했지만, 황제의 명을 어길 수 없어 다시 배에 올라타게 함. 이에 정문을 지어 권도를 언급하며 조선의 의리를 말하자 문을 열어주고, 따로 관원을 보내 배 위의 사람을 조사함. 말에서 진위사를 만나 숙소로 감. 도사가 거주하는 만수궁 묘당에 묵음.
21	登州	呈文. 유 천사가 등주를 떠남. 병순도 陶朗先과 처음 대면하여 조선 사신에 대한 처우를 듣게 됨. 북경까지 가는 육로에 대한 편의를 제공하고, 가마도 내어 줌. 監務官 曲思化가 사신의 일을 관장했는데, 부끄러움 없이 뇌물을 요구함.
22	登州	양 천사가 떠나면서 병순의 편지를 보여줌. 편지에는 자리를 비우게 되어 맞이하지 못하여 죄송하다는 내용과 조선 사신을 예우하겠다고 함.
23	登州	摠兵 沈有容에게 배를 성안에 정박하게 해달라고 부탁함.
24	登州	題入扇應求(5율). 曲思化를 만나기로 했는데, 일방적으로 취소함.
25	登州	藏戰船之溝(5율), 沈總兵接禮(6율). 曲思化가 와서 쌀을 구함. 都司 欒維城이 연회를 주관하며 대접함. 성안에 배를 정박함.
26	登州	陶御史見請(5율). 儒士 王範과 陳治國을 만남. 「蓬萊知縣通報」를 가져와 '조선과 중국이 협력하면 이 적을 사로잡기가 쉬울 것이다.'는 말을 함. 오후에 陶朗先을 만남.
27	登州	병순도가 지은 憲牌를 보여줌. 헌패에는 조선 사신이 처한 곤란과 이들에 대한 예우를 말하며 협조를 하라는 내용임.
28	登州	題郝秀才扇(5율). 郝氏 유생이 와서 과거제도에 대해 필담을 나눔. 사서삼

		경을 다 외우는 것에 대해 귀신이나 할 수 있는 일이라 함. 유생의 말을 듣고 중국은 옛 현인들이 주를 낸 것처럼 자기의 생각을 쓰는 것이라 조선보다 어려움이 있다고 봄.
29	登州	병순도에게 정문을 보내어 아전이 작은 종이에 써서 올린 잘못을 고함. 이때 병순은 더위 먹고 탈이 난 상태로 만나지 않고, 명첩을 보내 용서하고 보고에 감사를 표함.
7.1	登州	題扇贈錢哨官(7율). 曲思化 만나지 못함. 등주부에서 사람을 보내 人馬가 얼마나 필요한지 물은 것에 답함. 행차를 서두르는 글을 보려다 병순도의 문서를 받고 그만둠. 哨官 錢裕徵의 부채에 화답함.
2	登州	병순도가 발급한 장문의 單子와 예부에 올린 咨文. 단자에는 조선 사신이 풍랑을 겪으며 처한 딱한 처지를 말하며 제공한 여비, 물품, 인부, 말, 식량, 수레 등에 대해 구체적으로 적혀있음. 자문은 조선 사신이 풍랑을 겪은 사정과 등주에서의 조치에 대해 더욱 상세하게 기록함.
3	登州	醉題件送扇(5절). 반송사 張弘驃와 쾌수 遲國升이 와서 출발전 점검을 함. 병순도가 예부에 올린 내용과 같은 병부문서를 보내옴.
4	登州 黃縣	題遲快手扇(5절). 등주 출발. 나귀 30마리에 방물을 싣고, 한 가마에 가마꾼 8명임. 가마꾼에 대해 묘사함. 황하를 건넘. 60리.
5	黃山驛 朱橋驛	題人扇(5절). 難乃河, 黃山, 王乙山, 珍淸堡 등을 지남. 길 가의 사람들이 6월 장마로 인한 메뚜기의 피해를 줄이기 위해 불을 지르기도 하고, 잡아먹기도 한다고 함. 120리.
6	萊州	題戴姓人扇(5절), 題汪姓人扇(5절). 舊山, 新山, 王河, 豊萊村, 水古河水古村 등을 지남. 내주에 도착했으나, 분순도가 제남에 가서 없고, 그 휘하 지부와 지현은 성에 들여 보내지 않음. 60리.
7	灰阜驛	題人扇(5절). 皐村河, 深河 등을 지남. 선비들이 무리로 와서 각각 부채에 시를 구하여 바쁘지만, 거절하기 어려워 지어줌. 110리.
8	昌邑縣 濰縣	5절7율(한신을 주제로 지음), 爲主人題好賢堂(5율). 한신이 용저를 물리친 濰水의 모래주머니 지역을 지남. 창읍의 지현이 먹을 것을 보내옴. 110리.
9	昌樂縣	途中口占(5율). 方朔舊隴, 古劇南城, 王裒・龐萠古迹, 放勛橋, 堯溝 등을 지남. 창락 지현과 담화하며 과거의 규범에 대해 논함. 길에서 제남에서 돌아오는 내주의 분순도 陳亮采의 행차를 만나 성에 들어가지 못한 사정을 말하니, 하관이 직무를 다하지 못했으니 죄를 묻겠다고 함. 80리.
10	青州府 金嶺驛	7율. 人止輿而求題扇(5절). 청주 지부와 益都 지현이 명첩과 먹을 것을 보내옴. 강태공 시절의 고성을 지나고, 맹자에 나오는 牛山을 보며 제경공의 자취도 떠올림. 臨淄, 淄河 등을 지남. 길 가에 콩, 기장, 감, 대추, 배나무가 있고, 용마루가 솟은 집들이 보임. 120리.
11	長山縣	7율. 천사 유홍훈이 병으로 집에 있다고 해서 지나는 길에 방문함. 유홍훈의 집을 묘사하고, 바다에서 겪은 풍랑에 대한 하소연을 들음. 대개 조선에

		서 횡포를 부린 양도인의 말대로 따른 것에 대한 후회임. 『황화집』을 보내달라 하고, 『頃陽子集』 2권을 줌. 여비 은 3량을 줌.
12	鄒平縣	伏生之居(5절), 匡章之里(5절), 仲子之閭(5절), 文正之寓(5절), 雍齒墓並題扇(5절). 范文正, 伏生, 匡章, 陳仲子, 雍齒 등 명현의 유적지를 지남. 伴送이 200리 지름길을 안내하여 濟陽으로 감. 80리.
13	濟陽城	少年求題扇(5절), 5배10운. 河橋, 麻河庄, 新庄, 鹽河, 白楊村 등을 지남. 자칭 선비라는 사람 5~6명이 왔는데, 이들 중 한 명이 모친상을 당하고서 예법에 맞지 않은 복장을 하여 여기에 대해 말하여 무안하게 만듦. 90리.
14	臨邑縣	題白洒金扇(5절), 題人扇應求(5절). 伴送使가 오지 않아서 머뭄. 부채장인이 백자루의 부채를 가져왔으나, 한 자루에만 씀. 60리.
15	陵縣	過舅倩古里題人扇求詩(5율). 古釣盤, 吳哥店, 黃哥店, 方朔古里 등을 지남. 장산, 추평부터 산이 없고 기장과 조가 무성하더니, 여기에 이르러 구릉이 보여 현의 이름을 이렇게 지음. 들에는 기장, 조, 깨가 자람. 촌가는 흙과 띠로 만들었는데, 대부분 용마루가 없고, 위에는 석탄이나 석회를 발라, 흙침대의 모양임. 80리.
16	德州	배를 빌려서 천진으로 향하는데, 양쪽 언덕에 여염집이 즐비하며 술집과 다관에 남녀가 시끄럽게 떠들었다. 나무가 강물에 어른거리고 물안개가 자욱하여 경치가 매우 아름다웠다. ○진위사 서장관 류여항의 부친이 이전 진향사로 북경에 갔다가 천진으로 와서 배를 구했다고 들었다. 그래서 모두 천진으로 향해 갔는데, 진향사가 바다에 나간 지 이미 4일 지난 시점이었다. 40리 가서 배를 탐.
17	景州 安寧鎭	7율. 滿地村, 安寧鎭, 蓮汚村, 交河縣, 齊哥庵·長樂洲 등을 지남. 배를 타고 밤낮으로 지나는데, 곳곳에 푸르고 높은 누각과 금빛 편액이 걸려 있음. 200리.
18	滄洲 莉齊縣 靑縣 流河馹 靜海縣	5배. 청현을 지나는데, 누각이 더욱 성대했다. 언덕 위에는 메뚜기를 잡아 전대에 담아 메고 가는 사람이 매우 많았다. 400리.
19	楊柳靑 天津	竹枝詞(7절)(4). 양류청을 지나자, 번화한 곳에서 투호하는 여인과 바둑두는 호걸이 희학하며 조선사신단의 배를 손가락으로 가리키며 웃었다. 천진에 도착해서는 진향사가 4일 전에 등주로 출발한 것을 알게 되었고, 반송사가 오지 않아 성에 들어갈 수 없었다. 왁자지껄한 시장에는 찐 게가 지천이었다.
20	天津	次道士望軒軸(7율), 次李紹軒軸(5율), 題一絶贈丘培元(7절). 道觀에 배를 대고, 옥황루에 올라보니, 금색으로 옥황을 만들어 두고, 향불이 밤낮으로 꺼지지 않았다. 道士 鄭望軒의 시축에 차운하다.
21	三歧河	題竹枝詞及待人樓律(7절)(2) 7율. 도사 정망헌, 이소헌, 구배원, 이 지휘 등과 담화. 미시에 배를 빌려 강물을 거슬러 올라감. 10리.

22	武淸縣 楊村馹	題兩漁人扇(7절)(2)(죽지사). 천진부터 60리. 강가의 사람들이 그물로 작은 물고기를 잡았는데, 국을 끓이면 별미였다. 삼일 동안 낮에는 맑고 밤에는 비가 내려 길이 질퍽해서 가마가 엎어질 듯 했다.
23	八里站	6절(2)(나그네 심경). 壁塔坪, 乾橋店, 商村을 지남. 武淸縣까지 가지 못했는데, 해가 지고 미는 수레가 오지 않아 그곳에서 묵음. 40리.
24	武淸縣 漷縣	7율(황제 생모 이씨의 원당). 東林村, 小王孤, 大王孤, 水漷舖田村 등을 지남. 무청현 지현 李士元이 명첩과 음식을 보내옴. 신종황제 생모 이씨의 원당을 지나며 기림. 80리.
25	張哥院 通州	7율(통주에 다시 온 감회를 읊음). 張哥院, 舟師廳, 城臨湖 등을 지남. 통주 戴哥店의 옛 주인이 이미 죽음. 6년도 채 되지 않았는데, 남편과 사위는 전쟁에서 죽고, 처와 아내는 다른 곳으로 감. 35리.
26	通州	7율(5년 전 통주에서 지은 시에 차운함). 아문에 행차를 재촉했지만, 인부와 말이 없어서 마음만 분주한 가운데 다시 머무름.
27	京 玉河館	題東嶽廟(7율). 東嶽廟에서 환복하고, 가마는 도사청에 두고 조양문으로 들어감. 守直官, 행인, 아이들이 조선 사신을 보고 적을 물리치고 왔다며 환호하고, 옥하관 관리는 해로의 어려움을 상상하며 측은하게 여김.
28	玉河館	與序班口占(5절). 제독이 아직 부임되기 전이라 보고를 할 수 없음. 짐 검사를 핑계로 뇌물을 요구함. 1617년 사행 때 안경을 만나서 알아보는 사람이 많음.
29	玉河館	題館壁(5절). 옥하관문을 단단히 닫고, 발걸음 소리도 나지 않음. 통역관이 나가서 머리를 조아리며 인사를 하려고 하자, 안된다며 문을 더욱 굳게 잠궜다.
30	玉河館	題人情高低(5절). 서반 曺維信이 와서 내일 홍려시에 보고 단자와 주문을 올리라고 함. 인정채[뇌물]을 마련해서 상통사 기섬을 보냈는데, 뇌물 요구가 높음.
8.1	玉河館	예부에 올린 呈文. 뇌물 요구가 전보다 100배 많았다. 예부에 장편의 글을 올려 여순 등의 일을 말하고, 겨울 전에 귀국하여 보고할 수 있게 빨리 처리해 달라고 요청함. 이에 황제에게 보고할 수 있게 됨.
2	玉河館	長安門・承天門・端門・午門 등을 지나 5배3고두례를 행하며 대궐에 나아가 조회함. 光祿寺에서 술과 밥을 하사받고, 예부에서 현당례를 행함.
3	玉河館	7절(진위사에 화답시). 가져온 인삼을 햇볕에 말림. 꿈속에서 죽은 동생을 봄.
4	玉河館	7율(진위사에게 준 시). 말린 삼을 다시 삼. 예부의 관리가 조공마가 오지 않았다고 내일 다시 검사한다고 함.
5	玉河館	部題(예부의 제본, 예부에서 천자에게 올린 글). 예부에서 방물을 증험함. 조선의 자문과 등주・내주 관리의 보고 내용과 바다에서 유실한 것이 합치하고, 방물에 문제가 없다고 보고함.

6	玉河館	병부에 빨리 돌아갈 수 있게 글을 올림. 병부상서와 좌시랑이 조선 사신의 노고를 위로하며 명의 은전에 대해 자못 의시댐. 조선감군어사 양지원이 의주로 들어갔다고 함.
7	玉河館	呈文. 제독과 현관례를 할 적에 예물을 보내니, 겉으로는 안받는다 하고선 사람을 시켜 가져감. 사신을 위한 연회를 연다기에 광종의 발인이 가까웠다고 하며 예법상 연회를 할 수 없다고 말했으나 받아들여지지 않음.
8	玉河館	7율. 반송사와 쾌수를 초청하여 술자리를 가짐.
9	玉河館	역관 기섬을 예부에 보내어 연회 참석을 안해도 되는 허락을 구하여 받음. 특별히 변려문을 지어 간절함을 드러냄. 예부상서가 글을 보고 허락하며 누가 지은 글인지 물었다.
10	玉河館	7율(提督廳의 茂實軒). 양 감군이 역관 기섬에게 조선 임금의 복색과 무늬 등에 대해 묻고, 자신의 행차에 조선 사신의 통관을 거느리겠다고 하는 등 대할 때 자못 자존의 기세가 있음. 진위사와 제독청의 무실헌에 가서 시를 지음.
11	玉河館	吟成令伴送書之(5절). 비가 와서 방물을 內府로 들이지 못함. 밤에 반송사가 와서 시를 말하고, 절구 1한 수를 붓으로 씀.
12	玉河館	내부의 내시 등이 모두 인정채를 구하며 김홍업이 데려온 표류인 인계에 대하여 트집을 잡음.
13	玉河館	7율(사신의 심경). 천사 양도인이 문밖에 왔지만, 옥하관 관리가 엄격해서 직접 만나지 못하고 안부만 묻고 감. 오후에 서관에서 술자리를 마련해 가서 얘기를 나누었다.
14	玉河館	7절(조선의 종이). 황제가 조선의 종이가 좋다고 들어서 한번 보고 싶다기에 제독이 와서 종이를 찾았지만, 물에 빠졌던 종이만 있었다.
15	玉河館	7율(천자를 칭송). 명절이라 양도인이 또 문에 와서 인사함. 오후에 진위사와 함께 제독청 무실헌에서 술대접을 받음. 황제의 별상 성지가 내일 중으로 온다고 함.
16	玉河館	兩首走次陳慰韻(7율)(2). 아침에 예부의 아전이 황제가 조선 배신이 풍랑을 당한 것을 알고 의례적으로 주는 상 이외의 별상을 내려준다는 성지를 가져옴.
17	玉河館	兩首再疊次陳慰(7율)(2). 전례대로 사신에게 주는 下程을 보내옴.
18	玉河館	兩首三疊次陳慰(7율)(2). 제독에게 글을 보내 빨리 귀국할 수 있게 해 달라고 간절히 부탁하고, 옥하관을 나가 양도인에게 답례할 수 있게 출입증을 내 달라고 요청함. 반송이 악비의 시를 가져와 보이며 시사를 탄식함. 김홍업의 생일이라 취해 넘어져 얼굴을 다친 사람이 있음.
19	玉河館	兩首四疊次陳慰(7율)(2). 진위사는 돌아갈 날이 정해지고 있는데, 안경의 사은사는 칙서가 지연되어 날짜가 정해지지 않았다. 가을 날씨가 점점 추워져 근심을 함. 진위사 서장관이 기록을 여순에서 잃어버려 안경의 일기를 구해 봤다.

20	玉河館	兩首又次陳慰韻(7율)(2). 서관의 역관 李海壽가 와서 진위사가 내일 영상연(길 떠나는 잔치)을 한다고 함.
21	玉河館	황제가 양, 오리, 닭, 술 등 전별의 하정을 보내어 뜰에서 5배3고두례를 하고 받음. 서관의 진위사 서장관이 상을 받고 내방해서 술로 작별함.
22	玉河館	又再疊次陳慰韻(7율)(2). 아침에 牌子가 梁 監軍이 어제 사직했다고 함.
23	玉河館	又三疊次陳慰韻(7율)(2). 패자가 와서 요광순무어사 王化貞이 올린 글을 전하길, "조선이 병사를 일으키면, 적들이 반드시 뒤를 돌아봐야 하니, 감히 마음대로 말을 몰고 오지 못할 것이다."라고 함.
24	玉河館	右次陳慰使留別韻(7율5율), 7율(柳書狀贈別). 진위사를 맞이하여 술자리를 갖고 서로 작별함. 몹시 울적한 심경을 시로 읊음.
25	玉河館	甚澁陳慰困我(7율)(2). 태창황제(광종)의 발인이 27일이라서 궁궐 안의 사람들이 모두 흰옷을 입음. 옥하관에 갇혀 있어서 무료한 심경을 시로 읊음.
26	玉河館	呈文. 제독에게 글을 보내 내일이 광종의 발인인데, 마침 옥하관 앞으로 지나가니 예의를 중시하는 조선 사신도 길에서 참여하게 해달라고 부탁함. 하지만 절차상 어려울 것 같다고 함.
27	玉河館	황제의 발인행렬이 새벽부터 정오까지 이어졌다. 그 모습을 묘사함. 말과 사람의 모형과 비단으로 만든 내시와 궁녀를 실은 작은 수레가 백량이나 되었고, 향을 사르는 작은 수레도 길에 가득함. 제기와 제수를 실은 큰 수레는 기름 종이로 덮개를 하여 화려하지 않음. 황백색의 금박으로 만든 花錢을 10보마다 뿌림. 벼슬아치들이 상복을 입고 걸었는데, 늙고 병든 이는 부축을 받다가 쫓아가지 못하면, 사잇길에서는 지붕있는 가마를 타다가 큰길이 나오면 다시 걷는 식으로 난잡하여 질서가 없음. 의장을 잡은 어떤 이는 길 가에 똥을 누고 가고, 뒤떨어져 안가는 사람 등등 예가 제대로 시행되지 않는다고 묘사함.
28	玉河館	부모님 기일을 만나 새벽에 빈 뜰에서 초를 밝히고 동쪽 하늘을 우러러 통곡하며 4배 함. 관상 보는 이가 기미를 살피고 물어봄. 이전 사행 때도 이곳에서 부모님 기일을 지냈다고 슬퍼함.
29	玉河館	次使公韻(7율). 진위사가 이날 아침에 출발했다고 함. 군관 안사룡과 홍덕준을 정사 권응허가 화가 나서 곤장을 쳤다고 하나, 무슨 이유인지 알지 못함.
9.1	玉河館	5율(정사의 시에 차운). 역관 기섬을 보내 통정사에 일이 끝난 것을 보고했으나, 담당자가 자리에 없어서 빈손으로 돌아옴.
2	玉河館	使公有鐵甕尋芳之句故次及之(7율). 통정사에서 인장을 찍지 않아서 공연히 갔다 옴.
3	玉河館	題快手遲公之扇(7율). 조선 사신을 호송한 快手 遲國升이 시를 부탁하여 지어줌.
4	玉河館	5율(3)(양을 애도). 통정사에서 인장을 찍지 않아 무료한 가운데, 하정으로

		받은 양을 불러 먹이를 주면서 보냈는데, 이날 정사의 명으로 도살당하자 불쌍하여 시를 지어 애도함.
5	玉河館	5율(변방의 일). 기섬을 보내 병부에 글을 올리고자 했는데, 병부상서가 급히 대궐에 나아갔다. 등주 병순도와 광녕어사가 올린 변방 보고로 상세히 말하지 않았다고 함.
6	玉河館	呈文. 병부에 글을 올려서 빨리 귀국할 수 있게 처리해 달라고 부탁한 내용임. 이를 본 병부 상서가 측은해 하며 내일 문서를 만들어 준다고 함.
7	玉河館	7절(전공을 읊음). 熊 經略과 王 御使는 곧장 三叉河를 건넜고, 沈 總兵은 수군을 거느리고 여순으로해서 적을 공격하여 7천여 급을 베었다고 하는데, 안경은 과장된 말로 여김.
8	玉河館	황제의 遺詔. 산릉에서 반혼하고, 흰옷을 벗음. 태창황제(광종)가 황위를 아들 주유교(희종)에게 계승시킨다는 내용으로 학문과 정치를 바로 세워 백성을 편안하게 하라는 등의 내용이다. 그런데, 상례 기간임에도 황실에서 황후와 비를 책봉하여 조선의 예법과 같지 않다고 함.
9	玉河館	使公又有尋芳之句故及之(7율). 짙은 안개와 거센 바람이 불었다. 정사의 시에 차운하다.
10	玉河館	再疊次使公疊用韻(7율). 황제가 상을 하사함. 서장관의 상이 나열되어 있다. 정사가 군관 안사룡과 홍덕준이 죄가 있다고 하면서 황제의 상을 빼앗으려 하자 안경은 그럴 수 없다고 함.
11	玉河館	謁文廟(7율), 題石鼓(4절). 대궐에 나아가 상을 받은 것에 대한 인사를 하고, 각로를 만나 아직 돌아가지 못한 정상을 말하려고 하였는데, 서반에 의해 그만두었다. 국자감에 나아가 공자를 알현하는데, 큰 공사중이었다. 옥 계단과 금칠한 벽이 있지만 공자를 존숭하는 모습이 보이지 않아 예가 없다고 탄식함.
12	玉河館	盲者抱琵琶行乞題扇贈之(7율). 제독 鍾世芳이 전부터 오래 살지 못할 것 같았는데, 결국 졸하였다. 새로 부임하는 제독을 기다려야 해서 일이 더욱 지연됨.
13	玉河館	次使令公久客書懷韻(7율). 조정에서 하례함. 오후에 잠이 들어 꿈을 꿈.
14	玉河館	題陳內翰扇(7율). 會極門에 들어가 칙서를 받음. 한림 진자장이 칙서를 전함. 皇極殿, 會極殿, 內帑 등에 대해 묘사함. 진자장이 부채에 시를 요구하여 써 주니 금갑과 먹을 선물함.
15	雇米店	勑書. 7율(3)(길에서 본 협객과 미인 등에 대해 읊은 죽지사). 새로운 제독 周鏘이 병부원외랑 허달도와 함께 와서 짐 검사를 생략하고 출발을 허락함. 통주 20리 전에서 묵음.
16	通州	見辟穀僧不剪爪十指屈曲戲題(7율). 통주에 도착했는데, 반송사가 안 와서 서관에서 묵음.
17	漷縣	5율. 반송사가 늦게 도착하자, 바로 출발함.

18	楊村驛	題人扇(5절). 새벽에 출발하여 멀리 무청현이 보였으나 들어가지 않고 楊村驛에서 묵음. 110리.
19	南倉村	5율. 대풍으로 길에 얼음이 얼었다. 지나가는 사람들이 모두 춥다고 함. 40리.
20	天津 稍直口	천진을 건너려고 했는데, 배가 없어서 하루 종일 나루터에서 기다림. 행인이 담을 두르고 구경함. 혹 과일을 바치는 사람도 있음. 해질 무렵 작은 배를 타고 건너감.
21	靜海縣	5율. 塔立村, 靜海縣을 지나 城郭村에서 묵음. 안경의 생일. 80리.
22	青縣	5율. 釣臺舖를 지나 강을 건너기 위해 청현에서 묵음. 50리.
23	滄州	5율(창주의 번화한 모습). 강을 두 번 건너 저녁에 창주로 들어감. 나루터 근처의 번화한 모습을 간략히 묘사함. 70리.
24	鹽山縣	題人扇(5절). 지나다가 대관의 묘역을 지나감. 묘역은 담장으로 둘렀는데, 그 안에는 씨족들이 함께 묻힌 경우도 있음. 90리.
25	慶雲縣	途中口占(5절). 劉公渠과 경운현을 지남. 100리.
26	楊信縣	次主家壁上韻(7절). 楊信縣, 桑老樹店을 지나 尙哥店에서 묵음. 賓州의 동쪽 18리 지점에 있음. 100리.
27	博興縣	5율(사신의 심경). 塩河를 건너 박흥현 북관리에서 묵음. 집주인이 조선으로 가는 길이 틀렸다고 함. 80리.
28	樂安縣 彭家屯	淄水懷古(7절). 樂安縣을 지나 田單의 자취가 있는 淄河를 건넘. 90리.
29	壽光縣 王望店	題人扇(5절). 壽光縣의 洰洱河를 건너고 道天店을 지나 왕망점에서 묵음. 90리.
10.1	濰縣 王奴店	5율(사신의 심경). 濰縣에 이르러 承惠와 永惠 두 사창을 지나 왕노점에서 묵음. 90리.
2	昌邑 灰阜驛	5율(한신의 고사). 濰河를 건널 적에 객지에서 죽은 이를 운구하는 장례행렬을 보았는데, 상주는 곡을 하지 않고 가마를 타고 앞서거니 뒤서거니 하며 가고, 운구하는 자들은 길가에 관을 내려놓고 밟기도 하고 그 위에 눕기도 한다며 괴이하게 봄. 반송은 미천한 자들에게는 예를 물을 수 없다고 함. 유수는 한신이 모래주머니로 물을 막아 적군을 물린 곳이어서 시를 읊음. 100리.
3	萊州城外 平里店	5율(지현이 보낸 음식). 郎村舖와 萊州城 밖을 지남. 掖縣의 지현 薛文周가 특별히 요리사까지 보내어 먹을거리를 제공했는데, 닭과 돼지고기로 만든 별미임. 북경에 갈 때 만난 내주 분순도가 그때 조선 사신을 내주에서 맞아들이지 않은 것에 대해 문책한 것 같음. 100리.
4	朱橋驛 北馬鎭	口占(7절). 朱橋驛과 徐卿城 麻姑仙里를 지나 북마진에서 묵음. 110리.

5	黃縣 登州	5율(2). 대풍에 일기가 매우 추움. 황현을 지나 황하를 건너고, 太史公의 유적지와 淳于故里를 지나 등주에 도착함. 이전 사신인 진향사와 진위사가 배를 타고 가다가 난파되었다는 소식을 들음. 이전 사행 때 안경과 함께 갔던 역관 李民省과 변응성의 아들이 침몰한 배에서 살아서 돌아옴. 안경은 정사와 같은 배를 타기로 해서 올 때 탔던 배에 자리가 비어 이민성과 변응성 아들을 타게 하고 양식도 줌. 光祿卿 趙佐가 안경에게 조선에 있는 아우에게 편지를 전해 달라고 함. 90리.
6	登州	도낭선을 만남. 풍랑이 심하여 봄까지 기다리라는 말에 황제의 칙령을 지체할 수 없다고 함. 또 모문룡에 대해 말하였는데, 당시 적군에 항복하여 진강을 다스리던 佟養正이 매우 포악한 행동을 하여 민심을 잃었는데, 이를 물리치고 공을 과장하는 등 진실하지 않다고 함. 만약을 대비해 화약과 철환까지 챙겨줌.
7	登州	5율(반송・감무와의 이별). 감군이 불러서 차를 마시며 얘기를 나눔. 감군이 은을 가지고 조선에 가서 양식을 사오려는 뜻을 비춰 안경은 조선은 땅이 척박하고, 가난하며 특히 임진년 이후로는 더욱 사정이 안좋다고 함. 그리고 감군은 지금의 뱃길이 위험하다고 하여 봄까지 기다려 간다고 함. 또한 스스로 권위를 내세워 조선 사신이 보낸 명첩에 화를 내고, 뱃길에 가달을 만나면 자신이 뒤에 있다는 말을 하라고 함. 장 반송과 곡 감무가 찬합을 가져와 배에서 작별함.
8	登州	5율(4), 蓬萊閣及城上寺韻並二首(7율)(2), 7배12운, 5율. 도낭선과 작별함. 유격장군 채동춘을 시켜 훈련청에서 연회를 베풀어줌. 밤에 봉래각에 올라가 사찰에서 중과 얘기하고, 선각에서 동파의 친필시를 베껴서 내려옴. 봉래각을 주제로 여러 수의 시를 지음.
9	登州 廟島	5율. 등주 출항. 묘도에 도착하여 물을 길음. 그리고 사람의 얼굴을 분명하게 비출 수 있는 경면석에 올 때 쓴 시를 확인해 봄. 3시부터 대풍이 불어 바닷가 돌에 배를 묶고 밤을 보냄.
10	廟島	제문. 廟堂에서 제문을 지어 향을 피워 바람을 빔.
11	鮀磯島	5율. 새벽에 眞珠門을 나감. 파도가 높아 타기도에 정박함. 副摠兵 許定國이 방비하는 곳이라서 그 휘하의 초관을 시켜 만남.
12	黃城島	奉贈韓摠兵宗功(7율). 부총병의 배를 따라 황성도로 감. 그곳에서 총병 韓宗功을 만났는데, 안경과는 이전 사행 때 알게된 사이였다. 한 총병과 허 부총병은 술자리를 마련하여 안경 일행을 환대하며 대작함. 이전에 지어준 시를 잃어버렸다고 하면서 다시 시를 부탁함.
13	黃城島	奉贈許副揚定國((7)율). 파도가 하늘까지 침. 허 부총병의 배에서 한 총병도 함께 앉아 얘기함. 술자리가 새벽 1시까지 이어짐.
14	黃城島	題鑒渠藏艦之役(7율). 서북풍이 크게 불어 머무름. 한 총병이 상통사 기섬을 통해 자신의 심사를 전해왔는데, 대부분 시사에 분개한 내용이 많음. 특히 모문룡을 경계하라는 것과 감군의 행차를 따라갈 마씨의 과욕에 대해 말함. 안경은 황성도의 지형과 군영에 대해 보고 들은 것을 서술함.

15	平島 廣鹿島	題前船渰沒處悲吟不知何處弔湘君(7율). 여순, 평도를 지나 광록도에 도착함. 가달이 보이는 듯해서 밤에 노를 저어 지나 갔는데, 어느덧 이전 사신의 배가 침몰한 곳에 이르러 두려움에 홀로 기도를 올림.
16	長山島	遙見長山島(7율). 아침에 장산도 근처에서 역풍을 만나 종일 머무름. 노를 저어 근처 섬으로 가다가 바다 가운데에서 잠.
17	長山島	船上大霧中書懷(5절). 짙은 안개에 역풍이 그치지 않아 섬 가까이에 배를 댐. 섬에 있는 사람은 모두 머리를 깎고 가달이 되어서 두려운 마음으로 보냄.
18	石城島	石城島前洋遭風夜半得泊五馬島(7율). 석성도 앞 10리에서 광풍으로 대양에 표류되었다가 어느 小島에 정박함.
19	五馬島 海洋島	五馬島漂泊日題巖石上(7율). 대풍과 혹한에 돛대와 배가 파손되고, 땔감과 물도 없어서 섬에 올라감. 섬은 오마도로 섬사람이 닭을 잡아다 주고, 따뜻한 방도 내어줬지만, 경계하며 사양함. 이 섬의 동남쪽 200리 지점에 해양도가 있는데, 그곳은 물산이 풍부하다고 함.
20	海洋島	제문. 북풍에 닻줄이 얼어서 끊어지고, 돛대와 노가 부러짐. 제문을 지어 바다의 신령과 섬의 신령께 기도함. 섬사람이 순풍이 불면 조선까지 한번에 갈 수 있다고 함. 섬에는 기암괴석이 많고, 生鰒・紅蛤・海參・靑角이 많음.
21	居衝島 小島	彼蒼夢夢將奈何(5절). 순풍으로 居衝島를 지나서 가는데, 다시 폭풍이 일어 배가 뒤집힐 정도가 되어 小島에 정박함. 밤새 기도함. 기도를 들어주지 않는다는 시를 지음.
22	小島	驚魂屢散度夜如年(5절). 대풍이 맹렬히 붐. 배를 바위에 묶음. 하룻밤이 일 년 같음.
23	小島	7율, 7절. 날이 개어 출항했지만, 백 리도 못 가서 북풍에 배가 표류. 소도에 정박함.
24	小島	戱吟此詩以慰衆心(5절). 종일 대설과 대풍이 불어 파도가 높이 임. 사람들이 "배 안에 혹시 죽지 않을 운명이 있으면 모두 살 것이다."라고 함.
25	小島	呵筆而題擁面而臥(5절). 눈과 대풍이 붐. 추위가 불을 모두 꺼트려 부엌에도 불이 없어 사람들이 모두 쓰러짐.
26	小島	5율. 흐리고 종일토록 대풍이 붐. 고래가 물을 뿜어내고, 물고기 떼가 뛰어올라 나타났다가 사라지니 비와 눈이 오래 내릴 조짐이라고 함.
27	小島	5율. 함박눈과 비가 내림. 새벽에 순풍이 불어 돛을 펼쳤으나 다시 물결이 일고 거센 바람이 붐. 작은 섬에 닻줄을 묶음.
28	小島	疾痛必呼父母況於是乎(5절). 대설과 대풍에 진눈깨비가 내림.
29	小島	絶命辭(초사형식). 혹한으로 몸을 움직일 수 없고, 양식도 거의 떨어짐. 천명을 기다리며 절명사를 지음.

30	小島	漂泊五兒諸島記所見(7율). 함박눈과 거센 북풍이 붐. 뱃사람들이 암석 주변에 내려가 김과 해초 등을 주워 먹고, 솥에 불을 붙여 눈을 녹여 물로 만들어 독에 담았으나, 아침에 보니 물독이 계란이 터진 것처럼 얼어버림.
11.1	小島	흐리고 대풍이 불어 살아날 방도가 없음. 배안에 사사로이 비축한 양식을 모아 사람 수대로 나누니 8~9일을 버틸 수 있음. 안경은 병으로 눈 녹인 물에 미음을 만들어 마시면서 뱃사람들을 북돋우고 위로하였으나, 차라리 죽기를 원하는 사람도 있음.
2	小島	돛을 펴고 나갔다가 바람에 의해 회항함. 암석에 부딪혀 곳곳이 부서짐. 石城島와 居衡島 사이에 기암괴석의 小島가 많아 부딪히면 배가 부서질 수밖에 없음. 정사가 정몽주의 단심가를 읊으며 죽음을 기다리고, 안경 역시 희망이 없다고 봄.
3	小島	祈禱文. 풍랑과 혹한에 닻줄과 배가 꽁꽁 얼어붙어서 파도가 치는대로 배가 마구 요동침. 오후에 마지막 제문을 지음. 급기야 바람에 배가 가는 데로 가자는 사람도 있었으나, 초연히 하늘에 운명을 맡김. 사람들은 모두 초췌하여 귀신 형상 같다고 함.
4	大洋	날이 맑아서 동쪽을 향해 절하고 천지에 영결을 고하니, 사람들이 모두 목놓아 통곡함. 서풍이 불어 돛을 펴고 이동함. 바람이 잦아들어 鹿島 근처 대양에 닻을 내렸는데, 파도가 배를 쳐서 갑판을 베고 누운 사람의 머리에 부딪히는 것 같음. 안경과 정사의 꿈속에 바다의 용신이 나타나 길몽을 점침.
5	鐵山 大串	바람에 의지한 채 배가 감. 북풍이 불어서 남쪽으로 가다가 오후에 서남풍이 불어 동쪽으로 나는 듯이 감. 육지가 아득히 보이기 시작하고 밤이 되니 해안에서 흘러온 얼음이 바닷길을 막았지만, 바람이 더욱 거세어 그것을 뚫고 삼경에 鐵山府 大串에 도착함.
6	鐵山	始泊大串而作(7율), 下船行一篇雙韻(7언20구). 철산부와 60리 떨어진 곳에 도착. 배에서 내리니, 모든 사람들이 춤추고 행복한 모습이 손에 잡힐 듯하다고 함. 監牧廳에 들어가 온돌에서 잠.
7	鐵山府	7율. 철산부에 들어가 잠. 가는 길에 우는 고을 사람들이 있음. 뱃사람과 격군이 술을 거나하게 마시고 뱃노래를 구슬피 부른 뒤에 해산함.

저자 소개 **배종석**

1978년 경북 영주에서 출생했다.
문학박사
전 성균관대 동아시아한문학연구소 선임연구원
현 중국 복단대 한국어학과 전임강사

「매천 한시의 서정적 특징 연구」로 박사학위를 받았다. 이후 주로 근대전환기 지식인들의 삶에 초점을 두었다. 최근 연구환경을 중국으로 옮기면서 자연스레 전근대 한중 교유와 지식 유통에 관심을 가졌다. 그 일환으로 명청교체기 최초로 해로사행을 떠난 안경의 조천일기에 주목하였다. 또한 현재 거주하는 상하이는 17세기에 서구문물을 적극적으로 받아들인 서광계가 태어난 도시이기도 하다. 상하이 일대에 그를 둘러싼 서학과 천주교 등에도 관심을 두고 있다. 저서『인간세상 지식인 노릇하기 참 어렵구나 – 매천 황현 한시를 중심으로』, 논문「양계초의 재일시기 시사연구」,「근대 전환기 해양 네트워크에 대한 상상과 추구」,「명청교체기 조선사신단의 해양표류기 연구」,「일제강점기 노헌 남건의 저항의식과 시문학 연구」외 다수.

명청교체기 최초의 해로사행록
안경(安璥)의 조천일기

1판 1쇄 발행 2023년 1월 5일

지은이 : 배종석
펴낸이 : 김병환
펴낸곳 : 학자원
주 소 : 서울시 강동구 천호대로 1121
전 화 : 02) 6403-1000
팩 스 : 02) 6338-1001
E-mail : hakjaone@daum.net
등 록 : 2011년 3월 24일 제2011-14호

ISBN 979-11-6247-279-8 93810

값 25,000원